张舜徽论著选

张舜徽 / 著　张君和 / 编

华中师范大学120周年校庆丛书

华大经典文库
HUADA　JINGDIAN WENKU

华中师范大学120周年校庆丛书编委会

主　任：夏立新　郝芳华
常务副主任：彭南生
副主任：查道林　陈厚丰　任友洲　彭双阶
　　　　李鸿飞　陈迪明
委　员（按姓氏音序排列）：
　　董中锋　段　锐　段　维　范　军
　　符　平　付　强　付义朝　郭　庆
　　廖卫鹏　刘从德　吴海涛　周挥辉

华中师范大学出版社
HUAZHONG SHIFAN DAXUE CHUBANSHE

新出图证（鄂）字 10 号

图书在版编目（CIP）数据

张舜徽论著选/张舜徽著；张君和编. —武汉：华中师范大学出版社，2023.8

（华大经典文库）

ISBN 978-7-5769-0086-6

Ⅰ.①张… Ⅱ.①张…②张… Ⅲ.①张舜徽（1911—1992）—文集 Ⅳ.①C52

中国国家版本馆 CIP 数据核字（2023）第 067019 号

编　辑　室：综合编辑室

编　辑　室：综合编辑室
电　　　话：027-67867370
责任编辑：魏耀武
责任校对：肖　阳
封面设计：甘　英　胡　灿
出版发行：华中师范大学出版社有限责任公司
社　　　址：湖北省武汉市洪山区珞喻路 152 号
销售电话：027-67861549
邮　　　编：430079
网　　　址：http://press.ccnu.edu.cn
印　　　刷：湖北新华印务有限公司
督　　　印：刘　敏
开　　　本：710mm×1000mm　1/16
印　　　张：29.75
字　　　数：400 千字
版　　　次：2023 年 8 月第 1 版
印　　　次：2023 年 8 月第 1 次印刷
定　　　价：120.00 元

敬告读者：欢迎举报盗版，请打举报电话 027-67867353

出版前言
PREFACE

张舜徽先生是卓然有成的一代学问大家，精神品格和学术成就为同代人与后来者所景仰。张舜徽先生视读书为性命，终其身寄情于卷帙，未尝一日懈怠，在华中师范大学工作四十余载，以读书、教书、著书为乐，于世俗荣枯亨困，靡不淡然置之。为纪念华中师范大学建校百二十周年，"华大经典文库"遴选先生的论著，结为一集，以此缅怀和发扬先生的精神、思想和学术。

上世纪九十年代中期，华中师范大学出版社策划出版"桂岳书系"，由张舜徽先生哲嗣张君和编选的《张舜徽学术论著选》，首推其中，于一九九七年年底付梓。此次"华大经典文库"出版《张舜徽论著选》，即以该编选本为底本。虑及"华大经典文库"诸种规模应大体相当，而底本宏赡，在张舜徽先生爱媛张屏女士、高足周国林教授的建议下，我们对阐发专精、义理互见的文章不得已进行了删减。具体篇目为《群书辨惑二十讲》《编述〈中华人民通史〉的初步设想》《〈文史通义〉平议》《自学成才论》《谈偏才与通才——一九六四年十一月在兰州大学文史各系大会上

出版前言 PREFACE

的演讲》《自传》。珠玉在匣,迭相斟酌,割爱实难。此外,我们还对篇目的编排按照体类相聚、兼顾发表时序的原则进行了调整,以期便宜利用。

躬逢华中师范大学双甲子华诞,编辑先贤大著,此诚幸事也。披览书稿,每受嘉益,追慕前贤,夙夜孜孜。再版先生论著,表彰其万一,当能稍解读者渴望,导夫途辙,有惠于士林。编辑不当之处,尚望方家指教。

二〇二三年七月

目 录
CONTENTS

- 001　八十自叙
- 004　《广校雠略》自序
- 006　《积石丛稿》自序
- 008　《中国历史要籍介绍》自序
- 012　《中国古代史籍校读法》自序
- 014　《顾亭林学记》自序
- 021　《清人文集别录》自序
- 024　《周秦道论发微》前言
- 025　《老子疏证》自序
- 030　《管子四篇疏证》自序
- 031　《史学三书平议》引言
- 032　《郑学丛著》前言
- 034　《郑氏校雠学发微》自序
- 035　《郑氏经注释例》自序
- 036　《郑雅》自序
- 040　《演释名》自序
- 043　《中国文献学》自序
- 045　《说文解字约注》自序
- 050　《文献学论著辑要》序

目 录 CONTENTS

- 052 《清人笔记条辨》自序
- 054 《旧学辑存》叙目
- 066 《汉书艺文志通释》自序
- 067 《爱晚庐随笔》自序
- 068 《清儒学记》自序
- 071 《讱庵学术讲论集》卷头语
- 072 《中国史学名著题解》前言
- 074 《中国古代劳动人民创物志》自序
- 076 《中华人民通史》自序
- 079 《张居正集》序
- 083 《中国古代学者百人传》题辞
- 085 《二十五史辞典丛书》题辞
- 087 《二十五史三编》序
- 089 《资治通鉴全译》序

- 096 声论集要
- 114 解释"帝"字受义的根源答友人问
- 117 郑学叙录
- 137 郑氏训诂学发微
- 147 道论通说

目录

178　道论足征记
197　《太史公论六家要指》述义

209　论宋代学者治学的广阔规模及替后世学术界所开辟的新途径
267　清代学术的流派和趋向
　　　——一九八四年三月廿三日在湖北大学文史各系大会上的演讲
272　顾炎武学记
303　扬州学记

359　关于历史材料运用中的若干问题
371　关于研究中国古代史的材料问题
376　关于历史文献的研究整理问题
392　关于整理古籍的问题
399　与诸同志再论历史文献的整理工作
408　我是怎样研究、整理《说文解字》的
　　　——一九八五年四月十五日在开封纪念许慎大会上的演讲
414　谈撰著《说文解字约注》的经过答友人问

目录

- 416 如何重新评价孔子
  ——一九七八年十月二十八日在曲阜师范学院师生大会上的演讲
- 425 我们要认真深入研究少数民族历史
  ——一九七九年四月一日在广西师范大学的演讲
- 429 研究中国少数民族历史的重要答友人问
- 435 学文科的要将范围推广，不可囿于一隅
  ——一九七八年十月二十四日在山东大学文史两系大会上的演讲
- 439 学习扬州先辈的治学精神，走博通的路
  ——一九八〇年一月廿六日在扬州师范大学文史两系大会上的演讲
- 443 学习王船山治学的求实精神和博大气象
  ——纪念王船山逝世二百九十周年
- 453 自强不息　壮心未已
  ——略谈我在长期治学过程中的几点体会

- 464 张舜徽先生小传
- 466 张舜徽先生著述目录
- 468 初版后记

八十自叙

日月易得，时光如流，入此岁来，而吾年已八十矣。自念由少至老，笃志好学，未尝一日之或闲。迄今虽已耄耋，而脑力未衰，目光犹炯。闻鸡而起，尚拟著书；仰屋以思，仍书细字。有如《表记》所云："忘身之老也，不知年数之不足也，俛焉日有孳孳，毙而后已。"《荀子》亦曰："学至乎没而后止也。"自惟终始，庶几近之。余之一生，自强不息，若驽马之耐劳，如贞松之后凋，黾勉从事，不敢暇逸，即至晚暮，犹惜分阴。因自号无逸老人，所以自概其生平也。

家世学业，祖若父皆喜聚书。两世所藏，四部常见之籍略备。幼时读书家中，先君子亲授经传及文字、训诂诸书。早在童稚，即闻鸡而兴，嗜学不息，一生早起之习，实始于此时。年十有七，遽倾严荫，于是负笈出游，求师觅友。及旅居燕蓟，博访通人，公私藏书，得观美富。弱龄还湘，为中学师，讲授之余，伏案不辍，教学相长，期于积微末以至高大。未几而倭寇入侵，流离转徙，生资荡然。从行惟骨肉数口，旧书一囊耳。身历百艰，仅得不死。年过三十，始都讲上庠，四方奔走，由是历丁壮迄乎耄耋，以教学终其身。生平无他事可述，讲习之外，惟读书数十年，著书数十种耳。

余之治学，始慕乾嘉诸儒之所为，潜研于文字、声韵、训诂之学者有年。后乃进而治经，于郑氏一家之义，深入而不欲出。即以此小学、经学为基石，推而广之，以理群书。由是博治子、史，积二十载。中年以后，各有所述。爰集录治小学所得者，为《说文解字约注》；集录治经学所得者，为《郑学丛著》；集录治周秦诸子所得者，为《周秦道论发微》《周秦政论类要》；集录治文集笔记所得者，为《清人文集别录》《清人笔记条辨》。而平生精力所萃，尤在治史。匡正旧书，则于《史通》《文史通义》皆有平议；创立新体，则晚年尝独撰《中华人民通史》，以诱启初学。至于辨章学术，考镜源流，平生致力于斯，所造亦广。若《广校雠略》《中国文献学》《汉书艺文志通释》《汉书艺文志释例》《四库提要叙讲疏》诸种，固已拥篲前驱，导夫先路。此特就平生著述中较费心力者，约略言之。至于薄物小书，不暇悉数也。

少时诵陶靖节诗，即想慕其为人。所谓"少无适俗韵，性本爱丘山"。斯又仰止高贤，情符曩哲。加以生长洞庭之滨，处山水清胜之境，观鱼跃鸢飞，天机活泼，以为人生当适性自乐，安能降志辱身，与时俯仰。由是胸怀恬淡，不慕荣利。升沉宠辱，委之自然。平生服膺老庄，有轻世之志。等穷达，壹寿夭。惟视读书为性命，终其身寄情于卷帙。于世俗荣枯亨困，未数数然也。当余晚岁闭门沉思，独造《通史》时，尝取范蔚宗论班叔皮语"敷文华以纬国典，守贱薄而无闷容"，书为楹帖，悬左右以自策励，亦可以见吾志趣矣。

一生挈家而游，旅食四方，患难相随，艰苦与共，惨淡持家，得以无陨者，厥惟吾妻金詠先夫人襄助之力是赖。夫人幼娴家教，淑慎成性。及与余婚，孝事衰姑，和于妯娌，待人谦和有礼。贤德之声，闻于乡里。子女六人，悉自抚育，未尝雇人以自助。兼为浣濯、炊爨、种蔬、饲豕诸事，一身任之，不以为劳也。其于子女也，不姑息以为爱，不噢咻以为慈，鞭扑不施而教行，邻近多取以为法。余性疏阔，凡子女教育事，一委之于君。自孩提以至成人，皆由君顾而诲导之。治家尤井井有条，量入为出，虽处困窘，未尝借贷于人。艰苦岁月中，一家八口，幸免饥寒，又俾余得一志刻厉于学而无内顾之忧者，皆君力也。呜呼贤矣！

余自一九三一年与君婚后，迄于今秋，适已六十周年。方拟暑退凉生，约集亲属小叙，以为百年偕老之祝，不意八月五日（阴历六月二十五）清晨，君突患脑溢血，入院急救无效，竟于八月七日下午四时弃世，终年七十有八。余衰龄丧偶，顿失所依，自此茕茕在疚，痛可言耶！后君之殁三日（八月十日，即阴历七月初一），为余八十诞辰，因追忆往事，述为此篇。深感六十年中，若无贤妻襄助，吾家亦无以至今日。乃兼叙其懿德多能，昭示子孙。而吾终亦无以报其鞠躬尽瘁、死而后已之勤也，可胜悼哉！亦惟拭吾老泪，振作精神，黾勉成吾未竟之业，以不负吾妻所期望于我者，斯实所以报之也。

一九九一年八月二十五日张舜徽记

《广校雠略》自序

舜徽少时读书，酷嗜乾嘉诸儒之学，寝馈其中者有年。其后涉猎子史，兼览宋人经说，见书渐广，始欿然不自慊，泛滥群籍，于汉、宋诸儒，独宗二郑，以为康成经术，渔仲史裁，譬诸灵海乔岳，无以益其崇深。两家涂辙虽殊，而所以辨章学术之旨则无不同。后世经师徒服康成注《礼》笺《诗》，精审无匹，而不知其谱《诗》赞《易》《书》，甄论六艺，叙《三礼目录》之功，为尤不可泯。千载悠悠，则亦未有能真知郑学者，因欲为书发明之，未暇也。叔季祸乱相仍，由学不明，士不幸而躬逢其厄，苟能考镜源流，条别得失，示学者从入之途，其于振衰起废，固贤乎空言著书。二郑起于汉、宋之末，独以此为兢兢，亦岂无微旨哉！舜徽愚驽，才识不逮古人万一，固已慕其所为而深服膺之矣。乱中逃窜四方，饥寒相捣，温经校史，流览百家，穷日夜不辍，积之十年，始于群经传注之得失，诸史记载之异同，子集之支分派别，稍能辨其源流，明其体统。证之刘、班所录，隋、唐史志所论，下逮宋、明以来私家簿录所记，固有合有不合，偶有新悟，随笔记之，以迄今兹，稿且盈尺矣。频年为大学习文史者言校雠之学，因称举及此，择其浅明易了者，事各为篇，相与讲论，首正校雠之名，次辨著述之体，复厘析乎二千年来儒学大小浅深之故，凡此数事，关涉非小，故论议所及，务致其详。若夫部类分合之际，书籍散亡之原，以及校正讹谬之术，旁涉搜辑遗书，审定赝品，虽属附庸，尤为纲领，因论立题，各相统摄，乃效郑氏《通志·校雠略》之体，稍加铨次，都为百篇，命曰《广校雠略》。呜呼！渔仲之学，精矣博矣。为书虽简，而发例弥周。后人无其才识，乃欲追望后尘，虽十驾何由相及！顾持论归乎至平，立义期于有据，不敢发奇诡激厉之论，上侮通人，下欺新进，区区之心，聊欲附于补偏救弊之末，亦庶几可以寡过云尔。公元一九四五年十二月，沅江张舜徽记于仪二郑斋。

此书始属稿于一九四三年，后二年始付刊行，仅刷印五百部，故流布甚稀。当时为大学文科讲授"读书指导"，即以此为教本，原以津逮初学，故卑之无甚高论。阅今二十年，学不加进，偶取览之，犹觉其中不无千虑之一得，故近岁撰述《中国古代史籍校读法》一书，亦摘取此中言校勘辨伪辑佚诸篇之义，为敷论之，顾未及全书四之一也，今二书仍可并行焉。又尝以为校雠之学，首必究心于簿录之体，而后辨章学术有从入之途；次必推明传注之例，而后勘正文字无逞臆之失。古人著述不言例，而例自散见于全书之中。后人籀绎遗编，多为之方以穷得其例，信能执简驭繁，持类统杂，施之初学，尤为切要。早岁尝撰成《汉书艺文志释例》，以明刘、班叙录群书之旨；撰《毛诗故训传释例》，以究经注之原；撰《世说新语注释例》，以穷史注之变。惟《世说》一例未授之梓，余则尝于一九四六年刊入《积石丛稿》。今并取此三者，附刊于《广校雠略》之后，以见相互表里之意云。一九六二年八月五日，舜徽补记。

《积石丛稿》自序

平生雅不好以文字自襮,然实亦无可表襮者。天下书老死读不能遍,孰古不逮,何劳自造。且昔人著书,率出于不得已;今人著书,多可已而不已。拙撰《广校雠略》,既已痛陈其失矣。宁可自言而自蹈之耶!惟以施教上庠,四方奔走,所任科目,仓促不能得适宜之书;或陈编繁穰,非初学所能领受;势不得不为之条举纲要,晓示径蹊。去年刊布《广校雠略》百篇,即讲授读书指导时所论述者也。今秋移砚入陇,都讲兰州大学,授诸生《汉书·艺文志》,以为类例不明,则末由上窥刘、班辨章学术之旨,徒记书名无益也。因为融会钩稽,撰成释例,用代口义。又尝出暇日兼为国立西北师范学院诸生授校雠学,间亦涉及古书诠释义例。以为不了然于传注之体,则虽勘正文字,亦无从入之途,甚者或转以不误为误,其失弥弘。乃取《毛诗故训传》撰为释例,与诸生详焉。古人著述,不言例而例自散见于全书之中,后人籀绎遗编,多为之方以穷得其例,信能执简驭繁,持类统杂。举凡学术之升降,著述之纯疵,悉可见于此。施之初学,尤足以开悟涂辙,益人意智也。尝病今之治本国文学者,大抵徇于细故而不能识古人大体。一言以蔽之曰:循乾嘉以来考证之余习,囿于藩篱而不能自拔耳。夫物穷则变,变则通,通则久。考证家之流弊,至道咸而极矣。今去道咸且百年,学者犹不能变通以求儒先立言之体要,役役于补苴黩绩,穷老而不知休,斯亦何贵乎读书哉!舜徽自少而好治乾嘉诸儒考证之学,近十年来,又遍求其文集笔记读之，深服翁覃溪、姚姬传、章实斋三人笃实不欺，矫然有殊于流俗，论议通达，足以兴起人，尝为通儒传以张之。姬传、实斋之书，于考证容多疏漏，不足以餍人意。然吾所以重之者，在其识解卓越，而非论其学术之浅深也。覃溪为文艺所掩，学无专长，尤儒林所不齿。然当乾嘉盛时，系海内重望，主持风会垂六十年，一时讲学之士，多出其门，于有清一代学术，关系不小。今之论列清学者，率屏不录，岂通识哉！又尝以为居今日而言考证，宜以扬州诸儒为法，于名物度数之中，推见其大本大原，以期周于世用，一救往昔支离破碎之病。甲申避乱转徙至安化，奋欲撰成《扬州学记》，以为后生治学之式，甫及阮氏一家而罢。顷与及门论近世学术利病，时称此数家之言以相诲牖，诸生来请曰：曷刊布以广其传。因合此数种，付诸排印，颜曰《积石丛稿》。适所校敦煌古写本《说苑》残卷甫毕，录成校勘记一卷，取以殿焉。《论衡·量知篇》曰："铜锡未采，在众石之间，工师凿掘，炉橐铸铄乃成器。未更铸橐，名曰积石。积石与彼路畔之瓦，山间之砾，一实也。故夫谷未舂蒸曰粟，铜未铸铄曰积石，人未学问曰矇矇者，竹木之类也。"舜徽一生虽好读书，而学不加进，荏苒迄今，矇矇如也。如此小编，讵能自信，聊以质之通人，冀获匡违纠缪之益；施诸新进，幸收起予助我之美焉。

公元一九四六年十二月朔记于国立兰州大学之静观园

《中国历史要籍介绍》自序

这部稿子原来是讲稿,现在已成为书籍出版了,在这里,我首先得申明几点:

第一,本书的任务,是在介绍学习中国历史的重要书籍,以帮助读者如何去选择它和运用它,而不是一般地辅导读者研究分析祖国历史中的一些具体问题,所以对新旧书籍,只能尽量介绍一下,而不能涉及个别的甚至专门的材料。

第二,本书的内容,和史料学、史学史都有所不同。史料学范围很广,书籍只是其中一部分;而本书所要介绍的,仅是书籍中的重要部分。史学史旨在条别源流,无论书的存在与散亡,都要加以叙述;而本书又仅介绍现存书籍中的重要部分。

第三,本书的编写,是供一般有志阅读祖国历史书籍的读者参考之用,而不是写给专家学者们看的,所以内容力求浅明,但有些地方,不引古人原文,不足以说明问题时,仍稍加征引,以助证说。

第四,本书的目的,在于帮助读者从易找易见的书籍中选择读物,所以介绍的书籍,以常见书为主,介绍的版本,以新印和往年石印本为主;二者俱无,然后称举木刻旧本,和过去书目家矜奇炫博、胪列名本古本的宗旨,有所不同。

其次,就本书有关组织材料的一些具体问题来和读者谈谈:

（一）从各种史籍的内容实质，来说明它的写作精神和价值

封建社会的学者们，每每看到有些书外表上颇相类似，便加上一个笼统的大名，特别是统治阶级刻书的时候，把它们合刻在一起，如所谓廿四史、九通之类的大部书，便是这样出现的。其实，我们从内容实质来加分析：《史记》《通志》两部书，是通贯古今，无所不包的书籍，直可名之为百科全书式的通史。汉以前的自然现象和社会变化，由司马迁总结成为百三十篇。他是汉初人，只能写到汉初止。他既创立了这一伟大工作的体例以后，希望后人继续编写下去。南宋郑樵便是这一工作的继承者，他在《通志》总序中，已经说明他的志事了。尽管郑樵的《通志》二百卷，除二十略外，不能令人满意，但是他的规模是庞大的，志气是雄伟的。所谓"集天下之书为一书"，是何等崇高的心愿！由此可见，不独《史记》不可和《汉书》以下断代为史的作品等量齐观，即《通志》也不容和《通典》《通考》参伍骈列。本书特别抽出这两部书来写成第三章，详细加以介绍，一则使历来久被人们湮没或缩小了价值和作用的史学名著，得以恢复本来面目；二则打破了廿四史、九通的笼统名称，使读者不再为过去一般旧的看法所混淆，从原书的实际内容来重新估价。这从辨章学术的角度来说，是比较恰当的。

（二）根据各历史阶段的具体情况，来介绍重要史籍

中国历史最难整理的，便是先秦史实；问题最多而最难解决的，也就在那一阶段，人们都一致感到材料太少。其实，如果把史的范围扩大，不独群经诸子是重要史籍，即地下发现的有文字记载和没有文字记载的遗物，现在都是珍贵史料，埋头伏案，穷年累月，去钻研，去整理，功夫总是做不完的。本书根据先秦历史的具体情形，特别就这些方面写为专章，介绍一些研究中国古代史的重要书籍和学习方法；但由于为本书的义例所限，一些有关古代史的具体问题，便不涉及。

（三）从事物的发生、发展来看问题，而不为昔人所定部类所囿

在我国过去史学界，每一种新的体例，大半是在旧有体制上改进而

产生的。论其效用，后者诚然较前者为大；但是论其任务，它们往往是一致的。例如过去学者们很习惯于分旧史为纪传、编年、纪事本末三体。其实南宋袁枢的《通鉴纪事本末》，是改编《资治通鉴》而成，最初是为着便利检寻、帮助记忆，本无意于著书，所以书中没有他自己的文字。等到书抄完了，便出现了一种新的体例。这是他本人所意料不到的，但是它的内容和作用，仍然和《通鉴》一样，是一部政事史。我们用不着把它和《通鉴》分开来谈，本书把它们写在一章内，便是这个意思。

（四）结合客观实际情况，对各种史籍作出不同的介绍

本书各章内容并不是平均分配的，也没有死板的格式，而是结合每类史籍或每部书籍的不同内容作出不同的介绍。所以在篇幅上，有长有短，或总叙源流，条辨得失；或专述一书，称举利弊。这不是由我个人主观愿望所能决定的，而是按照各种书籍的不同功用，它们在史学上的不同价值以及每类书籍的多寡，斟酌损益，加以铨次的。例如谈到方志，由于这类书太多了，不可能遍举名著，详为介绍，便只得在叙述源流之际，强调它的作用。谈到沿革地理与地图，也着重在源流的叙述，从而举出一些重要的写作，略加介绍而已。至于介绍史评书籍的代表作品，便不同了，专就《史通》和《文史通义》两书，详加剖析，将刘知幾和章学诚对史学界的贡献，有重点地举列出来。这是由于这两个人的成就大，对旧史的分析批判比较多，希望通过这种介绍，使读者对旧史的利弊得失，有个概括的认识，来提高自己的见解。今天评论史学，是不应该停留在刘、章一般人的水平上，但是他们所总结出来的东西，我们也应该知道。介绍不厌其详，便是这个缘故。

以上四点，是我组织材料从事编写时的几条原则，也可以说是本书的略例。有些地方，我却大胆地改正了过去学者们的看法，并且严厉地给予了批判。例如把《史记》和《通志》并为一体，而标题为"百科全书式的通史"。读者们既学会了从书籍的实质来区分类例，才能不为笼

统大名如廿四史、九通之类所吓倒，尽管我们今天所用的本子是廿四史、廿五史和九通、十通，但是心中已有权衡，就不致望洋兴叹了。

从全书的系统来说，重点是摆在第三章和第九章。我国历史书籍起源虽早，但是正式成为史学，还是从《史记》开始的。因为《史记》具备了史书内容的各种体例，替后人准备了许多条件。后世许多历史书籍，很少能出其范围，大半是模仿它，不过有些是具体而微，有些是得其一体（详见各章）而已。所以我在写第三章时，特别就《史记》一书总的精神方面，和处理问题、组织材料方面，举出其各种特点，促使读者注意，以便读者阅览以下各章，有线索可寻，这差不多是全书的纲领。等到各类史籍大致介绍就绪，再归纳到第九章，说明刘知幾、章学诚对各种旧史得失利弊的看法，这差不多是全书的总结。所以这二章是全书的重点。

一九五五年七月八日于武昌

《中国古代史籍校读法》自序

过去有不少学者,整理本国文化遗产,很拘隘地守着经、史、子、集的旧圈子,不肯摆开。此疆彼界,各有范围。甚至研究经学的,可以终身专守一经;研究文学的,可以终身专守一集;而不必过问其他。从学术分工的角度来看,自然有他们深入钻研的成绩;但是引起的不良后果,却也不少。这在过去博学通人们,都已道破此中偏蔽了。其实,所谓经、史、子、集的分类,是在图书发展到日益繁多的时候,为编目方便起见,把它们以类相从,排列起来,易于寻检而已。前人写作之时,何尝有此区别!(已详拙著《中国历史要籍介绍》第一章)我们今天面对着浩如烟海的四部之书,都只能看成历史材料来处理,批判地接受它和运用它。全部经学书籍,固然是古代史的重要资料;诸子百家之书,更不用说,是研究思想学说史的基本读物;至于历代文集、笔记,保存的史料为最多。所以今天而言研究中国历史,要读的书,真是够丰富了。

这样多的书籍,怎样去读?如果不小心读了错误的本子,文字有异同,有讹脱,便直接影响到历史事实的真相。那末,读书又必首先注意校书。校书之法怎样?需要哪些基本条件?这都是目前阅读古代历史书籍亟待解决的重要问题。

我在一九五五年写成《中国历史要籍介绍》一书,将一些比较重要的著述,作过概括的评述和阐明。承许多朋友纷纷来信,认为有关读书方法部分,谈的太略,应该继续介绍一些校读史籍的方法和经验。我之所以发愿写成这部《中国古代史籍校读法》，也仍然是适应客观需要从事撰述的。希望能与前书交互为用、相辅而行。

十五年前，我写过一部《广校雠略》（有壮议轩自刊本），是推广郑樵《通志·校雠略》的体例而作的，主要谈到了学术流别、著述体例以及目录、校勘、辨伪、辑佚等多方面的问题。当时是用文言文写的，因论立题，各相统摄，共一百篇。现在看起来，其中有些内容，仍不失为愚者千虑之一得。这次也就选择一些比较适用的材料，经过进一步的补充和分析，写入了本书。

谈到校读古书，汉、唐诸儒已替后人开辟了道路。宋代学者为之最勤，清代学者为之最密。虽然他们的方法是过了时的，我们今天不应该停留在前人的阶段，但是前人经过长期劳动而取得了丰富的成功的经验，如果善加别择，去粗取精，仍可发现不少有用的东西，值得我们珍重。所谓"披沙拣金，往往见宝"，我们没有理由可以全盘否定和抛弃它们。我在本书里广泛援用前人成说，道理便在这里。从过去学者们的学术整体来看，是封建社会的或资产阶级的思想体系和唯心主义观点；但是谈到校读古书，他们确能刻苦钻研，实事求是，在长期感性认识的过程中，取得了丰富经验，创造了许多方法。有些方法和经验，并且已经提炼为规律性的知识，成为科学的或者接近于科学的理论了，在今天仍有参考的价值。

本书分为通论、分论、附论三大部写成。由于分论的篇幅较多，又分为上下，共成四编。第一编，通论校读古书的基本条件，从识字谈起，以至辨识版本诸问题。第二编，分论上，专谈校书方面的问题。第三编，分论下，专谈读书方面的问题。第四编，附论有关辨伪和辑佚方面的问题。虽牵涉到的问题已经不少，仍然是发凡起例而已，未尽之处，容俟他日补充和修正。

一九五八年一月三十日

《顾亭林学记》自序

古代学者当中，很有些继往开来的人物。明清之际的大学者顾亭林（炎武），便是被经常称举的一个。

有人怀疑到顾氏著述以《音学五书》为最专精，应该肯定他是一位杰出的音韵学家，为什么后人谈到清代的经学家、史学家乃至金石学家，都离不了他？他一生专业究竟是什么？难道每门学问他都很精通吗？我认为如果要弄清楚这一问题，首先在思想上必须明确两点：第一，古人做学问，有他们的规模次第，不可拿今天的治学范围去衡量古人；第二，古代学者又有专家和通人的区别，不可拿专家的尺度去衡量通人。关于第二点，更有着重说明的必要。

从历史记载中，看过去二千年的我国学术界，可以肯定从汉初至清末，学者们做学问的风气，有着两条不同的道路：一是博通的道路，一是专精的道路。专精的道路，在西汉时便是所谓五经博士之学。那时当秦火之后，几部重要经典，大部分都残缺不全，由于传授的本子不同，于是解说也就不同，以致"经有数家，家有数说"，"分离乖隔，不合不公"，没有方法可以统一起来。当时所谓专家——五经博士，事实上也非谨守师说，专研究一部书不可。这便替当时学术界带来了两种弊短：一是局隘，二是破碎。所谓局隘，便是此经不通于彼经，此说不通于彼说。刘歆《移太常博士书》所指出的"挟恐见破之私意，无从善服义之公心"，班固在《汉书·艺文志·六艺略》所说"安其所习，毁所不见，终以自蔽",都切中了汉代专门经学家的病痛。所谓破碎,便是死板地从文字上作些繁琐考证。西汉末年学者桓谭,在所著《新论》中说过:"秦近君能说《尧典》,篇目两字之说,至十余万言,但说'曰若稽古'三万言。"(见《汉书·艺文志》颜师古注引)这是何等破碎的功夫!他们在治学方面,范围既如此偏狭,深闭固拒,不肯接受其他的不同议论,对于解释古书和说明问题,多出于主观片面,自然免不了歪曲和错误,更谈不上融会贯通了。

但是在两汉时期的学术界,像司马迁、扬雄、刘向、郑玄这般人,便是走的另一道路——博通的道路。假使司马迁没有"厥协六经异传,整齐百家殊语"的本能,怎样能写成一部无所不包的《史记》?扬雄、刘向不是学术渊博,怎能校定天下群书?(扬雄曾校书天禄阁,见《汉书》本传)郑玄没有融会各家经学的才识,怎样能沟通古今文,重新给群经作注解?这些人做学问的面本宽,和那般局限于专经研究的五经博士比较起来,知识领域便截然有广狭之不同,不是儒林所能范围,所以他们在两《汉书》中,都不列入儒林传,而另有专传。后世学者像宋代的郑樵、朱熹,清初的黄宗羲、王夫之,都是走的这条宽广的路。顾亭林在清初,和黄、王一样,是一位博通的学者。

有人认为学贵专精,便在于钻得深,钻得透,对某些专门性的问题,确能说明其所以然,指出它的利弊得失,并有所发明或发现,对整个学术来说,是有利的;至于博通的人,虽涉及的面比较广,究竟还多少嫌其空泛。我以为这种说法,仅看到问题的一方面,而没有考虑到多方面。首先必须肯定学问博通的学者,由于治学范围比较宽,知识领域比较广,在分析问题时,能由一事物联系到若干事物,由一种书联系到若干种书,所以得出的结论,比较通方而无偏蔽。在某些专门研究的工作方面,实际已做了发凡起例、开辟途径的工夫,给专精的学者们指出了研究方向和下手方法,这种功绩是不可湮没的。即以顾亭林为例,他在研究古韵的过程中,不墨守前人成说,居然在宋人郑庠所分古韵六部的基础上继续有所发展,这便激起了后来学者们深入钻研的兴趣,给三百年来音韵学家开了一条路。这一研究工作的能够深入展开,顾氏确起了承先启后的巨大作用。其次,如顾氏重视金石考古的工作,也给后来史学工作者启示了努力的途径。由此可见,博通与专精,在过去学术界虽是两条不同的道路,但是彼此并不矛盾,而且是互相依倚,紧密联系着的。

今日人们做学问,虽不必强调走过去学者博通的路,但是我总觉得必须首先积累多方面的基本知识,才能谈得上进行专精研究。假使常识不够充足,便马上从事专精研究,随便哪一门学问,都是讲不通的。即以整理祖国文化遗产而言,如果没有古文字学的基本知识,便去研究铜器和甲骨刻辞;没有古器物学的基本知识,便去审定真赝,有所考证,都是行不通的。至于学习本国历史,上下五千年,典籍浩如烟海,牵涉的面太广,应读的书太多,假若基础打得不好,连许多常见书都没有读过,便马上想研究某一朝代的专史,也是徒劳无功的。因为事物总是彼此联系,不可分割。昔人所谓"牵一发而全身动",表现在学术研究中,更为明显。如果一开始便把范围弄狭隘了,遭遇的困难必然很多。过去学者们教人治学,特别强调本末、先后、缓急的程序,并且提倡"由博返约"的研究方式,不是没有理由的。

黄梨洲说的很好:"学问之事,析之者愈精,而逃之者愈巧。"(《留别海昌同学序》)这句话虽说在三百年以前,却道破了三百年来学术界的通病!有些局隘的学者,以为自己从事专精研究,凡是不属于这一专业的知识,我都可以不管。这在十八世纪中叶到十九世纪初期的乾嘉学者们,便已伏下了这一病根。他们既高举一面"汉学"的旗帜,人人争取以专门名家,不自觉地把学问范围弄窄狭了。当时所引起的流弊,连平日替"汉学"张目的江藩,也忍不住要说几句话。他在《汉学师承记》中指出:"自惠戴之学,盛行于世,天下学者,但治古经,略涉三史;三史以下,茫然不知,得谓之通儒乎?"又说:"近时学者,喜讲六书，孜孜于一字二音。苟问以三代制度，五礼大端，则茫然矣。至于潜心读史之人，更不能多得也。"（见《汉学师承记》卷三、卷七）这却正确地反映了乾嘉学者们治学的真实情况（当时还有少数的个别的学者是很博通的）。研究经学的，可以不读史；甚至研究这部经典的，可以不理会另一部经典；这样的局隘偏狭，如何推廓得开！在学术上自然引起了不好的影响。这种影响一直到今天还是有不少的人感受着的。

有些研究工作者，把用功的面，割裂得至细至窄。于是研究先秦史实的，可以不熟悉秦汉以下的世系、大事；研究近代史的，只局限于百年以内史料的搜讨。这样给自己画定了一个圈子，自然谈不到多方联系、融会贯通了。我们试寻味黄梨洲在三百年前所说的话，真足以发人深省！

顾亭林和黄梨洲一样，在学术研究方面，是不主张走窄路的，并且经常喊着"博学于文"的口号，用以自励，并用以教人。这个"文"字，却包括得很广泛。除掉用文字记载的书籍以外，他在《与友人论学书》中指出："自一身以至于天下国家，皆学之事也。"那么，连平日生活实践中的每一事物，都成为了应该学习的对象。所以他所强调的博学，本不限于读几句死书。这是何等阔大的规模！一个做学问的人，必须有这样的胸襟和气魄，才能推廓得开，不至于像春蚕一般的作茧自缚。

一个人在学术上取得辉煌成就，一方面固决定于有阔大的规模，但更重要的，还在于有悃愊无华、坚忍不拔的治学精神，作持久奋斗。如果没有这种精神，规模虽立得很阔大，也仍然会落空的。顾亭林一生，所以能取得多方面的成就，固然由于能够经常开动脑筋，深入思考，发挥创造性的劳动，对各种学问，都有不少发明或发现。但在他具体进行研究工作的过程中，所采用的方式方法，也还有四个特点：

一、勤动手。表现在一生抄书的成绩，特别惊人。既可帮助记忆，又通过提要钩玄的办法，成为各种著述的底本。

二、勤动脚。无论在家乡或者旅居北方，总是经常出游。通过实地调查研究，来丰富自己的知识。并且把实际见闻和书本记载紧密地结合起来了。

三、善于支配时间。平居固然没有一天不读书，即在长途旅行期中，也还利用骑在马上的时间，背诵过去读过的旧书，不使片刻光阴虚度。

四、善于接纳朋友。早年在江南，和后来北游期内，都特别注意论学取友，一生交游很广。在做学问方面，得朋友帮助之力也很大。

以上四点，可说是亭林一生成功的基本条件。至于他平日老老实实、埋头钻研的态度，不求速化，不慕近功，把做学问看成终身之事，这种恒心毅力，诚属难能可贵。我之所以汲汲写成顾氏学记，不是没有深意的。

由于事物总是发展的、进步的，生在二十世纪的今天，即就整理祖国文化遗产，研究历代史实而论，当然不应该停留在顾亭林时代的水平。但是从学术研究的步骤来说，必先痛下苦功，积累知识，掌握丰富的资料，并使之条理化，才能运用马克思列宁主义的观点、立场、方法来加以分析和批判。所以我们今天对于前人的一些踏踏实实的态度与合理的工作方法，都应该批判地加以吸收。许多封建学者治学的忠实态度，从句读开始，一点一滴，积累知识，来打好做学问的基础。他们在这方面，既创造了许多方法和条例，自然不容忽视。只有在这一基础上做好准备工作，再结合着科学的提炼资料和改造资料的手段，运用正确的观点和立场进行分析批判，才能出现新的有用的研究成果，这是很显明的事实。如果始基不立，就很难做出什么成绩来。

顾亭林在论学方面，并不是没有缺点。和其他封建学者一样，为历史条件所限，有些议论主张，不免流于迂阔。不独他所提出的有关经世济民方面的办法，强调"法古用夏"，违背了社会进化的原理；即在讨论其他学术性专门问题，也多有"食古不化"的毛病。例如他研究古韵，总算是取得了很大成绩。但他在《音学五书序》中却说："天之未丧斯文，必有圣人复起，举今日之音而还之淳古者。"他居然想把后世语音恢复到三代时的旧读，这当然是不可能行通的事！这种看法，仍然是从"复古"的思想基础上提出来的。像这一类的见解，人们容易辨识其错误，用不着详加批判，我在写这本学记时，也就不必引入。

至于近人阐述顾氏学术思想的文字中，也有歪曲顾氏原文，以及与顾氏语意不相符合的地方，我也不敢曲从。例如顾氏谈到整顿风俗，经常强调"清议"的作用。他所提出的"清议"二字，明明是指社会（其实主要是士大夫）的正直舆论。所谓"一玷清议，终身不齿"，语意是十分明白的（详见《日知录》卷十三"清议"条）。近来有人谈到这个问题，便肯定它是近代言论自由的"新民"思想。这便是把"清议"的"议"，看成议论国家大事了，显然是和顾氏原意有距离的。像这一类的问题，最好实事求是地用历史观点去仔细分析，以古人之见，还之古人，而不失其真。不必拿后起的新名词、新术语，强加于古人头上，以致违背了原来的意思。我在撰述这本学记的过程中，就特别注意到这一点，不敢于古人辞意之外，有任何不必要的附加。有些地方，还只得照古人原语介绍出来，留待读者论断。

学记这一类写作的出现，发端于清代末年戴望写的《颜氏学记》，将颜习斋和李恕谷的言论从遗书中辑录下来，戴氏本人几乎没有什么按语和考证，这是一种抄书的体例。当时《颜李遗书》流传不广，人们不易看到他们的议论主张。戴氏本着阐幽表微的意思，将颜李遗言择要抄录一遍，介绍给社会，这在当时是一件极有意义的工作。后来学者们知道重视颜李之学，大都是从戴氏书中受到启示的。由此可见，学记一类的写作，对于介绍前人学术，启辟后人途径，效用是比较大了。

不过今日撰述学记，不必沿袭戴氏那种但事抄录、全无论断的体例；相反地，应该将每一学者治学的方法、态度和精神，以及他的学术渊源、为学次第，作出全面而概括的说明。这对读者来说，帮助自然很大。我这次撰述顾氏学记，便重视到这一点，将全书分为《综述》《分论》《附记》三大类，每类中又各标小题，分篇阐说。很想通过这一次的整理编次，使有志读书的青年朋友们，对顾氏学术能了解一个轮廓。

一九五七年四月二十五日于武昌

《清人文集别录》自序

　　清人文集夥矣。以舜徽之陋，所得寓目者，才一千一百余家。其间有博大精深、常加籀绎者；有胜义缤纷、尝再三诵习者；有瑕瑜互见、仅涉猎一周者；有辞义庸浅、览之不欲终卷者。盖多士如林，高下醇驳，万有不齐。而吾心力所投，亦有至有不至焉。顾每集读毕，辄好考作者行事，记书中要旨，究其论证之得失，核其学识之浅深。各为叙录一篇，妄欲附于校雠流别之义，以推见一代学术兴替。然三十年来，泛滥群籍，未克专意于此，时作时辍，论述难周；亦有其书未厌人意，等诸自郐，存而不论者。故撰定之稿，仅得六百七十余篇，顷以暇日略加删汰，姑录存六百家，汇为一书，命之曰《清人文集别录》。虽未足以概有清一代文集之全，然而三百年间儒林文苑之选，多在其中矣。

　　别录之体，犹提要也。论其义例，复有不同。昔刘向校书秘阁，每一书已，辄为一录，论其指归，辨其谬误，随竟奏上，载在本书。后又裒集众录，谓之别录。盖即后世目录解题之始，名曰别录，谓纂辑群书之叙录，都为一集，使可别行云尔。今就所存管、荀诸子叙录观之，知其撰述之体，特致详于作者生平。后世为簿录者，惟王俭能用斯例。《隋书·经籍志》称俭撰《七志》，于书名之下，每立一传。此诚校雠之弘业，向、歆之嫡传。惜其书不行于后世，莫由窥其繁简何如也。证之古之自序其书者，亦主于叙家世，明行事。若太史公自序、班固叙传，靡不皆然。或谓在书为序，入史为传；刘向校书，则谓之录。名虽不同，体固无二。盖古之叙录群书，义例固尔。别录之所不同于提要者，亦即在此。今兹所论，首必致详于作者行事。既以远绍前规，亦欲以为知人论世之助耳。

清人自裒所为文，或身后由门生故吏辑录之，以成一编。大抵沿前世旧称，名之曰集，或曰文集，或曰类集，或曰合集，或曰全集，或曰遗集；亦名之曰稿，或曰文稿，或曰类稿，或曰丛稿，或曰存稿，或曰遗稿。而稿之中有初稿、续稿之分；集之中有正集、别集之辨。其不以集或稿为名者，则命曰文钞，或曰文录，或曰文编，或曰文略，或曰遗文。此正例也。亦有不标斯目，而别制新题者。如颜元《习斋记余》、万斯同《群书疑辨》、董丰垣《识小编》、法坤宏《学古编》、钱塘《溉亭述古录》、张宗泰《质疑删存》、陈立《句溪杂著》、李象鹍《棣怀堂随笔》之类，名似笔记，实即文编。今兹所论，悉为采入。若夫文集早经写定，迄未刊版，惟有抄本传世者。如顾栋高《万卷楼文稿》、翁广平《听莺居文钞》、牟庭相《雪泥书屋遗文》、徐养原《顽石庐文集》、刘宝楠《念楼集》之类，世多录副，不容以不得见自解。故亦就涉览所及，别择其较精者，为论次焉。

昔张之洞尝劝学者读清人文集，谓有实用胜于古集。方苞、全祖望、杭世骏、袁枚、彭绍升、李兆洛、包世臣集中，多碑传志状，可考当代掌故、前哲事实；朱彝尊、卢文弨、戴震、钱大昕、孙星衍、顾广圻、阮元、钱泰吉集中，多刻书序跋，可考学术流别，群籍义例；朱彝尊、钱大昕、翁方纲、孙星衍、武亿、严可均、张澍、洪颐煊集中，多金石跋文，可考古刻源流，史传差误。（语见《輏轩语·语学篇》）张氏此言是矣，而犹未尽也。盖自乾嘉盛时，朴学大兴，而诂经、证史、议礼、明制、考文、审音、诠释名物之文，最为繁富。苟能博观约取，为用尤弘，又不啻为经、史、小学、群书之羽翼矣。舜徽自少治文字、故训、声韵之学，后乃进而理董群经、诸子及历代史籍；恒旁稽清人文集、笔记，以博其趣。释疑祛惑，受益实多。今于辨章学术之际，凡诸家考证之语，论断审密，信有发前人所未发者。亦特为拈出，以与学者详之。

间尝以为有清二百六十余年间，学凡数变。开国之初，诸儒多明季遗民，操危虑深，艰贞自矢，大抵博学笃行，有志匡济。故其为学，原本经史，不忘经世。非特有殊于宋明理学诸儒之空谈，复不同于后来乾嘉经师之琐碎。体用兼该，气象博大。此一期也。迨康、雍、乾三朝迭兴文字之狱，学者相率不复治近史，且不敢论涉政治以干时忌。然后举世之心思才力，乃一窜于穷经考礼。而乾嘉朴学以兴，科条极精，门庭渐褊。此又一期也。降至嘉、道，禁网渐疏。学者始稍稍为论政之文。自鸦片战后，外侮迭乘，志士扼腕，尤思以致用自见。于是依附公羊今文之学，盛张微言大义之绪。后之鼓吹变法维新者，卒托此以行其说，力辟墨守，广揽新知。此晚期也。若论儒效之弘纤，则清初与清末诸儒，规为浩大，识议明通。视夫穷经考礼、终其身劳精疲神于训诂名物间者，固有间矣。虽乾嘉诸儒，从事朴学，不厌专精，非特理董周秦故书，秩然就理，即天文、历算、舆地、乐律、声韵、文字、训诂诸学，亦各极其湛深，发明甚广。然陋者为之，则又群趋于褊涂以自隘。蔽于一曲而暗于大理，使无卓识孤怀，孰能匡救其失。当举世沉酣于补苴襞绩，积久忘返，亦有特立之士，憬然以解蔽补偏自任者，议论峻快，足以兴起人。今亦广为采掇。俾无没其盛心。一言精核，不以细遗；累牍明清，不以繁节。非第以见当时诸儒谆谆救弊之意，亦欲借此推明风气穷变之机焉。

抑清代人文盛矣。或以学名，或以文著，或以事业显，或以艺术彰。各有文集刊布于世。势不能遍搜而尽取。斯编所录，要以儒林、文苑中人物为多。略依时世先后，系联而下。其有家学、师承或友朋讲习之益者，务令比叙，以见授受濡渐之迹。爰就所已论次者六百家，分编为二十四卷，付书局刊之以行世。顾兹事体大，以一人之心思才力，上论六百家之得失利弊，其难巨可知。世有方闻绩学之士，傥蒙教所不逮，而匡其谬误，跂予望之矣。

公元一九六一年八月十一日张舜徽记

《周秦道论发微》前言

近世治周秦诸子之书者,大抵校勘版本、诠释文字之力为多,而融会贯通、畅申大义之言甚少。自清代诸儒下逮并世胜流,作者众矣。雠对详审,考证精核,使上世遗书譧然已解,其为功固不细。然余以为此特读书首务耳,而非其终诣也。夫周秦诸子之言,起于救时之急,百家异趣,皆务为治。虽各自成一家,不相为谋,然亦有所见大合、殊途而同归者。后人籀绎其书,但知其异而不见其同,犹不足谓善学也。余昔治周秦诸子书,而深疑道论之要,何以为百家所同宗。反复推寻,始悟无为之旨,本为人君南面术而发,初无涉于臣下万民也。近人治哲学者,乃谓《老子》之言无为,实欲返诸太古之无事。使果如此,必致耕稼陶渔、百工技艺,皆清静无所事事,则乾坤或几乎息矣,乌睹所谓后世之文明乎?故其说必不可通。余早岁尝为书数种,以畅发道论之要,近复有所增益,因裒为一书,名曰《周秦道论发微》。其《叙录》一篇,既为友人取去,刊入《中国哲学》第三辑矣。而读者纷纷来书,索观《发微》之全。因出其稿付中华书局印行,亦欲以求教于当世耳。此书九卷,不成于一时,故彼此取材难免复见。原欲各书单行,是以并存无嫌。今既都为一集,仍而未改,幸览者谅之!

一九八一年七月十五日张舜徽记

《老子疏证》自序

我国历史进入第一个阶级社会——奴隶社会以后，统治阶级内部为了适应最高统治者的需要，便出现了一种研究怎样实行统治的方法、权术的专门学问，师师相传。一直到汉代还有这方面的专家们，在开门授徒，传述这方面的理论。史称李斯"从荀卿学帝王之术"；司马谈"习道论于黄子"；刘德"少修黄老术，有智略"。他们所探求的，都是这门学问。而司马迁叙述黄老术的授受源流道："乐臣公学黄帝、老子，其本师号曰河上丈人，不知其所出。河上丈人教安期生，安期生教毛翕公，毛翕公教乐瑕公，乐瑕公教乐臣公，乐臣公教盖公，盖公教于齐高密，胶西，为曹相国师。"（《史记·乐毅列传》）可知这门学问的传授，起源很早，到汉代还很盛行，正和汉代经师傅授儒家经传的情况，足以媲美。所以汉代学者对道家之学的理解，比较深刻而精辟，是不足奇怪的。

《老子》一书，是战国时期讲求这门学问的老专家们裒辑自来阐明"人君南面术"比较精要的理论书。字数虽不多，谈到的问题却不少。由于其书不出于一时，不成于一手，所以前后不免有复见的字句，有些地方还杂入了后人附加的话。

其书为了阐明事理，多因近取譬，也有时举出用兵的例子，而其原本非为用兵而发。我们只看上下文的含意，便可知其本旨。唐代王真在所著《道德经论兵要义述》中谈到"五千之言"，"未尝有一章不属于兵

也"。似乎这书是一部古代兵书。明代焦竑针对着这一看法,进行驳斥。焦氏在所撰《老子翼序》中谈道:

> 《老子》,明道之书也。而唐王真也者,至以为谭兵而作。岂其佳兵善战之言,亦有以启之欤?余曰:《老子》非言兵也,明致柔也。天下之喜强者,莫逾于兵,而犹然以柔诎也,即无之而不柔,可知已。柔也者,刚之对也。道无不在,而独主柔而宾刚,何居?余曰:《老子》非言柔也,明无为也。柔非即为道,而去无为也近;刚非外于道,而去无为也远,故自柔以求之,而无为可几也。

焦竑是明代后期比较渊博的学者。他平生研究《老子》,参考了六十四家的注说,最后博采诸家精义,写成了《老子翼》。由于他深造有得,所以谈到《老子》一书的作用,独能得其要领。其实,远在汉代,便有人已深窥此义。《汉书·艺文志·诸子略》说:

> 道家者流,盖出于史官,历记成败、存亡、祸福、古今之道,然后知秉要执本,清虚以自守,卑弱以自持,此君人南面之术也。
> ("君人"当为"人君"二字误倒。)

这说的何等清楚!我们再上推到司马谈的《论六家要指》一段议论中推崇道家的话,分明是从最高统治者南面术的角度来谈问题的。所以我总认为司马谈的《论六家要指》,实是通贯道家学说的一把钥匙,必用此将锁打开,才会懂得《老子》所强调的"无为",究竟是怎么一回事。

道家包括《老子》在内的言论,既是为君道而发,后来流弊为什么又有那么大呢?这在汉代学者早已回答了这一问题。《汉书·艺文志》既肯定道家所言,是"人君南面之术",继着又说:

及放者为之，则欲绝去礼学，兼弃仁义。曰：独任清虚，可以为治。

这里所指斥的"放者"，是指庄周一流人。《史记·老庄申韩传赞》中明明说过："庄子散道德，放论。"可知道家思想被人歪曲而变为放荡无羁、毁弃一切，是从庄周开始的。汉代以及汉以前的学者们以"黄老"并称，原以施之政治。魏晋以来，但言"老庄"，便流于旷达清谈，和现实脱离。所以"黄老"与"老庄"，二者是有截然不同的内容的。根本是两码事，绝不可以拿"老庄"的流弊，写在"黄老"的账上。这点必须分辨清楚，才有可能弄明白道家学说的原意。

注说《老子》的，唐以上有河上公和王弼两家注本并行于世。河上公注本，显系后世伪托，前人早已论定。但即使出于魏晋人手，到今天也成了很早的注本。况其中保存不少精义，深得作者用心，有时远胜王弼之注，较后起诸家更为超逸。流传至今，仍不可废。可与王注并行，截长补短，足以相发。

《老子》一书，传本很多。唐代陆德明作《经典释文》时，已经感到《老子》"众本多异"（见《经典释文叙录》）。流传到现在的，不仅有许多较古的刻本和刻石，而且还保存了六朝人及唐人手写的残卷。近人马叙伦的《老子核诂》、蒋锡昌的《老子校诂》、高亨的《老子正诂》、朱谦之的《老子校释》，都作了仔细校勘的工作。但对《老子》一书的理论意义，却很少解说。

综观旧注，往世如河上公、王弼、吴澄，近代如高延第、魏源、奚侗，循文释义，所得为多。余早岁耽习《老子》，于此诸家之注，沉潜反复，复博稽今人校释，间下己意，尝撰为《老子约义》二卷。自一九七三年十二月，帛书《老子》甲乙本出土于长沙汉墓，两千多年前的旧写本，复见今日。因亟取帛书校读今本，收获很多。因一一笺记异同，发明其义，扩充《约义》，以成《疏证》。历时一月，缮写初定。其间纰缪，一定是很多的。仔细进行修改，只得俟诸异日。

一九七六年二月五日

附：略例

今为《老子疏证》，首先将正文重新写定；其次博采众说，择善而从；最后，自抒所见，稍加发明。取舍从违之际，略具条例如下：

一、《老子》两篇的叙次，自汉代以下，都以《道经》为上篇，《德经》为下篇，因合称为《道德经》。帛书甲乙本《老子》，则与此相反，而是《德经》在前，《道经》在后。这和《韩非子》之《解老》《喻老》两篇证说《老子》的专著，先《德》后《道》的叙次，完全相合。足以说明此乃《老子》一书的本来面目，今依此缮写。

二、帛书《老子》，皆分二篇。乙本篇尾，标有"德""道"篇题；甲本前则但用圆点以示区分而已。今仍分上下卷，不标"德经""道经"之名。因为用"经"名此书，所起较晚，不当沿用。

三、帛书甲、乙本《老子》，都没有分章。说明《老子》原书，本不分章。而后世分章，出于注家所为。因分章而引起的纠纷，确也不少。有些上下文意应连在一起讲的，被割裂为两章；有些各自一意的，反被合为一章。这便导致注释的分歧和不必有的争辨。照原文不分章，自可避免这一类的弊端。今依帛书，仍不分章。

四、今本《老子》分为八十一章，取与帛书甲、乙本对勘，第四十、第四十一章次序互倒，第八十、第八十一章在第六十七章之前，第二十四章在第二十二章之前。这是今本久经传写，以致错乱的现象。在传世的其他古书中，也常有这种情况，不独《老子》为然。今悉依帛书排列次序写正。

五、全书字句，以王弼注本为底本，用帛书甲、乙本以校王本，发现帛书实胜王本，便依帛书写正；发现帛书有讹误而王本不误，便仍用王本。或他本实胜王本，便采用他本。

六、帛书甲本时代最早，不避汉高祖讳，所以文中多用"邦"字，乙本便改用了"国"字。甲乙本均不避汉文帝讳，所以文中多用"恒"字，今本便改用了"常"字。今进行勘对，发现确由避讳而改了的，仍照原文改回，以复其旧。也有原文本用"国""常"等字，非由避讳改写的，则仍其旧。

七、战国时文体，字句间多有虚词如之、乎、也、者诸字以舒缓语气，如《孟子》《战国策》诸书皆然。《老子》原文，当亦如此。观帛书甲、乙本可知。今本虚字较少，是由传写者所删汰。宋代范应元曾说："古本每句下多有'也'字，文意雍容；今本并无'也'字，则文意不足。"（《老子道德经古本集注》上）这话是对的。今检寻文义，必有虚字而后语意完足的，便据帛书补之；今本虽无虚字而不损害语意的，便不必补。

八、自来注说《老子》的书，从《韩非子》之《解老》《喻老》以至今人所述，名目繁多。凡一义而数家相同，称引时，举其最早者。

《管子四篇疏证》自序

《管子》，丛书也，囊括众家，罔不赅备，盖汉以上学者杂抄汇集而成。迄乎西汉之末，刘向校书秘阁，获见中外书凡五百六十四篇。以校除复重四百八十四篇，定著八十六篇，后世又亡其十篇。即今所存七十六篇之中，糅杂亦甚矣。而言人君南面之术者，往往在焉，如《心术》上下、《白心》《内业》四篇皆是也。昔人每好取儒家正心养性之说以相傅会，而原意尽失。若此数篇，固不出管仲手，要皆传抄旧文，裒集之以入《管子》书耳。其间精义要旨，足与《道德》五千言相发明也。余既沉潜此数篇之义，叹为主术之纲领、道论之菁英。其实易行，其辞难知。因博采诸家之说，以校正其文字；亦自抒管窥之陋，以发明其义理。撰为《疏证》，成书四卷。愚夫千虑，容有一得。纰缪之处，不敢自保。聊欲与世之籀绎周秦故书者共商榷之，倪诲所不逮，则幸甚矣。

《史学三书平议》引言

  往余启导及门读史,先之以《史通》《通志总序》《文史通义》三书,谓必闲于前人评史之言,而后能考镜源流,审辨高下。循序渐进,庶有以窥见治史门径。诸生好学者,相从请质疑义。余一一答之,讲习余暇,间有疏记。凡三书中议论之精者,表而出之;其或疏舛,辄加考明;不护前人之短,期于求是而已。当时记诸书眉及行间上下皆满,越历多载,近始稍加芟治,录为一册,颜曰《史学三书平议》,固未能探得前人深处也。

一九八〇年九月十八日张舜徽识

《郑学丛著》前言

清代二百六十余年的学术界,特别是乾嘉学者,都围绕了"许郑之学"努力用功。凡是探讨文字的,便以许慎的《说文解字》为依据;研究经学的,便奉郑玄的群经注说为宗主。有的学者,甚至将毕生的心思才力,投入一部书的深入钻研。当时朴实治学的精神,形成了风气,各效所能,写出了不少专著,留下了丰富成果,给予后来研究古代文字和整理文献遗产的人们以莫大的方便。这种成绩,应该在中国学术史上大书特书而不容湮没的。

道、咸以下,治学道路虽已变化,但是宗尚"许郑"的学术气氛,从来没有轻淡过。所以我们说,有清一代的学术界,完全为"许郑之学"所笼罩了,也不失之夸大。有些学者自号为"鄦斋",为"洨民",为"郙园";或者自号为"郑盦",为"郑龛",为"仪郑堂",为"郑学斋",为"许郑学庐";都充分体现了学者们倾慕"许郑"之情。

我过去为了总结许慎在文字学方面取得的成就,重新整理了他的著作,成为《说文解字约注》,将自宋以来数十百家的异说,去粗取精,肯定他们的创见,扬弃他们的谬解。对许书本身,也采用金文、甲骨文,作了许多补充和订正。将许慎在文字学方面的贡献,有重点地又写在《广文字蒙求》里面,总结下来了。

郑玄是汉代杰出的文献学家。他对群经都做了整理和翻译的工作,影响于后世学术界为最大。我在年轻的时代,治学的门径和方法,都受了清代学者的影响,对郑氏的《三礼注》和《毛诗笺》,是很尊重的。在学习过程中,写了许多笔记,辑录了一些精义。到了晚年,才用旧有丛稿为基础,总结郑学的成就,写出了《郑学叙录》《郑氏校雠学发微》《郑氏经注释例》《郑学传述考》《郑雅》等五种。大约郑氏一生在学术上所作出的贡献,已经总结在这里面了。后又推衍郑氏声训之理,效《释名》之体,以究万物得名之原,撰成《演释名》一书,实际也就是张大郑学的写作,因与上述五种,合刊为《郑学丛著》。

一九七七年十二月五日

《郑氏校雠学发微》自序

昔段玉裁论及校雠之学,谓千古之大业,未有盛于郑康成者,尝于《经义杂记序》中畅言之。夫惟段氏精于校雠,故能识得康成深处。世人徒以康成注经,兼录异文,考订疑误,大有裨于遗经,而不知其不可泯没之功,固犹在考镜源流,厘订篇帙间也。盖必学术渊湛,识断精审,而后能语乎校雠流别之义,后之经师所以不能望及郑氏者在此耳。即以勘正文字异同言,亦非深明一家学术,贯彻本书首尾,无着力处。郑康成惟能博稽六艺,深造有得,故虽不以校雠名,而校雠之业,莫盛于郑氏。后之注述大典而兼寓校雠流别之义者,惟陆德明博涉多通,为能仿佛之耳。余旧有志论列郑氏校雠之学以发其微意,扰于他事,迁延未果。近始出暇晷为之,草创粗就,凡十五篇,虽甚简略,而大端举矣。

一九七七年五月十五日

《郑氏经注释例》自序

　　古人著述不言例，而例自散见于全书之中，后人籀绎遗编，多为之方以穷得其例，信能执简驭繁，持类统杂。既以考明昔贤著述之体，亦可启示后人治学之方，故释例之作，为不可缓。余早岁潜研郑学，有志通贯郑氏群经注义，而为之释例，间有勾稽，未遑比辑也。自顷重温旧学，乃复从事于此。时历八旬，篇成二十，而郑氏注经之例，悉在其中。大抵举一事可明者，则举一事以发其例；必须备列者，则备列以资论证。各从其宜，初亦无定式也。

一九七七年三月十二日

《郑雅》自序

余年十九,治毛郑《诗》。读陈氏《毛诗传疏》,病其胶固;而独喜其所为《毛传义类》,櫽栝有条例,与《尔雅》相表里。效其体,成《郑笺义类》。后治三《礼》,钻研郑《注》,仍斯例为《三礼郑注义类》。复博采郑氏群经佚注之可考者,裒录为《郑氏佚注义类》。于是北海精诣,粲然大备。思合此数种,纂为《郑雅》十九篇。以为陈氏《毛传义类》、朱氏《说雅》之后,不可无此书。自顾年尚少,见书不广,轻言述造,深恐贻讥大雅,撰集而写定之,自当俟诸异日。其后施教上庠,四方奔走,尝专心力理董周秦诸子,又博涉历代史籍及文集笔记,绵历岁年,各有论述。而夙昔治经之业,则已置之高阁,不遑措意。所缮诸稿,藏诸箧衍,未尝出以示人;中经转徙,幸犹免于失坠耳。顷以暇日偶启视之,深喜四十余年前手写旧册,哀然俱存。追忆少时治学之勤苦,俯念一生岁月之蹉跎,触物兴怀,感慨系之。稿本缮写工整,弃之可惜。因发愿重理旧业,以竟前功。爰温寻《三礼》《毛诗注疏》,逐篇校读,复广罗佚书辑本,雠对异同。凡昔时辑录之偶遗者补之,误者正之,分类未当者改之,一类中名物过繁者,又分立细目以区处之。爬梳纷错,颇费苦思。自春徂秋,草创粗就。名曰《郑雅》,仍前志也。间尝以为郑氏遍注群经,包罗弘富。乾嘉诸师,大张许、郑之帜,顾分治一经者多,合治群经者少,卒未有汇合郑氏群经注义以成一编者。逮夫清末,若俞樾、陶方琦、章梫、王仁俊之伦,虽尝有志于此,而亦未能成书。良以兹事体大,不易为力也。余不揆梼昧,少而习焉,抱持勿失,至老始成。素志克酬,亦快事已。此编训诂名物之繁赜,倍蓰于《毛传》《尔雅》《说文》。苟能贯通郑学,则群经莫不迎刃而解。斯一编也,不第六艺之钤键,抑亦考古之渊薮矣。

一九七七年八月二十五日

附:纂辑略例

一、《汉书·艺文志》著录《尔雅》三卷二十篇。今所传止十九篇,论者谓古有《序》篇而早佚,理或然也。十九篇者,释诂、释言、释训、释亲、释宫、释器、释乐、释天、释地、释丘、释山、释水、释草、释木、释虫、释鱼、释鸟、释兽、释畜也。今辑录郑义,悉依此十九类,整比陈文,以成一书。同条牵属,共理相贯。俾于错综复杂之中,据义系联,有条不紊。

二、郑氏注经:与许氏解字之体不同。注经职在畅通经意,多因文立训,而引申假借之义为多;许书则以阐明文字本义为主;二者固有辨也。故郑氏经注中凡云"某,某也",已多非其本义。其云"某犹某也","某亦某也","某谓某也","某即某也",则尤为比况之辞,乃承上文已释某字为某义,而此字与之同义,故即连累说之耳。今并不录入《释诂》《释言》。

三、郑氏经注中,亦有用比况之辞以双字释双字者,如《仪礼注》云:"而后犹然后也。"《周礼注》云:"上下犹丰杀也。"《礼记注》云:"诟病犹耻辱也。"《诗笺》云:"绸缪犹缠绵也。"亦有以单字释双字者,如《礼记注》云:"纰缪犹错也。"有以双字释单字者,如《仪礼注》云:"刺犹划除也。"若斯之类,虽亦为比况之辞,与夫前有所承、沿上文而立训者不同,今并录入《释训》。

四、郑氏经注中凡云"之言"者,多依声以通其义。如《礼记注》云:"妻之言齐也。""妾之言接也。"《周礼注》云:"媒之言谋也。"《诗笺》云："壸之言梱也。"《礼记注》云："庙之言貌也。""拚之言蔽也。"如此类者，皆有助于正名辨物，悉分录入《释亲》《释宫》《释器》诸篇。其他尚多，各归本类。至于言为泛指，无关弘旨者，悉屏不录。

五、郑氏注《礼》在前，笺《诗》在后。故见存之书，沿用旧秩，首《仪礼注》，次《周礼注》，次《礼记注》，次《毛诗笺》。佚书则有《易注》《尚书注》《尚书中候注》《尚书大传注》《尚书五行传注》《尚书略说注》《孝经注》《论语注》诸种。今遇一义散见群注者，标明出处，悉依此秩以为先后。至于据义系联，自有首尾，但取辞义贯通而次第之，不为此秩所限。一义而数见同书者，则但举首见发例。

六、《三礼》《毛诗》经文及《注》《笺》，以乾隆中所刊殿本《注疏》为依据，而以阮刻《注疏》参校之。佚注则以袁钧所辑《郑氏佚书》为依据，而以孔氏《通德遗书》、黄氏《高密遗书》参校之。至于原书早佚，后世获见残存，则珍同拱璧，益足勘订讹误，搜考遗文。若郑氏《论语注》残卷，早岁发现于敦煌，近年出土于新疆，皆有印本行世，足资参校。今亦广采旁求，与辑本勘对异同。

七、群经名物繁赜，而三《礼》为尤甚。此编《释器》，包罗滋丰，不有以区分而条理之，则纷如乱麻，漫无友纪。兹依其事类，厘为食器、饮器、祼器、炊爨、饭食、酒浆、膳羞、醯醢、乾腊、弁冕、首饰、衣裳、带佩、帗舄、丧服、布帛、色彩、席帐、杂器、货财、度量衡、书契、兵戎、车马、死葬等二十五目。俾能以类相从，杂而不越。

八、《尔雅·释亲》，但标宗族、母党、妻党、婚姻四目，《广雅》附以身体。郑氏群经笺注，所涉弥广，凡属人事，悉应归入此篇。今于《尔雅》之四目，并为亲属一类。此外则益以形体、姿容、长幼、师友、才德、禄秩、过恶、奴役、刑戮、职位、朝聘、宴飨、礼惠、齐民、疾病、死丧等目，共十七类。他若《释乐》《释天》《释地》诸篇，亦各分立细目。讲武之事，仍沿雅例，录入《释天》。

九、郑说一事，有此书与彼书乖牾，或同在一书而前后相违者，亦有彼此详略不同、辞句繁简有异者，今皆同举并列，以存其真。

十、此编职在比辑旧文、纳之轨物。部居别则条理明，句稽勤而微文显。不俟推扬，无劳裁断。故自首至尾，不下己意。观览之者，幸垂察焉。

《郑雅》自序

《演释名》自序

余生平考论文字训诂书之流别，以为汉代学者，本有二途：一主形训，许氏《说文解字》是也；一主声训，郑氏群经注谊是也。许氏之学，自宋清以来，治之者众矣，其道大明，无用演赞。独郑氏为经师之名所掩，后世但推重其说经铿铿，而不知其长于说字。观于《仪礼·士冠礼注》所云"弁之名出于槃"；《周礼·地官·序官注》所云"种谷曰稼，如嫁女以有所生"；并由古声类以推见物名之原，亦即郑氏所自道"就其原文字之声类考训诂"之明例也（此郑氏《周礼序》中语，见贾公彦序《周礼废兴》引）。惜其一生劳于注述大典，而不遑条理故训，勒为专著。其弟子刘熙亲承音旨，得所指授，本其义例，述为《释名》。《释名》者，所以绍郑学余绪而发挥光大之者也。（刘熙之学，出于郑氏，详《郑学叙录》及《郑学传述考》。）后之道及是书者，不深惟其义例之多精，而徒校其证说之或舛，斯固未为善学也。

乾嘉诸儒为音韵之学者甚夥，大抵详于辨韵而疏于审声。独休宁戴震起而振之，昌言"疑于义者，以声考之；疑于声者，以义正之"（转语二十章序）。继是而深造有得者，以钱大昕、王念孙所诣为最精。钱氏既于古双声之说，卓有发明；复采掇经传子史之语关声训者，辑为《声类》一书，而所录《释名》精义为多。王氏疏证《广雅》，乃舍其所定古韵二十一部之说，绝口不谈；而独推明双声通转之理，至为邃密。又尝依声纽贯通雅诂，述为《释大》以发其例，不啻示人以康衢大道矣。晚岁得见程瑶田未刊遗稿《果蠃转语》，作而叹曰："先生独能观其会通，穷其变化，使学者读之，而知绝代异语、别国方言，无非一声之转。触类旁通，而天下之能事毕矣。"（见《果蠃转语》跋）两家卓识孤怀，复绝千古。是岂当时徒沾沾于古韵分合异同者所逮知哉！

近世言文字训诂之学者，以余杭章炳麟、蕲春黄侃为大家。然章氏之言曰："治小学者，在乎比次声音，推迹故训，以得语言之本。"（语见《国故论衡》）黄氏之言曰："《释名》一书，全用声同、声近之字比方；考音之士，最宜措意者也。"（语见《声韵略说》）两家所论又如此。诚以识大之贤，所见者同耳。余素服膺诸家之言，喜循声以求义。尝谓古今语言之变，由于双声者多，由于叠韵者少。不同韵之字，以同纽之故而得通转者往往而是。此本与韵无涉，不用强相比合。世之徒拘泥于古韵部居而争论不休者，殆所谓大道甚夷而民好径也。往岁理董《说文》，循双声之理以释字，则谦然以解，不假旁求而义自明。窃愿终身由之，以为守约之道，正不必要途人而强同也。

刘熙《释名》之作，迄于今千七百余年矣。观其《自序》有云："凡所不载，亦欲智者以类求之。"盖以一人之心思才力，乃欲"撰天地、阴阳、四时、邦国、都鄙、车服、丧纪，下及民庶应用之器，论叙指归"，各究其所以命名之故。必求赅备，其事不易。扩而充之，有待来者，而仍属望后人为之增补也。余不揣梼昧，仰慕前修。早岁治经，笃好郑氏，而于刘氏《释名》，治之三反，目为郑学嫡传。锲而不舍，略有窥悟。辄依其义例，稍事补充。积久成册，不忍弃捐。爰分类比次，都为一集，命之曰《演释名》，亦犹昔人撰述《演说文》之意耳。刘氏原书分二十七类，而犹不及草木鸟兽虫鱼之属。今兹所述，合其门类之所可并者，增其事物之所宜有者，凡分十有五目。虽事类仍未究备，亦聊以自述所知，无使散佚云尔。

是书缮写既竟，客有踵门而问者曰："昔昭文张金吾于嘉庆中尝撰有《广释名》，与子之作有异同乎？"余应之曰："张氏之书，乃衷录诸经传注及周秦两汉故籍之义涉声训者而成，作者竟未着一字，徒有比辑纂录之功耳。一抄胥优为之，固未足与于著述之林也。若《演释名》之作，畅抒己见，空所依傍。虽论列未必尽是，要亦中有所主。与夫比辑纂录之业，固自不同已。"客既退，因书所语于此，以告世之读是书者。

《中国文献学》自序

文献学的范围，包罗本广。从过去两千年间的中国学术界来看问题，不独刘向、刘歆父子校书秘阁是整理文献，即如郑玄遍注群经，也是整理文献的部分工作。司马迁写成一百三十篇五十二万六千五百字的大著作，也是他整理文献的丰硕成果。下迄有清一代考证之学，超越往古。专门名家，以数百计，专门著述，乃至汗牛充栋。如果以史家的眼光去估计他们的成绩，也不过是替我们整理了一部分文献资料而已。梁启超所撰《中国近三百年学术史》谈到"清初史学之建设"时，便说："明清之交各大师，大率都重视史学——或广义的史学，即文献学。"这却把文献学看成了广义的史学，内容自然是很丰富的。所以我们整理文献，绝不可局限于校勘、注释几部书便够了，而要担负起的任务，却大有事在。

在封建社会的学术界，凡是研究经传卓然有成就的，称经学家；考证史实确有心得的，称史学家；此疆彼界，好像互不相通似的。其实，有些学者，门庭本广，在很多方面都取得了成就，何能把他限于一隅，以致湮没或缩小了他的巨大作用。张之洞《书目答问》末，附列清代学者《姓名略》，将学有专长的名家，按类分列。但有时也显现出这一方法的局限。例如一个钱大昕，既列入经学家，又列入史学家，又列入小学家，又列入校勘学家，又列入金石学家。这是由于他的治学范围很广博，造诣都极精湛，不可单从某一方面去肯定他。如果把他归入文献学家,那就包括无遗。由于那时没有"文献学家"的名目,所以只能多门并列了。

文献学的范围既很广博,有些人不免望洋兴叹,趑趄不前,这是很自然的事。我于是发愿写《中国文献学》一书,将前人在这方面取得的卓著成就和不朽业绩,加以总结;对今后整理文献的工作,寄以厚望;并将整理文献必须具备的基础知识,详加阐述于前。俾学者由此入门,以得整理文献之术。自惭浅陋,未能畅发斯学蕴奥。不足之处,容俟他日增补。

一九八一年二月廿五日

《说文解字约注》自序[①]

舜徽自少好治《说文》之学，读段氏《注》及王氏《句读》《释例》毕，复旁稽桂氏《义证》、严氏《校议》、朱氏《通训定声》，家有藏书，恣情披览。彼此对勘，辄记其异同于书眉，亦间出己意，附述于末。小子狂简，遽斐然有述造意。然其时于学问之事，实茫然无所解。二十岁时，无锡丁氏所编《说文诂林》，始印布于世，即争先购取读之。既叹其搜采弥富，复病其丛杂猥多。以为罗列众家而无论断，徒令人望洋兴叹，不知何所适从。宜就此编，删繁存简；取其义之精者，别为一书，以便初学。顾其时方治群经，尤耽习《毛诗》《三礼》，钻研郑氏之学，深入而不欲出。后往来南北，施教四方，志业未专，涉猎益广。尝以十年之力，校读全史；复博治诸子百家及历代文集、笔记。于是昕夕所从事者多门并进，端绪纷繁，更无暇瘁心力于许学矣。五十后，始稍稍取金文、甲骨补证许书，仰屋以思，时有新悟。忽慨然动念，欲重理旧业，自造新注。因就前人疏释许书之说，博观约取，择善而执，汰其繁辞，存其精义；复出己意，为论定焉。顾时作时辍，日无定程。或因事牵扰，则由春徂秋，不及一字；或值时清闲，则自朝达暮，可逾十名。绵历岁年，草创粗就。缮写成书，都三十卷，命之曰《说文解字约注》。

"约"一名而含三义：自宋以来疏释许书之作，无虑数十百家，约

[①] 本文选自《说文解字约注》，中州书画社1983年版。——编者

取其义之精者而论定之,一也;汰陈言之琐碎,祛考证之冗繁,辞尚体要,语归简约,二也;文字孳乳相生,悉原于声,苟能达其语柢,则形虽万殊,而义归一本,今阐明字义,约之以双声之理,三也。窃尝以为声在文之先,意在声之先,有是意而后有是声,有是声而后为文以象之。故凡发音部位相同之字,其义多相同或相近。清儒治古音者,精于辨韵而疏于审声。自钱大昕、王念孙、钱塘、陈澧三数家外,鲜能留意及之。金坛段玉裁穷三十年之力以注许书,然言及双声,往往而谬。如《说文注》中谓"跟""踵"双声;"均""律"双声;"叙""持"双声;"笶""箇"双声;"悃""幅"双声;"躬""褚"双声;皆误之甚者。其他例证尚多,不胜枚举。则甚矣,此道之难言也!余早岁尝以古韵部居为经,声纽为纬,类录许书九千余文,成《说文声韵谱》,恍然有悟于双声之理,为用甚宏。古今语言之变,由于双声者多,由于叠韵者少。不同韵之字,以同纽之故而得通转者往往而是。此本与韵无涉,不用强相比合。今新注许书,特致详于双声相行之迹,亦欲以此为守约之道耳。

清人之从事许学者多矣,论其功力之深,尊信之笃,必推桂馥为首最。段玉裁以识断胜,然好逞己意改字,故论者多病其轻率武断。王筠取两家之书而折中之,所为《句读》发明甚少,其自得之学,全在《释例》。朱骏声立古韵十八部以统九千余文,自为义例,与许书据形系联之旨异趣。桂、段、王、朱四家之书俱在,孰得孰失,必有能辨之者。此外,若钱大昭之《说文统释》,王绍兰之《说文集注》,陈鳣之《说文正义》,陈介祺之《说文统编》,皆未遂厥志,有目无书。良以卷帙浩繁,不易为力;今可见者,惟钱氏《说文统释自序》而已。自此有志治许学者,或校勘文字,或订正音读;或为一字之考释,或辑全书之义例;或疏证其引经,或补申其阙义。短书小册,竟起并作。于是终清之世,鲜有能始一终亥,通贯全书,重加理董者矣。

无锡丁氏纂辑《诂林》,于清人许学专著,搜采虽广;然于文集、笔记，遗漏实多。其中议礼、明制、考文、审音、诠释名物之作，足以发明许义者，至为繁夥。往往一言精核，胜于长篇考证远甚。余就涉览所及，择其义之精者，收入注中。如廱训辟廱，即引阮元《明堂说》以明之；甶训鬼头，即引姚华《说鬼篇》以释之。若夫义涉雅诂，则邵晋涵、郝懿行精谛之言，诚不可遗；语关经训，则王念孙、孙星衍考证之说，实多足取。言布帛，则采及程瑶田；言水道，则引自洪亮吉。斯并专门名家，所当存录。至于历代载籍，足供择取者，其途尤广。如《九经字样》之释"看"字，《东观余论》之说"羋"形，妙语解颐，一言而定。沈括《梦溪笔谈》，李氏《本草纲目》，既征博物，证说尤详。如斯之流，虽非为许学而作，实足羽翼许书者，所在皆是。今并表其精义，以不没其创见。斯又《诂林》所不及录，而旁搜博采以求之者也。

况自《诂林》行世，已五十年。在此五十年中，通才辈出，新著日丰。加以地不爱宝，古器遗文之出土，在在可以补证旧义，则取材又加广于昔矣。顾注述之体，与自造一书不同。今既以注许为事，则取材自以发明许义为主。其或许有未憭，或曲说失造字原意者，固可取甲文、金文及近人新说补苴之。至于其字其物本不见于许书，则宁缺勿滥，不之及也。近人有通贯许书为之疏证者，于心领神会之字，则畅抒所见，长达千言；遇隐僻稀见之文，则疏证俄空，不着一字。揆诸注述之体，已多不合。其于许书正篆之常见而易憭者，辄以臆断曰："此为校者或吕忱所易。"或曰："此字疑出《字林》。"或曰："此字吕忱所加。"全无佐证，径为妄测之辞，全书中十之八九，皆如此也。则许书九千余文，所存者不多矣。舛牾若此，亦何贵乎为疏证哉！余既尽观其书，不欲求全责备，仍取其言之精者录入注中，但采其长而弃其短耳。

昔司马光《进通鉴表》有云："岁月淹久，其间牴牾，不敢自保。"又云："臣今神识衰耗，目前所为，旋踵遗忘。"舜徽理董许书，身劳心瘁。牵于他务，作辍靡常。前绪已了，后复茫然，深有感于司马之言。日月已逝，体貌益衰。入此岁来，已六十矣。然而抚图书，饫饮食，自

《说文解字约注》自序

047

若也；读书之志，未减于昔。傥天假之年，得以从容述造，犹当惜余年如壮岁，益涓流于大海，理董遗编，不敢自逸。苟有成书，当公诸世。所望大雅弘达，纠其失而正其误。朝闻夕死，有余幸焉。

公元一九七一年十月五日

附：略例

一、许书正文，依据宋刻大徐本为主。其或大徐本显有讹脱，则据小徐本补正。遇二徐本均有讹脱时，则据清人校订本写定。反切则仍依大徐，用孙愐《唐韵》。

二、段氏注本于正文次第有移易者，于说解有损益者，于正篆有增删者，多病臆断，未敢苟从。今皆依据大徐本，写复其旧。惟于段氏独得之言，择取为多。

三、前人如颜师古、玄应、慧琳、李善、李贤之俦，以及《初学记》《北堂书钞》《太平御览》诸书所引《说文》，有删节其辞者，有续申其义者，不必字字与原书相合。观于在同一书中，一字之训，数见征引，而彼此往往不同，即其明证。清人据类书、旧注以校《说文》，即依前人所引，擅改今本，自是通人一蔽。今校勘是书，惟于注中记其同异；苟无确证，未敢轻改。

四、清人钻研许学，于历朝说字之家，见有与许立异者，辄相轻蔑，不复齿论。其实尺短寸长，何容抹杀；披沙拣金，往往见宝。即如唐之李阳冰，宋之戴侗，元之周伯琦，明之赵宦光，皆于字学深造有得，不无可取。戴氏《六书故》精义尤多，足以裨益许说。今并择其言之善者，收入注中。

五、自唐宋以来，疏释许书或解说文字者多矣。引用时，按时代先后为次。其或彼此雷同，则必标举首创此义者。如小徐《系传》，往往片言居要，胜于繁辞考证远甚。段氏为《说文注》，多阴本其说而掠为己有。今一一表而出之，所以尊首创之功也。愚见所及，有与昔贤暗合者，亦舍己从人，悉标前人之说。

六、余究心许书，博求其义。偶遇昔人所未道，或道之而仍未憭者，仰屋以思，间有发悟。其或两造之争未息，则粗举理据以平亭之；亦有昔人阙所不知，存而未论者，则稽核其义而补苴之。至于发明双声相衍之理，则区区寸心，颇谓尽力。疏讹之咎，势所难免。自知才识驽下，无以逾越前修。聊缀所闻，以待知者定之。

七、许书共十五篇。一至十四为解字正义，最后一篇叙目。其时篇卷无分，故许冲上表，即称"凡十五卷"。宋初徐铉校定此书，每卷各分上下，厘为三十卷。今写定《约注》，仍用其例。

八、本书职在注许，事有专属。故于古今说字之作而与许义无关者，例不采及。

《文献学论著辑要》序

余趁去年暑假之暇，选录有关文献学之专著、论文、笔记、书札，计七百十一目，编为《文献学论著辑要》，题曰"中国历史文献研究会丛书之一"，将以此为与诸同志共学之资，非欲以公之于世也。仓促排印二千部，以供取用。未几而闻风函求此书者坌至，以大专院校及大图书馆为最多，乃至无以应之。盖适逢国家大兴文教，以整理古籍相倡导，而斯编乃不意成为应时之需矣。陕西人民出版社得见是书，欲为出版以广流布，来函相商。余既许其所请，又从而扩充之。旁搜博采，广之为一百二十目。有长篇，有短札；有全录，有节抄。其中如《通志·校雠略》《诸子辩》《考信录释例》《四库全书总目提要序》，包罗宏富，一目之下，实统括若干篇。故其目虽止一百二十，乃不啻收文数百篇矣。

窃尝以为整理文献，必先于群经传注之得失，诸史记载之异同，子集之支分派别，辨其源流，明其体统，然后能识古书之真伪，审版本之先后；旁及校勘、目录、辑佚、避讳诸端，皆当洞达其理，庶几有着力处。若于此类全无所知，遽谈古籍整理，将见其昏昏冥冥，不解何从下手也。

抑古籍浩如烟海，必有别择去取之识，然后能去粗取精，去伪存真；高下在心，轻重有别。故有志理董文献者，尤贵有识。自古治学之士，功力相齐而成就绝异者，则视其识之高下何如耳。余之选录斯编，亦特留意及此。苟其言论足以益人神智，开拓胸襟者，并择取之，用为学者养识之助焉。非特考信，辨伪之言，足以博闻益智，即如诵昔人广经之说，而后知经传之足重者，本不限于十三；览昔人所论不应有汉学宋学之分，而门户之见自消；此皆大有裨于增长识见也。识苟充矣，则于整理文献，何难之有！

老懒不常出门，兹编所录文字，第就插架所有及见闻所及者，采集而成，虽未周备，要亦可以守约矣。其中以清儒及近人之作为最多，文辞浅明，易于理解。偶遇难字难义，则借助于字书辞典，亦足以析疑惑，故但存白文，无烦注释也。览是书者，苟能由此发越志趣，增长识见，以从事于文献整理之业，必可致精造微，取得硕果。则是编拥彗先驱，不无小补。余老矣，愿观其成也。

一九八二年三月十五日

《清人笔记条辨》自序

余既刊布《清人文集别录》之明年,友朋相续来书,谓清人文集之利弊得失,此书已总结之矣。如能推其法以及清人笔记,则为用益弘,相与怂恿而敦促之。余时方注《说文》,未暇及此也。迁延至今,遂逾十载。顷以长夏多暇,发箧取平生涉览清人笔记时所作日札,稍加温绎,择其义之可采者,分条件系,加以考辨,亦有综述而论列之者,总名之曰《清人笔记条辨》。收书百家,厘为十卷,略依时世先后而次第之。

清人笔记,本不及文集之多。余平生所寓目者,仅三百余家耳。若无别择去取,则榛芜不薙,靡所取材。乾嘉诸儒,学尚征实。一生心得,皆荟萃于著述之中,故江、戴、段、王,皆无笔记。其他文人学士之作,虽可汗牛,然而纷起竞兴,其流又广:有专载朝章礼制者,如王夫之《识小录》之类是也;有但记掌故旧闻者,如昭梿《啸亭杂录》之类是也;有讲求身心修养者,如魏禧《日录》之类是也;有阐扬男女德行者,如吴德旋《初月楼闻见录》之类是也;有谈说狐怪者,如纪昀《阅微草堂笔记》之类是也;有称述因果者,如俞樾《右台仙馆笔记》之类是也;有录奇闻异事者,如焦循《忆书》之类是也;有纪诗歌倡和者,如阮元《小沧浪笔谈》《定香亭笔记》之类是也;有载国恩家庆者,如潘世恩《退补斋笔记》之类是也;有记读书日程者,如叶昌炽《缘督庐日记》之类是也;有叙友朋酬酢者,如金武祥《粟香随笔》之类是也。如斯之流，皆屏不取。

清人笔记中，复多经术湛深、考证邃密者，若李惇《群经识小》、邵晋涵《南江札记》、陈鳣《简庄疏记》、严元照《娱亲雅言》、郑献甫《愚一录》、邹汉勋《读书偶识》之类，其书甚广，余将为《群经汇解》以总汇之。亦有博涉子史、校勘精审者，若卢文弨《群书拾补》、王念孙《读书杂志》、姚范《援鹑堂笔记》、何焯《义门读书记》、张文虎《舒艺室随笔》、孙诒让《札迻》之类，述造亦繁，余将为《群书集校》以综录之。斯并学涉专门，宜有专书以集其成，今亦不取与百家笔记并列焉。

今兹所采百家笔记之言，有辨章学术者，有考论经籍者，有证说名物制度者，有订正文字音义者，有品定文艺高下者，有阐述养生方术者，得失互见，多可商榷。窃不自量，从而平亭是非。凡遇精义美言，则为之引申发明；或值谬说曲解，则为之考定驳正。自知浅陋，无补前修。聊录所闻，以资学者参稽云尔。

一九七四年十二月廿八日张舜徽

《旧学辑存》叙目[①]

切韵增加字略例

广文字蒙求

声论集要

说文谐声转纽谱

唐写本玉篇校说文记

尔雅释亲答问

小尔雅补释

急就篇疏记

异语疏证

释疾

字义反训集证

两戴礼记札疏

读书笺释之余

周秦诸子政论类要

敦煌古写本说苑残卷校勘记

中论注

读文札记

[①] 本文选自《旧学辑存》，齐鲁书社1988年版。——编者

皇明经世文编选目

四库提要叙讲疏

初学求书简目

附：忆往编

上目二十，皆舜徽四十岁以前之所撰述也。附存一种，则近年追忆往事之作也。昔谭嗣同年三十时，哀早岁诗文笔记都为一集，颜曰《三十以前旧学》。余今搜聚四十以前论著而未尝出版者，以成《旧学辑存》。亦敝帚自享，不忍捐弃，过而存之之意耳。舜徽四十以前所为书，如《广校雠略》《汉书艺文志释例》之属，皆早已印行，流布于世，今兹所录，乃四十以前读书、教书时自抒心得之余，择其稍可存者存之。聊以见吾早岁肆力于学，以文字、声韵、训诂为初阶，而后及于经传子史与文辞之诵习。循序渐进，固有次第先后，未尝躐等也。为学而不厚植其基，则无以规远大。吾少时虽好治文字、声韵、训诂之学，顾不欲尽此而止，以专门名家显于当世。特视此数者为读书之先务，精治而熟习之，大有裨于读书耳。苟通此而不博观群书，是犹终身立于门外，遇有人贸贸然来，辄语之曰：是乃入宅之门也。而己固未尝登堂入室，其可乎哉！故平生自勖及所以教人者，期于淹贯博通，而不限于一曲。昔黄梨洲论学有云："析之者愈精，逃之者愈巧。"名论不刊，足以警世，吾愿终身守之。然则斯编所录小学诸种，皆吾早岁所述，虽不无一得之愚，然非吾志之终极，断可知已。至于年少时所为《广韵谱》《说文声韵谱》之属，实一时治学之功力，不足以言学问，虽手稿俱在，今亦不以付刊也。

末所愤愤者：吾年二十有四，即有志通读全史。屏人世一切习俗之好，专意读书。其时精力强盛，可以兼营并顾。自涉览他书外，犹用百衲本二十四史与殿本校读，日尽一卷。积历十载，全史校毕。有《札记》数十册，举凡校勘异同、考证史实之语，悉在其中。自倭人入侵，避兵转徙，稿存于家，期俟异日条理而写定之。乱中所携以行者，惟短书小册之手稿数种耳。未几，倭兵犯湘，进袭滨湖各县，阻风洞庭，即由赤山登陆，入踞敝庐十日。久雨无柴，破椟取典籍以供炊爨，于是《二十四史札记》稿本，遂与先世藏书俱烬。十年心血所聚，竟成劫灰。今则发秃齿落，颓然已老，衰暮余年，不复能重校全史矣。如彼巨帙，毁于兵燹，天之厄我，如不我克，每一念及，惟有永叹耳！

舜徽自幼嗜学，仰承先人余荫，家有藏书，恣情披览。而识字、治经、读子史、诵古文辞，悉禀父教。大抵十七岁以前，已略解治学门径与方法矣。迨严君见背，始负笈出游。初至长沙，继往北京。博访通人，多见长者。于湖湘老辈，请益尤勤。学术分途，各有专诣；左右采获，受教良多。中心藏之，未能或享也。舜徽出生较晚，不及见祖父母，而其嘉言懿行，受诸庭训者固广，亦有得闻于旧士大夫及乡党邻里者。每诵清芬，弥惭嗣续。不及今记录所知，则将湮没无传，此舜徽晚年所以有《忆往编》之作也。是编首为《庭闱受学记》，次为《家世见闻述》，而以《湘贤亲炙录》殿焉。综斯三者，莫不与吾早岁治学相关。因合为一编，以附《旧学辑存》之后。异日或有究寻吾一生学术渊源濡渐之迹者，必有取于斯焉。一九八四年十一月五日舜徽记于不自逸斋，时年七十有三。

附：分叙二十篇

切韵增加字略例叙

余年十八九时，治声韵学。尝依陈东塾四十声类，为《广韵谱》，而恍然有悟于陆法言《切韵》尚存今《广韵》中。学者苟能审定后人增加之迹而区处条理之，则陆书虽亡而实未亡也。尝以暇日撰成切韵增加字略例，凡十四事。不忍捐弃，聊录存之。

声论集要叙

余自少即好治文字、声韵、训诂之学，读刘熙《释名》，恍然有悟于声训之理，至确至精。年二十四，尝以古韵部居为经，声纽为纬，系录许书，成《说文声韵谱》，益悟由韵部以推字义，不如由声类以求字义之尤可依据，而双声之理，为用至弘。涉览三百年来儒先著述，已多先我言之者，因撮录其精语，成声论集要一卷，亦间述己意附于其尾，以见昔贤所论，固无二致也。

一九四一年五月十日记

说文谐声转纽谱叙

《说文》，形书也，亦音书也。昔之治古韵者，自取材于周秦韵文外，恒依《说文》形声字以为之证。大抵同从一声者，于古韵必同部也。顾据形声字以考明古今语言之变者甚少，盖昔人研穷音学，详于辨韵而略于审声，有所偏重，不足怪耳。《说文》九千余文，而形声字居其七八。按之常理，凡从某得声者，必与某声同读；然验诸切语，则或合或离，或既离而复合，斯则古今语言变异之征也。如至字脂利切，声在照纽；而从至得声之字如鳌、侄、绖、垤，皆徒结切，可知至字古读，本有徒结切一音也。俞字羊朱切，声在喻纽；而从俞得声之字如腧、𪔣、𨷻、输，皆度侯切，可知喻定二纽，古本相通也。揭斯二例，自可反隅，而古今声变之理，不俟旁求矣。兹以三十六字母为经，将《说文》形声字依声系联而比类之。如一、益、邑、蔓、音、肙、壹、曷、圣、污、广、亚、夗、委、畏、奋、宜、乙诸声母，皆在影纽，而从诸声之字群，不皆在影纽也。特为拈出其不在影纽之字，一一胪列，以见其转变之迹焉。其他诸纽，皆同此例。

一九四一年八月廿日记

唐写本玉篇残卷校说文记叙

许君之造《说文解字》，传于今千八百余年矣。历魏、晋、南北朝以至于唐，雕板印刷之术未行，展转传抄，讹误滋甚。其后虽经大小二徐苦心校理，而得失参半，无由以复古人之真。慧琳、玄应《音义》，以及《经典释文》《五经正义》《文选李注》《太平御览》诸书所引，已多与二徐本大有异同。清代乾嘉诸儒，虽不获睹慧琳书，而于玄应《音义》与夫他书之征引《说文》者，率取资考证校勘，若钮匪石、严铁桥、沈西雍之俦，致力专谨，著述斐然，信有功于遗编矣。唐写本《玉篇》残卷所引许书，又远在诸书之前，非特可据以订正二徐之失而已。遵义黎氏既刻入《古逸丛书》，后又续收而续刻之。上虞罗氏，复影印原本以并行于世。余尝取黎罗二本对勘，虽小有异同，而大端相合也。因用黎刻本为主，以校二徐本《说文》，凡所订正，共三百三十余事。推其致误之由，则传写讹脱者半，冯意改易者亦半也。校勘既竟，因录其异同之大者于此焉。

一九四二年五月一日记

尔雅释亲答问叙

余比岁施教上庠，常取《尔雅·释亲》以授诸生。意谓讲明此篇，而后礼经丧服可得而理，文辞称谓可得而正，固治经为文之事所当先焉者也。诸生好学者，从问雅俗称谓之宜，因斟酌古今，参究经史，一一答之，遂得若干条。弃之可惜，录为此卷。

一九四六年三月二日记

小尔雅补释叙

余昔在弱龄，研治故训，因涉及小尔雅十三章。遍读王煦、葛其仁、胡承珙、宋翔凤诸家书，皆不厌人意。葛氏疏证尤纰缪错出，不烦尽指其疵。思从事改作，未暇也。惟于诸家所未言者，略加疏释，记之行间上下皆满。今择取其较可存者，录为一卷，以俟异日定之。

一九四二年九月十二日记

急就篇疏记叙

《汉书·艺文志》所叙小学十家之书，今多不传。如《苍颉》《凡将》诸篇，散亡甚早。今就其可考之文句观之，大抵以四字或七字成句，便于学童记诵，与后世《千字文》《杂字》之属相似，此真古之小学遗书也。效其体而成书，至今犹存者，以《急就篇》为最早。汉人小学书,莫古于是矣。是篇盛行于汉魏六朝,历代书家如汉张芝,魏钟繇,吴皇象,晋卫夫人、王羲之、索靖,后魏崔浩,皆尝传摹其书,流行甚广。注之者有后汉曹寿、魏刘芳、周豆卢氏、齐颜之推。至唐而临本甚多,颜师古又为之注。自宋以下,刻本尤夥,故其书得至今存。南宋王应麟又为之补注。有颜、王二家注,而训诂名物,诠释已详。学者守之,可以通其义旨。余籀绎此篇,间有发悟,或揭原书之义例,或正旧注之疏舛,偶尔述之,遂成篇帙,题之曰《急就篇疏记》。

一九四一年腊不尽五日,呵冻记

异语疏证叙

嘉定钱献之先生,湛深经术,尤精小学,在乾嘉诸儒中,允推上驷。曩读其《诗音表》《车制考》诸书,而叹其通博。所撰《异语》十九篇,世鲜传本。上虞罗氏得其手稿,刊入《玉简斋丛书》,始流传于世。其书专录难字僻词,举凡三家《诗》异义、《周礼》故书、《仪礼》古今文,以及《三传》经师之训,《论语》《孟子》《吕览》《淮南》之注,《楚辞》、汉赋之解,《说文》《释名》之诂,服虔、应劭、臣瓒、如淳之说,择其言之不经见者,系类繁称,使成条贯。余观其所综录,已远逸子云《方言》义例之外,先生自言以补扬书所未及。盖谦辞也。其所裒集,不涉魏晋以下,尤为千古卓识。杭世骏、程际盛之书,视此蔑如矣。余既读其书而善之,因以暇日为之疏证。原本惟弁首之文,为钱氏手书;余皆写官所录,讹别颇多。上虞罗氏曾加校订,仍有未尽。今兹从事,首正传写之讹;次征考群书,为疏通证明之。其或钱氏误采,亦博稽以证其失;先儒曲说,复参酌以订其非。广揽群言,择善而执,仍依原秩,为十九篇。至若采获未周,疏释未尽,补苴增益,固有待于异日。

一九三八年夏正戊寅秋七月朔

释疾叙

往余读沈氏《果堂集》中《释骨篇》及孙氏《问字堂集》中《释人

篇》，喜其挈苍雅之菁华，得医经之纲领。精核典赡，足传不刊。顾余以为犹阙一卷书，曰《释疾》。怀此有年，思事赓述。饥驱奔走，未遑草创也。顷以暑中休暇，暂还故里，适女弟树德自中医专校毕业归，将操术以疗人疾。余劝之研绎医经本草以厚植其基，取先人旧藏医籍与之。树德苦疾病之名，今古异辞，猝难理悟，时从余考问疑义。因援据群雅字书，取证经史，一一答之。略加诠次，述为此篇。聊以援古证今，共相讨论。虽未该备，而大端具于是矣。自述而自注之，用任氏《释缯》例也。

一九三九年七月二十五日记

字义反训集证叙

往治《尔雅》《方言》，于郭注所言字义反训之例，以为确不可易，为三复焉。尝循此而博稽群书，以扩充其义证。有所得，辄记之。历时稍久，裒然盈册。顷以暇日，就加芟治，录为一卷，颜曰《字义反训集证》，亦治训诂者之一端也。

一九四五年十月二十日记

两戴礼记札疏叙

余治群经，独好籀绎《礼记》，少时既读之成诵，后复时时温寻之。以为古代政治、伦理之理论，多在其中，常诵习之，可以益人神智也。及得见《大戴礼记》，又深喜其中多精粹之篇，洽理厌心，甚至有胜于《小戴礼记》者，因合两戴《礼记》综治之。尝欲选其醇实有用之文，裒为一书，名曰《两戴礼记合钞》。卒以他事间之，未能成也。姑录存其目，以及读《两戴礼记》时自抒所见之语，一一记之，名曰札疏，聊以志吾一得之愚耳。

一九四三年五月十日记

读书笺释之余叙

余自少读书，每喜批记所得于简端以备遗忘。历数十年，所记益多，乃又综录成册；前后积数十册，名曰《读书笺释》。近年于文、史、哲学，各有论述，多取材于其中。如早岁读《尔雅》《说文》之所得，则录入《说文解字约注》；读《毛诗》《三礼》之所得，则录入《郑学丛著》；读刘、郑、章三家史评书之所得，则录入《史学三书平议》；校理历代史籍之所得，则录入《古代史籍校读法》；涉览近三百年文集、笔记之所得，则录入《清人文集别录》及《清人笔记条辨》。其他可单自成帙者，则录为专册，以待别行。于是所谓《读书笺释》者，所存不多矣。细检视之，尚有《周书小笺》《墨子小笺》二种，虽着墨无多，而仍可录存。因合为一卷，颜曰《读书笺释之余》。聊以志愚虑之所及，俾无捐弃耳。

一九八四年十一月八日补记

周秦诸子政论类要叙

余尝博考前史，深服历代大政治家之所施为，以其雄伟之气魄，毅然任天下之重，坚于自信，不以世俗毁誉动其心；刚断果敢，卓然有以自见于当时而永传于后世。若霍光、诸葛亮、王猛、魏徵、王安石、张居正之俦，治国处事，莫不具有法家精神。观其有胆有识，勇于任事，皆自周秦法家书中取得政治理论以自敦厉者也。然则周秦法家之书，固历代大政治家之所从出也。近世章炳麟尝谓"法家者流，则犹西方所谓政治家也，非胶于刑律而已"（见《訄书·商鞅篇》）。斯言也，可谓达其本已。魏代刘邵品第人物有曰："建国立制，富国强人，是谓法家，管仲、商鞅是也。"（见《人物志·流业篇》）法家职志，以富强国家为己任，管、商特其中之尤魁杰者耳。周秦诸子书中言富强之术者多矣，有以功业自白于世者，有以言论垂之久远者，皆坐言而可起行，宜其为后世政治家兢兢服膺而不欲斯须离之也。

昔之读诸子百家书者，每喜撮录善言，别抄为帙。《汉书·艺文志·诸子略》，道家有《道家言》二篇，法家有《法家言》二篇，杂家有《杂家言》一篇，小说家有《百家》百三十九卷，皆古人读诸子书时撮抄群言之作也。可知摘录成书，由来已旧。《文心雕龙·诸子篇》亦言"洽闻之士，宜撮纲要。览华而食实，弃邪而采正"。证之《隋书·经籍志》《唐书·艺文志》，梁庾仲容、沈约皆有《子钞》。两宋学者读书，尤好动笔。《直斋书录解题》有司马温公《徽言》，乃温公读诸子书时手抄成册者也。余仰慕前修，效其法以成《周秦诸子政论类要》。区为三编，各立小题以统括之。若网在纲，有条不紊。于是周秦诸子之言治道者，精义名言，多在是矣。以之下衡历代政治家之所施为，古今同揆，若合符契。其于考镜理乱兴衰之陈迹，或亦有取乎是也。至于周秦诸子道论之要，亦致治之一端，余已别有论纂，兹编则不复及之。

一九四六年除夕记

此书为余三十六年前所辑，初但节录诸子白文，分类而比次之，置诸案头，用备省览。友人见而好之，谓虽周秦遗言，犹可古为今用。怂恿印行，以公诸世；并请略为注释以晓读者。因趁暑假余暇，就文句难明处，译为口语，而重写定之，仍为三编。

一九八二年八月二十五日补识

敦煌古写本说苑残卷校勘记叙

余以丙戌（一九四六年）之秋，来游陇右，访古探奇，殆无虚日，颇欲得敦煌写卷以勘正古书。问诸故老，则数十年间，为好事者搜罗尽矣。间于冷摊上得写经一二卷，则书法劣弱，皆昔人弃之不顾者也。其后得交天水冯仲翔教授，为余道其事尤详。仲翔又称此邦好古之士张君香冰，藏有古写本《说苑·反质篇》残卷，敦煌石室中物也；张君宝爱之，逾三十年，不轻示人，暇可偕往一观。余闻而惊喜，因仲翔之介，访张君于埝滩寓庐。出示所藏明清人书画真迹，赏览终昼，叹为富美。末乃发箧出此卷，书法秀绝，运笔与上虞罗氏影印之隶古定《尚书》残卷略同，而字之工整过之，信为唐人写本无疑。把玩移时，不忍释手。主人惠然见假，余因携归取明程荣校刊本，平湖葛氏传朴堂藏明抄本及坊刻诸本，杂校之，三日而毕，成此校勘记一卷，不能不致谢香冰先生不吝通借之雅意也。

中论注叙

余少时读魏文帝《与吴质书》,观其品论时贤,亟称徐幹"怀文抱质,恬淡寡欲,有箕山之志,可谓彬彬君子。著《中论》二十余篇,成一家之言,辞义典雅,足传于后",辄想慕其为人。因从《汉魏丛书》中取《中论》读之,服其醇粹以精,蔼然儒者之言。求诸汉魏之际,诚所谓凤鸣朝阳者也。独怪千数百年间,无有为之注者,则其书之得传于后,亦甚幸矣。后读曾巩、龚自珍文集,皆推服《中论》无异辞。因有志为之注说以尊其书,顾以他事间之,未遑措意于此。顷自外讲学毕,暂归县治,赁居琼湖畔泉木清华之区,长夏谢客,隐几读书。因设案陈书于柳阴深处,取《中论》反复诵习,为之疏释字义,证说典故。历时兼旬,草创粗就。依原书分上下卷,为写定焉。迨写毕而暑退凉生,余将移砚入陇,讲学兰州矣。尝谓周秦两汉之立言者,百家异趣,皆务为治。即此《中论》一编,多言君道,敷陈德化,乃至审臣、慎从、赏罚、民数,举凡致治之要,循流溯源,穷极奥窔。当时有国家者,傥得举而措之,亦足以救一世之急也。魏文亟叹其书,夫岂偶然,惜未能取而行之耳。抑汉魏之际,儒学流于琐碎,以名物训诂相尚;士夫竞务交游,以声气标榜相高。此书指斥时弊,箴规其失。立言不为一时,尤百世不刊之明教也。顾魏文称是书二十余篇,今所存者仅二十篇;《贞观政要》称太宗尝见幹《中论·复三年丧篇》,复不见于今本。则今所存者已非全书,而文字讹脱亦特甚。历代治此书者甚稀,清道咸间,钱培名尝撰《札记》二卷,惟校文字异同,亦多疏略,可取者少。今但涵泳白文,直求诸辞言之表。间取《群书治要》所引用者以补正其脱误,重加写定,亦约略可资诵习。然是注成于仓促,罅漏疏舛,必不能免。于所不知,阙而勿论。补充修订,请俟异日。

一九四六年八月二十日记于沅江县治后之琼湖寄庐

读文札记叙

严可均所辑《全上古三代秦汉三国六朝文》七百四十六卷,嘉庆时开馆辑成之《全唐文》一千卷,为自远古以迄有唐之文辞总集。卷帙虽繁,而为用甚广。余故发愤尽读之,不以文辞论其美恶,但择取其议论之可取者为标举焉,并自抒领悟所及者记之,名曰《读文札记》。

一九四四年六月十五日

皇明经世文编选目叙

《皇明经世文编》,凡五百四卷,甄录至四百二十四家,都为文三千一百四十五篇,可谓富矣!十九皆二百七十年间臣僚奏疏也。一代理乱兴衰之迹,粲然于兹取镜焉。凡所登录,采诸文集者固多,得之传抄者亦不少(如李东阳《应诏陈言疏》之类,即本集所无)。可资以考得失、正是非者,所在皆是。非特治明史者之宝藏,抑亦博览家之渊薮也。徒以其中防辽、御房之议,独犯清忌,故有清一代,悬为厉禁,而传本甚稀。且其书刊版于崇祯中,迄于今三百年,纸本坏烂,幸而得传于今,不能皆完好。往岁北京大学尝以重金购得一部,朱遏先先生希祖为之跋以纪其事,且考定其编纂本末甚详。而近代藏书家,皆不登于目录,盖流布人间者已罕矣。一九四七年春,国立兰州大学以国币千万版得此书沪上,归而庋之图书馆珍本室中,不轻以出假也。余见之大惊喜,因乘暑假间隙,入馆读之。以其字大行疏,每叶仅三百六十字,易于卒读。因日尽十卷,历五十日而毕。病其搜采之际,贪多鹜博,失之滥杂。而阅时仅十,成书达五百余卷(此书始纂辑于崇祯十一年仲春,至仲冬而书成,见《凡例》),虽云鸠集众力,共襄盛举,要不能无草率之愆也。加以编录体例,依时世先后,以人为经,而不区分门类,有如乱钱在地,顾无索以贯之,欲从检览,尤甚不便。余既尽观其书,乃择取其议论之尤至者,都三百二篇;辄以己意,厘为十有二门,各归部类,不相淆杂。如欲考镜风化隆污,洞明政教利弊,斯固守约之助已。

四库提要叙讲疏叙

往余为大学文科讲授"国学概论",即取《四库全书总目提要叙》四十八篇为教本。昔张之洞《𬨎轩语》教学者曰:"将《四库全书总目提要》读一过，即略知学问门径矣。"余则以为此四十八篇者，又门径之门径也。苟能熟习而详绎之，则于群经传注之流别，诸史体例之异同，子集之支分派衍，释道之演变原委，悉憭然于心，于是博治载籍，自不迷于趣向矣。因与及门讲论而疏通证明之，首取《提要》本书以相申发，次采史传及前人旧说借资说明，末乃自抒所见，以存一得之愚。当时诸生各有所记，详略不同。迨讲毕，始自录所言，述为《讲疏》。裒然成帙，不忍弃捐，亦聊以见吾一时心力之所聚云。

一九四七年八月既望，记于兰州大学之静观园

初学求书简目叙

余讲学陇上，兼授国立兰州大学、西北师范学院两校课，为中文、历史两系讲授"校雠学"及"国学概论"既毕，诸生好学者请问今后应读何书，书以何本为善，因略举必读之书及下手工夫所宜讲求之事，相与勖厉。但取浅易可行，俾能循序渐进。乃述所语成《初学求书简目》以授之。诸生皆将毕业大学，而以"初学"标目，非轻慢之也，实以远大期待之也。诸生虽已入上庠，习专业，然语乎学问之大，固犹初学耳。行远自迩，登高自卑，姑以初学自处，则虚中能受，孜孜以求，锲而不舍，持之以恒，其必底于大成无疑也。志学之士，其勉乎哉！

一九四七年十月六日记

举列书目，不尚繁多。但择取其切要而初学可通者，略示入门之蹊径而已。书之易得者，不复注明版本。读书以识字为先，学文以多读为本。必于二者深造有得，而始基乃立。故晓示门径，以斯二者居首。

忆往编叙

一九八一年初秋，余年已七十矣。老来脑力衰退，于目前事旋踵即忘。独回溯幼时侍父读书情景，及所见所闻先人行事，以逮少壮出游请益通人之迹，历历在目，记忆犹新。因以暇日类纪其要，区分为三：一曰庭闱受学记，二曰家世见闻述，三曰湘贤亲炙录，而总名之曰《忆往编》，聊备遗忘云尔。

《汉书艺文志通释》自序

余平生诱诲新进及所以自励,恒谓读汉人书,必须精熟数种以为之纲:一曰《太史公记》,二曰《淮南王书》,三曰《汉书·艺文志》,四曰王充《论衡》,五曰许慎《说文》。以为不精绎《太史公记》,则无以探史学之源;不详究《淮南王书》,则无以知道论之要;不通《论衡》,则不能广智;不治《说文》,则莫由识字。又必以《汉书·艺文志》溯学术之流派,明簿录之体例。精熟此五家之书以立其基,而后可以博涉广营,汇为通学。《汉书·艺文志》为书短简,尤治学之纲领,群书之要删。如能反复温寻而有所得,以之为学,则必有如荀卿所云:"若挈裘领,诎五指而顿之,顺者不可胜数也。"余自少好读是书,常置案头,时加笺记。顾随记随失,迄无一存。一九四六年秋,讲学兰州大学,尝以是书授诸生,因撰《汉书艺文志释例》相与讨论,而未遑疏证全书也。晚年重温是书,复有笺记,爰理董而别写成编。凡前人之说有可取者,悉甄采之;句读之有误者,正之;史证之偶疏者,补之;亦间附论说以评断之;名曰《汉书艺文志通释》。虽未尽达其旨,亦庶几可以守约矣。其间纰缪抵牾,不敢自保。倘蒙方闻绩学,匡其违失,敢拜嘉贶,企予望之!

一九八八年十月晦

《爱晚庐随笔》自序

近十数年来，自讲学著书外，以对客之时为多。身居校园，老友新交与夫及门后进，相从讨论旧闻，请质疑义者，几无虚日。亦有海内耆宿，过汉造访；他邦硕彦，怀刺叩门。坐定之后，纵论学术。或评古人之成败得失，或品旧籍之高下良窳；或析文字，或谈训诂；或及周秦诸子，或涉历代儒林；或言养生之道，或语为文之方。所论虽杂，间亦可存。因分条记录，初亦无义例也。昔洪迈撰《容斋随笔》，曾自题其端云："意之所之，随即纪录，因其后先，无复诠次，故目之曰随笔。"窃师其意，故亦以随笔名书。容斋才思涌发，赓续至于五笔而后止。仰视前哲，虽十驾莫由相及也。斯编所录，终以与及门诸子讨论为多，故言之谆谆，一归于敦行劝学之意。至于仰屋以思，偶有感发，触类而长，论述遂多，今亦附记于此焉。凡此所录，皆涉学术之事，稍加理董，为十六卷，名曰《学林脞录》。至于论及艺术，所涉亦广，分为品书画、评工艺、论图书、谈武术四门，名为《艺苑丛话》。与《学林脞录》合刊成《爱晚庐随笔》，大抵频年论学论艺之语，多萃集于是编。至于言论之已见诸其他专著中者，则是编概不之及，所以避重复也。迨辑录既成，而吾年且八十矣。昏眊易忘，记忆多误。匡违订谬，是所望于方闻之士耳。

一九九〇年六月十二日

《清儒学记》自序

我在年轻时代，志气甚壮，读大书不畏艰，做工夫不怕苦。校读二十四史既毕，复通览《清史稿》一过，浩然有改修《清史》的想法，欲以一人之力，负此重任。因搜求碑传及文集、笔记遍读之。摘取其要，以备采用。那时年少气盛，不复知有难事。无如衣食奔走，施教四方，遭值乱离，转徙荒僻。条件差的地方，乃至无以供纸笔；加以所营渐广，旁涉多门，更不能专心力从事于此了。蹉跎多年，忽届衰暮。闵岁月之易逝，惜志愿之未酬，俯仰兴悲，惟有长叹而已。五十后所刊《清人文集别录》《清人笔记条辨》诸书，就是从早年为改修《清史》时读书所得的笔记中整理而成。虽对《清史稿》中叙述儒林、文苑的部分，有所补充或纠正，但对清代学术来不及写成总结性的专书，成为我心中一桩大事。

清代二百几十年的学术成就，值得好好总结，这是肯定的。过去虽有梁启超、钱穆都写过《中国近三百年学术史》，校其短长，各有偏胜。我早年在兰州教书时，也曾以此设课，有所撰述，复不同于两家。属稿未完，匆遽南归，扰于他事，竟致暂辍。但我深感总结一代学术，必须有重点地加以介绍，而不是所有学者都要胪列无遗。过去编写学案的人，重在阐述各学派的统系和师说渊源，所以名之为"案"。黄宗羲首创此体，而《明儒学案》所录学者，至几百名之多，分为十九学案以统括之。近代大官僚徐世昌，分属幕客编成的《清儒学案》二百零八卷，收录学者至一千一百六十九人,庞杂多端,更是不能令人满意。既名学案,便必求全,深恐偶有遗漏,见訾于人,所以叙录之际,宁滥毋缺。这种体例,早已成为过去。

清代学者,有些人有师承,有传授;而更多的人,全由自学成才,无师自通,谈不上有什么渊源。这是和宋明学术界特别是理学诸儒的学风截然不同的地方。但是由于同在一个地区,彼此影响,自然形成一种学术风尚,这倒是客观存在,至为显著。如浙东、湖南、扬州、常州,都有各自的学风和宗尚,自有综合叙述的必要。至于像顾亭林、张杨园、颜习斋、李恕谷、戴东原、钱竹汀、孙仲容诸人,或开宗立派,自创新说;或沉潜朴学,多所发明,都是特立拔起的人物,有必要加以表彰。因各述学记,用以统括一代学术之全,若网在纲,足以持简驭繁了。在叙述过程中,根据实际情况,有时可以进退。如常州诸儒末附列龚自珍、康有为二人;在浙东诸儒中,别出孙诒让自成一记,都是变例。共为十记,总名为《清儒学记》。庶使清代学术的重点,约略可见于此。

学记这一类写作的出现,发端于晚清戴望的《颜氏学记》。将颜李的言论从遗书中辑录下来,戴氏本人,几乎没有什么按语和考证,这是一种抄书的体例。当时《颜李遗书》流传不广,人们不易看到他们的议论主张。戴氏本着阐幽表微的心意,将颜李遗言择要摘抄一遍,介绍给全社会,这在当时是一件极有意义的工作。后来学者们知道重视颜李之学,大都是从戴氏书中受到启示的。由此可见,学记一类的写作,对于介绍前人学术,启辟后人途径,效用较大。不过今日撰述学记,不必沿袭戴氏那种但事抄录、全无论断的体例,而应将每一学者治学的方法、态度和精神,以及他的学术渊源、为学次第,作出全面而概括的说明;并且运用新的观点,针对其缺点错误,进行分析批判,这才体现出与旧的学案不同之处。我这次撰述《清儒学记》,正朝向这些方面努力。

我们总结前人在学术上取得的成就时,除条理史实外,也还有观摩借鉴的一面。对他们的为人处世之道、进德修业之方，都要认真体认，引归身受。他们好的言论行动，可资学习；缺点错误，可为厉戒。古人称"多识前言往行以畜其德"，便是这个意思。不独读史的人应注意这一点，即是编史的人也不可忽略它。我近年写《中华人民通史》，必列《人物》一编，用意是很深长的。这次整理旧稿，撰述《清儒学记》，也特别重视及此。他们的言行中可为后世师模的，都举列出来了。特别是清代朴学家们的治学之道，有些已接近于科学方法，值得我们参考。如果能博观约取，择其有裨实用的东西，加以消化，灌注到读书实践中去，受益是很多的。此编虽甚短简，然而清代学术界最重要的代表人物，多在其中，因胜于卷帙浩繁、博而寡要的旧学案远甚。世之留意清代学术者，或将有取于斯。公元一九八八年一月五日张舜徽记于不自逸斋，时年七十有七。

《𬥸庵学术讲论集》卷头语

平生读书所得以及考证文字，多发表在各种专著中，已陆续出版了。论其内容，涉及到文、史、哲各个方面，大半是我一生读书心得的记录。既以备遗忘，亦以求教于当世，对自己还是有益的。独于平生所为单篇文字，不自收拾；应酬之作，例不存稿。认为有些问题，既在各种专著中，已自抒所见，不必再有笔记、文集一类的册子了。自顷及门诸子裒集我多年来在外所作学术报告及平日论学文字，如专篇论著，群书序跋、友朋书札以及论学问答之语，成为一册。其中以语体文的写作为多，编置于前；也有用文言文撰述的，分录在后。虽搜收尚未全备，而所采辑的已不少了。纂抄既毕，复以示余，余因题之曰《𬥸庵学术讲论集》，亦聊以补充在专著中所没有谈到的许多问题，还是有意义的。此编所收文字的内容，论学所及，多主于辨章学术，考镜源流；对众讲话，便重在发越志趣，开廓胸襟。区区此心，颇有补偏救弊微意，览者自能知之。

张舜徽

一九九一年八月三十日

《中国史学名著题解》前言

三十年前，我为适应高等院校历史系教学的需要。编写了一本《中国历史要籍介绍》，主要介绍了一些常见的必读的历史书籍，给有志钻研国史的青年们指出了一些读史门径和研究方法。那时正值建国之初，诸事草创，编写这一类的书，没有可以依据的本子，只得运用新的观点，自创新例，务求简明扼要，浅近易懂。书写成后，旋交书局出版，竟为不少院校所采用，并且流布国外，服务面更加扩大了。可知这一类的书，是广大有志研究中国文史的青年们所迫切需要的。

后来，继此而起的作品很多，或名"介绍"，或名"解题"，或名"举要"，风起云涌，盛极一时。但类例既有不同，取材复分评略。中国青年出版社于是有意组织人力，重新编写一本比较全面而又适用的《中国史学名著题解》，以飨青年读者。委托其事于华中师范大学历史系，系中同事王瑞明、熊铁基、崔曙庭、顾志华、张翼之诸同志，便欣然接受这一任务。湖北日报社吴志根同志，也在业余时间，参加这一工作。分工协作，各写若干篇，众志成城，裒然盈帙。编写过程中，在奔走联系、组织人力方面，熊君之力尤多。

我因年老事繁，无余力以及此。而诸同志相从商榷义例、斟酌异同。愚虑所及，亦为区处条理，颇有献替。特别对于史籍的归类，强调从"辨章学术，考镜源流"的角度出发，辩证地处理问题，而不可为过去封建学者们所妄加的笼统大名所束缚。例如郑樵《通志》，分明是上绍司马迁《史记》体例而编述的通史，所以既有叙述人物的纪传部分，又有记载制度名物的"二十略"，与杜佑的《通典》、马端临的《文献通考》专详典章制度的书，体例完全不同。封建统治者只看到这三部书同以一个"通"字标题，便合刻在一起，名为"三通"，已经极不合理。清代又一再续修，成为"九通"，尤为芜赘。我们这次分类，将《通志》归入纪传体通史类；而后来续修的《清通志》，取消了纪传部分，只谈制度的，则入于制度史类。这样，可使读者按类求书，并明了每书内容，不会是没有意义的。其他类例的调整，可以推知其意了。

诸同志在写稿过程中，曾尽量吸取最近研究成果，删繁就简，务求明晰，给青年读者们带来的方便是很多的，不失为适应需要的好书。

一九八三年一月三十日

《中国古代劳动人民创物志》自序

人类历史首先是生产者的历史，人类文明是无数劳动人民经历了若干年代集体创造的结晶。不认识劳动人民祖先集体创造的各方面成就，便无由了解人类的真正历史。我国过去旧的历史书籍浩如烟海，但是，绝大部分都是围绕着统治阶级写作的。有关广大劳动人民生活活动的史实，记载独少，或者载而太略。特别是涉及古代事物的创造和发明，每每归功于个别人物，甚至远嫁名于荒古不可知之人，并从而加以夸饰，描绘为智周万物的"圣人"，这便淹没了劳动大众在历史上所起的作用，更无由认识到劳动人民是历史的主人。两三千年间，封建社会的学者们，一向瞧不起劳动大众，轻蔑地称呼他们为"野人""贱役"，不是没有原因的。

所谓"劳动创造一切"，首先是在集体的条件下，才能创造物质财富。人们观察问题时，每每只注意到目前和周围一切事物的现象，把集体的含义局限于空间的联系——横的联系，而忽略了它的时间的联系——纵的联系。所以劳动人民的集体创造，便很自然地只认识到一方面，而忽略了另一方面。只认为同时同地，鸠集了若干人分工合作，共成一事，谓为集体创造。而不知上下数千年间，前人有所创造而未竟功，后人继续去做，在原有基础上，发展它，丰富它，以至于无穷，也是一种伟大的集体创造过程。事物总是不断前进的，因之继续发展，也没有停止,所以集体创造,也从来没有间断。在这漫长的过程中,虽涌现出不少优秀人物,发明了或者创造了一些东西,但是毫无疑问,在他们以前,必然继承了前人已取得的成果,然后有着力处;在他们以后,又必有赖于后起者凭借这一新的成就,再向前发展与提高。如果认真从人类历史进程的整体来看,那些所谓发明家和创造者的个别人物,也不过是集体创造中的一员而已。所以说,个人是渺小的,集体力量是伟大的。这却不是一句空话!

我本着这种看法,近年来在历史教学和研究工作中,努力宣传和考证劳动人民祖先生活活动的重要,平日深深感到:必须有人在这方面做深入而广泛的研究整理工作,而后才有真正合乎理想的中国文化史可言;否则前后相因,死守着已经过时的旧体例来从事编述,虽加上许多新名词、新术语,用来装潢门面,充实篇幅,仍然是无济于事的。

我虽有意撰述一部有关阐述我国文化的书籍,俾人们由此得以系统地认识祖国,以启发其爱国心,但终感到兹事体大,非一时所能成,便暂时先将中国历史上的集体创造总结下来,先从生产方面写起,以及涉及物质生活和文化生活的重要部分。在撰述过程中,深深感到祖先们创造精神的伟大,在于能经常改进、发展,而不是一成不变;在于能不断吸取外来文化,而不是故步自封。我们应该继续发扬这种精神,努力学习先进国家的科学技术,来改变我们的现状,丰富我们的生活,发挥集体创造的力量,努力建设,使中华民族能以高度文明出现于世界。这自然是劳动人民祖先所深切属望于我们的。

一九五六年除夕

《中华人民通史》自序

在很早的时候，我便有意自创新体，试写一部通史，务求简明易懂，便于广大人民阅读。首先，感觉到历史是人民创造的，应打破王朝体系，而以人民为历史的主人，围绕人民来进行叙述。其次，过去编史的先生们，每将几个接近的朝代联在一起讲，将治乱兴衰讲完以后，继之以这一时期的文化。这样循环往复地讲下去，致使读者看完一段有关文化的记载之后，又接着要看一段争夺相杀、战火连年的记载。知识既无系统，记忆也就很难。在打破王朝体系后，应以事物为记载中心，将历史上重要事物的发生、发展、变化的情况讲个清楚，务求使读者从中得到系统的知识，以激发其爱国之心。这是一件极有意义的工作，迫切需要去做。此书既以人民为历史的主人，又是写给广大人民看的，便可名之为《中华人民通史》。

怀此有年，无暇握管。七十岁后，在整理旧作之余，希望成此新编，争取为广大人民服务。但以精力已衰，日常工作仍繁，虽提纲早已拟就，终迟迟不曾动笔。自叹日暮途远，恐无力完成这一工作，弥伤老大，俯仰兴悲。七十三岁时，忽下决心挤出时间，偿此夙愿。于是日课有程，开始撰述。自属稿以至誊清，皆不假手于人。又以生平作字拙劣，力求端整，不习惯于草率了事。因之迁延时日，进展很慢，到现在已经超过三年了，才勉强完成初稿。百孔千疮，不能使我自己满意，以是益感成事之难。

必须着重说明的是，这部书是写给广大人民看的，不是写给专家学者们看的。广大人民需要易于消化的精神食粮，所贵叙事浅明，通俗易懂。使他们在各自岗位上忙个不停的紧张生活中，能够趁休息时学习一点本国历史，油然而生爱国之心，以激励其奋起向上、努力报国之志，将会起到一定的作用。至于专家学者们，史事烂熟于胸，用不着参考及此。我平生总觉得一个上了年纪、已能辨识治学途径的史学工作者，在写作上，应该以提高与普及并重。不可偏重提高，追求专业的登峰造极；而必兼顾普及，将知识交给人民。这才合乎时代的要求，适应大众的期望。我之所以不辞劳瘁，发愤而成此作，和我以前所出版的有关小学、经学、史学、哲学方面的专著的写法，完全不同，不是没有原因的。

在封建社会，一部三千多卷的二十四史，以及其他汗牛充栋的史书，虽然也为我们提供了大量的具体的历史资料，但实质上全是地主阶级统治史，只有帝王将相的事迹，看不到劳动人民的历史。近几十年来新编的各种通史，仍然是王朝体系。说穿了，还是沿用那珂通世（日本人）所编《支那通史》、柳诒徵所编《历代史略》、陈庆年所编《中国历史教科书》的体例而从事编述的。那些盛行于清末的王朝体系史编义例，仍用来为今天社会主义文化服务，这倒有些奇怪。尽管近人新编各种通史，运用新的观点，纠正了旧史的许多偏向和错误，着重叙述了劳动人民所受剥削压迫的痛苦，歌颂了历代农民起义，但没有谈到几千年间妇女所受的压迫和痛苦；以一个多民族的统一的大国，在历史上，只看到汉族的活动事迹，看不到少数民族在历史上所起的作用；在谈到事物发明时，只强调个别人物的成就，看不到集体创造的伟大。像这一类的事例很多，不能说不是一种大的缺陷。

我不自量力，很想填补这些缺陷。由于理论水平和史学修养都不够，所知太少，不能包揽无遗，虽略有补苴，也只是发凡起例而已。全书分为地理、社会、创造、制度、学艺、人物六编。它既不是供学校教学用,所以不分章节,只标大题、小题,顺叙而下。将历代蝉联相贯的次第以及治乱兴衰的大事,总括为"统治阶级的改朝换代",列入社会编,看成是历史上中国社会的一种政治现象,摆在一边,借以打破旧的正统观念。在社会编中列入这一专题,可使读者知道历代王朝的次第、名号、年代及其成败得失,有助于翻检旧史,进一步深入研究。书中纪岁,仍以旧的年号与公元并列,便于对照。叙述史事,到清亡止,这是本书断限。辛亥以后,不再写下去。但是有些事物,也有涉及到辛亥以后的,便不妨连续叙述,这是变例。

在开始草创的时候,勇气很足,下笔不能自休,收集的资料也不少。后来考虑到广大人民各有专业,工作很忙,他们所需要的书,用不着这样繁琐,愈简愈好。一部书卷帙太多,是没有人看的,且没有时间去看。即使公家资料室购取了一部或两部,群众只是把它看成类书,偶尔翻检而已。不理解群众实际需要,而从事于贪多骛广,只能是枉费心力。于是将预备写入的内容,再三压缩,损之又损,力求删减至百万字以内。原来所拟提纲,也重新修订,删掉了许多不必要的内容。整理全稿,成为此本。当然,以衰老之身,竭一人之力,不避艰巨,负此重任,既孤陋,又疲困,脑力退化易忘,史实记忆多误,虽勉力写完此书,缺点、遗漏、舛谬,一定是很多的。好在这只是我的大胆尝试,在创立新的通史体例方面,虽已拥彗前驱,而兹事体大,所造甚微,有如汪洋大海,我所把取的不过是一滴水而已。

一九八七年一月十五日识于武昌,时年七十有六

《张居正集》序

政治思想和法权思想,是随着阶级和国家的出现而出现的。法的作用,无非是统治阶级采取一定的形式,将人们的行为固定在共同遵守的范围内,以巩固、发展对其有利的社会关系和社会秩序。所以法的内容,实包括国家制定的法律、法令、条例、决议、指示等规定性文件和国家认可的判例、习惯等。制度必靠法律来保障,法律必靠刑罚来维持。法律和刑罚,只是法的内容之一,而不足以概其全。

在中国历史上,把法的作用提得很高,有议论、有行事,从而取得很大成功的,要算是周秦法家。他们强调法制的作用,主张革新前进。在政治理论上建立了一套以法治国的完整体系;或者在政治实践中,确有显著的建树,引导当时政权走上了富国强兵的道路,这样的人便算是当时的法家。

魏代刘邵说得好:"建法立制,富国强人,是谓法家。管仲、商鞅是也。"(见《人物志·流业篇》)从来替"法家"下定义的,以这几句话最为简明切当。近人章炳麟也说:"法家者流,则犹西方所谓政治家也,非胶于刑律而已。"(见《訄书·商鞅篇》)这一论断,是比较正确的。我们今天研究周秦法家的言论、行事,可以肯定他们是一种有先进思想的政治家,是一种以法治国的政治家,是一种敢于革新、勇于任事的政治家;或者是一种政治思想家,是一种法治理论家。他们的事业规模是弘远的。后世却把所谓"律家""法官""刑幕""刀笔吏"当法家,那就太狭隘了。

出现在我国历史上的历代政治家,都莫不具有法家精神。周秦法家的言论、政绩,便直接影响他们的思想和行动。像汉代的霍光、三国时期的诸葛亮、晋代的王猛、唐代的魏徵、宋代的王安石、明代的张居正,有胆有识,勇于任事,都是从周秦法家书中取得了指导性的丰富理论,作为自己治国理民的重要依据,所以,他们的一言一行,都充满了浓厚的法家精神。这也就说明了周秦法家言论对后世政治的影响,是至为深远的。

我早年通读二十四史时,深深佩服历代大政治家以法治国的精神为不可及。特别对于王安石、张居正尤为倾慕。所以读《宋史》时,便结合《临川集》进行研究;读《明史》时,便结合《太岳集》进行探讨。不独考明了一些史实,也还推廓了自己的胸怀,提高了自己的识见,受益是很大的。像王安石"天变不足畏,祖宗不足法,人言不足恤"的思想,和张居正"利于公者,必不利于私,怨谤之兴,理所必有"的言论,是何等气魄,何等毅力!都是他们敢于任天下事的具体体现。

在中国封建社会里,思想界为孔孟之道所笼罩了。无非是"则古昔""称先王"的陈腐滥调在支配一切。对于破旧立新的措施,是竭力反对的。王安石和张居正同样遭到当时很多人的反对和攻击。他们却毅然行之而不疑,不为强大的阻力所屈服。张居正从实践经验中深切地认识到,对于凶狠的政敌,不能姑息忍让,只能进行不调和的斗争。即使"机阱满前""众镞攒体",也要一往无前,"略不少回"。张居正当时确实表现了法家传统的不畏强暴的精神,在"摘奸剔弊"的过程中,把那些不达时变的顽固派言论,斥之为"臭腐之迂谈",不加理睬。经过对国政大刀阔斧的改革,出现了朝廷诏令颁布之后,"虽万里外,朝下而夕奉行"的新局面。史称"万历初政,委任张居正,综核名实,几于富强"(《明史·李太后传》)。当时理学家吕坤认为"江陵丰功伟业不可磨灭者,一言以蔽之曰任"。大思想家李贽称他是"宰相之杰",都是有事实根据的。

当然，张居正毕竟是我国封建社会后期、明朝地主阶级的政治家，为他的时代和阶级所限，和其他封建政治家一样，不可能没有缺点和错误。但是我们在考察任何一个社会问题时，都要把问题提到一定的历史范围之内，对具体情况进行具体分析。张居正生活在明朝中晚期。这时，封建制度走向衰落，资本主义开始萌芽，封建生产关系日益成为生产力发展的障碍，阶级矛盾日益激化，农民革命此伏彼起，国势岌岌可危；外则有"倭寇"对东南沿海一带的侵略，鞑靼贵族在北方的骚扰。整个明王朝已陷入内外交迫、危机四伏的困境之中。张居正以天下为己任，下决心整顿朝纲、革新国政、励精图治，使国家走上富强的道路。在当时历史条件下，他的成绩是主要的，是应该加以肯定的。他那种认真办事的魄力和革旧布新的精神，到今天还有借鉴的作用。

张居正的言论主张保存在全集中的，以《陈六事疏》最为纲领性文字。与王安石的《上仁宗皇帝书》后先辉映，同属重要的"政治宣言书"。他们在政治上的举措，都是按"宣言书"中所谈到的问题进行的。说明了一个具有远见卓识的大政治家，都是坐言而可起行的。我早年读张居正全集时，特别重视其中书牍部分，认为短小精悍，中多激励之语，足以立懦廉顽，使人读之气壮。又曾手抄其名言警句，成为一册，间加笺释，用为蓄德之助。后来在上海旧书摊上得旧平装本《张江陵书牍》上下二册，是广智书局于清末出版的（光绪三十三年六月初版，宣统二年七月四版）。可知当清末国势阽危之际，已有人辑出书牍部分印成专书，用为激励士气、振兴中华的辅助读物，实已先得我心，私衷快慰不已。直到今天，这一部分文字仍是我们必须认真阅览的重要部分。尤其对每个勇于任事的人，有坚定意志、振奋精神的巨大作用。

兹值国家大兴文教之际，以整理古籍相号召，湖北人民出版社决定整理、校注《张居正集》，乃以其事相属。我因年老事繁，无余力亲自动手，特为商榷条例，委托华中师范大学历史、中文两系和历史文献研究所中青年教师分工合作以完成其任务。在校注过程中,全面负责的为历史系吴量恺同志。他是研究明清史的,并曾写有《张居正传》,对明代史实及张居正事迹,极其精熟。谈到整理《张居正集》,可谓得心应手,发挥了他的作用。协助他进行组织人力、审定初稿的,还有李国祥、崔曙庭、黄建中诸同志。至于参加校注工作的王玉德、王南平、朱明廷、李昭民、李思维、李国祥、李发舜、吴量恺、周光庆、马良怀、陈蔚松、张洪、黄建中、崔曙庭、彭祖年、彭益林、董恩林、杨昶、赵循、刘筱红、庞子朝、顾志华(按姓氏笔画排列)等同志都付出了辛勤的劳动。

张舜徽

一九八四年五月

《中国古代学者百人传》题辞

中国青年出版社近年来不遗余力地组织人力，编写各种浅明易懂的通俗读物，为青年读者提供方便，在普及文化知识的工作上，作出了贡献，取得了成绩。特别是对于哲学、文学、史学各领域内出版的写作，层累不绝，销售量也很大。通过出版物的传播，便直接激起了广大读者的爱国思想，为"四化"建设提供了精神食粮，这是我们所欢迎的。所以我平日每与朋友谈到国内出版事业，经常推许青年出版社在印布通俗读物、普及文化知识方面，出了不少好书，做了不少好事，这是应该取得社会一致承认加以肯定的。

一九八三年，青年出版社以主编《中国史学名著题解》相托，我虽工作繁忙，也愿予以支持和协助。因组织人力，分担写作任务，在不长的时间内，完成了任务。我虽无暇执笔，但在发凡起例、甄审别择以及史籍归类等方面，提出了自己的意见，同志们都采纳了。编写完毕以后，出版社看了全稿，比较满意。同志们积极缮写成书，对有志研究历史的青年，给予了启导，提供了方便，是一件极有意义的事。

此书尚在印刷之中，青年出版社又请我主编《中国古代学者百人传》，在名单初步确定后，我仍组织人力分担写作任务。自己则在百人的甄选、内容的叙述，考虑为多。以为此书既以"学者"标题，应该着重阐扬每个学者的学术成就、治学方法以及努力求学成才之道。以古鉴今，古为今用，庶几对今天的青年人有启发、观摩的作用。例如欧阳修是宋代文学家，但他又是一位著名的学者。是他首先在经学领域内黜斥河图洛书之妄；又是他首先在史学领域内开创金石考古之风。王安石是宋代的大政治家，但他又是一位著名的学者。他对经学，有《三经新义》；他对字学，有《字说》专著。我们都应从这些方面总结他们的成就。戴侗是宋末的文字学家，所著《六书故》，颇多创见。尽管清代学者没有人重视他，我们今天应该阐幽表微，肯定他的成就。廖燕是清初的大学者，平日自励和教人，都强调不应局限于纸本书籍，而必广泛地读"无字书"，从实事实物中取得学问。唐甄是清初大思想家，年过七十，人伤其老，他却以为"老正学时"，更加努力不懈，特在《潜书·七十》篇中畅发其旨。汪绂在青年时期，到景德镇瓷厂做临时工，替人画碗。由于加强业余自学，后竟受聘为塾师，著书甚多，成为清初名儒。汪中家贫早孤，少年时期即入扬州书店当学徒，有暇便发愤读书，因得博览群籍，成为乾嘉学者中第一流的通儒。像这一类的事实，有必要着重介绍，借以启迪后人。古人称："多识前言往行以蓄其德。"一个人如果多读史传，从前人嘉言懿行中吸取营养，便可发越志趣，开拓胸襟，受益是很大的。此外如后汉张衡，不但是一位有创造发明的自然科学家，同时也是一位著名的文学家、史学家和思想家。清初江永，不但是一位著名的音韵学家和经学家，同时也是一位卓有成就的天算学家，并能创造许多奇器。看到古人的博学多能，便可反求诸己，努力用功。他如颜元、李塨的讲求实用，孙奇逢、张履祥的提倡躬耕，更能黜华崇朴，激励多士。然则这部《中国古代学者百人传》的编述，不但是一部知识性的通俗读物而已，它将起着深远而广泛的作用和影响。

  我在甄别、选定百人名单的过程中，力求阐幽表微，发现过去为人们所忽略了的人物加以标举，并委托撰稿的同志，尽量拈出每人的特点着重叙述，不是没有微意的。

一九八四年七月十二日

《二十五史辞典丛书》题辞

我国历史悠久，记载史实的书特别丰富，留下了大量宝贵的历史遗产。单就从清乾隆时所刊布的二十四史来说，从《史记》到《明史》，便有三千二百五十九卷之多。这一大堆史料，当然存在许多缺点和不足之处，但从其中所保存的史实来看，仍然是我们今天研究祖国文化的重要依据，可以用来配合地下发掘的实物资料进行探索与考证。有时甚至感到没有书本记载提供线索，地下发现的许多珍贵文物，也无由从事鉴别和说明。可知这一大堆故纸，仍然是不能废弃的。不独研究历史的专业工作者所宜熟览，即从事考古工作的专家们也要常翻。但是摆在读者面前的困难是很多的，然而是可以克服的，这便迫切需要有一部很系统、很完备、可以解决疑难的工具书。

近年来，国内出现了编纂辞典的高潮，每一事物，每一学科，每一专书，都先后有了一套辞典，替学者们带来了方便。毫无疑问，这是一件对社会主义文化建设极有意义的工作，受到人民欢迎。但是部头太大的书，便无人问津。由于工程较大，投下的劳动量要多，在组织人力方面也不容易，所以热心编辞典的人，也对此望而生畏，不敢着手。山东教育出版社却不避繁剧，委托中国历史文献研究会组织人力，编出二十五史专书辞典丛书，以供广大读者的需要。一九八三年趁我会在开封召开年会时，向我提出这一意愿。我是赞成他们的这一计划而愿予以支持的，因约集一部分同志商议及此，期于通力协作，分书完成任务。先从

《史记》《汉书》《后汉书》《三国志》四史编起，然后推及其他。为了适应中等以上文化水平的读者的需要，在编写过程中，我们从知识性、科学性的要求出发，广泛采集资料，仔细辨析词义，释义力求确切简括，明白易懂。希望通过这部书的问世，可以帮助读者解决在阅览中的疑难，提高文化水平，对社会是有益的。众志成城，功在不舍。我虽年迈，期待着这部大书能及时陆续出版，发挥中国历史文献研究会的集体智慧，更好地为社会主义建设服务！

张舜徽
一九八七年九月十六日

《二十五史三编》序

余往在壮龄，筋力方强，每喜趁寒暑休暇之时，赴京、沪、宁、杭各大图书馆读未见书，事毕乃归。所谓读未见书，非如昔人之饱览宋元旧椠以资校勘已也；意在博访古今名哲未刊之稿，或有刊本而流传不广、外间不易得见者，得以扩吾识见、增益所学耳。国内藏书之盛，京师第一，而沪、宁、杭次之。但就京师言，自北京图书馆外，各大学图书馆收藏亦富，非他处所能比，故余赴京尤数；沪、宁、杭则间岁一往。往则赁居图书馆旁，以与其专职保管者素相识，因得入珍本室浏览借观。写本琳琅，惊为富美。每叹四部未刊之书，多集于是。傥得有大力者举而刊印行世，嘉惠士林，夫岂浅鲜，固胜于鸠合众力、编辑大部图书远甚矣。此吾于往岁开明书店辑印《二十五史补编》，所为赞叹而称道之也。

二十五史为书夥矣，而犹不免于缺漏，端赖后人补之。有补本书志传表谱之阙者，有补旧注之简者，有重新疏证旧注者，有抽出单篇加注者，有通读全书而作札记者，有专考训诂音读或地理制度者。作述纷起，皆足以补苴罅漏，裨益前修。往世此类书篇帙较短，或附刊丛书之中，或藏稿未曾付梓，单刻本既少，故世人难见其书。自《二十五史补编》出，则凡可以补正史者，多在其中，有利于治史者大矣，此其功所以不可没也。

惟载籍极博，记事之书，特其中之一类耳。推之群经、诸子、别集，何莫不可以此法广甄而合刊之。自《两经解》《南菁书院丛书》之后，汇印经说者甚少，而从事撰述者转多。举凡杂志、专刊所载，考古说经之文，今盛于昔，自可依篇帙而编定之。至于诸子之新注，别集之精品，自当有人为之审定高下，择其可传者传之，名之为"群经新义""诸子补编""别集丛刊"，亦何不可，亦犹之《二十五史补编》之意也。余怀此有年，而无力以图之。一九九一年秋，岳麓书社夏剑钦同志来至武昌，与余谋及汇印群书事，余怂恿其辑《二十五史三编》以续成《补编》未竟之业。夏君欣然以为可行，爰议及采访遗书、甄别高下诸端，并为向各大图书馆分函绍介，俾与洽谈，而鄢琨同志奔走襄助之力为多，分赴各地，不辞劳瘁。未几而诸事就绪，即可蒇事。计搜罗之未刊稿与稀见书，凡一百五十余种，汇印成书，蔚然大观。而夏君擘画组织之力，与鄢君审择采访之勤，皆可钦也。协助之者，尚有吴泽顺、丁方晓、曾主陶、石洪运诸君，亦皆黾勉从事，共竟厥功，理宜并录，以示后来。诸君以兹事为余创议，必欲余为之序以发其意。余故书此以为诸君成事之祝。然而此特其嚆矢耳，今后致力之端，犹大有事在也。

一九九二年十月二十四日张舜徽

《资治通鉴全译》序

旷观数千年中华史学界堪称震铄古今之大著作，必有雄伟的气魄、庞大的规模、创新的体例、审密的剪裁，而行之以畅达之文笔。必具备了这些条件，然后可以传之久远，为后世不磨之书。自古至今，作者虽多，真能达到这一境地的，自推汉宋两司马的成就为最大。

远在二千年以前，司马迁写成了一百三十篇、五十二万六千五百字的巨著《史记》，通贯古今，包罗万象，同时也是一部百科全书式的知识宝库。汉武帝以前的社会变化和自然变化，都被记录下来了。这样的一部大著作，后世无以为继，没有第二个人，敢于全面地绍承它的体式，来通贯古今以续其书的。后之作者，仅能得其一体，变为专史；或具体而微，变为断代史。气魄规模，便小多了。

至于按岁时月日来纪事的编年史，远者如《春秋》，文字极其简短朴素，后来出现文辞繁富并拥有高度修辞技术的新编年体如《左传》。汉末荀悦，删汰《汉书》的繁富，成为编年体《汉纪》，专纪西汉一代之事。司马光效其体而衍为贯通历代之书，上起战国，下终五代，将一千三百六十二年大事，按年记载，一气衔接。使自汉末、两晋、南北朝学者所纂各朝断代编年之书，一变而为联续古今的大编年史，诚然是中国史学界的一大创作。在《资治通鉴》没有成书以前，学术界是看不到这样一部二百九十四卷的鸿篇巨制的。由此可见《史记》和《资治通鉴》所以能称古今大著作，自有其不可及处。

司马光（公元一〇一九——一〇八六年），字君实，北宋陕州夏县（今属山西）涑水乡人。宝元进士，仁宗末年，仕天章阁待制兼侍讲知谏院。他在当时，即立志编撰《通志》，作为封建统治的借鉴。治平三年，撰成战国迄秦的八卷，上之于朝。英宗命设局续修，神宗时赐书名为《资治通鉴》。神宗用王安石行新法，司马光与之不合，乃退居洛阳，以书局自随，继续编述《通鉴》，至元丰七年成书。他从发凡起例至删削定稿，都亲自动笔。劳精疲神，历十九年而后成。元丰八年，哲宗即位，召他入京主国政，整顿纲纪，废除新法。历事数朝，实为宋之名臣。所以他的一生，不仅是北宋时的大史学家，也是一位大政治家。

司马光修《资治通鉴》，得力于找到了几个好助手：一是刘恕（字道原），二是刘攽（字贡父），三是范祖禹（字淳甫）。他在与范氏手帖中说过："隋以前与贡父，梁以后与道原，足下止修武德以后，天祐以前（此帖所云，与邵伯温《闻见录》所载，略有不同）。可知当日整理史料的分工情形是：自汉至隋归刘攽，自梁至周（五代）归刘恕，唐代归范祖禹。这三人都精熟旧事，各用所长，把材料预备好了，写成底本，司马光再加删改润色的工夫。当日在修书的总过程中，分为丛目、长编两个准备阶段，这是助手们的工作。丛目所以比次异闻，好像工厂中的原料品；长编便已加工制造，成了工厂中的粗制品。到司马光笔削成书的时候，才由粗制品变成精制品。例如范祖禹所为《唐纪》长编，原为六百卷，司马光将它删定为八十卷，假若不是长于识断，善于别择去取，又何能有此精约的剪裁。

大抵编述一部大书，剪裁和熔铸的工夫，最为重要。所谓剪裁，便是对丛杂猥多的材料进行审别后，判定哪些材料要，哪些材料不要，不惜大刀阔斧，割去那些不需要的东西，这便是剪裁，关系到丰富资料的取舍和全书义例的纯驳，至为重大。至于熔铸，则是将各种不同的材料，整齐其笔法，使成为前后畅通的文体。如司马迁采自不同时间、不同空间的材料，加以熔铸，而成为用汉代语言文字写成的一百三十篇书；司马光自"十七史"外,博搜杂书稗史三百余家,加以熔铸,而成为用宋代语言文字写成的二百九十四卷书。这却是两大史学家盼绝大本领!

一部大史书的取材,首先必有个总的原则。什么样的人、什么样的事才写进去,哪些人、哪些事不写进去,必有别择去取,才能体现本书的写作义例。南宋晁公武《郡斋读书志》有云:

> 公武心好是书,学之有年矣。见其大抵不采俊伟卓异之事,如屈原怀沙自沉,四皓羽翼储君,严光足加帝腹,姚崇十事开说之类,皆削去不录。然后如公忠信有余盖陋子长之爱奇也。

清初顾炎武《日知录》复谓:

> 李因笃语予:《通鉴》不载文人。如屈原之为人,太史公赞之,谓与日月争光,而不得书于《通鉴》;杜子美若非出师未捷一诗为王叔文所吟,则姓名亦不登于简牍矣。予答之曰:此书本以资治,何暇录及文人。

这都是过去学者细心读书,从《通鉴》中找出来的通例,是一个有价值的发现。

屈原虽为自古词赋之宗,而其内容不外忧愁抑郁,自伤不遇。假若天下的人都是这样,势必成为悲愤痛哭的社会,哪还有人办天下事?所以《通鉴》既以"资治"为目的,所以对这样的人,值不得加以表扬和提倡。《淮南子·齐俗篇》说过:"矜伪以惑世,伉行以违众,圣人不以为民俗。"这确是自古治国理民的人对一般人行为衡量轻重的准则。大约"庸言之信,庸行之谨",可为群众师模的,加以提倡;至于立崖岸,行奇诡,以哗众骇俗的,必加贬抑。古之让王者,如许由、务光之所为,竟不见称于孔孟;清远绝俗者,如屈原、严光之行事,复不见载于

《通鉴》；这里面是有原因的。

《通鉴》记人记事，原则性很强。凡是有关国家兴衰、生民休戚的重要事件，和那些才德并高、有能力办事、积极替国家作出了贡献的人物，都叙述详明。作为当时的榜样和后世的借鉴。至于无关国计民生的事，以及那些孤高自赏，抑郁终生，消极对待一切，遗世独立的人，都是《通鉴》所不记载或很少记载的。以为这种人在天地间，有一个不多，无一个不少，其行己立身之道，不是群众所要学习的。所以修《通鉴》的人，也就不加理睬。前人只知道《通鉴》不采卓异之事和不载文人，都是它的特点，而忽略了它所不记载的人和事还很多。

晋宋时代的陶潜（陶渊明），可算是一个有名的诗人、高士和隐者。在《通鉴》中，也没有看到他的姓名。这是由于他一生乐天安命，陶醉于酒，和那些积极有为的精神格格不入；他的某些消极颓放、及时行乐的思想，对当时和后世流毒也不小。白居易说他的诗"篇篇劝我饮，此外无所云"。所以他的一生，不外诗酒二字。倘人人皆如此，则普天之下，都变成颓放自适、整天喝酒的人了。《通鉴》不载陶潜于晋宋禅代之际，这是比之屈原，同为不足楷式后世之人，所以同样被摒除了。

自来儒家教人行己立身，恒以庸言庸行为重，强调言行归于中庸的重要。不可太过，也不可不及。所以古代有高见卓识的政治家，理民之要，只奖劝庸言庸行之美，以敦化厉俗。对那些矫世行怪的人，便十分鄙弃。凡是历史上所记躬行敦笃、足为群伦表率的人物，虽在幽僻之地，值动乱之时，《通鉴》也必书之以示后。如汉桓帝延熹二年，录徐稺、姜肱、袁闳、韦著、李昙五处士。七年，录郭泰、茅容、孟敏、申屠蟠诸人。献帝建安十二年，录司马徽、庞德公二人。此乃由于这些人虽不必有益于治道，而甚有裨于风化。能用自己好的言行，影响到社会许多人，所以特加记录以表章之。

《通鉴》不载文人，只是指那些无裨国计民生的文士，但以吟诗为文见长，而没有致治兴邦的识议。这样的文士，正如恒河沙数，不可胜记。如果发现善写文章的绩学之士,果有真知灼见,足以裨益治道,《通鉴》对其人其文,十分加以重视。不过,甄采其文,仍取其有关治国理民的大理论,而省汰其无关宏旨的闲杂话,经过一番剪裁工夫,然后收入《通鉴》。例如《乐毅报燕惠王书》《李斯谏逐客书》《董仲舒贤良策》这些大文章,都经过了节删的,而不是原文抄录。又如唐代陆贽的奏议,本以骈俪名世。《通鉴》录文,虽原则上不采骈俪,但因陆氏奏议,有关民生国计之大,不得不破例收了几篇。由此可见《通鉴》中搜录遗文,也自有权衡取舍。善读其书者,贵能心知其意,而因以增进吾人之识见。

司马光是北宋时代一位学识渊博的大学者,又是一位刚正不阿的政治家。他所编述的这部大书,是为当时政治服务的,是一部政治性很强的书。凡是对国家成败兴衰关系不大的人和事,虽正史有记载,可以从省;相反,对那些关系天下兴亡很大的人和事,虽正史无记载,也要从其他杂书稗史中搜采出来补入此书。例如《通鉴》卷三十一,记载汉成帝宠赵飞燕,淖方成唾曰:"此祸水也,灭火必矣。"这材料是从《赵飞燕外传》中取来的。又如《通鉴》卷二百十六,记载张彖斥杨国忠为冰山,这材料是从《开元天宝遗事》中取来的。司马光看到历代后妃、外戚之祸天下,为害甚烈,所以特别将这些事记录下来,以为帝王之炯戒。凡是不见正史的人和事,而必取之他书以补充者,都是有原因的。

人们看到《通鉴》是编年体,以为是专以正史本纪为中心而写作的,而忽略了它将志传内的材料,也同时编入了此书。由于取材极广,因之所包含的内容,也就特别丰富。这一点在元代胡三省作《通鉴注》时,早已说过。《通鉴》卷二百十二,《唐纪》开元十二年注云:"温公作《通鉴》,不特纪治乱之迹而已。至于礼乐历数,天文地理,尤致其详。读《通鉴》如饮河之鼠,各充其量而已。"《胡注》虽仅在此处发其凡,推之全书,莫不如此。宋高似孙《纬略》曾说:"今学者观《通鉴》,往往以为编年之法。然而一事用三四出处纂成,其为功大矣。不观正史精熟，未易决《通鉴》之功迹也。《通鉴》采正史之外，其用杂史诸书，凡三百二十二家。"胡三省在《通鉴注序》中又说："温公遍阅旧史，旁采小说，抉摘幽隐，荟萃为书，劳矣！"可知司马光当日所投下的精力，后来学者是充分肯定了的。

司马光编述《通鉴》的精神和魄力，是值得继承和学习的。首先便是面对那些纷纭复杂、错乱重沓的材料，如何整齐之，融合之，条理之，连贯之，却是煞费苦心的事。其中理董两晋南北朝纷乱时的史实，最为繁剧。自称到洛八年，仅了得晋、宋、齐、梁、陈、隋六代，可知当日用力之艰苦。后来朱熹在《语类》卷百三十四，也曾指出，《南北史》除了《通鉴》所取者，其余只是一部好笑的小说。可知其剪裁熔铸之功，早已为学者所钦服。他在《进书表》中所云：

研精极虑，穷竭所有。日力不足，继之以夜……臣今骸骨癯瘁，目视昏迷，齿牙无几，神识衰耗。目前所为，旋踵遗忘。臣之精力，尽于此书。

假若他没有坚持终始、矢志不渝的任事精神，他何由成此盛业？

特别应该指出的，此书草稿，当日留在洛阳的盈两屋。相传黄庭坚阅数百卷，讫无一字草书。事实也确是如此，元初余姚徐氏藏有温公修永昌通鉴草一纸，柳贯见而跋之，谓纸上凡四百五十三字，无一笔作草。黄溍也有跋云："作字方整，未尝为纵逸之态。"这份珍贵手稿，记载了东晋元帝永昌元年的史实，一直传到现在九百多年了。已于一九六一年由文物出版社影印出版。除保存了珍贵文物外，更为重要的是能启发后人观摩学习之心。大家都推尊当日修书丝毫不苟的工作态度，是一种高度负责、克尽己职的崇高典范。

有人诵习《通鉴》，以为其中阙漏犹多，不足以称全备。不悟古人著书，各有义例。于材料之取舍，尤为慎重。大抵符合于作书义例者载之，不合者弃之。有所取必有所遗，非可尽其所有而悉录之。《通鉴》一书，体大物博。而明末严衍，深致不满。在《通鉴补自序》中指出：

> 温公于朝纲国政，辑之每详；而家乘世谱，辑之或略。伟论宏议，记之较备；而只行微言，记之或少。观其所载之人，则显荣者多，而遗逸则鲜；方正者多，而侠烈则鲜；丈夫者多，而妇女则更鲜矣；方内者多，而方外者绝不及矣。

严氏有感及此，因发愤补修之。积历多年，搜采诸史所有而《通鉴》不载的材料，撰成《资治通鉴补》数百卷。此实心勤事左，大可不作。清初王应奎《柳南随笔》，至讥严氏此书为"涨膀通鉴"。虽有清末盛氏活字印本行世，而观览之者绝少。严氏治史功力至深，而所为如此，这是由于不知古人著书体要的缘故。所以每读一书，必先知其义例，而后可以评断其是非得失。这是治学的首要问题。

方今国家励精图治，积极发扬民族传统文化。于是整理古籍的工作，开展很快。务使难于理解的古书，都有今注今译的本子，成为人人可以看懂的普及读物，这是极有意义的重要工作。各出版社都争先恐后地出了不少新书，对振兴文化、提高民智，是有很大效益的。贵州人民出版社乃欲组织人力，从事于《资治通鉴》的标点、注译工作。一九九一年春，其主事者数君，来至武昌，谋其事于余。余既赞成其议，复为鸠集华中师范大学中国历史文献学研究所诸同事，以及所外同志数人，分工合作，期以一年成之。诸同志群策群力，夙夜勤事，至翌年冬而初稿成，汇交出版社进行审核出版。社中主事者，必欲余为一序以冠其首。余平生喜读《通鉴》，略有窥悟。因称举其编述义例及成书之艰苦，以告读者。庶于前人著作体要，有所理解，收获一定是很大的。

一九九二年十一月张舜徽撰

声论集要[①]

余自少即好治文字、声韵、训诂之学，读刘熙《释名》，恍然有悟于声训之理，至确至精。年二十四，尝以古韵部居为经，声纽为纬，系录许书，成《说文声韵谱》，益悟由韵部以推字义，不如由声类以求字义之尤可依据，而双声之理，为用至弘。涉览三百年来儒先著述，已多先我言之者，因撮录其精语，成《声论集要》一卷，亦间述己意附于其尾，以见昔贤所论，固无二致也。一九四一年五月十日张舜徽记。

戴震曰："字书主于故训，韵书主于音声，然二者恒相因。音声有不随故训变者，则一音或数义；音声有随故训变者，则一字或数音。大致一字既定其本义，则外此音义引申，咸六书之假借。其例：或义由声出，如'胡'字，惟《诗》'狼跋其胡'与《考工记》'戈胡''戟胡'用本义，至于'永受胡福'，义同'降尔遐福'，则因胡、遐一声之转，而胡亦从遐为远。'胡不万年''遐不眉寿'，又因胡、遐、何一声之转，而胡、遐皆从为何。又如《诗》中曰'宁莫之知'，曰'胡宁忍予'，曰'宁莫我听'，曰'宁丁我躬'，曰'宁俾我遯'，曰'胡宁瘨我以旱'，宁字之义，传《诗》者失之，以转语之法类推，宁之言乃也。凡故训之失传者，于此亦可因

[①] 本篇选自《旧学辑存》，齐鲁书社1988年版。——编者

声而知义矣。"(《论韵书中字义答秦尚书蕙田》)

又曰:"人之语言万变,而声气之微,有自然之节限。是故六书依声托事,假借相禅,其用至博,操之至约也。……疑于义者,以声求之;疑于声者,以义正之。"(《转语二十章序》)

又曰:"谐声字半主义,半主声。《说文》九千余字以义相统,今作《谐声表》,若尽取而列之,使以声相统,条贯而下如谱系,则亦必传之绝作也。"(《答段若膺论韵》)

舜徽按:清儒从事声韵之学,始于顾炎武,而江永已言其考古之功多,审音之功少。大抵所言,详于叠韵而略于双声。休宁戴氏,继江氏以起,兼治二者,无所轩轾,而尤精于审音。早岁欲撰《转语》二十章,综声例以探义训之原,考音位以极声韵之变,持简驭繁,以类统杂,六通四辟,自是千古绝业。惜其有目无书,段玉裁所撰《戴先生年谱》,已言未成;孔广森序《戴氏遗书》,亦云未见。后人必取《声类表》当之,非也。

段玉裁曰:"古者先有声音,而后有文字。是故九千字之中,从某为声者,必同于某义。如从非声者,定是赤义;从番声者,定是白义;从于声者,定是大义;从酉声者,定是臭义;从力声者,定是文理之义;从劦声者,定是和义。全书八九十端,此可以窥见上古之语言,于劦部发其凡焉。"(龚自珍《论说文以声为义》引)

舜徽按:形声字声中有义之说,汉儒《传注》中已多言之。至宋人始昌言"右文",见于沈括《梦溪笔谈》、张世南《游宦纪闻》者,是也。顾徒拘声旁以求义,而不解造字时之假借,则必流于王安石《字说》之偏蔽,为世所讥。盖造字时每字所从之声,不必皆用本字本义,而声旁之用借字者所在皆是,要不可不审辨也。观段氏所举诸例,惟从劦声者用本字本义，余皆用借字。学者当推原其故，而后能达形声字受义之本。

钱大昕曰："人有形即有声，声音在文字之先，而文字必假声音以成。综其要无过叠韵双声二端，而叠韵易晓，双声难知。……自《三百篇》启双声之秘，而司马长卿、扬子云作赋，益畅其旨，于是孙叔然制为反切，双声叠韵之理，遂大显于斯世。后人又以双声类之，而成字母之学。双声在前，字母在后。知双声，则不言字母可也；言字母而不知双声，不可也。"（《潜研堂答问音韵》）

又曰："凡声皆始于喉，达于舌，经于齿，出于唇，天下之口相似，古今之口亦相似也。……牙音喉音，本非两类，字母家别而二之，非古音之正也。自喉而舌而齿而唇，声音已无不备。增牙音而为五，又析出半齿半舌而为七，皆非自然之音也。"（《潜研堂答问音韵》）

又曰："声音之变，由于方言，始终一方，而遍于天下，久之遂失其最初之音。如今人读胖为普旺切，读闶为户工切，即间有一方尚存古音，终不能胜海内之口，借非隋唐之韵尚存，岂复知有古音哉！……古有双声，有叠韵，参差为双声，窈窕为叠韵。喉腭舌齿唇之声，同位者皆可相转，宗之为导，桓之为和是也。声转而韵不与之俱转，一纵一横，各指所之，故无不可转之声，而有必不可通之韵。不得以炰烋之转彭亨，而通庚于豪；无俚之转无聊，而通之于萧；宁母之转泥母，而通齐于青也。"（《与段若膺书》）

又曰："古文谐声，本有二例：同音谓之谐声，同声亦谓之谐声。同声，今人所谓同母也。"（《答孙渊如书》）

舜徽按：清儒考求古声类者，以钱氏言之最早而最精。既谓喉、牙不当分，又谓古无轻唇，舌上读舌头，其说载于《十驾斋养新录》，至明切矣。晚又集录训诂名物之以声相转者为《声类》四卷，发明双声之用，尤为邃密。其书俱在，学者可览观焉。

王念孙曰："诂训之旨，本于声音。故有声同字异，声近义同，虽或类聚群分，实亦同条共贯。譬如振裘必提其领，举网必挈其纲，故曰：本立而道生，知天下之至赜而不可乱也。此之不寤，则有字别为音，音别为义，或望文虚造，而违古义；或墨守成训，而鲜会通；易简之理既失，而大道多歧矣。"（《广雅疏证序》）

又曰："诂训之旨，存乎声音，字之声同声近者，经传往往假借。学者以声求义，破其假借之字而读以本字，则涣然冰释；如其假借之字而强为之解，则诘诎为病矣。"（王引之《经义述闻序》引）

舜徽按：高邮王氏训诂之学，最为卓绝，要其致力之端，不外循声以求义耳。观其疏证《广雅》，由一字以推及多字，由一物以旁涉庶物，悉沿双声之理以得之。后又以声纽为纲，会合训诂之有大义而同纽者，撰成《释大》一篇，尤足以觇其声训之理，所以启示后人途径者，至广且深。虽其稿仅存喉、牙八母字，而大端举矣。余旧有志踵其例以理董故训，将欲博及群义，述为《雅诂通释》，卒以奔走四方，扰于他务，兹事体大，未能成也。

王引之曰："诂训之要，在声音不在文字。声之相同相近者，义每不甚相远。"（《春秋名字解诂叙》）

又曰："诂训之旨，本于声音。揆厥所由，实同条贯。"（《经籍纂诂序》）

舜徽按：高邮王氏父子之学，甚为当时所称。引之自少读书，一本庭训，故亦邃于名物训诂。所为《经义述闻》虽多称引父说，然亦自抒己见，不鲜发明。念孙为《广雅疏证》，自《释草》以下诸篇，由引之续成之;而《读书杂志》十种,复多录引之语。乾嘉中,学术臻于极盛,而有父子讲论之乐者,世交推高邮王氏为海内无匹云。

阮元曰:"言由音联,音在字前。联音以为言,造字以赴音,音简而字繁。得其简者以通之,此声韵、文字、训诂之要也。以简通繁,古今天下之言,皆有部居,而不越乎喉舌之地。"(《与郝兰皋论尔雅书》)

又曰:"窃谓注《尔雅》者,非若足下之深通乎声音文字之本原不能,何也?为其转注假借本有大经大纬之部居,而初、哉、首、基,其偶见之迹也。山、水、器、乐、草、木、虫、鱼诸篇,亦无不以声音为本,特后人不尽知耳。"(《与宋定之论尔雅书》)

又曰:"义从音生也,字从音义造也。试开口直发其声曰施,重读之曰矢。施、矢之音,皆有自此直施而去之彼之义。古人造从扩从也之施字,即从音义而生者也。《说文》:'施,旗皃。'旗有自此斜平而去之貌,故义为施舍。尸与施同音,故《礼记》:'在壮曰尸。'人死平陈也。……矢为弓矢之矢,象形字,而义生于音。凡人引弓发矢,未有不平引延陈而去止于彼者,此义此音也。水音近矢,《说文》:'水,准也。'水之流也,平引而去,义与矢同。……明乎此,可知古人造字,字出乎音义,而义皆本乎音也。"(《释矢》)

舜徽按:阮氏训诂之学,出于王念孙。观其所为《王怀祖先生墓志铭》有云:"元之稍知声音、文字、训诂者,得于先生也。"故其治学,亦由声音以贯通字义。《研经室集》中所载《释心》《释磬》《释矢》《释门》诸篇,皆穷究语原,发明义由声生之旨,至为明晰。文繁不能尽举,兹特节引《释矢》以示例耳。阮氏博涉多通,要以说字为最精,其子述庭训有曰:"余之学多在训诂。"(见《雷塘庵弟子记》卷六)阮氏固已自言之矣。徒以一生学术，为名位所掩，后人知之者稀耳。

　　黄承吉曰："六书之中，谐声之字为多。谐声之字，其右旁之声，必兼有义，而义皆起于声。凡字之以某为声者，皆原起于右旁之声义以制字，是为诸字所起之纲。其在左之偏旁部分（或偏旁在右在上之类皆同），则即由纲之声义而分为某事某物之目。纲同而目异，目异而纲实同。如右旁为某声义之纲，而其事物若属于水，则其左加以水旁而为目；若属于木火土金，则加以木火土金之旁而为目；若属于天时人事，则加以天时人事之旁而为目；其大较也。盖古人之制偏旁，原以为一声义中分属之目，而非为此字声义从出之纲，纲为母而目为子。凡制字所以然之原义，未有不起于纲者。古者事物未若后世之繁，且于各事各物，未尝一一制字。要以凡字皆起于声，任举一字，闻其声即已通知其义。是以古书凡同声之字，但举其右旁之纲之声，不必拘于左旁之目之迹，而皆可通用。并有不必举其右旁为声之本字，而任举其同声之字，即可用为同义者。盖凡字之同声者皆为同义，声在是则义在是，是以义起于声。后人见古人使字之殊形，辄意以为假借。其实古人原非假借，据字直书，必故为假借何为者。盖古者原用其纲，而目则可别可不别，古人初不料后人之不喻乎纲也。至后世事物日繁，则必须逐目区分，以免混淆歧误，是以制字日多日别，而用字乃重目而不重纲，于是必拘拘于左旁之目之迹，此乃后世不得不然之势。然习之既久，遂不复知右旁之声之为纲，而其意转以纲领为系于左之偏旁矣。是沿其流而昧其源，可以论今而不可以论古者也。"（《字义起于右旁之声说》）

舜徽按：黄氏说字大旨，主于以声为纲。而自许太过，至谓"右旁因声起义之说，至汉而已失传，是以汉儒皆不知之"（亦见《字义起于右旁之声说》）。而其实不然也，即以《说文》而论，虽主于据形系联，然句、丩、叕三部皆以声为主，以喻义寓乎声之旨。至于郑君注经，用同声之字通释疑义者尤多。安得谓因声起义之理，汉儒皆不知之乎？黄氏之论，亦特承宋人"右文"之说而推衍之耳。顾其议论风发，载于《文集》《文说》及《字诂义府合按》中者，泉涌不竭，言之成理，自是不废大家。其后刘师培读其书，叹为"正名辨物，舍此莫由。小学之书，吾至此叹观止矣"（见《扬州前哲画象记》）。刘氏此言，谅非阿好之辞也！

  钱塘曰："夫文字惟宜以声为主。声同，则其性情旨趣殆无不同。若夫形，特加于其旁以识其为某事某物而已，固不当以之为主也。然仆岂好为异说哉？盖亦尝反诸制文之理矣。文者，所以饰声也；声者，所以达意也。声在文之先，意在声之先。至制为文，则声具而意显，以形加之为字，字百而意一也。意一则声一，声不变者，以意之不可变也，此所谓文字之本音也。今试取《说文》所载九千余文，就其声以考之，其意大抵可通；其不可遽通者，反之而即得矣。且以童子时诵习者证之：如政者，正也；仁者，人也；谊者，宜也；非孔子之言乎？然则因声见意者，周人之法也，可以明文字之宜何主矣。"（《与王无言书》）

舜徽按：钱氏发明义生于声之理，至为精谛。与黄承吉所言，若合符契。塘字岳原，号溉亭，为大昕族子，家门讨论，于声训之理，必有所受也。塘尝欲取许氏之书，离析合并，重立部首，系之以声。然此议实始创于休宁戴氏，其后若姚文田《说文声系》、严可均《说文声类》、张惠言《说文谐声谱》、江沅《说文音均表》皆循其例而为之者也。江书俱录许书说解全文，每检一声，而同从此声之字，义训悉备，尤便学者。

邵晋涵曰："声音宣而文字著焉，字日孳而声亦渐转。得其声始，则屡转而不离其宗。由是审音以定义，昭晰于制字之原，则互训、反训、展转相训，亦屡变而不失其旨。"（《汉魏音序》）

舜徽按：邵氏所谓"声始"，即声母也，犹今语所称"语根"耳。大抵义寓于声，字由声衍；文虽万殊，语归一本。苟能得其语柢，以穷推孳乳相生之迹，则固持简驭繁、执一统万之术也。

程敦曰："言者，意之声；字者，声之寄。不解其意，而欲知其言；不辨其声，而欲定其字，均之难也。是故书之为体，厥名有六，而形声之字，实居太半。……声之为用，较形尤繁，苟明其旨，偏旁可去。如句曲之句，本止作句。而天寒足跔，即加足作跔；曲竹捕鱼，即加竹作笱；羽曲之鹠，即加羽；镰刀之刨，即加刀。他如珣石之似玉者，必其文有句曲者也；雊鸣为雊，乃鸣时而句其颈也；拘止之拘从句，谓拘物必两手句曲也；鸲鹆之鸲从句，亦谓鸣声善于句转也。即此类推，十得八九。岂至如陆德明所讥飞禽必须安鸟，水族便应著鱼，虫属要作虫旁，艸类皆成两屮哉！"（《汉魏音序》）

宋保曰："夫字有定形，义岂一端，而皆统之于声。声则无方无尽，而文字以之相益，训诂以之相依。以无方无尽之声，又确有其至当不易之路。路自一达以至九达，合之则有径可通，分之则如道路自为道路，歧旁自为歧旁，剧旁自为剧旁，不能一致也。古人以声载义，随感而应，变动不居。……凡声同则虽形不同，而其义不甚相远。"（《谐声补逸自序》）

舜徽按：程、宋两家所论，与黄承吉、邵晋涵、钱塘之言实相表里。诸家谓义出于声，是也。惟学者循声求义，必沿双声之理以求之，而不可拘泥于形声字之声旁耳。大抵声旁相同之字，不必皆双声也。故有同一声之字群而音读训诂往往绝异，则以受义之原，各有自来，必明于双声通转，而后能推穷其理。

陈澧云："上古之世，未有文字，人之言语，以声达意。声者，肖乎意而生者也。文字既作，义与声皆附丽焉。象形、指事、会意之字，由意而作者也；形声之字，由声而作者也。声肖乎意，故形声之字，其意即在所谐之声。同谐一声，则数字同出一意。孳乳而生，至再至三，而不离其宗焉。"（《说文声表序》）

又曰："《尔雅》训诂同一条者，其字多双声。郝兰皋《义疏》云：'凡声同、声近、声转之字，其义多存乎声。'澧谓此但言双声，即足以明之矣。有今音非双声而古音双声者，可以其字之谐声定之；又可以古无轻唇音及古音不分舌头、舌上定之。郝氏所谓声近、声转，即指此也。"（《东塾读书记小学》）

又曰："天下事物之象，人目见之，则心有意；意欲达之，则口有声。意者，象乎事物而构之者也；声者，象乎意而宣之者也。声不能传于异地、留于异时，于是乎书之为文字。文字者，所以为意与声之迹也。未有文字，以声为事物之名；既有文字，以字为事物之名，故文字谓之名也。"（《东塾读书记小学》）

舜徽按：陈氏深于声韵之学，而尤精于审音。自钱大昕后，殆罕其匹。字母之名，始于唐末；古时未有字母，惟以切语上字当字母之用；盖切语上字者，自来相传双声之标目也。《广韵》切语上字，实有四百五十二字之多；繁多难记，远不逮字母之简省。陈氏即就此四百五十二字，系联其同用、互用、递用之字为类，因考定双声为四十类，以敌僧门三十六字母之说，厥功甚伟。观其审辨双声，至为精谛，非偶然也。其说详见《切韵考》《切韵考外篇》，文繁义赡，未及备引。

丁显曰："双声之说，系乎经术，关于史学，而兼识乎方言者也。解经而不知双声，则诸家之改易不明；读史而不知双声，则各书之歧疑不别；宦游而不知双声，则各省之方音不辨。且博览群书而不知双声，则转注之义、训诂之学，均不明矣。何则？一字之称呼，一物之名谓，各地不同；一书之援引，一说之称述，各人不等。究之风读为分，犹是非母字也；水读为始，犹是审母字也；江右都、兜不分，不出端母字也；广中留、楼相混，不出来母字也；口吻虽有殊途，而声类均归同母。即如《诗》'何人不矜'，而'矜'或作'鳏'；'吉蠲为喜'，而'蠲'或作'圭'；此见母字同声者。《春秋》'意如'或作'隐如'，此影母字同声者。汉儒所谓声相近，是也。不明乎此，则妄释经义者有之。《史记》'先零'亦曰'西零'，此心母字同声者；《汉书》'隆虑'亦曰'林虑'，此来母字同声者。不明乎此，则臆断史书者有之。一物也，而闽人以高为歌，同一见母字；关中以虫为尘，同一从母字；越人以盐为余，同一喻母字；且北人无入声，而呼粥如州，同一知母字，呼卜如补，同一帮母字。况北人东、冬、庚、清同声，南人支、之、居、鱼同韵，不明乎此，则方言不辨。又如一敦字也，而或音堆，或音雕，或音盾，或音对，或音稻，或音团，不出舌之端母；一贲字也，而或音臂，或音班，或音奔，或音焚，或音肥，或音翻，不出唇之帮母。不明乎此，则转注之义晦。更、改、革，同为见母字；卬、吾、我，同为疑母字，但、第、特，同为端母字；异字而同声。蜘蛛系知母双声，鞦韆系清母双声，辘轳系来母双声，双名而同声。何不为盍，不可为叵，而已为耳，大祭为禘，葽蓼为次，则有以反切释字义者。欠其切欹，玉奉切琫，玉秦切璎，人需切儒，足亦切迹，女良切娘，则反切之系乎字形者，不明乎此，则训诂之义晦。沈休文不识双声，致不知大昕之注；顾亭林疏于审音，致不免入声之歧。读书贵识字，学者顾可昧昧哉！"（《双声续述》）

舜徽按：丁氏字韵渔，号西圃，清末淮安山阳人。自言"于音韵之学研究二十余年；音韵之书，搜罗百余部；南游吴越，北走燕齐，方言之异，入耳会心"（见《双声续述》）。盖其一生专精力于审音，欲以双声统一切文字，著书甚多，言之成理。尤以《谐声谱》《群经异字同声考》为最著。

江谦曰："凡同一声母之字，无论或为阴声，或为阳声，皆谓之双声，亦谓之同纽。如坚固，如健刚，同为见母；如启开，如顷刻，同为溪母；是也。若一为见母，一为溪母，则谓之旁纽双声。若观之与看，揭之与去，间之与嵌，是也。推之见、溪、群、疑、晓、匣、影、喻，深腭浅腭，皆有相互环通之妙，亦可谓之旁纽双声。"（《说音》）

又曰："古人声音训诂之例可举者：一、同音；二、一音之转；三、双声；四、叠韵；五、重言；六、急读缓读；而双声之用最多。以字广于同音，同义亲于叠韵之故也。我国学者惯习诗赋，叠韵观念，尚易明了；至于双声，往往忽略。段氏知转注大抵同一韵部，孔氏发明韵部对转，章太炎氏益之以阴轴、阳轴、旁转、对转、次旁转、次对转、次旁对转，韵之说至矣。而双声之用，阐发未宏。刘融斋谓韵有古今之分，双声无古今一也。今方言互异，亦皆韵变而声不殊，故知声可以知故训方言之根，知韵可以究变化纷纭之迹。许氏《说文序》：'建类一首，同意相受，考老是也。'建类可兼赅声韵，一首必专指双声。许《叙》为行文体格所限，单举叠韵考老二字，未及双声，遂滋后人疑论耳。"（《说音》）

舜徽按：江氏字易园，婺源人。以精于音韵之学有名于近世。研深造微，创为天然声母阴阳通转之说。所著《说音》，阐发双声之理，至为明晰。尝言"解形声义，通声为本"（见《教学简说》），可以知其宗旨。

刘师培曰："古无文字，先有语言。造字之次，独体先而合体后，即《说文序》所谓其后形声相益也。古人观察事物，以义象区，不以质体别，复援义象制名，故数物义象相同，命名亦同。及本语言制文字，即以名物之音为字音。故义象既同，所从之声亦同。所从之声既同，在偏旁未益以前，仅为一字，即假所从得声之字以为用。试观殷周吉金所著诸字，恒省偏旁。……若祖字作且，作字作乍，惟字作隹，货字作化，则为诸器所同。由是而推，则古字偏旁未增，一字实该数字。故持字之义该于寺，'用寺'犹之'用持'也；纯字之义该于屯，'用屯'犹之'用纯'也。诸、都二字之义，均该于'者'，既可用为都，亦可用者为诸也。约举一隅可反矣。"（《字义起于字音说上》）

又曰："双声者，即古人之所谓和，切韵家所谓同母之字，而小学家所谓一声之转也。必明双声之用，然后可以言小学。……凡同母之字，古人多通用。故明双声之说，斯可以读古籍，斯可以言切音，否则扞格难通矣。"（《中国文学教科书双声释例》）

又曰："古人制字，义本于声，声即是义。声音训诂，本出一原。由一声而散为众音，声从其类，既为此义，即为此声。凡字皆主声音，不主形迹。故有字形不同而字义相同者，其声均不甚相远。夫字声、字义所以相同者，则以古人之名物，凡物象之相近者，则寄以同一之音，复训以同一之义，后世方音错杂，流而不反，致失本原，故各本方言造文字，而字形以殊。后世韵书随流逐波，而古音以失。后人不明古音，遂浸失古义，徒据字形立部目，而同音之字义必相近之说，遂无有解之者矣。"（《正名隅论》）

舜徽按：清代扬州之学，以师培为后劲。说字诂经，一本其乡先辈高邮王氏父子、仪征阮氏、江都黄氏之说，由声以求义，而归于会通，故发明双声之用尤详。言论之散见于《左盦集》《左盦外集》《小学发微补》

者，最为繁夥，今亦不能尽举也。

梁启超曰："人类先有语言，然后有文字。声发于天籁，人之所不学而能者也。以某声表某意，其所表者为一群之人所共喻而公认，于是乎成语言；言而著诸竹帛以广其用而永其传，于是乎有文字。字也者，声与言之符号而已。然符号之选择与应用，各族不同，有施设若干音符、规定其拼合运用之法；但求符之能悉传其音，而所含意义与所用之符不必相丽者；如印度欧洲诸民族所用字母是也。亦有不施设一定之音符，同一音而表之之符（即写法）有多种，即缘异符以表异义者，则中国文字是也。此二法者，孰为精善？孰为便利？其间可以比较论列者甚多，非此短篇所能殚述。惟有一事首当明辨者：流俗之论，每谓中国文字属于衍形系统，而与印欧衍声之系统划然殊途，此实谬见也！倘文字而不衍声，则所谓'孳乳浸多'者末由成立，而文字之用，或几乎息矣。象形、指事、形声、会意、转注、假借，是曰六书。自班孟坚、许叔重以来，皆称为造字之本。象形、指事、会意，衍形之属也。《说文》万五百十六字，形声之字八千四百零七，象形、指事、会意之字合计仅一千有奇，其间兼谐声者尚三之一，依声假借而蜕变其本义者亦三之一。然则中国之字，虽谓什之九属于声系焉可也。单字且然，其积字以成词者更无论矣。自来言六书者，每谓形声为易解，忽而不讲。有清一代，古韵之学大昌，于声音与文字之关系，渐知注重矣。然其研究集中之点，在收音而不在发音，重视叠韵而轻视双声，未为至谛也。刘成国《释名》，每字皆诂以双声，《尔雅》《诂》《训》《言》三篇，用双声为解者亦过半，其必有所受矣。吾尝略为探索，谓宜从音原以求字原，辄拟为两公例：一、凡形声之字，不惟其形有义，即其声亦有义。质言之，则凡形声字什九皆兼会意也。二、凡转注假借字，其递嬗孳乳，皆用双声。……不宁惟是，同一发音之语，其展转引申而成之字可以无穷。《尔雅·释天》云：
'天气下地不应曰雺，地气发天不应曰雾；雾谓之晦。'王国维云：
'雺、雾、晦，一声之转也。晦本明母字，后世转入晓母，与徽、
衅诸字同。'盖雾音当读如慕（吾粤语正然），晦音当读如每，皆由
唇发音，而含有模糊不明的意味。由是而晚色微茫不明者谓之暮；
有物为之障而不能透视者谓之幕；不可得见而徒寄思焉，谓之慕；
此一引申也。晦亦谓之冥，闭目而无所见则谓之瞑；瞑久而知觉全
休止者谓之眠；此又一引申也。冥亦谓之昧；眠亦谓之寐；此又一
引申也。视而不明谓之蒙；雨之细而不易见者谓之濛；视官本身不
明者谓之矇；矇之甚者谓之盲；此又一引申也。细而难察者谓之
毛；矇亦谓之眊；年老而意识作用疲缺者谓之耄；此又一引申也。
意识有所蔽而错乱者谓之瞀，亦谓之谬；不自知其瞀谬而任意以行
者谓之贸贸然；此又一引申也。难察而致误者谓之迷；视官中有障
刺者谓之眯；此又一引申也。晦冥亦谓之霾；深入而至视线所不及
谓之采；全掩覆而不可见谓之埋；此又一引申也。睡眠而仿佛若有
所见，其状态恰如雾中看物者谓之梦；虽醒而作梦态者谓之瞢，谓
之瞢懂，谓之瞢腾；醉态谓之酩酊；此又一引申也。细而难察者谓
之微（读如眉，粤语犹然），重言之谓之微茫；微之甚者谓之渺，
谓之杳，重言之谓之渺茫，谓之杳冥，谓之芴漠；尤甚者谓之泯，
重言之谓之泯没，谓之磨灭；此又一引申也。微亦谓之末，水之霏
屑如雾者谓之沫；此又一引申也。迷之重言谓之迷离，谓之迷糊，
谓之迷茫，或谓之模糊，谓之麻糊；此又一引申也。迷而求之谓之
摸，重言之谓之摸索；此又一引申也。迷亦谓之罔，重言之谓之惘
惘；迷惘之状态谓之闷，谓之懑；此又一引申也。凡微末之物如雾
雺等，皆物之细屑也，故屑物谓之磨，谓之礳；物之磨成屑者谓之
糜，谓之麋；小而不可见之物谓之幺麼；鬼物隐约闪烁不可确见者
谓之魔；此又一引申也。草本植物，其叶碎屑者谓之蘼芜，谓之绵

声论集要

马；木本植物，其叶碎屑者谓之木屑；鱼之小者谓之鲭（俱见《尔雅》）。鸟之小者谓之绵蛮（见《诗毛传》）。虫之小者谓之蠠蚰，尤小者谓之蠛蠓，其别一种谓之脉望（望读盲去声，粤语犹然）。雨之小者谓之霢霂，其实只是一语之异写耳，此又一引申也。草木初茁不甚可察者谓之萌，其细英谓之芒；光之细碎隐约闪烁者亦谓之芒；此又一引申也。无所知谓之冥；人之无所知者谓之民（《礼记》郑《注》云：'民者，冥也。言冥无所知。'），亦谓之氓（《诗》：'氓之蚩蚩。'）；此又一引申也。于是凡蒙昧之民族则加以此名，谓之髳，谓之蛮，谓之苗，谓之闽，此又一引申也。既视察不明，则只能付诸疑问，故对于不能确知之人或地，则曰某人某地；疑问所用字曰无，曰毋（古读如模，粤语犹然）。或添字以足其意曰得无，曰将毋；白话则转为么，为吗；某字或转为甚么，为什么；此又一引申也。"（《从发音上研究中国文字之源》）

舜徽按：音所从发谓之声，发音相同之字，谓之双声。梁氏揭橥从发音上研究文字之源，即由双声以求义也。详哉言之，所见甚卓！但取唇声之字以示例，即已标举八十三语，以见展转相生、义归一本之意。学者如能循其例而推广之，斯固治小学之康衢也。

王国维曰："近儒皆言古韵明而后训诂明，然古人假借转注，多取双声。段、王诸儒自定古韵部目，然其言训诂也，亦往往舍其所谓韵而用双声。其以叠韵说训诂者，往往扞格不得通。然则与其谓古韵明而后训诂明，毋宁谓古双声明而后训诂明欤！"（《尔雅草木虫鱼鸟兽释例序》）

舜徽按：王氏学识弘博，长于考证古史。虽不专精音韵训诂之学，而此论极其通达，示学者以守约之道矣。高邮王氏说字，悉依双声以明训诂，观其所著诸书可知也。至于金坛段氏，则考古之功多，审音之功少，其师戴震，早有定评（此据段氏自述之辞，见《经韵楼集·声类表序》）。故《说文注》中言及双声，往往而谬，非偶然已。王氏论及清儒循声求义之学，乃取段氏与高邮并论，殊嫌不伦。

  章炳麟曰："古音纽有舌头，无舌上，有重唇，无轻唇；则钱大昕所证明。娘、日二纽，古并归泥，则炳麟所证明。正齿、舌头，虑有鸿细；古音不若是繁碎，大较不别。齐、庄、中、正，为齿音双声。今音中在舌上，古音中在舌头；疑于类隔，齿舌有时旁转，钱君亦疏通之矣。此则今有九音，于古则六，曰：喉、牙、舌、齿、唇、半舌也。同一音者，虽旁纽则为双声。是故金、钦、禽、唫，一今声具四喉音；污、吁、芋、华，一于声具四牙音。汉魏南北朝反语，不皆音和，以是为齐。及夫喉牙二音，互有蜕化，蓦原相属，先民或弗能宣究。证以声类，公声为翁，为公；工声为红……此牙音为喉也。……百音之极，必返喉牙。喑者虽不能语，犹有喉牙八纽。语或兜离冘疧，舌上及齿，必内入喉牙而不悟憭，今交广音则然。北方轻唇，或时入牙。故喉牙者，生人之元音。凡字从其声类，横则同均，纵则同音，其大齐不逾是。然音或绝异，世不能通；捪钩元始，喉牙足以衍百音，百音亦终轫复喉牙。攸声有条，由声有笛……此喉牙发舒为舌音也。天音如显，地训为易……此舌音道敛为喉牙也。鲁读若写，午声有卸……此喉牙发舒为齿音也。出声为屈，叀声为袁……此齿音道敛为喉牙也。高亦为亨（今作烹），为声有皮……此喉牙发舒为唇音也。丙声为更，采声为卷……此唇音道敛为喉牙也。各声有路，京声有凉……此喉牙发舒为半舌也。赢声为赢，里声为悝（苦回切）……此半舌道敛为喉牙也。略举数字，足以明喉牙贯穿诸音。"（《古双声说》）

舜徽按：清儒为声韵之学者，大抵详于考古而略于审音。章氏早岁《与人书》，谓"近世治古韵者，分部密矣。然于双声犹有未了"，盖隐然欲以补偏救弊自任。既承钱大昕之后，更明舌上之娘日二类，古音并读同舌头之泥类，作《古音娘日二纽归泥说》以畅发其旨；又为《古双声说》，以明声类通转之理；信有功于斯学矣。然其所作《文始》，本以推迹声变，乃以古韵二十三部自缚，据自著《成均图》，以订韵部之分合，立次旁转、隔越转诸名目，往往难于自圆其说。苟遇窒碍，则臆断为古之讹音，斯则未能专任双声之蔽也。

黄侃曰："形、声、义三者之中，以声为最先，义次之，形为最后。凡声之起，非以表情感，即以写物音，由是而义傅焉。声义具而造形以表之，然后文字萌生。昔结绳之世，无字而有声与义；书契之兴，依声义而构字形。如日、月之字，未造时已有日月之语。更分析之，声则日、月，义表实、阙，至造字时，乃特制日月二文以当之。因此以谈，小学徒识字形，不足以究言语文字之根本，明已。"（《声韵略说》）

又曰："声训者，声义同条，闻一知二。古人立训，即取同声。其声同者，如胎、始之例；其声转者，如皇、王、后、公、侯、君之例；其声近者，如介、废、大之例。……诸传注训诂不关声者，不过百一。《释名》一书，全用声同、声近之比方；考音之士，最宜措意者也。"（《声韵略说》）

又曰："古音通转之理，前人多立对转、旁转之名；今谓对转于音理实有，其余名目皆可不立；以双声叠韵二理，可赅括而无余也。"（《音略》）

钱玄同曰："言古韵通转者，又有旁转之说，谓同为阴声，或同为阳声，或同为入声，彼此比邻，有时得相通转。然韵部之先后排列，言人人殊，未可偏据一家之论，以为一定不易之次第。故旁转之说，难以信从。窃谓古今言语之转变，由于双声者多，由于叠韵者少。不同韵之字，以同组之故而得通转者往往有之；此本与韵无涉，未可偏据以立旁转之名也。"（《文字学音篇》）

舜徽按：蕲春黄氏，吴兴钱氏，为章炳麟高第弟子，以精通音韵之学有名于时。而所言如此，盖于其师所作成均图，巧立多名，实有不慊于怀者，以为旁转诸目，皆可以双声赅之。明于双声，则执简可以驭繁也。钱氏谓"古今言语之转变，由于双声者多，由于叠韵者少"，一语道破，尤为精警！要其旨归，亦不外求之韵不若求之声之为直捷耳。

以上集录二十家之言，皆甚精要；其论声之为用，亦约略具于是矣。学者能循声以求义，亦简约易由之术也。如欲研治小学，以达于语言文字之原，则双声之理，不可不讲。

解释"帝"字受义的根源答友人问[1]

在奴隶社会里，威权最大的要算是"帝"的称号了（后来封建社会还沿用它）。殷墟卜辞中发现的"帝"字特别多。大抵殷代初期是用"帝"字作上神的称号；到了末年，由"天帝"兼摄到"人王"上来。这在郭沫若氏所著《先秦天道观之进展》一文中说得很清楚，不用复述了。但是问题便在这里：为什么那时便用"帝"字作统治阶级最尊严的称号？"帝"字受义的根源，是从哪里来的？这是值得我们重视和细心研究的。

在郭沫若氏的著作里，也曾推究过"帝"字的根源，但没有得出结论。他假定为"蒂"字的初文，也不敢十分肯定，这自不失矜慎之意。他采取外国学者鲍尔的意思，主张"帝"字是由巴比伦的 ✳ 字来的；但也认为在"帝"字的字源没有揭发以前，也不能把他的见解抛弃。疑以存疑，不失矜慎之意，值得学者们效法。

据我个人研究的结果，认为我国古代拿"帝"字来代表天神和统治者们的尊称，自必是根据自然界威力最烈、造福人类最大的东西来命名的。若但以为受义于花蒂，还不足以推见其根源。我曾经细心分析，反复推寻，最后考定"帝"字受义的根源，是由"日"字来的，以前在各大学讲授文字学和中国通史时，已把这见解提供青年们参考。

---

[1] 本文选自《中国史论文集》，湖北人民出版社1956年版。——编者

就文字的形体来说，在卜辞中发现的"帝"字，其体亦作 ✹ 。此乃最初古文，像日之光芒四射状。初文当为 ✹ ，契龟者易 ⊙ 为 ▬ ，而义渐晦。但是 ✹ 字象形，和巴比伦的 ✹ 字的形体是极相近的。初民造字，"远取诸物"，每于一物又兼造数字以像其各种不同的形状。这种例子，确也很多：既造了像波澜的 ⩩ （水）字，又造了像流动不息的 川 字；既造了像静止的 ⿕ 字，又造了像群飞的 ⿱ 字。各像一义，本不相妨。所以既有了"中实无阙"的 ⊙ 字，还有一个光芒四射的 ✹ 字，在造字原则上，是完全讲得通的。由于日光的威力在自然界为最烈，造福人类亦最大，另一方面又可以摧残生物，许多生物在经不起太阳高热时便枯萎死亡，这证明了它在自然界中实操生杀大权。初民用它来代表天神和统治者的尊称，是有所取义的。好比"神"字的来源，本出于 ⿱ ；像闪电之象，初民看见闪电，便认为是最不可理解之物，因用为神的称呼。

解释「帝」字受义的根源答友人问

"帝"为"日"的别名，在古书里可以找到很多的证明。《易经》上说："帝出乎震。"注家都说："震，东方也。"这不很明显地指出了它的本义吗？《益卦》六二："王用享于帝。"王弼注云："帝者，生物之主，兴益之宗。"那么，更非日不能有这威力。大约古人对这点都已认识明确，因此引申起来，便为统治者至高无上的尊称。这显然揭示了奴隶制社会的思想意识，平日拿统治者比之如日，便有"天无二日，民无二王"的话；怨恨到统治阶级的严重剥削，而帝望其早死，便有"时日曷丧"的诅咒。其实在当时若用本义，即写作"帝"字也无不可，徒以日字写来简单，便习用而不改。犹之今人每喜用"天""日"二字连称，古人便拿"天""帝"二字对举。《诗·君子偕老篇》："胡然而天也！胡然而希也！"旧注都不甚明了。《毛传》但说："尊之如天，审谛如帝。"后来许慎作《说文解字》，便根据这个定义解释"帝"字说："谛也。"而没有说明其所以然。我们详细玩味《毛传》的意思，实精简而明确。天地间只有太阳是最显明审谛的东西，毛公作传时，实在已经以"日"

115

训"帝"。到了郑玄作笺的时候，硬说："帝，五帝也。"便附会到后起之义了。所以我认为这"帝"字的本义，在西汉学者们尚能认识清楚；到了东汉，便很含糊，从许多传注家的书中，可以看出。至于汉以后解说《易经》的人，乃至王弼，尚能言不离宗，那恐怕都是沿用西汉经师的旧义了。所以"帝"之字源为"日"，在故训上也是讲得通的。

再拿声韵来说，"娘""日"二纽的字，古读都归并到"泥"母（舌头音），早已成为定论。"日"字古读当为舌头，和"帝"音本近。今日南人小孩学语，尚时时读日为舌头音，和"帝"音近似，便是一个实证。

我根据这些理解和证明，断定"帝"字受义的根源是从"日"字来的。太阳在自然界虽操生杀大权，但是它给予一切生物的福利，究竟比什么都要大。奴隶社会里的统治阶级，对于奴隶操了生杀大权，但是只有极残酷的剥削，而没有丝毫福利给予奴隶，何能拿太阳相比？这种称号，分明是剥削者自己拿来比拟自己的威势，用以吓人的。当剥削太残酷，奴隶无法活下去，生产情绪降到极低时，奴隶们为了泄愤，便自然地喊出痛苦的呼声："时日曷丧？予及汝偕亡！"他们的意思是说："这个太阳什么时候沉落呢？我愿意同你一道死亡！"这种怨声，确已反映了奴隶们的痛苦。他们当时不拿旁的东西来说，而单拿日头来说，充分证明了当时奴隶们实已在统治阶级的影响下，用太阳来代表君主，为时很久了。而我考定"日""帝"二字义实同源的有力证据，也就在这里。"皇"字金文作 𝌫，像日初出土上有光上射形（吴大澂说）。远古取"皇"字为最高统治者的称号，和用"帝"字为最高统治者之名同义。

后来虽然社会经济形态已经由奴隶制转变到封建制，但仍是"一种剥削制度代替了另一种剥削制度"，所以剥削阶级维持剥削制度、巩固统治的方法，也是相同的。在旧社会，关于伦理的、政治的一切概念和名号，都是从维持统治者的权位出发，用以愚弄人民的。而这些，大部分仍然是奴隶社会思想的残遗。这是一种纵的有机联系，不可分割去看的。我们想要分析阶级社会的思想意识，有时应该穷追上溯到奴隶社会的阶段，才能得其根蒂。

郑学叙录[1]

一、经籍文献学家郑玄的生平和注述

随着西汉社会经济的发展，在中国文化史上出现了一个光辉灿烂的时代。从公元前二世纪到公元二世纪四百年之间，不断涌现出许多大科学家如张苍、张衡、张机、华佗；史学家如司马迁、班固、荀悦；文学家如枚乘、司马相如、扬雄、蔡邕；思想家如桓谭、王充；文字学家如史游、许慎；经籍文献学家如刘向、贾逵、马融、郑玄；都成为历史上著名的人物。他们不仅继承了春秋战国以来的文化遗产，而且更加发扬光大，给中国文化的各个领域内奠定了坚厚的基础；对于中国文化的向前发展，作出了巨大的贡献。他们所遗留的成果，仍然是我们今天研究中国文化史极其宝贵的资料。

这里所要着重介绍的，便是一生以整理古代文化遗产为职志的郑玄。他是中国历史上最著名的经籍文献学家，对古书所作注解专著很多，给当时和后世阅读古书以很大的方便。从东汉一直到今天，凡是要研究汉以前的古书特别是几部儒家重要经传，都必须参考他的注本。好比一个不懂外国语言文字的人和外宾交谈，自然要通过翻译员来彼此传

---

[1] 本篇选自《郑学丛著》，齐鲁书社1984年版。——编者

达意志，是一样的重要。因为由时间距离而引起的隔阂，和那些由空间距离而引起的隔阂，没有什么不同。历代传注家们和翻译员一样，尽量设法把古书难解的字句变为后世通俗的语言。在传递的过程中，谁也不能担保一无错误。但是由于他们的时代比较接近往古，闻见亲切，大部分的解释，应该是比较可靠的。他们辛辛苦苦，耗尽几十年的岁月，甚至一辈子都只在一部书或几部书里苦心钻研，做好翻译工作。他们那种对整理古代文化遗产的专一精神，和所投下的辛勤劳动，是应该受到后人珍重的。

郑玄（公元一二七—二〇〇年），字康成，东汉末年北海高密（今属山东）人。清代因避讳（康熙名玄烨），不称其名，只称郑康成，或称郑君。根据《后汉书》卷六十五《郑玄传》所载事迹，知道他是出生于一个贫寒的家庭。年轻时做过乡官——啬夫，但不乐为吏，想努力读书。家里的人，容许他不事生产，专心向学，虽在困窘的环境下，也支持他负笈出游。因得博访通人，从师受业。后西入关，由卢植的介绍，师事马融。在外游学十余年，乃归乡里。于是在家讲学，学徒相随常数百人。到了七十岁的时候，因身体有病，写了一篇信给他的儿子益恩道：

吾家旧贫，为父母昆弟所容（为字上旧衍"不"字，今删正），去厮役之吏，游学周秦之都，往来幽、并、兖、豫之域。获觐乎在位通人，处逸大儒，得意者咸从奉手，有所授焉。遂博稽六艺，粗览传记，时睹秘书纬术之奥。年过四十，乃归供养，假田播殖，以娱朝夕。遇阉尹擅势，坐党禁锢，十有四年，而蒙赦令。举贤良方正有道，辟大将军三司府，公车再召。比牒并名，早为宰相。惟彼数公，懿德大雅，克堪王臣，故宜式序。吾自忖度，无任于此；但念述先圣之玄意，思整百家之不齐，亦庶几以竭吾才，故闻命罔从。而黄巾为害，萍浮南北，复归邦乡，入此岁来，已七十矣。宿素衰落，仍有失误。案之礼典，便合传家。今我告尔以老，归尔以事，将闲居以安性，覃思以终业。自非拜国君之命，问族亲之忧，展敬坟墓，观省野物，胡尝扶杖出门乎？家事大小，汝一承之。咨尔茕茕一夫，曾无同生相依。其勖求君子之道，研钻勿替，敬慎威仪，以近有德。显誉成于僚友，德行立于己志。若致声称，亦有荣于所生。可不深念邪！可不深念邪！吾虽无绂冕之绪，颇有让爵之高。自乐以论赞之功，庶不遗后人之羞。末所愤愤者，徒以亡亲坟垄未成，所好群书，率皆腐敝，不得于礼堂写定，传与其人。日西方暮，其可图乎？家今差多于昔，勤力务时，无恤饥寒。菲饮食，薄衣服，节夫二者，尚令吾寡恨。若忽忘不识，亦已焉哉！

这一篇《戒子益恩书》，收录在《后汉书》本传，是郑玄遗文中最完整的一篇。将他的一生行事和志愿都谈到了，无异于一篇最真实的自传。我们能全面理解它，便对郑玄的一生都清楚了。书中着重指出"但念述先圣之玄意，思整百家之不齐"，说明他早年无意仕进，只想在整理文化遗产方面做些工作。到了晚年，仍然"将闲居以安性，覃思以终业"，说明他还要趁年老静居的时候，把工作做完。最后感到愉快的是"自乐以论赞之功，庶不遗后人之羞"，算是在整理文化遗产方面取得了一些成绩，足以自慰了。所谓"论赞"，便包括整理遗文、注释古书等方面。"論"是"侖"的借字。侖 从 亼 冊，是 亼 （集）合简策的意思，即是整理遗文。"赞"是表明、申演其义的意思，即是注释古书。

古代书籍，都是用竹简写的。依前后次序用绳索贯穿捆扎起来，这叫作编。偶然绳索断了，竹简便自然会错乱。原来在前面的，掉到后面去了；原来在后面的，移到前面来了；这是常有的事。加以汉代通行的几部儒家经传，即当时所谓五经，有用汉代隶书写成的本子，这叫今文；有用汉代以前篆籀字体写成的本子，这叫古文。今文经和古文经字体既有不同，内容也不一致。面对这些具体情况，非首先从事整理，是谈不上对远古遗文加以注释的。郑玄在这方面，做了比较耐心而细致的工作。既对错简讹文认真审辨，又取古今文异本仔细校勘；并且还将古书篇目次第的不同编排彼此互校，选择比较合理的肯定下来。做好这些工作以后，他才着手进行注释工作。

郑玄注释古书的工作，做的很多。今天还保存完好的，只有《周礼注》《仪礼注》《礼记注》《毛诗笺》四部书。此外如《周易》《尚书》《论语》《孝经》，他都注释过。只是亡佚很早，现在仅能看到后人的辑本。他当时的注书工作，做的又很广泛。注经之外，也曾注纬。而《晋书·刑法志》云："秦汉旧律，后人生意，各为章句。叔孙宣、郭令卿、马融、郑玄诸儒章句十有余家，览者益难。天子于是下诏（天子指魏明帝），但用郑氏章句，不得杂用余家。"可知郑玄注经注纬之外，连法律也做过注解。关于这一点，宋代理学家朱熹也十分叹服道："郑康成是个好人，考礼名数大有功。事事都理会得。如汉律令，亦皆有注，尽有许多精力。"（《朱子语类》卷八十七）由此可知郑玄一生心思才智，已尽瘁于注述。我们今天接受古代文化遗产，还要倚靠他的注释作为阅读远古遗文的桥梁。他在注述工作上所作出的成绩和对后世的影响，都是很巨大的。

二、汉代经学的今古文之争

"经"的名称，起源很晚。清代史学家章学诚认为"因传而有经名，犹因子而立父号"。大概是在传注盛行以后，学者推尊本书，因名之为"经"而已。我们只看包括孔、孟在内的周末诸子引用古书，但称"诗曰""书云"而没有说过什么"诗经""书经"，可知"经"的名称，是后人加上去的。由于传世的几部古书——《易》《书》《诗》《礼》《春秋》的主要内容，都是围绕着维护阶级社会中统治与服从的秩序来进行理论宣传的，把君君臣臣父父子子说成是天经地义，对封建统治阶级巩固权位十分有利，因而被最高统治者所重视而利用它。汉武帝时设立《易》《书》《诗》《礼》《春秋》五经博士，是和当时中央集权的政治措施相配合的一种统制思想的政策。从此学官讲授，士子诵习，都用这五经作基本读物。

从秦火以后，有的书是靠像伏生那样的老儒全凭记忆背诵而传授出来的。当时用汉代隶书记录，称为今文。还有的发现于私人收藏或屋壁之中，原来是用汉代以前的字体写的，称为古文。这两种本子，不独字体不同，也存在内容上的分歧。西汉一代所立五经博士，分为十四家：《易》立施（雠）、孟（喜）、梁丘（贺）、京（房）四博士；《书》立欧阳（高）、大夏侯（胜）、小夏侯（建）三博士；《诗》立鲁（申培）、齐（辕固）、韩（婴）三博士；《礼》（指《礼经》）立大戴（德）、小戴（圣）二博士；《春秋》（《公羊》）立严（彭祖）、颜（安乐）二博士，共十四家，都是今文学派。

这些博士的设立，不是武帝时才开始的。例如鲁《诗》、韩《诗》，文帝时已立博士；齐《诗》，景帝时已立博士。可知文、景之际，三家《诗》都已立于学官，后来便仍其旧。其他有始立于武帝时的（如欧阳《尚书》），有始立于宣帝时的（如施、孟、梁丘《易》，大小夏侯《尚书》，大小戴《礼》，严、颜《春秋》），有始立于元帝时的（如京氏《易》）。不过在武帝以前，虽有博士，原不限于《诗》《书》。像阴阳家公孙臣为文帝博士，便是一例。直到武帝罢黜百家，独尊儒术后，博士才为五经之学所专有。当时学派很多，一经不只一家，所以西汉五经博士，便有十四家。

在当时，每一家的大师，都教授了许多学生，称为博士弟子。每个大师的经说，便成为师法；弟子们按照师法讲经，叫作守家法。能够谨守家法、发挥师说的，便可取得禄利，成为升官发财的一条主要道路。我们只看如下所举的几段记载和议论，便可知道当时博士之学的真实情况：

《汉书·儒林传》:"自武帝立五经博士,开弟子员,设科射策,劝以官禄。讫于元始,百有余年,传业者浸盛,支叶蕃滋。一经说至百余万言,大师众至千余人,盖禄利之路然也。"

《汉书·艺文志》:"后世经传既已乖离,博学者又不思多闻阙疑之义,而务碎义逃难,便辞巧说,破坏形体。说五字之文,至于二三万言。后进弥以驰逐,故幼童而守一艺,白首而后能言。安其所习,毁所不见,终以自蔽,此学者之大患也。"

桓谭《新论》:"秦近(延)君能说《尧典》,篇目两字之说,至十余万言;但说'曰若稽古'三万言。"(《汉书注》引)

王充《论衡》:"儒者说五经,多失其实。前儒不见本末,空生虚说。后儒信前师之言,随趣述故,滑习辞语。苟名一师之学,趋为师教授,及时早仕。汲汲竞进,不暇留精用心,考实根核。故虚说传而不绝,实事没而不见,五经并失其实。"(《正说篇》)

根据上面所列举的由汉代学者所反映的情况来看,可知从汉武帝到西汉灭亡一百多年间,博士之学极盛。大师前后多至千余人;有些经书的解释多至一百余万字。像《尚书》大师秦近君,用十多万字解释"尧典"两个字的篇题,用三万字解释"曰若稽古"四个字,这是多么烦琐的说教!究竟又是那么一套"空生虚说"而没有"考实根核"的胡扯。以致一个学童从开始学习一经,往往到头白了才学会说经。这样既烦琐又空虚的经学,不知困厄了当时太学里多少有才智的年轻人!他们甘愿不避烦琐,仍从大师受学,无非是朝向升官发财着想。

如果要问当时博士之学为什么烦琐、空虚到这步境地,我们但举一个典型事例加以说明,便可懂得它的主要内容是些什么东西,和构成烦琐、空虚的原因何在。像《春秋》这部书,是以正名分(诛乱臣贼子)为中心思想的,对维护封建地主阶级政权极其有利。特别是《公羊传》的解释《春秋》,在这方面说的最透彻。汉武帝所以提倡《春秋》公羊学，是从当时的政治需要出发的。董仲舒适应了这一需要，成为了传授《公羊》的大师，也就是西汉今文经学的首领。他炮制了一整套阴阳五行化的儒学理论，借天道以说人事。他在对策时，提出了大一统的政治思想，认为君权是神授的，因而是神圣不可侵犯的；人间万事，都应由皇帝来主宰。为了把封建制度说成是千古不变的真理，提出什么"天不变道亦不变"的反动理论。他又从解释《春秋》出发，强调"天人感应"之说。这些都说明他为了适应地主阶级政权的政治需要，发挥了儒家思想，构成了一整套唯心主义的神学思想体系。他尽量利用《春秋》的另一特点，经文极其简单隐晦，便于自己在很大限度内加以穿凿和引申。于是今文经学大大增加了迷信部分。儒学既蒙上了浓厚的迷信色彩，几乎起着宗教的作用，俗儒便可用来对朝廷逢迎取宠。自从董仲舒开了这条路，并取得朝廷信任做了大官以后，《公羊》以外的各家经师，都认为这是一条最合于时、最利于己的道路，把大量迷信成分加入到经学里，借以取得朝廷的信任。于是经学阴阳五行化，成为了西汉今文经学的基本特点，也就是当时经说构成烦琐、空虚的主要来源。

西汉末年，从私人收藏或屋壁中发现的古文经传逐渐传播开来，由于在内容上和今文经传有着显著的不同，因而两派发生了激烈的冲突。较大规模的斗争共有四次，都是围绕着某些经传应否设置学官为争论的焦点。成帝时，刘歆在校书过程中，发现古文经传中的《左传》，在解释《春秋》的意义上，比较今文经传更有道理，他因在哀帝即位后向朝廷建议，把古文《左传》列为官学。由于当时的五经博士和朝廷大吏都是今文学派的人，所以刘歆的建议不但没有被接受，反而遭到了许多人的指责。刘歆虽写了一封信给五经博士们，批评他们"专己守残，党同门，妒道真，欲杜塞余道，灭绝微学"，但是斗争终归失败了，古文经传未得立于学官，刘歆也被迫离开长安，到外地做郡守去了。平帝时王莽执政，为了实现其托古改制的政治目的，任用刘歆，大力提倡古文经学，于是将古文《左传》、古文《尚书》《逸礼》《毛诗》都立于学官，设博士教授于太学。其中《周礼》，更为王莽所重视，作为他改制的理论根据。于是今文学派暂时被压了下去。

刘秀建立东汉政权的过程中，曾把反对王莽"篡汉"作为政治号召，所以建国后便一反王莽之所为，将立于学官的古文经传全部取消，重新把今文经传立为官学。今文经学又兴盛起来。但在东汉时期，古文经学在民间得到广泛传播，古文学派的学者以私人教授的方式扩大影响，渐渐深入人心。于是古文学派的学风比较纯朴，不像今文学派那样烦琐、空虚，用迷信附会经义。而许多在学术上有成就的学者，大都出现在古文学派中。这种形势迫使章帝在建初八年（公元八三年）下诏，令诸儒选高材教授古文经传。到了东汉末年，古文学派的威望不断提高。由于两派长期论争中互相渗透，互相影响，使许多经学大师逐渐打破了家法的藩篱和学派的界限。像贾逵、郑玄等，既是古文经学的名家，也兼通今文经学，他们在注释经传的过程中，吸取了今古文两派的长处，集两汉经学之大成，在学术上取得显著成就。因此今古文两派便逐渐统一起来。特别是郑玄遍注群经，力求简约。虽是贯通古今文而求其是，但由于他的治学，仍宗主古文经传，事实上有所偏重，从他的群经注本行世，于是那种阴阳五行化的今文经学，一大堆烦琐、空虚的博士之说，便归于自然淘汰了。

三、古代儒家经传的内容分析

凡是考论远古事物，首先要注意到当时的物质条件。特别是谈到远古书籍，绝不能拿后世的写作情况去要求古人。古人用竹简写书，一块竹简只能写一二十个字，或者几十个字。势必要有一大堆竹简，才能凑成一部书，用绳索捆起来，何尝有篇目次第？甚至连书名都没有，这是古籍中常见的事。几部传世悠远的儒家经传，也自然不能例外。我们的祖先最初看到一大堆竹简是讲变化、变易的道理的，便名之为《易》；

另一大堆竹简是记载历史事实的，便名之为《书》；另一大堆竹简是登录古代诗歌的，便名之为《诗》；另一大堆竹简是反映古代礼仪制度的，便名之为《礼》；另一大堆竹简是按着春、夏、秋、冬四季的顺序来记事的，便名之为《春秋》。当时何尝一定要找一个文雅深奥的字义来命名呢？至于称之为"五经"或"六经"，更是后人加上去的。这些写作的素材，无疑是许多劳动人民的祖先集体创作的结晶。后来被统治阶级掠夺去了，便从维护统治阶级权位的角度出发，加工改窜，成为流传的本子，绝不是什么智周万物的圣人所能独自撰述的。后人硬要说成是周公、孔子所作，这和《易》卦必托名于伏羲，《本草》必托名于神农，《医经》必托名于黄帝，用意是相同的。无非是想提高本书的地位，使世人尊信它，不得不"高远其所从来"。我们今天对古代儒家经传作出新的估价，自必剔除这些依托，各还其本来面目，才能毫无拘束地分析它的内容。

《易》之所以又名为《周易》，是取"易道周普，无所不包"的意思。《易》又有变易（变化不居）、简易（执简驭繁）、不易（永恒不变）三方面的含义，这在汉人都已说过了。而变易一义，更足以概括易的全体大用。首先从《易》卦来说，最初不过是用"—"和"- -"来代表阳和阴的两种原动力。阳代表刚，阴代表柔。这刚柔互相冲突，互相推排，于是引起种种运动、种种变化，所以说："刚柔相推，而生变化。"事实上，由"—"和"- -"的不同配合而成了八卦，又由八卦而变为六十四卦。这在卦的本身，已揭示了事物变化由简而繁的道理。所以这部书是我国古代阐明事物变化原理的书。唐人修《正义》时，开首便说："夫《易》者，变化之总名，改换之殊称。"它的内容，完全是"变"和"动"的哲学。特别是《系辞》上下篇，主要是说明"变化之道"，保存了中国古代若干自发的朴素的辩证法观点。在肯定事物运动变化永无穷尽的基础上，推测到事物发展到一定程度，就要变为它的反面。提出"穷则变，变则通"和"天地革而四时成，汤武革命顺乎天而应乎人"

等命题，这都是比较新进的见解。但同时又把发展理解为由矛盾趋向调和和不断往复循环的过程。并通过"天尊地卑"等自然现象论证了贵贱尊卑的社会等级制的合理性。似乎把阶级社会中统治与服从的秩序，看成天造地设、永不可变的形式。这分明是统治者们为着巩固自己的权位而捏造出来的一种理论，用为长期维护那统治和服从的社会秩序的重要依据。

《书》之所以又名为《尚书》，因古人用字，"尚"与"上"通，是取"上古之书"的意思。是中国上古历史文件和部分追述远古事迹写作的资料汇编。现在还保存二十八篇，是比较可信的。我们今天拿司马迁的《史记》和它一对，《五帝本纪》便全载《尧典》（包括今本《舜典》在内）；《夏本纪》全载《禹贡》、《皋陶谟》（《益稷》在内）、《甘誓》诸篇；《殷本纪》《宋世家》全载《汤誓》《洪范》《高宗肜日》《西伯戡黎》诸篇，而《微子篇》载其半，《盘庚篇》略载大意；《周本纪》《鲁世家》全载《牧誓》《金縢》二篇，而《无逸》《吕刑》《费誓》载其半，《多士》《顾命》略载大意；此外如《燕世家》采及《君奭》；《卫世家》采及《康诰》《酒诰》《梓材》；《秦本纪》采及《秦誓》；皆略载大意。由此可见，二十八篇的绝大部分材料，都为司马迁吸取了。也就证明了即使其中如《尧典》《皋陶谟》《禹贡》《洪范》等篇虽非当时实录，而必出于后人之手，这个"后人"，只是后于虞夏殷商，距离今天，至少也有两千多年，最晚应该是春秋战国时期的作品，而不是汉初学者所为，到今天还是考证古史的重要材料。

《诗》三百篇，是两周时代诗歌的选集，实存三百五篇。学者举成数言，便称"三百篇"。《论语》记载孔子的话，已云"诗三百"，可见这名称已很古了。三百五篇，是分"南""风""雅""颂"四种体裁来编定的。"南"和"风"是周代各国平民的歌唱，反映了风俗民情和疾苦利病。"雅"是当时最通行的乐章，反映了政治得失和国势盛衰。"颂"是统治者宗庙祭祀时所用的乐章，大旨在铺张盛美，歌颂祖先的丰功伟绩。其中《商颂》五篇，虽有人考定为出于商代后裔宋国士大夫在周代所作，但追述商朝盛世事，也不能说毫无根据，自然可取以证说商史。除此五篇外，其余整三百篇更是考证周史的可信材料。其中绝大部分诗篇，出于西周之末、东周之初，约当公元前九百年至公元前七百年之间，距今已两千数百年了。

"礼"的含义和范围，在古代是很广泛的。小而至于个人的修身接物，大而至于国家的制度法纪，都可以"礼"统之。至今还保存在儒家经传中的三礼——《周礼》《仪礼》《礼记》，《周礼》便是谈国家设官分职的制度的；《仪礼》便是谈个人修身接物的礼仪的；《礼记》便是替二者作说明的。

《周礼》一书，问题最多，古今争论不休。尊信它的，认为是周公致太平的书；鄙薄它的，认为是晚出伪品。问题的症结，只缘从古以来，把"周"字看成朝代之名，把《周礼》说为周代之礼，以致引起无谓的嚣辩。我却认为这个"周"字，应该理解为"周普""周遍""周密""周备"的意义。和《周易》得名于"周普"而不是专指周代，取义是相同的。证之《汉书·艺文志》著录的古书，很多是用"周"字命名的。例如儒家有《周政》六篇，《周法》九篇；道家有《周训》十四篇；小说家有《周考》七十六卷，臣寿《周纪》七篇，虞初《周说》九百四十三篇。这些书的命名，都取义于周普、周备，是无所不包的意思。儒家的《周政》《周法》，所载当属布政立法的总论。道家的《周训》，小说家的《周考》《周纪》《周说》，便无异于后世的丛考、杂抄、说林、汇编一类的写作了。《汉志》将此种书列于每类之末，尚可考见其义例。后人或理解为言周时事，那就错了。（《汉志》里《周政》《周考》下自注语，乃后人所加，非班书原有。）《周礼》原名《周官》，是古代官制汇编，是战国时人参考当时多数国家的政制，取长舍短，再加以儒家的政治理想，增减排比而编成的一部有条理的官制汇编。不独古代没有实行过，后世虽有人想照着设官分职，也无由实现。正像《医经》《本草》一样，备列药名、方剂，绝不是也不能同时拿来服用的。必须理解这一点，才不致囿于旧说，而能重新评价它和利用它。由于这部官制汇编保存的古代制度器物极其丰富，我们今天还可利用它作为考古的参考资料。

《仪礼》十七篇，记载了封建社会初期关于统治阶级冠、昏、丧、祭、朝、聘、射、乡等方面的礼文仪节。可以考见古代亲族关系、宗法思想，以及统治阶级一切生活方面的享受情形。由于文辞古简，过去学者便苦其难读，读者亦不能尽通。但其中《丧服》一篇，是封建社会宗法制度所从出，可从其中探讨出二千年间通过家族组织形式来巩固君权的根柢。

汉以上注解或说明古籍的书，也称为"记"。解释《礼经》的文字，便称"礼记"。《礼记》到汉代已有一百几十篇，《汉书·艺文志》称为"七十子后学者所记"，多半是汉以前学者和汉代学者的写作。当时传抄的本子并不一致，现在还保存的有戴德的选辑本和他的侄儿戴圣的选辑本，学者便称戴德所录为《大戴礼记》，戴圣所录为《小戴礼记》。《小戴礼记》凡四十九篇，即今日通行的《礼记》。经过郑玄作注以后，唐初修《五经正义》时，又取以列入五经，从此人们便偏重《小戴礼记》的诵习。其中有很多篇发挥丧服的文字，为研究宗法制度者所不可忽视。此外如《曲礼》《内则》《少仪》，可以考知古代生活习惯；《学记》《经解》，可以推见教育原理；《礼运》《礼器》《乐记》，说明了古代礼乐的效用；《中庸》《大学》，发挥了政治伦理的思想。至于《冠义》《昏义》《乡饮酒义》《燕义》《聘义》诸篇，更是《仪礼》的说明书，将统治阶级制定礼仪的原意都阐述出来了。我们如果善于利用，仍然是考证古史的依据。

《春秋》是周末鲁国史书的旧名，记载从鲁隐公元年（公元前七二二年）到鲁哀公十四年（公元前四八一年）二百四十二年的史事，为我国编年史之祖。如果从事物发生的本原来说，这种流水账簿式的编年史,起源很早。《春秋》记事的体式,是一条记一件事,不相联属,很像后世社会通行的流水账簿。其文句极其简短,每条最长的,像定公四年所记"三月,公会刘子、晋侯、宋公、蔡侯、卫侯、陈子、郑伯、许男、曹伯、莒子、邾子、顿子、胡子、滕子、薛伯、杞伯、小邾子、齐国夏于召陵,侵楚",也不过四十余字;最短的像隐公八年所记"螟",只有一个字,这便是我国古代原始记事书籍的形式。它并不是故意要写成那样高古的样子,而是为当时的物质条件所决定了的。

由于《春秋》本书过于简质,非有详细的说明和补充的叙述,很难看出当时社会活动变化的痕迹,《左传》便直接承担了这个任务。《左传》相传是左丘明所作,后人颇多非难,多谓出于战国时人之手,然就其中材料而论,绝大部分已被司马迁采入了《史记》,产生在汉代以前,断然无疑。此书保存了大量古史资料,在中国史学史上有很高的地位。

解释《春秋》的还有《公羊传》《穀梁传》两家。两家原来都是口说,到西汉才写成文字。公羊学盛行于西汉,政治上有很高地位。公羊家自以为所传乃微言大义,但和《左传》比起来,《公羊传》《穀梁传》都是空言说经,甚至有些是穿凿附会。就其体例来看,只能说是传注中的一种,谈不上什么史料价值。

《论语》是记载孔子言论的语录。孔子平日对答弟子和其他人的质疑问难,弟子们都记录下来。孔子死后,便整理笔记,集合以成书。《汉书·艺文志》云:"当时弟子各有所记,夫子既卒,门人相与辑而论纂,故谓之论语。"可知《论语》之名,实取义于纂辑。"論"是"侖"的借字。"侖"从亼冊,便是集合竹简、比次群言的意思。凡是研究儒家思想和孔丘言行的,都必以此书为重要依据。

《孝经》是七十子后学者所记,略与《礼记》相近。《汉书·艺文志》说是"孔子为曾子陈孝道",这和郑玄把《周礼》看成为"周公致太平之迹",都是"高远其所从来",依托古人,不足置信。汉代社会强调宗法,重视孝道。此书文简义浅,篇幅不长,人人可通,所以定为一般人的普通读物。后汉时,令期门羽林之士通《孝经》章句,即其明证。观此书所云"资于事父以事君而敬同","以孝事君则忠","事亲孝,故忠可移于君",可以看出封建统治阶级,是想通过教孝而收到人人忠君的效果。他们所以重视这一短简的篇章,是有其重大政治意义的。

以上所述儒家经传,是许多经传中比较常见的几种,并且大部分是郑玄注释过的。因与郑学有关,所以在这里对于这些书的内容进行初步的分析。

四、儒家经传和郑玄注述的新评价

汉代经学的今古文之争,形成了两种不同的思想体系。今文学派在当权的统治阶级的直接扶植下,要求儒家经传更紧密地服从统治阶级的政治目的和教育目的。他们以为孔子是"托古改制",在经传里蕴藏着许多"微言大义",都是后世统治者应该遵行的经训。今文经学还夹杂着大量的阴阳五行迷信的成分,带着浓厚的宗教神学色彩。古文学派则把儒家经传看成古代的历史材料。他们也要求效法古代社会、政治制度,并把那些制度理想化。二者比较起来,古文学派的治学风气比较纯朴。由于他们注释经传的结果,用简约代替了烦琐,用事实说明代替了迷信神话,不独为当时士子所欢迎,也为后世治经者所尊奉。特别是古文学派把儒家经传看成古代的历史材料来处理,直到今天,还有其积极意义。我们就拿三礼来说吧,它是反映奴隶社会末期封建社会初期统治阶级生活内容的真实记录,也就是剥削压迫劳动人民的具体写照。我们从这里面可以找出统治阶级生活活动的许多图景,对于进一步了解古代阶级斗争的情况,是有很大帮助的。

当然,我们今天研究古代史,必须依靠出土的实物为最宝贵的材料。但是古代遗留的实物,只占我们祖先活动成绩的一小部分;而古代实物的被遗留，和那些遗留下的实物已被发现的，又仅占实物中的极小量。事实上，我们也不能凭此极小量的实物，作为考古的唯一依据。那末，我们进行古代史的研究，自然要把材料的范围推广，不局限于地下发掘，将一切有文字记载的材料，加以重视，从而进行仔细探索，才能解决问题。

近年由于古代大奴隶主和封建帝王墓葬的发掘，证明了《墨子》所说"天子诸侯杀殉，众者数百，寡者数十"的情况是真实的。在奴隶社会末期封建社会初期的最高统治者死去，竟有几十几百的人陪着他死，这是多么可怕的惨局！但是我们要进一步追问：他们死了以后，尚且这样残忍；当他们活着的时候，生活享受，又侈滥到什么地步呢？我们只看《周礼》上关于照料王和王后的吃饭问题而设置的专官之多，便可回答这一问题。

尽管《周礼》是一部官制汇编，出于战国人之手，但是它的编造，是有当时各国的具体事实作根据的，保存了奴隶社会末期封建社会初期的一些制度。它谈到最高统治者的吃和喝，便有这样一段记载：

> 膳夫，掌王之食饮膳羞，以养王及后、世子。凡王之馈：食用六谷，膳用六牲，饮用六清，羞用百有二十品，珍用八物，酱用百有二十瓮。王日一举（杀牲盛馔曰举），鼎十有二，物皆有俎。

这种消费已经豪侈到惊人的程度了。膳夫只是总管其事，此外专管牲畜供食用的有庖人，专管割烹煎和之事的有内饔，专管祭祀宾客割烹之事的有外饔，照料鼎镬的有烹人，专供粮食和水果的有甸师，掌捕兽的有兽人，捕鱼的有渔人，捕龟鳖螺蚌的有鳖人，掌干肉干菜的有腊人、笾人，掌豆实的有醢人、醯人，掌酒浆的有酒人、浆人。还有食医检查膳羞，以防食物中毒；还有凌人及时纳冰，以防食物腐败。这是多么周详的人事安排！特别应该指出的，每一专官，不仅一人便了，而下面还隶属若干人，组成一个班子。例如膳夫，便有上士二人，中士四人，下士八人，府（管收藏）二人，史（掌文书）四人，胥（较有才智的）十有二人，徒（供一般劳役）百有廿人。其他可以类推，合计起来，该有几百上千的人，侍候最高统治者的吃和喝啊！

推之穿衣、住房、坐车以及性生活等方面的人事安排，同样是很庞大的。我们只看过去云南土司的生活图景，便可想到奴隶社会末期封建社会初期最高统治者的生活享受，如此穷奢极欲，不足奇怪。那些最高统治者既这样过着严重剥削的腐朽糜烂生活，是应该引起奴隶们"时日曷丧？予及汝偕亡"的怨诅的。这难道不是一部活生生的阶级斗争史！

其次，古代劳动人民诉苦的怨声，保存在《诗》三百篇中的也还不少。那些控诉压迫和剥削的诗篇，可以分为两种：一种是穷苦老百姓自己说的，一种是富于人民感情的士大夫们替老百姓说的。例如《鄘风》的《相鼠》，《魏风》的《伐檀》《硕鼠》，都是老百姓直接唾骂那般不劳而食、横征暴敛的统治阶级的。至于富于人民感情的士大夫们所做的诗篇，多保存在《小雅》和《大雅》里。像《小雅》中的《节南山》《正月》《十月之交》《雨无正》《小旻》《小宛》《小弁》《巧言》《何人斯》《巷伯》等篇，《大雅》中如《民劳》《板》《荡》《抑》《桑柔》《云汉》《瞻卬》《召旻》等篇，都是站在人民立场发出的正义呼声。这些控诉压迫和剥削的诗篇，十分痛快地唾骂了那般骑在人民头上的少数剥削者。就时代说，这都是公元前八世纪到前七世纪的产物，从这里面，便可充分说明在二千七百年前，统治者和被统治者之间的不可调和的矛盾，是多么严重地存在着，这自然是我们考证两周社会状况的绝好史料。至于其他叙述农事的诗篇，像《七月》《楚茨》《南山》《甫田》《大田》等，描绘了当时生产情形和农村景象，更是研究周代经济的重要资料。

所以，我们今天面对着大量的儒家经传，如果能够运用新的观点方法，把它接收过来，作为古史材料来处理，还是极其有用的一份文化遗产。特别是阶级斗争的历史，也从这里面可以得到有力的证据，值得我们珍重。这些古老的儒家经传,既可"化无用为有用",那么替这些经传作好了注释的汉代学者郑玄,也自然是在接收这份文化遗产的过程中所要依靠和必须重视的人物。

当汉代经学今古文的斗争很激烈的时候,郑玄博学多闻,看到两派相攻若仇,而烦琐的经说层出不穷,很想把它融贯起来,取长舍短,写成比较简约的注本,以减少学习上的困难。当时没有雕版印刷术,一切书籍都要手抄。郑玄既有大名于汉末,并对群经都作成新的注解,当时学者都认为有了简约易守的本子了,于是相率不再传抄其他注本。今文家经说也就少人过问,因而加速了它的亡佚。所以郑氏《易注》一行,而施、孟、梁丘、京之说便不行了;郑氏《书注》一行,而欧阳、大小夏侯之说便不行了;郑氏《诗笺》一行,而鲁、齐、韩三家之说便不行了;郑氏《礼注》一行,而大小戴之说便不行了。这是客观形势发展的必然趋势。郑玄却将那些空虚而又烦琐的今文经说,一扫而空,使人们能够得到简约易懂的注本,从阴阳五行迷信的笼罩下解放出来。这对整理古代文化遗产方面,作出了较大的贡献。

郑玄注经,顺着文句的次序而作解释。有的字义,是根据经传和《尔雅》;有的字义,是自创新解。例如一个"君"字,《说文》但云:"尊也。从尹;发号,故从口。𠱩,古文,象君坐形。"此字当以古文为正体,像一人枯坐拱手、无所事事、以口发令之形。这固然描绘了统治者过着剥削阶级寄生生活的图景,但是还嫌空泛,没有指出造成这种情况的根源。郑玄在《仪礼·丧服传》"君至尊也"句下注云:"天子、诸侯及卿大夫有地者,皆曰君。"这便说得很明确了,指出凡是占有土地的大小地主,都可名之为"君"。天子固然是普天之下的大地主,诸侯是一国的大地主,卿大夫是一乡一邑的大地主。这些人既霸占有广大土地,可以奴役人,有威可畏,所以名之为"君"。证之《说文》"莙"字,从君声而读若威,可知"君"和"威"的声义,古本相通。一个人拥有大量土地,便是封建社会统治阶级有威可畏、发号施令、无所事事、过着剥削阶级寄生生活的物质基础。有了郑玄这一注解，则从根本上把"君"字的阶级性揭示出来了。

如果循这个含义把它推广一下，那么在封建社会地主阶级的每个家庭中，凡是掌握了土地和经济大权的，也可称之为"君"。证之经传《尔雅》，古代子称父母曰君；妇称舅姑曰君；妾称其夫为男君，称夫之嫡妻为女君；子称父之嫡妻曰君母；妻称其夫曰君子，都是用"君"字的本义。因引申为凡尊之称。所以《说文》以尊训君，必以郑玄所云"天子诸侯及卿大夫有地者皆曰君"，作为补充，其义始显。然后其他用"君"字立名的称号，才能追索出它的受义根源。此义一明，凡和它有关联的训诂，都可迎刃而解。举此一例，便可知道郑玄注经说字，是比较精确的。

其次，郑玄在古声韵学方面，也有他的创造发明。他在注述工作的过程中，经常通过"声类""音类"相同、相近的关系，进行文字通假的分析和说明。例如《诗·豳风·东山》："蜎蜎者蠋，烝在桑野。"毛《传》云："烝，寘也。"郑玄在《笺》中便说："古者声寘、填、尘同也。"《小雅·常棣》："每有良朋，烝也无戎。"毛《传》云："烝，填也。"郑《笺》也说："古声填、寘、尘同。"清代音韵学家戴震便以此作为依据，得出结论说："郑笺《毛诗》云：'古声填、寘、尘同。'及注他经，言古者声某某同、古读某为某之类，不一而足。是古音之说，汉儒明知之，非后人创议也。"（《戴东原集》卷四《书广韵四江后》）这似乎把探索古音的创始之功归之于郑了。本来，郑玄在《周礼序》中说过："就其原文字之声类，考训诂，捃秘逸。"（贾公彦序《周礼废兴》引）这是他第一次明确地提出了"声类"二字。他又说过："其始书之也，仓卒无其字，或以音类比方假借为之，趣于近之而已。受之者非一邦之人，人用其乡，同言异字，同字异言，于兹遂生矣。"（陆德明《经典释文序录》引，亦见张守节《史记正义》引）这里又提出了"音类"二字。可知他在注述工作，十分强调"声类"和"音类"的作用。从表面上看，二者似乎没有什么区别。但仔细分析起来，还是有其不同之点。大抵发声部位相同的，叫作"声类"；收音部位相同的，叫作"音类"。凡是"声类""音类"相同或相近的字，其义必相同或相近。他在这方面，必然是掌握了丰富的资料和规律性的知识。可惜他一生尽心力于注述，没有时间写成这方面的专著，而只是在注解古书的过程中，遇着有关的问题，略为发凡起例而已。但是他的理论，却为弟子们所继承而发扬光大了。后来刘熙作《释名》，专从声类以推求万物得名之原；孙炎作《尔雅音义》，用反语定一切音，都是从郑氏绪论中得到启发，加以发展而成的。可知郑玄对声韵学的贡献和影响，也还不小。但是后来叙述中国声韵学发展史的，除戴震外，却没有人谈到郑玄在这方面的成就，自然是一大疏忽。因为过去的学者们都只知道郑玄是一位大经学家或传注学家，而没有注意到他在其他方面的贡献和影响，以致缩小了或湮没了他在学术上多方面的作用，这是今天应该着重指出的。

但郑玄在注经的同时，也曾注过纬，并且还用纬解经，最为后人所讥斥。其实，他用纬解经，是不很多的；虽或有之，自然是习俗移人，跳不出时代圈子的缘故。当汉代阴阳五行之说盛行的岁月里，像唯物主义思想家王充，可算是勇于推倒一切的豪杰之士，然而他仍不免信符瑞，信骨相。可知天地间的事物，真够得上百分之百的纯，是没有的。在这方面，我们自不必苛求于前人。

不过，郑玄毕竟是一千八百年前封建地主阶级的经籍文献学家。他所做的注述工作，始终是为本阶级——地主阶级政治服务的。所以他所作的群经注解，是从维护统治与服从的秩序出发，强调了君君臣臣父父子子的必要性和重要性。我们今天清理这一份遗产，应该剔除其封建性的糟粕，吸收其民主性的精华，而加以比较适当的总结，仍然是一项较有意义的工作。

即就注述本身而论，郑玄并不是没有缺点的。由于他的治学，性喜综合，以不同为同，把《周礼》看成是专载周代制度的书，凡遇不合处，概指为殷制；又好以《礼》说《诗》，造成许多附会，使古史蒙上一层尘障；这都是令人不能满意之处。至于解释文义，有时也失之牵强。例如《礼记·曲礼上》说"若夫坐如尸，立如齐"，分明是传抄《礼记》的人，杂入了《大戴礼记·曾子事父母篇》中的几句话，而"若夫"二字没有删去。郑玄读"夫"为丈夫之"夫"，解"若夫"为"若欲为丈夫也"，这便错了。宋人刘敞已明辨之，我们不必为他回护。至于群经注中的解说前后不一、彼此互易的地方也不少。这是由于他当时所作注释，过于广博，有时顾此失彼，不能全无牴牾和罅漏。我们今天取其优长，知其弊短，便可以了。

我早年诵习《三礼》《毛诗》，钻研郑氏《礼注》《诗笺》，觉得他注经的工作，做得很细致。特别是校雠方面，功夫下得深，有许多地方，是值得后人学习的。因融会勾稽，勤作笔记。近年整理旧稿，分别写为《郑氏校雠学发微》《郑氏经注释例》二书。又感到他的群经注中有关训诂名物部分，直与《尔雅》《说文》相表里。慧琳《一切经音义》中引用之书甚多，而以采之郑玄经注者为最夥。引用时直标"郑氏"，取与《尔雅》《说文》并重，可知唐以上人，是十分重视他的注说的。我也曾用《尔雅》类例，撰成《郑雅》十九篇，以录训诂名物；又写《郑学传述考》，以明斯学统系；今复补述《叙录》，合成五种。于是郑学精英，也约略可考见了。

一九七七年十月二日舜徽记

郑氏训诂学发微[①]

　　自传注既兴而后有训诂之学。顺其意而释之，道物之貌以告人，谓之训；古今异言，通之以告人，谓之诂。《易传》尚矣，实斯学之权舆。其后百家竞起，述造日广。《尔雅》者，汉初经生裒录众家传注而成者也。魏世张揖因《尔雅》旧目，博采汉儒笺注及《三苍》《说文》诸书以增广之，名曰《广雅》。深恐其书不为时人所重，乃推尊《尔雅》，谓为周、孔遗书，以明己之学所自出。此犹言《易卦》者，必托名于伏羲；言《本草》者，必托名于神农；言医经者，必托名于黄帝；言礼制者，必托名于周公：莫不高远其所从来，以自取重于世。后先相师，如出一辙；浅妄不经，至足哂怪。《尔雅》之为书，既由纂辑传注而成，故传注明而《尔雅》明；《尔雅》明，则训诂之学始可得而理。传注者，训诂之渊薮也。如欲为训诂之学而不沉研传注，是犹舍舟而思济川，弃舆而欲致远，不可以自达也。

　　两汉之世，传注盛矣。北海郑君，兴于末造；囊括大典，网罗众家，遍注群经，集训诂之大成。休宁戴震尝言："郑康成之学，尽在《三礼注》，当与《春秋》三传并重。"则其所以发明经意者，固不徒在训释字义已也。余早岁治《毛诗》《三礼》，服膺郑学，弥叹弘深。不贤识小，于其声训之理，略有窥悟。窃谓两汉训诂之学，以许、郑为大宗。一主形训，

---

① 本文选自《讱庵学术讲论集》，岳麓书社1992年版。——编者

以明造字之原；一主声训，以推受义之故。分途并进，相得益彰。尝取郑义以上证《说文》《尔雅》，而豁然贯通，于以叹声训之法，至赜而不可乱。上稽《易传》乾健、坤顺、坎陷、离丽之说，已发其端；下逮故书雅记，此类尤广。郑君循声求义，亦特承前人遗绪而推衍之耳。

昔戴震论及古音，有曰："郑笺《毛诗》云：'古声填、寘、尘同。'及注他经，言古者声某某同，古读某为某之类，不一而足。是古音之说，汉儒明知之，非后人创议也。"（《戴东原集》卷四《书广韵四江后》）戴氏所言，特发其凡耳。所称"古声填、寘、尘同"，乃《小雅·常棣笺》中语，亦见《豳风·东山笺》。《东山笺》又云："古者声栗、裂同也。"推之《常棣笺》云："古声不、拊同。"《祈父序笺》云："祈、圻、畿同。"《大雅·崧高笺》云："近，辞也，声如彼记之子之记。"《礼记·曲礼注》云："嫌名谓音声相近，若禹与雨、丘与区也。"《王制注》云："卷，俗读也，其通则曰衮。"皆郑君由古声类以通训诂之事也。其次则如"读如""读若""读与某同"之法以通其音义。（其云"读为"者，不与此同。）载于群经注中，尤为繁赜。兹为阐明郑氏声训之理，乃就见诸《三礼注》《毛诗笺》者，举列如次，备论证焉。

一、见之《仪礼注》者：

缺，读如"有颊者弁"之颊。（《士冠礼》"缁布冠缺项"注）肊，读如"殷肝"之肝。（《有司彻》"皆加肊祭于其上"注）挑谓之歃，读如"或舂或抭"之抭。字或作挑者，秦人语也。（《有司彻》"二手执挑匕枋以挹湆"注）如，读若今之若。（《乡饮酒礼》"公如大夫入"注）籔，读若"不数"之数。（《聘礼》"车秉有五籔"注）幎，读若诗曰"葛藟萦之"之萦。（《士丧礼》"幎目用缁"注）

二、见之《周礼注》者：

总，读如租穗。（《廪人》"总布"注）鞻，读如屦。（《春官·序官》"鞮鞻氏"注）脩，读如涤濯之涤。（《司尊彝》"凡酒脩酌"注）觭，读如"诸戎掎之"之掎。（《大卜》"二曰觭䙷"注）焌，读如戈镈之镈。

《华氏》"遂歗其焌契"注）裯，读如伏诛之诛。（《甸祝》"裯牲裯马"注）樊，读如鞶带之鞶。（《巾车》"樊缨十有再就"注）爟，读如"予若观火"之观。（《夏官·序官》"司爟"注）挈，读如挈发之挈。（《夏官·序官》"挈壶氏"注）坛，读如"同埠"之埠。（《大司马》"暴内陵外则坛之"注）茇，读如莱沛之沛。（《大司马》"中夏教茇舍"注）罤，读如碬尸之碬。（《量人》"与郁人受罤历而皆饮之"注）庳，读如痹病之痹。（《司弓矢》"恒矢庳矢用诸散射"注）蜡，读如狙司之狙。（《秋官·序官》"蜡氏"注）萍，读如"小子言平"之平。（《秋官·序官》"萍氏"注）烜，读如"卫侯毁"之毁。（《秋官·序官》"司烜氏"注）薙，读如剃小儿头之剃。（《秋官·序官》"薙氏"注）胥，读如宿偦之偦。（《士师》"以比追胥之事"注）蠲，读如"吉圭惟馈"之圭。（《蜡氏》"令州里除不蠲"注）屋，读如"其刑剭"之剭。（《司烜氏》"邦若屋诛"注）祮，读如溃痈之溃。（《庶氏》"以攻说祮之"注）瓬，读如"放于此乎"之放。（《考工记》"抟埴之工陶瓬"注）挈，读如桑螵蛸之蛸。（《考工记》"欲其挈尔而纤也"注）隧，读如邃宇之邃。（《考工记·舆人》"去一以为隧"注）属，读如灌注之注。（《考工记·函人》"犀甲之属"注）翦，读如伐浅之浅。（《考工记·鲍人》"则是以博为帴"注引郑司农说帴读为翦）湛，读如"渐车帷裳"之渐。（《考工记·钟氏》"以朱湛丹秫"注）必，读如鹿草绊之绊。（《考工记·玉人》"天子圭中必"注）胝，读如车轵之轵。（《考工记·旅人》"器中胝"注）晋，读如"王搢大圭"之搢。（《考工记·庐人》"去一以为晋围"注）畏，读如"秦师人隈"之隈。（《考工记·弓人》"恒当弓之畏"注）茭，读如齐人名手足掔为骹之骹。（《考工记·弓人》"今夫茭解中有变焉故挍"注）个，读如"齐人擖幹"之"幹"。（《考工记·梓人》"上两个与其身三，下两个半之"注）

三、见之《礼记注》者：

纵，读如总领之总。（《檀弓》上"丧事欲其纵纵尔"注）离，读如俪偶之俪。(《月令》"宿离不贷"注) 闵,读如纮。(《月令》"其器圜以闳"注) 糔,读与滫瀡之滫同。(《内则》"为稻粉糔溲之以为酏"注) 犆,读如直道而行之直。(《玉藻》"君羔幦虎犆"注) 纰,读如埤益之埤。(《玉藻》"缟冠素纰"注) 辟,读如裨冕之裨。(《玉藻》"而素带终辟"注) 褘,读如翚;揄,读如摇。(《玉藻》"王后褘衣,夫人揄狄"注) 騑,读如四牡騑騑。(《少仪》"车马之美,騑騑翼翼"注) 皇,读如归往之往。(《少仪》"祭祀之美,齐齐皇皇"注) 胏,读如胾。(《少仪》"祭胏"注) 格,读如冻洛之洛。(《学记》"则扞格而不胜"注) 从,读如富父舂戈之舂。(《学记》"待其从容"注) 趋,读如促。(《祭义》"其行也趋趋以数"注) 漆漆,读如朋友切切。(《祭义》"子之言祭,济济漆漆然"注) 巡,读如沿汉之沿。(《祭义》"终始相巡"注) 栽,读如"文王初载"之载。(《中庸》"栽者培之"注) 衣,读如殷。(《中庸》"壹戎衣而有天下"注) 示,读如"寘诸河干"之寘。(《中庸》"治国其如示诸掌乎"注) 肫肫,读如"诲尔忳忳"之忳。(《中庸》"肫肫其仁"注) 信,读如屈伸之伸。(《儒行》"起居竟信其志"注) 恂,读如严峻之峻。(《大学》"瑟兮僩兮者恂慄也"注) 尹,读如竹箭之筠。(《聘义》"孚尹旁达"注) 闇,读如鹌鹑之鹌。(《丧服四制》引"《书》曰高宗谅闇"注)

四、见之《毛诗笺》者:

邪,读如徐。(《北风》"其虚其邪"笺) 忌,读如"彼己之子"之己。(《大叔于田》"叔善射忌"笺) 阇,读如"彼都人士"之都。(《出其东门》"出其闉阇"笺) 似,读如巳午之巳。(《斯干》"似读妣祖"笺) 赉,读如往来之来。(《烈祖》"赉我思成"笺)

如上所举,皆郑君取古声类相同或相近之字,比其音读,以通其训诂,此常例也。然亦有即用字为音者,则由一字包数音,一音包数义,字形虽同,而音义随所在而有不同。故郑君读如、读若之法,亦多用本字。或举经传习见之文以证之,或引方俗易晓之语以明之。字虽不改,而其音与义区以别矣,此变例也。今亦就《礼注》《诗笺》中此类之例,分别系录如下。

一、见之《仪礼注》者:

卓,读如"卓王孙"之卓。(《觐礼》"匹马卓上"注)右,读如"周公右王"之右。(《觐礼》"大史是右"注)縶,读如"马绊縶"之縶。(《士丧礼》"组縶系于踵"注)以,读如"何其久也,必有以也"之以。(《特牲馈食礼》"薆有以也"注)与,读如"诸侯以礼相与"之与。(《特牲馈食礼》"酳有与也"注)

二、见之《周礼注》者:

滞,读如"沉滞"之滞。(《廛人》"凡珍异之有滞者"注)靺,读如"靺韐"之靺。(《春官·序官》"靺师"注)鐄,读如"童子佩鐄"之鐄。(《眂祲》"三曰鐄"注)会,读如"大会"之会。(《弁师》"会五采玉璂"注)辟,读如"辟忌"之辟。(《掌交》"使咸知王之好恶辟行之"注)鋌,读如"麦秀鋌"之鋌。(《考工记·冶氏》"鋌十之"注)穹,读如"穹苍"之穹。(《考工记·韗人》"穹者三之一"注)渥,读如"郁人渥鬯"之渥。(《考工记·幌氏》"渥淳其帛"注)扺,读如"扺黍"之扺。(《考工记·矢人》"欲生而扺"注)庾,读如"请益与之庾"之庾。(《考工记·陶人》"庾实二觳"注)简,读如"简札"之简。(《考工记·弓人》"小简而长"注)测,读如"测度"之测。(《考工记·弓人》"漆欲测"注)

三、见之《礼记注》者:

税,读如"无礼则税"之税。(《丧服小记》"而父税丧"注)子,读如"不子"之子。(《乐记》"则易直子谅之心油然而生矣"注)人,读如"相人偶"之人。(《中庸》"仁者人也"注)温,读如"燖温"之温。(《中庸》"温故而知新"注)移,读如"水氾移"之移。(《表记》"衣服以移之"注)钩,读如"鸟喙必钩"之钩。(《深衣》"续衽钩边"注)

四、见之《毛诗笺》者:

飧,读如"鱼飧"之飧。(《伐檀》"不素餐兮"笺)孙,读如"公

孙如齐"之孙。(《狼跋》"公孙硕肤"笺)

上所举例，皆用本字为音之法。汉人注书，此例甚多。即许氏《说文》，读若之音，例举他字；然亦有辄用本字者。良以当时未有反切，解释文字，徒以声相譬况，不独郑君然也。

郑君依声为训之法，复有用"某之言某也"以通其义者，此乃沿前人成法而推广之，与"读如""读若"之例实相类。求之《礼注》《诗笺》，所在皆是。今并分别举出，以见古人声训之学，其途本广，初未可拘于一也。

一、见之《仪礼注》者：

绚之言拘也。(《士冠礼》"青绚缤纯"注) 袉之言施也。(《士昏礼》"纁裳缁袉"注) 袡之言任也。(《士昏礼》"纯裳纁袡"注) 醋之言演也。(《士昏礼》"酌醋主人"注) 酬之言周也。(《乡饮酒礼》"主人实觯酬宾"注) 陔之言戒也。(《乡饮酒礼》"宾出奏陔"注) 膳之言善也。(《燕礼》"主人酌膳"注) 鹄之言较也。(《大射仪》"大侯之崇，见鹄于参"注) 貍之言不来也。(《大射仪》"奏貍首"注) 裨之为言埤也。(《觐礼》"侯氏裨冕"注) 绖之言实也。(《丧服》"苴绖杖"注) 禭之言遗也。(《士丧礼》"君使人禭"注) 桑之为言丧也。(《士丧礼》"髺笄用桑"注) 褖之言缘也。(《士丧礼》"褖衣"注) 侇之言尸也。(《士丧礼》"侇于堂"注) 赗之言补也。(《既夕》"若赗"注) 肵之为言敬也。(《少牢馈食礼》"心舌载于肵俎"注)

二、见之《周礼注》者：

胖之言片也。(《腊人》"朊胖"注) 夷之言尸也。(《凌人》"共夷槃冰"注) 载之言事也。(《地官·序官》"载师"注) 媒之言谋也。(《地官·序官》"媒氏"注) 迹之言跹也。(《地官·序官》"迹人"注) 丱之言矿也。(《地官·序官》"丱人"注) 甸之言乘也。(《小司徒》"四邱为甸"注) 展之言整也。(《司市》"平肆展成奠贾"注) 甸之言田也。(《春官·序官》"甸祝"注) 禋之言烟也。(《大宗伯》"以禋祀祀昊天上帝"注）祼之言灌也。（《小宰》"祼将之事"注）觐之言勤也。（《大宗伯》"秋见曰觐"注）禄之言榖也。（《天府》"若祭天之司民同录"注）疑之言拟也。（《司服》"为大夫士疑衰"注）播之言被也。（《大司乐》"播之以八音"注）皋之言号也。（《乐师》"诏来瞽皋舞"注）赋之言铺也。（《大师》"教六师曰赋"注）陟之言得也。（《大卜》"三曰咸陟"注）侯之言候也。（《小祝》"将事侯禳祷祠之祝号"注）菆之言藉也。（《司巫》"及菆馆"注）缮之言劲也善也。（《夏官·序官》"缮人"注）廋之言数也。（《夏官·序官》"廋人"注）铭之言名也。（《司勋》"铭书于王之大常"注）鍭之言候也。（《司弓矢》"鍭矢"注）茀之言刜也。（《司弓矢》"茀矢"注）庳之言伦比也。（《司弓矢》"庳矢"注）槐之言怀也。（《朝士》"面三槐"注）辜之言枯也。（《掌戮》"杀王之亲者辜之"注）抟之言拍也。（《考工记》"抟埴之工"注）挚之言致也。（《考工记·函人》"锻不挚则不坚"注）盛之言成也。（《考工记·匠人》"白盛"）伐之言发也。（《考工记·匠人》"一耦之伐"注）

三、见之《礼记注》者：

富之言备也。（《曲礼》下"不饶富"注）挚之言至也。（《曲礼》下"凡挚"注）后之言后也。（《曲礼》下"天子之妃曰后"注）姓之言生也。（《曲礼》下"纳女于天子曰备百姓"注）还之言便也。（《檀弓》上"还葬"注）然之言焉也。（《檀弓》下"穆公召县子而问然"注）頖之言班也。（《王制》"诸侯曰頖宫"注）贰之言二也。（《王制》"丧不贰事"注）藉之言借也。（《王制》"藉而不税"注）鞮之言知也。（《王制》"西方曰狄鞮"注）僰之言偪也。（《王制》"西方曰棘"注）胶之言纠也；庠之言养也。（《王制》"周人养国老于东胶养庶老于虞庠"注）乙之言轧也。（《月令》"其日甲乙"注）丙之言炳也。（《月令》"其日丙丁"注）酎之言醇也。（《月令》"天子饮酎"注）戊之言茂也；己之言起也。（"其日戊己"注）庚之言更也；辛之言新也。（《月令》"其日庚辛"注）征之言正也。（《月令》"以征不义"注）壬之言任也；癸之言揆也。(《月令》"其日壬癸"注）谳之言白也。(《文王世子》"有司谳于公"注）淰之言闪也。(《礼运》"故鱼鲔不淰"注）伦之言顺也。(《礼器》"君臣之义伦也"注）义之言宜也。(《礼器》"宾客之交义也"注）致之言至也。(《礼器》"物之致也"注）福之言备也。(《礼运》"是谓承天之祜"注）麇之言快也。(《礼器》"不麇蚕"注）葆之言褒也。(《礼器》"不乐葆大"注）撕之言芝也。(《礼器》"有撕而播也"注）移之言羨也。(《郊特牲》"以移民也"注）庸之言用也。(《内则》"勿庸疾怨"注）诗之言承也。(《内则》"诗负之"注）娩之言媚也。(《内则》"姆教婉娩听从"注）疏之言粗也。(《玉藻》"客飧主人辞以疏"注）移之言靡迤也。(《玉藻》"而手足毋移"注）豚之言若有所循。(《玉藻》"圈豚行"注）负之言背也。(《明堂位》"天子负斧依南乡而立"注）皋之言高也。(《明堂位》"皋门"注）庠之言详也。(《明堂位》"有虞氏之庠也"注）棋之言枳棋也。(《明堂位》"殷以棋"注）罢之言罢劳也。(《少仪》"师役曰罢"注）聂之言牒也。(《少仪》"聂而切之为脍"注）谀之言小也。(《学记》"足以谀闻"注）宵之言小也。(《学记》"宵雅肄三"注）兴之言喜也，歆也。(《学记》"不兴其艺"注）性之言生也。(《乐记》"则性命不同矣"注）著之言处也。(《乐记》"乐著大始"注）池之言施也。(《乐记》"咸池备矣"注）韶之言绍也。(《乐记》"韶继也"注）密之言闭也。(《乐记》"阴而不密"注）夷之言尸也。(《丧大记》"男女奉尸夷于堂"注）戴之言值也。(《丧大记》"皆戴圭"注）坛之言坦也。(《祭法》"燔柴于泰坛"注）禜之言营也。(《祭法》"幽宗，祭星也；雩宗，祭水旱也"注："宗皆当为禜"）雩之言吁嗟也。(《祭法》"雩宗，祭水旱也"注）鬼之言归也。(《祭法》"人死曰鬼"注）庙之言貌也。(《祭法》"设庙祧坛墠而祭之"注）祧之言超也。(同上）数之言速也。(《祭义》"其行也趋趋以数"注）颁之言分也。(《祭义》"颁禽隆诸长者"注）同之言洞也。(《祭统》"铺筵设同几"注）士之言事也。(《祭统》"作率庆士"注）舜之言充也。(《中庸》"其斯以为舜乎"

注）而之言女也。（《中庸》"抑而强与"注）忌之言戒也。（《表记》引《甫刑》"敬忌而罔有择言在躬"注）仕之言事也。（《表记》引《诗》"武王岂不仕"注）役之言为也。（《表记》"恭俭以求役仁"注）瑕之言胡也。（《表记》引《诗》"瑕不谓矣"注）越之言蹶也。（《缁衣》引《大甲》"毋越厥命以自覆也"注）祁之言是也。（《缁衣》引君雅曰"资冬祁寒"注）固之言如故也。（《投壶》"敢固以请"注）溥之言欲也。（《儒行》"其饮食不溥"注）妄之言无也。（《儒行》"今众人之命儒也妄常以儒相诟病"注）慊之言厌也。（《大学》"此之谓自谦"注"谦读为慊"）戾之言利也。（《大学》"一人贪戾"注）适之言责也。（《昏义》"适见于天"注）圣之言生也。（《乡饮酒义》"产万物者圣也"注）礼之言体也。（《丧服四制》"故谓之礼"注）死之言澌也。（《曲礼》下"庶人曰死"注）柩之言究也。（《曲礼》下"在棺曰柩"注）

四、见之《毛诗笺》者：

挚之言至也。（《关雎传》"雎鸠王雎也鸟挚而有别"笺）蘋之言宾也。（《采蘋》"于以采蘋"笺）藻之言澡也。（《采蘋》"于以采藻"笺）拜之言拔也。（《甘棠》"勿翦勿拜"笺）亡之言忘也。（《绿衣》"曷维其亡"笺）缟之言善也。（《叔于田序》笺）旃之言焉也。（《采苓》"舍旃舍旃"笺）鞞之言沓也。（《芄兰》"童子佩鞞"笺）珈之言加也。（《君子偕老》"副笄六珈"笺）载之言则也。（《七月》"春日载阳"笺）或之言有也。（《天保》"无不尔或承"笺）只之言是也。（《南山有台》"乐只君子"笺）茀之言蔽也。（《采芑》"簟茀鱼服"笺）抑之言噫也。（《十月之交》"抑此皇父"笺）迁之言讪也。（《巷伯》"既其女迁"笺）曷之言何也。（《四月》"曷云能谷"笺）妯之言悼也。（《鼓钟》"忧心且妯"笺）稷之言即也。（《楚茨》"既齐我稷"笺）皇之言暀也。（《信南山》"先祖是皇"笺）论之言伦也。（《灵台》"于论鼓钟"笺）弗之言被也。（《生民》"以弗无子"笺）夙之言肃也。（《生民》"载震载夙"笺）实之言适也。（《生民》"实覃实訏"笺）踩之言润也。（《生民》"或簸或踩"

笺)烈之言烂也。(《生民》"载燔载烈"笺)胡之言何也。(《生民》"胡臭亶时"笺)舍之言释也。(《行苇》"舍矢既均"笺)台之言鲐也。(《行苇》"黄耇台背"笺)壸之言捆也。(《既醉》"室家之壸"笺)噰之言门也。(《凫鹥》"凫鹥在噰"笺)芮之言内也。(《公刘》"芮鞫之即"笺)义之言宜也。(《荡》"而秉义类"笺)敬之言警也。(《常武》"既敬既戒"笺)依之言爱也。(《载芟》"有依其士"笺)河之言何也。(《玄鸟》"景员维河"笺)骏之言俊也。(《长发》"为下国骏厖"笺)有之言又也。(《长发》"有虔秉钺"笺)孙之言孙循也。(《狼跋》"公孙硕肤"笺)甫之言丈夫也。(《甫田》"倬彼甫田"笺)

由以上所列举者观之，大抵取诸古双声之字以相训释，拟其音即所以通其义，与"读如""读若"之法未尝异也。至于《仪礼·士冠礼注》所云："弁之名出于槃。"《周礼·地官·序官注》所云："种谷曰稼，如嫁女以有所生。"《礼记·玉藻注》所云："褕读如翟，揄读如摇，翟、摇皆翟雉名，刻缯而画之，著于衣以为饰，因以为名耳。"《杂记注》所云："辅取名于衬与茜，读如茜蒒之茜。"斯皆由古声类以推见物名得义之原。其后刘熙推广其法以成《释名》，声训之理，功用益显。此固衍郑君训诂学之遗绪而张大之者也。

刘熙，字成国，北海人，与郑君为乡里后进。《三国志·程秉传》称秉"逮事郑玄，避乱交州，与刘熙考论大义"。《许慈传》："慈师事刘熙，善郑氏学。"以此二传定之，熙固尝从郑君请业，深造有得，而传郑学者也。熙尝谓"名之于实，各有义类，百姓日称而不知其所以之意。故撰天地、阴阳、四时、邦国、都鄙、车服、丧纪，下及民庶应用之器，论叙指归，谓之《释名》"(见《释名序》)。今观《释名》之为书，即物名以释义，而本之双声立训者为最多。斯诚郑学之嫡传，不刊之弘教也。郑君一生精力，瘁于说经，无暇自著一书专明声训之理。熙既亲承音旨，绍其绪以发挥而光大之，斯固后死者之责已。

道论通说[①]

序

庄生有言："可以言论者，物之粗也；可以意致者，物之精也。"（《秋水篇》）《淮南王书》亦云："心之精者，可以神化，而不可以导人。"（《缪称篇》）大抵古人借语辞文字以传久而行远者，皆第能就其有迹者言之耳。轮扁讥齐桓公读古书为徒拾糟粕，岂不信然！顾故言悠邈，旨意渊深，后人循言以求其意，即并其粗者亦不易知，往往傅会穿凿，承讹袭谬，有历数千年莫之或悟者，则甚矣古书之不易读也。王充尝谓："儒者说五经，多失其实。前儒不见本末，空生虚说；后儒信前师之言，随趣述故，滑习辞语，不暇留精用心，考实根核；故虚说传而不绝，实事没而不见，五经并失其实。"（《论衡·正说篇》）呜呼！岂第五经然耶？汉儒集心力以说经，弊乃至此！王氏特取目击者道之，其实学者疏解群书，莫不有失实之叹，亘古今而尽然。郑樵所谓"汉人穷经而经亡"（见《通志·校雠略》），此一语也，足以蔽注说家之失而靡遗，又不仅两汉诸儒然矣。

然则生乎千载之后，欲明先民立言之真谛，果如之何而后可？曰：

---

① 本文选自《周秦道论发微》，中华书局1982年版。——编者

研思陈言,诠释大谊,务期考明时代,各还其所固有,不失其实而已。如读先秦之书,而以今人之见折之;或论后世之事,而衡以三古之义;虽考论周洽,辨析精审,而揆诸作者之本意,无有合也。千载下儒生所争论不休者莫如"道"。"道"之一字,在古书中随处见之,而其含义,又各随时代有浅深广狭之不同。盖有先秦诸子之所谓"道",有孔门之所谓"道",有两汉儒生之所谓"道",有魏晋南北朝谈士之所谓"道",有唐代韩、李之所谓"道",有宋明理学家之所谓"道",有清初颜、李之所谓"道"。学者生于后世,上窥先民立言之旨,期于不失其真,则必以先秦诸子之见还之先秦诸子,以孔门之见还之孔门,以两汉人之见还之两汉;下观魏晋南北朝唐宋明清人之书莫不如此,虚心静气以求真是之归,庶乎其有得也。及蔽者为之,率操先入之见,以攻异己之论,分离乖隔,不合不公,而按之古初立言之意,去之弥远。清儒斥元修《宋史》,不应别立《道学传》,百喙诋讥,辞至严峻。然以今考之,清儒惟熟习两汉人书,濡渍既久,乃不觉举两汉人之所谓"道",以衡宋元人之所谓"道",昌言儒林之外,不合别有道学,而于宋代之实有是物,实有是名,不顾也。此无他,蔽于知远而不察近而已矣。若宋明人误解"人心道心",则又蔽于察近而不知远,乃以宋明人之所谓"道",上衡先秦之所谓"道",析之愈精,离道愈远,不啻毫厘千里,未见其有合也。

余尝博考群书,穷日夜之力以思之,恍然始悟先秦诸子之所谓"道",皆所以阐明"主术";而"危微精一"之义,实为临民驭下之方,初无涉乎心性。自宋明学者目为传心之要,而本意全失。于是浩然有志阐古义之幽,发千载之蔀,举后起一切傅会支离之说,悉摧陷而廓清之。因综治故籍,钩稽旧义,揭其弘纲,述其微旨,或集群言,或征往事,用以推明《荀子·解蔽篇》所引《道经》"人心道心"二语与伪古文《尚书·大禹谟》所载"危微精一"十六字,悉为君人南面之术而发,要非其他曲说谬解所能乱也。分题立论,厘为十章,名曰《道论通说》。凡所征引，大抵依据周秦古书，而以后起之说足以发明旧谊者辅之，俾于先民立言之旨，有以探其根株焉。一九四五年一月十二日张舜徽记。

第一，阐明"道"与"道经"之名义

魏刘邵《人物志》曰："老子以虚为道，以无为德。"（《八观篇》）此语也，盖足以统释先秦古书之所谓"道德"，初不限于《老子》而已。《管子·心术上篇》曰："虚无无形谓之道，化育万物谓之德。"亦以"道""德"并举。析言之，二字又有不同。《淮南·原道篇》曰："无为为之而合于道，无为言之而通乎德。"然则道者，无为之谓也；德者，不言之谓也。故《管子·心术上篇》曰："必知不言无为之事，然后知道之纪。"《老子》亦曰："圣人处无为之事，行不言之教。"皆兼统二者而言，其旨至明白。统言之，道既可通于德，德复可通于道。《管子·戒篇》曰："所谓德者，不动而疾，不相告而知，不为而成，不召而至，是德也。故天不动，四时云下，而万物化；君不动，政令陈下，而万功成；心不动，使四肢耳目，而万物情。"可知"德"者，亦"道"之殊称，对言有分，统言无别也。"道德"之旨，归于无为；无为之用，系于人主。其术以虚无为本，以因循为用，《汉志》所谓"此君人南面之术也"一言尽之矣。自汉以上学者，悉知"道德"二字为主术，为君道，是以凡习帝王之术者，则谓之修道德（见《史记·老庄申韩列传》）；或谓之习道论（见《太史公自序》）。推之古初所谓道家，亦实专指修南面术者而言，以其兴起甚早，旨意至深邃而难知，故自汉以降，解此者稀。（太史公《论六家要指》云：道家"其实易行，其辞难知"。）甚且以后世之所谓"道"，上衡先秦之所谓"道"，乃不觉相背而分驰矣。

《史记》称老子著书上下篇，言道德之意五千言而去。所谓言道德之意者，犹云述人君南面之术耳。后人遽目其书曰《道德经》，实即此意。（以《道德经》标题，不知昉于何人。其见于今存注本者，以王弼注为最早。）离上下篇而分标以《道经》《德经》之名，亦必自有所本。论者徒以《经典释文》所释《老子》，上卷题《道经音义》，下卷题《德经音义》，而疑此种标题为传刻者所增入，非古人之旧。不悟颜师古《汉书·魏豹传注》，已引老子《道经》；《田横传注》《楚元王传注》《西域传注》，均引老子《德经》（又《严助传》《酷吏传注》，俱称老子《道经》之言）；贾公彦《周礼师氏疏》，亦引老子《道经》。可知《道经》《德经》之名，初唐人已习用之，本不始于陆氏《经典释文》，盖为先唐旧题，而非诸儒所妄增也。窃尝以为古者治与教出于一，而君与师同其源。《学记》曰："能为师，然后能为长；能为长，然后能为君；故师也者，所以学为君也。"盖三代之学无他焉，学为君师而已矣。人既以此为学，则必有专举此为教者。其术至幽眇而难知，名之曰"道"，或曰"道术"；用以教人，则曰"道论"；著之竹帛，则曰"道经"。自老子以前，其为道经者必众矣，而多不传；传者又或不以"道德"立名，而别为标目。如《管子》中有《心术》《内业》《白心》诸篇，实归于阐明君道，后人徒以其篇题不同于"道德"，遂歧而二之，于是群书中之言君道者，悉晦盲而不明矣。自魏晋以迄乎唐，或以旷逸为道；或以寂灭为道；或以飞升黄白之事为道；或以清虚玄远之谈为道；尽天下学者之心，靡有二致，相与挟一隅之私见。以上论先秦古书，不啻植荆棘于坦途，虽至平易之理，亦必释以高奇之辞，于是诸子中之称道经者，多否塞而不通矣。故《荀子·解蔽篇》引《道经》曰："人心之危，道心之微。"杨倞，唐人，不识道经为何物，乃妄以臆断曰："盖有道之经也。"后之解《荀子》者，悉本杨说，愈穿凿以失其真。清儒注释群书，长于考训诂而短于说义理，其不能憭悟斯旨，适然耳。抑危微二语，虽亦见伪古文《尚书·大禹谟》，然伪《孔传》出于魏晋人之手，不能识道心之道为何物，只得支离其辞以傅会之。迨宋世理学诸儒兴，则又以言心言性专道之全，而直谓"即心是道"。朱熹为《中庸章句序》，首明"危微精一"十六字为尧、舜、禹三圣传心之要，其弟子蔡沈为《书传》，依附引申，而古意全晦。

第二，阐明"一"即"道"之别名

无为之谓"道"，"道"之名又通于"德"，已如前述矣。然博综之周秦诸子，则又谓之"一"。道也，德也，一也，三名而实一物耳。《管子·兵法篇》曰："明一者皇，察道者帝，通德者王。""皇"与"帝""王"既无殊，则"一"与"道""德"亦不异矣。《老子》曰："天得一以清，地得一以宁。"（三十九章）《庄子》则曰："天无为以之清，地无为以之宁。"（《至乐篇》）可知"一"即"无为"，"无为"即"道"。故《管子》之言"执一"；

《心术下篇》："执一之君子，执一而不失，能君万物。"

《老子》之言"抱一"；

第二十二章："圣人抱一，为天下式。"

《庄子》之言"通一"；

《天地篇》引记："通于一而万事毕。"

《韩非》之言"用一"；

《扬权篇》："用一之道，以名为首。"

《吕览》之言"得一"：

《论人篇》："知人之谓得一。"

皆指君道而言，犹云执道、抱道、通道、用道、得道也。"道"之所以别名曰"一"者，《韩非·扬权篇》曰："道不同于万物，德不同于阴阳，衡不同于轻重，绳不同于出入，和不同于燥湿，君不同于群臣，凡此六者，道之出也，道无双，故曰一。"韩非此解，盖为周秦时尽人而知之常识，故诸子立言，率好以"一"代"道"之名，无嫌也。以其为人所周知，故不烦别加注说。降及汉世，犹多解此。《淮南王书》，道德之渊薮也，《原道篇》曰："清静者，德之至也；而柔弱者，道之要也；虚无恬愉者，万物之用也；肃然应感，殷然反本，则沦于无形矣。所谓无形者，一之谓也；所谓一者，无匹合于天下者也。"（高诱《注》云："一者道之本。"）又曰："道者一立而万物生矣，是故一之理，施四海；一之解，际天地。"《诠言篇》曰："夫无为则得于一也。一也者，万物之本也；无敌之道也。"此皆浅明易见，虽注家不言，而读者自知之。若夫一章之中，连用数"一"字，而易致混乱者，注家必为别白之。《精神篇》曰："天地运而相通，万物总而为一，能知一，则无一之不知也；不能知一，则无一之能知也。"高诱《注》云："上一，道也；下一，物也。"是其例矣。夫惟汉人去古未远，故著书能识乎道德之原。亦惟汉人解汉人之书，为能得其真谛，故知上一谓道。假使《淮南子注》而出六朝唐人之手，则必不识"一"为何物；虽或识之，又不必能辨古人行文时上一与下一之各有所指也。《荀子·解蔽篇》所称"处一危之，养一之微"。此二"一"字，实指君道而言，与周秦诸子及《淮南王书》中所用之"一"，意无不同。杨倞惟不解此谊，妄以心字释"一"，而古意全湮，盖探下文有人心道心之语以立训，而不顾文义之安，是犹操方枘而入圆凿矣。抑《荀子》所云"处一""养一"之

"一"，与伪古文《尚书》所云"惟精惟一"之"一"，义各有在，不容混为一谈，又学者所当明辨也。

第三，阐明周秦学者言主术同宗"道德"

吾尝博观周秦诸子，而深疑百家言主术，同归于执本秉要，清虚自守，莫不原于道德之意，万变而未离其宗。此黄老之术，所以独为高远也欤！及读《淮南王书》至《齐俗篇》有曰："道德之论，譬犹日月也，江南河北，不能易其指；驰骛千里，不能易其处。趋舍礼俗，犹室宅之居也，东家谓之西家，西家谓之东家，虽皋陶为之理，不能定其处。"《泛论篇》又曰："圣人所由曰道，所为曰事。道犹金石，一调不更；事犹琴瑟，每弦改调。故法制礼义者，治人之具也，而非所以为治也。"则恍悟二千年前学者，实已先得我心，为之快慰累日。以《淮南》所云，征之《老子》五千言，固无论矣。他若《管子》之《心术》《白心》《内业》；《韩非》之《主道》《大体》《扬权》；《庄子》之《天道》；《吕览》之《圜道》《君守》诸篇；尤其彰明较著，悉道论之精英也。其他片言数语之散见群籍者，更何可胜数。自汉武罢黜百家，儒者始专宗仲尼。然仲尼精力所瘁，在于赞《易》删《书》。《汉书·艺文志》称"道家君人南面之术，合于尧之克攘，《易》之嗛嗛"。则《易》《书》所载，原有合于卑弱自持之旨也。且仲尼赞《易》，惟以乾坤易简为言；虞廷赓歌，但取元首丛脞垂戒；则又与清虚自守之旨，无勿同者。仲尼之论政也，曰："为政以德，譬如北辰，居其所而众星拱之。"（郑玄注："德者无为也。"）又曰："无为而治者，其舜也与！夫何为哉？恭己正南面而已矣。"叹尧之民无能名，唯能则天；称仲弓居敬行简，可使南面。由此论之，则孔子之言主术，亦无以远于"道德"也。下逮七十子后学者所记，引申斯旨，意更明白（若《大戴礼记·子张问入官》之类）。荀卿生于周末，最为儒门老师，其言曰："治国有道，人主有职，若夫贯日而治详，一日而曲引之，是所使夫百吏官人为也，不足以是伤游玩安燕之乐。若夫论一相以兼率之，使臣下百吏莫不宿道乡方而务，是夫人主之职也。若是则一天下名配尧、禹之主者，守至约而详，事至佚而功，垂衣裳不下簟席之上；而海内之人，莫不愿得以为帝王，夫是之谓至约，乐莫大焉。人主者，以官人为能者也；匹夫者，以自能为能者也；人主得使人为之，匹夫则无所移之。百亩一守事业穷，无所移之也；今以一人兼听天下，日有余而治不足者使人为之也。大有天下，小有一国，必自为之然后可，则劳苦耗颔莫甚焉。如是，则虽臧获不肯与天子易埶业。以是县天下，一四海，何故必自为之？为之者，役夫之道也，墨子之说也；论德使能而官施之者，圣王之道也，儒者之所谨守也。传曰：农分田而耕，贾分货而贩，百工分事而劝，士大夫分职而听，建国诸侯之君，分土而守，三公总方而议，则天子共己而已。出若入若，天下莫不平均，莫不治辨，是百王之所同也，而礼法之大分也。"（《王霸篇》）荀卿广陈人主任人而不任智之旨，以阐扬无为之意，谓为百王之所同，儒者之所谨守，则道德之论，由来远矣。惟荀子薄墨子之说为役夫之道，然今详观墨子之书，亦未见其不以任人为亟。《墨子·所染篇》曰："善为君者，劳于论人，而佚于治官；不能为君者，伤形费神，愁心劳意，然国逾危，身逾辱，以不知要故也。"（此文虽亦见《吕氏春秋》，自是并载两书，而非后人取《吕览》之文入诸《墨子》内也。）然则墨子论及人君南面之术，自亦原于道德之意。以荀卿所斥为役夫之道者，持论犹如此，则其他立言之家，概可知矣。《淮南》所谓"道德之论，譬犹日月"者，盖足以蔽先秦之书而无遗。

第四，阐明西汉诸儒皆深识"道德"之要

西汉之世，儒者亦多识"道德"，后人徒惊《淮南王书》集道论之精，而不知鸿生巨儒，著书立论，以发明斯理者，正复不少也。取其显

者论之：若董仲舒所作《春秋繁露》数十篇，虽以说经为主，然其究天人之际，穷事物之理，元元本本，无不洞彻。观于《离合根》《立元神》《保位权》三篇所言致治之本，以无为为道，以不私为宝，直与道论相协，达乎政理之原，非浅见寡闻者所能窥。刘向谓董生有王佐之才，虽伊、吕无以加，非过论也。其次若司马谈世为太史，又尝学天官于唐都，受易于杨何，习道论于黄子，则其学本亦不醇于儒，故推论阴阳、儒、墨、名、法五家，各有短长，而反复申叹道家之术，采诸家所长，而无其短，立俗施事，无所不宜。所谓"指约而易操，事少而功多"者，乃就君道、主术而言，初非涉乎日用庸常事也。其病儒者"博而寡要，劳而少功"，亦以六艺经传之言主术，所营多端，而乏执本秉要之方；所操弥黩，而无任人役智之术；不足以主持纲维耳。故其言有曰："儒者以为人主，天下之仪表也，主倡而臣和，主先而臣随。如此，则主劳而臣逸。至于大道之要，去健羡，绌聪明，释此而任术。"其立论之主旨，可见于斯数语矣。后人不察，不知司马氏《论六家要指》为最高之政论，而徒目为辨章学术之文，已误；不知其推崇道家，乃就主术一端而言，反病其先黄老而后六经，尤误之误者也。呜呼！自班固以来，此义不白于世，盖二千年于兹矣。（《后汉书·班彪传》称彪斟酌前史而议正其得失，其略论有曰："迁之所记，论术学则崇黄老而薄五经。"可知自班彪以来，已但视《论六家要指》为论学之文，而不知其为政论也，固特承其父说而已。）扬雄生于西京之末，尝曰："好书而不要诸仲尼，书肆也；好说而不要诸仲尼，说铃也。"（《法言·吾子篇》）又称"五经为众说郛"（《问神篇》）。其表章儒学至矣。然论及大道，则又曰："吾于天，见无为之为矣；老子之言道德，吾有取焉耳。"（《问遭篇》）以扬雄笃信谨守仲尼之教，如彼其专也，而持论如此，夫亦曰道德之论，譬犹日月不可移易而已耳。惟西京诸儒，去古未远，故犹能识道德之弘旨，体黄老之妙用，与先秦诸子之言，若合符契。其后释氏之教，传入中土，学者乃窃清静无为之旨比附之，而道德之论绝于后世。

东汉诸儒虽赞学论政，亦多识道之言（如王充《论衡·自然篇》、荀悦《申鉴·政体篇》，皆于无为之旨，有所阐发），然仰视周秦西汉儒先之书，不逮远矣。故在今日考论"道德"之旨，必广探之汉以前书，方能有得也。

第五，阐明《荀子》及伪《尚书》"危微"之语皆为主术而发

凡读一书，首必明乎作者之本旨，而后然知其所言为何事，则虽有难解之句，难释之文，按之上下文意以旁推曲证之，十可得其八九，初不待注说而后能明。即注说家之疏解古书，舍此亦别无从入之径，此学者所当知也。吾人今日读《荀子·解蔽篇》，至其篇中一章有曰："昔者舜之治天下也，不以事诏而万物成。处一危之，其荣满侧；养一之微，荣矣而未知。故道经曰：'人心之危，道心之微。'危微之几，惟明君子而后能知之。"吾人试摈置一切注说，且平心静气，但求之本文，且证以《大略篇》所云："主道知人，臣道知事，故舜之治天下，不以事诏而万物成。农精于田，而不可以为田师，工贾亦然。"而谳然知危微之言，实指君道无疑也。虽危微之言亦见伪古文《尚书》，然今观《大禹谟》篇中帝舜命禹之辞，自"人心惟危，道心惟微，惟精惟一，允执厥中"十六字之外，所言甚多，其上文曰："汝惟不矜，天下莫与汝争能；汝惟不伐，天下莫与汝争功；予懋乃德，嘉乃丕绩，天之历数在汝躬，汝终陟元后。"是帝舜嘉禹有大功，许其终当居君位也。十六字之下，复续之以数语曰："无稽之言，勿听；弗询之谋，勿庸；可爱非君，可畏非民；众非元后何戴，后非众，罔与守邦。"是又明明教以为君之道，意甚分晓。则彼十六字居其间，非指君道而何？《大禹谟》虽系晚出伪书，然其初亦非全无根据者。方苞尝疑今所行《古文尚书》明畅易晓，必秦汉间儒者得古文原本，苦其奥涩，而稍以显易之辞更之，其大体则固经之本文（见《望溪

文集》卷一《读古文尚书》)。方氏此识甚卓,足以解经生争辨之纷。即令晚出《古文尚书》为魏晋人所造,而此"危微精一"四语,亦必前有所承,而深符于道德之意,非汉以后人所能臆造也。

第六,阐明两书所称"人心道心"犹《礼记》中之"外心内心"

难者曰:"荀卿书中所云处一危之,养一之微,与夫晚出《尚书》危微精一之语,悉为君道而发,信如吾子所论定矣。敢问人心道心,究何所指乎?"应之曰:"世人但知心为静字,而不知其亦为动字。但知发于形气者谓之人心,发于义理者谓之道心;而不知《荀子》及晚出《尚书》之所谓人心道心,犹《戴记》中之外心内心也。《小戴礼记·礼器篇》曰:"礼之以多为贵者,以其外心者也;礼之以少为贵者,以其内心者也。"郑玄《注》云:"外心,用心于外,其德在表也;内心,用心于内,其德在内。"郑氏惟善体古人辞言之情,故此释最为精谛。今援斯例以说人心道心,则二心字自为动字而非静字明矣。所谓人心者,言用心于人也,亦即其德在表之意。所谓道心者,言用心于道也,亦即其德在内之意。皆第就驭下临民而言,实道论之精蕴,主术之弘纲。故先民论治,反复丁宁以言之,旨意至深远,岂如后世言心言性者,任情穿凿,所能梦见其涯际哉!《荀子》引《道经》作"人心之危,道心之微","之"犹"是"耳(之与是古通用)。晚出《尚书》作"人心惟危,道心惟微","惟"与"是"俱语辞,分言之曰惟曰是;合言之则曰唯是("惟"与"唯"古通用)。唯是二字连用,《左传》中凡数见,并语助辞,故人心道心之语,两书中虽有一字之殊,而其义固无不同。

第七,阐明"危微精一"之本义

危者,高也,尊也,威也,势也。古者人君执万物之原,居百官之上，无势则威不立，无威则令不行，不极其尊高，则下不知敬上。《韩非子·喻老篇》曰："势重者，人君之渊也。"一言得之矣。上以威势尊严临下，高不可极，深不可测，则百官莫不竦惧敬服，左右前后，无敢疑贰，君尊而臣亦荣。故曰："处一危之，其荣满侧也。微者，隐也；蔽也；周也；密也。人君所以为治之道，则又不可不密；不密则无成功。所谓密者，不出于口，不见于色，一龙一蛇，一日五化之谓也。人君掩情匿端，则群下无所施其诈，而但黾勉以伏事之。君实尊矣，而不自知也。故曰养一之微，荣矣而未知也。盖驭下之道，势欲其见，而术欲其隐。《尹文子》曰："术者，人君之所密用，群下不可妄窥。势者，制法之利器，群下不要妄为。"（《大道上》）二者并举，其来旧矣。惟其势之欲见也，故虚者实之，卑者危之，存乎一身之妙用；此用心于人之事也。惟其术之欲隐也，故藏之惟恐不周，操之惟恐不固，系乎此心之有守；此用心于道之事也。道论之要，不越于斯二端矣。（杨倞不解危之之谊，妄谓二字当为之危二字之倒，谬甚。）

吾读《管子》，而得精一之真谛焉。其言曰："舜之有天下也，禹为司空，契为司徒，皋陶为李，后稷为田，此四士者，天下之贤人也，犹尚精一德，以事其君，今诬能之人，服事任官，皆兼四贤之能，自此观之，功名之不立，亦易知也。"（《法法篇》）释之者曰："尚精一德，谓各精一事也。"然则精一之本义，其在授官论材之间乎！证之《荀子》曰："论德而定次，量能而授官，皆使其人载其事，而各得其宜。"又曰："人之百事，如耳目鼻口之不可以相借官也，故职分而民不探，次定而序不乱。"（俱见《君道篇》）《韩非子》曰："物者有所宜，材者有所施，各处其宜，故上下无为。使鸡司夜，令狸执鼠，皆用其能，上乃无事。"（《扬权篇》）又曰："明主之道，一人不兼官，一官不兼事。"（《难一》）又曰："官有一人，勿令通言，则万物皆尽。"（《主道篇》）《淮南王书》亦曰："古之为车也，漆者不画，凿者不斫，工无二伎，士不兼官，各守其职，不得相奸，人得其宜，物得其安，是以器械不苦，而职事不嫚。夫责少者易偿，职寡者易守，任轻者易权。上操约省之分，下效易为之功，是以君臣弥久而不相压。"（《主术篇》）可知因材命职，各司一事，以臻无为之治，乃百王之所同，故诸子言治道者悉宗之。（其散见他书者，不易悉数。）群下既各分任其事，为人主者，则但恭己正南面而已。《淮南书王》又曰："无为者，非谓其凝滞而不动也，以其言莫从己出也。"（《主术篇》）故仲尼既叹舜之无为，又称其好问而察迩言，隐恶扬善，执其两端，用其中于民。夫惟舜能无为而治，故其言莫从己出，而但察群下之议，择其可施于民者用之耳。郑玄说之曰："两端，过与不及也；用其中于民，贤与不肖皆能行之也。"郑氏此释，必有所受。证以《管子》所云："圣人精德立中以生正，明正以治国，故正者，所以止过而逮不及也。"（《法法篇》）盖操之于己，则曰执中；施之于事，则曰用中；布之于民，则曰立中，其实一耳。由此观之，惟精惟一，谓用人也；允执厥中，谓听言也。二语相承，意甚明白。其下复有无稽之言勿听，弗询之谋勿庸数语，益昭昭可见矣。

第八，阐明"人心惟危"原理在南面术中之实际运用

驭下之道，所以必须临之以尊高之势者，《管子》曰："人主之所以制臣下者，威势也。故威势在下，则主制于臣；威势在上，则臣制于主；威势独在于上，而不与臣共。"（《明法解》）《荀子》曰："夫民易一以道，而不可与共故，故明君临之以势，道之以道，申之以命，章之以论，禁之以刑，故其民之化道也如神。"（《正名篇》）《韩非子》曰："夫有材而无势，虽贤不能制不肖。故立尺材于高山之上，临千仞之豁，材非长也，位高也。桀为天子能制天下，非贤也，势重也。尧为匹夫，不能正三家，非不肖也，位卑也。千钧得船则浮，锱铢失船则沉，非千钧轻而锱铢重也，有势之与无势也。故短之临高也，以位；不肖之制贤也，以势。"（《功名篇》）又曰："以身为苦而后化民者，尧舜之所难也；

处势而骄下者，庸主之所易也。将治天下，释庸主之所易，道尧舜之所难，未可与为政也。"（《难一》）《吕氏春秋》亦曰："位尊者其教受，威立者其奸止，此畜人之道也。故以万乘令乎千乘易，以千乘令乎一家易，以一家令乎一人易。"（《慎势篇》）先秦之书，持论不异，要皆原于道德之意。下逮西京诸儒，纂辑《淮南王书》，阐发尤详，《主术》一篇，其纲要也（所论至繁，今不称举）。惟主政者之用心于人，必欲其慑于威，伏于势也，故宫室器用，务极其高大文饰。

《礼记·礼器篇》："礼有以多为贵者：天子七庙，诸侯五，大夫三，士一；天子之豆二十有六，诸公十有六，诸侯十有二，上大夫八，下大夫六；诸侯七介七牢，大夫五介五牢；天子之席五重，诸侯之席三重，大夫再重；天子崩七月而葬，五重八翣；诸侯五月而葬，三重六翣；大夫三月而葬，再重四翣；此以多为贵也。有以少为贵者：天子无介，祭天特牲；天子适诸侯，诸侯膳以犊；诸侯相朝，灌用郁鬯，无笾豆之荐；大夫聘礼以脯醢；天子一食，诸侯再，大夫士三，食力无数；大路繁缨一就，次路繁缨七就；圭璋特，琥璜爵；鬼神之祭单席；诸侯视朝，大夫特，士旅之；此以少为贵也。有以大为贵者：宫室之量，器皿之度，棺椁之厚，丘封之大，此以大为贵也。有以小为贵者：宗庙之祭，贵者献以爵，贱者献以散，尊者举觯，卑者举角；五献之尊，门外缶，门内壶，君尊瓦甒，此以小为贵也。有以高为贵者：天子之堂九尺，诸侯七尺，大夫五尺，士三尺；天子、诸侯台门；此以高为贵也。有以下为贵者：至敬不坛，扫地而祭；天子诸侯之尊废禁，大夫士棜禁；此以下为贵也。有以文为贵者：天子龙衮，诸侯黼、大夫黻，士玄衣纁裳；天子之冕，朱绿藻十有二旒，诸侯九，上大夫七，下大夫五，士三，此以文为贵也。有以素为贵者：至敬无文，父党无容，大圭不琢，大羹不和，大路素而越席，牺尊疏布幂樿杓，此以素为贵也。"按记文所称贵多、贵大、贵高、贵文之事，不外宫室、宗庙、衣冠、器用，凡以壮其观瞻，养其威重而已。故下文申其义曰："礼之以多为贵者，以其外心者也。德发扬，诩万物，大理物博如此，则得不以多为贵乎！故君子乐其发也。"此礼家发凡之辞，虽就贵多一端言，而贵大、贵高、贵文诸端，从可知矣。郑玄注曰："发犹见也，乐多其外见也。"《正义》曰："王者居四海之上，宜为四海所畏服，故礼须自多厚显德于外，于外亦以接物也。"汉注唐疏，发明斯义，至为精谛，学者自可隅反。

郑樵《礼经奥旨·礼文损益辨》有云："商周之兴，所以损益礼文者，其说有三：一以观诸侯之从违；二以盛本朝之文物；三以大先王之制度。（中略）所谓盛本朝之文物者，天下之民，日趋于文，方以台门纳陛为贵，吾故以茅茨土阶临之；方以干戈羽籥为仪，吾故以蒉桴土鼓乐之；势有不可。故因其罍樽著樽，而加以牺象；因其鸡彝斝彝，而加以黄目；因其四琏六瑚，而加以八簋；因其钩车大辂，而加以玉辂；于以示天子之尊，于以备宗庙之饰，则天下知所畏而不敢犯矣。"按郑氏此言，足以发明礼文损益之故，与注疏旧说相表里。

声色藩卫，务极其华美众多。

《荀子·富国篇》："先王圣人，知夫为人主者，不美不饰之不足以一民也，不富不厚之不足以管下也，不威不强之不足以禁暴胜悍也，故必将撞大钟，击鸣鼓，吹笙竽，弹琴瑟，以塞其耳；必将锢琢刻镂，黼黻文章，以塞其目；必将刍豢稻粱，五味芬芳，以塞其口；然后众人徒，备官职，渐庆赏，严刑罚，以戒其心。使天下生民之属，皆知己之所愿欲之举在于是也，故其赏行；皆知己之所畏恐之举在于是也，故其罚威。"按荀卿此论，实为辟墨而发。（篇中辟墨之辞极详，以文繁，故不引。）墨子之论为上也，必衣粗食恶，与百姓均事业，共劳苦而后可。蔽于一曲，而暗于大理，故荀卿亟辨之。

明贵贱之等以厚其势。

《管子·乘马篇》："一国之人，不可以皆贵；皆贵则事不成，而国不利也。为事之不成，国之不利也，使无贵者，则民不能自理也；是故辨于爵列之尊卑，则知先后之序，贵贱之义矣。"

《庄子·天道篇》："夫尊卑先后，天地之行也，故圣人取象焉。天尊地卑，神明之位也；春夏先，秋冬后，四时之序也；天地至神，而有尊卑先后之序，而况人道乎？"

《荀子·王制篇》："夫两贵之不能相事，两贱之不能相使，是天数也。势位齐而欲恶同，物不能赡则必争，争则必乱，乱则穷矣。先王恶其乱也，故制礼义以分之，使有贫富贵贱之等足以相兼临者，是养天下之本也。《书》曰：'维齐非齐'，此之谓也。"

严朝觐之仪以重其威。

《史记·叔孙通传》：汉五年，已并天下，诸侯共尊汉王为皇帝于定陶，叔孙通就其仪号，高帝悉去秦苛仪，法为简易。群臣饮酒争功，醉或妄呼，拔剑击柱，高帝患之。叔孙通知上益厌之也，说上曰："夫儒者难与进取，可与守成；臣愿征鲁诸生与臣弟子共起朝仪。"上曰："可试为之，令易知，度吾所能行为之。"于是叔孙通与其弟子百余人为绵蕞野外习之，月余，会十月，汉七年，长乐宫成，诸侯群臣皆朝十月。仪：先平明，谒者治礼，引以次入殿门，廷中陈车骑步卒卫宫，设兵张旗志。传言趋，殿下郎中侠陛，陛数百人，功臣列侯诸将军军吏以次陈西方，东乡；文官丞相以下陈东方，西乡；大行设九宾，胪句传。于是皇帝辇出房，百官执职传警，引诸侯王以下至吏六百石以次奉贺。自诸侯王以下，莫不振恐肃然。至礼毕，复置法酒，诸侍坐殿上皆伏抑首。以尊卑次起上寿，觞九行。谒者言罢酒，御史执法，举不如仪者辄引去。竟朝置酒，无敢谨哗失礼者。于是高帝曰："吾乃今日知为皇帝之贵也。"（节引原文）按高帝起细微，不修文学，初即位时，二三大臣，皆有布衣昆弟之心，相与轻蔑之。迨朝仪既定，乃上下有礼，无敢逾尺寸，"人心惟危"之理，可验于此矣。

深居而简出。

《管子·形势解》："人主，天下之有势者也。深居，则人畏其势；人主去其门而迫于民，则民轻之而傲其势。"

《春秋繁露·天地之行第七十八》："深居隐处，不见其体，所以为神也。"

高令而峻法。

《管子·霸言篇》："主尊臣卑，上威下敬，令行人服，理之至也。夫令不高不行，不抟不听。"

法不外乎赏罚，赏罚信则威立。

《管子·重令篇》："凡君国之重器，莫重于令。令重则君尊，君尊则国安；令轻则君卑，君卑则国危。故安国在乎尊君，尊君在乎行令，行令在乎严罚。罚严令行，百吏皆恐；罚不严，令不行，则百吏皆喜。故明君察于治民之本，本莫要于令。"

《韩非子·二柄篇》："明主之所导制其臣者，二柄而已矣。二柄者，刑德也。何谓刑德？曰：杀戮之谓刑，庆赏之谓德。为人臣者，畏诛罚而利庆赏，故人主自用其刑德，则群臣畏其威而归其利矣。"

《吕氏春秋·壹行篇》："强大未必王也，而王必强大。王者之所借以成也何？借其威与其利。非强大则其威不威，其利不利。其威不威，则不足以禁也；其利不利，则不足以劝也；故贤主必使其威利无敌。故以禁则必止，以劝则必为。"

按此诸家，皆言治民之本，在乎明法，法明而后主威可立。诸葛治蜀，赏罚必信，史称其循名责实，虚伪不齿。论者悉许其有法家精神。盖诸葛亦深有悟于不峻其法不足以为治耳。其后若唐之魏徵，宋之王安石，明之张居正，皆用是道。

徒恃法而不能得民，则威亦废矣。得民之道，宽恕纯厚，夫亦曰法天而已矣。

《管子·形势解》："人主，天下之有威者也。得民则威立，失民则威废。天之裁大，故能兼覆万物；地之裁大，故能兼载万物；人主之裁大，故容物多而众人得比焉。"

其接臣下也，则必正其衣冠，尊其瞻视。

徐幹《中论·法象篇》："夫法象立，所以为君子。法象者，莫先乎正容貌，慎威仪。是故先王之制礼也，为冕服采章以旌之，为佩玉鸣璜以声之。欲其尊也，欲其庄也，焉可懈慢也。夫容貌者，人之符表也。符表正，故情性治；情性治，故仁义存；仁义存，故盛德著；盛德著，故可以为法象；斯谓之君子矣。"按徐氏此言，深通乎为政临民之本。故仲尼论从政，宜尊五美；而以正其衣冠，尊其瞻视，俨然人望而畏之，谓为威而不猛（见《论语·尧曰篇》）。又言为天下国家有九经，乃举齐明盛服，非礼不动，以当修身之目（见《中庸》）。则夫衣冠动静之微，实有系乎为政临民之大。《管子》曰："衣冠不正，则宾者不肃；进退无仪，则政令不行；且怀且威，则君道备矣。"（《形势解》）此言足以尽之。否则无仪可象，处其下者相率慢易而不惮服。孟子见梁襄王，出语人曰："望之不似人君，就之而不见所畏焉。"轻之若此，而欲令行威立，岂可得耶？

肃其容貌，简其言辞。

按古人言上之接下，既已正衣冠，尊瞻视，而容貌庄肃矣。其问答之辞，又贵能简要也。唐人犹多知是理，刘洎尝论之曰："皇天以无言为贵，圣人以不言为德。老君称大辩若讷，庄生称至道无文，此皆不欲烦也。"（《谏诘难臣寮上言书》）李德裕亦曰："夫帝王与群言，不在援引古今，以饰雄辩，惟在简而当理。雄辩不足以服奸臣之心，惟能塞诤臣之口。昔田蚡请考功地益宅，武帝曰：'遂取武库。'卫将军言郭解家贫，又曰：'布衣权至使将军至此，其家不贫。'殷仲文言音乐好之自解，宋祖曰：'吾只恐解此。'此谓简而当理，足使奸臣夺心，邪人破胆矣。余历事六朝，弼谐二主，文宗辞皆文雅，而未尝骋辩；武宗言必简要，而不为文饰；皆得君人之量，能尽臣下之辞。"（《王言论》）若此诸论，皆所以发明人君不贵多言之理，意至明切。亦古者主术之一端也。

御之以气，结之以恩。

李德裕《英杰论》曰："帝王之任英杰，皆须御之以气，结之以恩，然后可使也。若不以英气折之，而宠以姑息，则骄不可任；若不以恩爱结之，而肃以礼貌，则怨不为用。驾御之术，惟汉祖尽之：黥布归汉，高祖方踞床洗，而召布入见。布大怒，悔来，欲自杀。出就舍张（音帐），饮食从官，如汉主居，布又喜过望。武帝踞厕见卫青，以大将军之贵，而隶人畜之，此不得不绝大漠而荡单允也。蜀先主与关羽、张飞同卧起，而稠人广坐，侍立终日，皆用此道，故能成功。夫御英杰，使猛将，与见道德之人，接方正之士，事不同也；不可以繁礼饰貌，浮词足言。宜乎洞开胸怀，令见肝肺，气慑其勇，恩结其心，虽踞洗召之，不为薄矣。禄山，夷狄之谲诈者也。非将门英豪，草莱奇杰，其战斗之气，击刺之材，去关、张远矣。天宝末，受专征之任，托不御之权，入朝赐宴，坐内殿西序鸡障之下，非其所据，果蓄异图，幽陵厉阶，至今为梗。盖恩甚骄盈，以至于此。傥以徒隶畜之，岂有斯恨？"按李氏盖心伤禄山为祸之烈，由于人主驭之不得其道，故援据史实，以成斯论。

如此，则不怒而威，不言而喻，君权立矣。非第人君然也，即在大臣，亦必以养其威重为先。故齐桓公解管仲之缚而相之，管仲曰："臣有宠矣，然而臣卑。"公曰："使子立高国之上。"管仲曰："臣贵矣，然而臣贫。"公曰："使子有三归之家。"管仲曰："臣富矣，然而臣疏。"于是立以为仲父。霄略曰："管仲以贱为不可以治国，故请高国之上；以贫为不可以治富，故请三归；以疏为不可以治亲，故处仲父。管仲非贪，以便治也。"（见《韩非子·难一》）墨子论治天下莫急于尚贤，而谓必为置三本。其言曰："爵位不高，则民不敬也；蓄禄不厚，则民不信也；政令不断，则民不畏也。故古圣王高予之爵，重予之禄，任之以事，断予之令，夫岂为其臣赐哉？欲其事之成也。"（《尚贤中》）观于墨子所言，与夫管仲所谓，理无二致，要在为大臣养其威重而已。必威重先立，而后能有所施为，斯乃治道之微权，又百王之所同。推原其本，则皆自"人心惟危"之理论引申而出者也。

第九，阐明"道心惟微"原理在南面术中之实际运用

驭下者之用心于人，固不厌其显；其用心于道也，则不厌其隐。《易》曰："显诸仁，藏诸用。"非此之谓乎！董仲舒曰："天高其位而下其施，藏其形而见其光。高其位，所以为尊也；下其施，所以为仁也；藏其形，所以为神；见其光，所以为明；故位尊而施仁，藏神而见光者，天之行也。故为人主者，法天之行。是故内深藏所以为神，外博观所以为明也。"（《春秋繁露·离合根第十八》）董生此言，得其本矣。惟人主法天之行，故君用天道，臣用人道。

《庄子·在宥篇》："无为而尊者，天道也；有为而累者，人道也。主者，天道也；臣者，人道也。"

君无为而臣有为。

《庄子·天道篇》："帝王之德，以天地为宗，以道德为主，以无为为常。无为也，则用天下而有余；有为也，则为天下用而不足；故古之人贵夫无为也。上无为也，下亦无为也，是下与上同德；下与上同德，则不臣。下有为也，上亦有为也，是上与下同道；上与下同道，则不主。上必无为而用天下，下必有为为天下用，此不易之道也。故古之王天下者，知虽落天地，不自虑也；辩虽凋万物，不自说也；能虽穷海内，不自为也；天不产而万物化，地不长而万物育，帝王无为而天下功。"

《韩非子·扬权篇》："物者有所宜，材者有所施，各处其宜，

故上下无为。使鸡司夜，令狸执鼠，皆用其能，上乃无事。上有所长，事乃不方；矜而好能，下之所欺；辩惠好生，下因其材；上下易用，国故不治。"

《韩非子·八经篇》："力不敌众，智不尽物；与其用一人，不如用一国；故智力敌而群物胜。揣中则私劳，不中则任过。下君尽己之能，中君尽人之力，上君尽人之智。"

《尹文子·大道上》："天下万物，不可备能。责其备能于一人，则贤圣其犹病诸！设一人能备天下之事能，左右前后之宜，远近迟疾之间，必有不兼者焉。苟有不兼，于治阙矣。全治而无阙者，大小多少，各当其分；农商工仕，不易其业；老农长商习工旧士，莫不存焉，则处上者何处哉。"

《吕氏春秋·君守篇》："天无形，而万物以成；至精无象，而万物以化；大圣无事，而千官尽能；此乃谓不教之教，无言之诏。"

《淮南子·原道篇》："圣人内修其本，而不外饰其末，保其精神，偃其智故，漠然无为而无不为也，澹然无治而无不治也。所谓无为者，不先物为也。所谓无不为者，因物之所为。所谓无治者，不易自然也。所谓无不治者，因物之相然也。"

君静而臣动。

《庄子·天道篇》："圣人之静也，非曰静也善，故静也；万物无足以铙心者，故静也。静则无为，无为也，则任事者责矣。"

《吕氏春秋·君守篇》："得道者必静，静者无知，知乃无知，可以言君道也。故曰：中欲不出，谓之扃；外欲不入谓之闭。既扃而又闭，天之用密，有准不以平，有绳不以正，天之大静，既静而又宁，可以为天下正。"

君要而臣详。

《庄子·天道篇》:"本在于上,末在于下;要在于主,详在于臣。"

《荀子·王霸篇》:"明主好要,而暗主好详。主好要则百事详,主好详则百事荒。"

《韩非子·扬权篇》:"毋失其要,乃为圣人。"

《吕氏春秋·勿躬篇》:"夫君人而知无恃其能、勇、力、诚、信,则近之矣。凡君也者,处平静,任德化,以听其要。"

《吕氏春秋·察贤篇》:"天下之贤主,岂必苦形愁虑哉!执其要而已矣。雪霜雨露时,则万物育矣;人民修矣;疾病妖厉去矣。故曰:'尧之容若委衣裘。'以言少事也。"

君之与臣也,譬诸自然,如天之与地。

《管子·任法篇》:"君臣者,天地之位也。民者,众物之象也。各立其所职以待君令,群臣百姓,安得各用其心而立私乎?"

比于形状,如圆之与方。

《管子·君臣下》:"心道进退,而刑道滔赶。进退者主制,滔赶者主劳。主劳者方,主制者圆。圆者运,运者通,通则和;方者执,执者固,固则信。君以利和,臣以节信,则上下无邪矣。故曰:君人者制仁,臣人者守信,此言上下之礼也。"(按:刑即形字之讹。此处心以喻君,而形以喻臣也。)

《吕氏春秋·圜道篇》:"天道圜,地道方,圣王法之,所以立上下。何以说天道之圜也?精气一上一下,圜周复杂,无所稽留,故曰天道圜。何以说地道之方也？万物殊类殊形，皆有分职，不能相为，故曰地道方。主执圜，臣处方。方圜不易，其国乃昌。"

拟之于身，如心之于体。

《管子·君臣下》："君之在国都也，若心之在身体也。"

《管子·心术上》："心之在体，君之位也；九窍之有职，官之分也。心处其道，九窍循理。嗜欲充益，目不见色，耳不闻声，故曰：上离其道，下失其事。毋代马走，使尽其力；毋代鸟飞，使弊其羽翼。毋先物动，以观其则。动则失位，静乃自得。"

《管子·九守篇》："心不为九窍，九窍治；君不为五官，五官治。为善者，君予之赏；为非者，君予之罚。君因其所以来，因而予之，则不劳矣。"

《淮南子·缪称篇》："主者，国之心。心治，则百节皆安；心扰，则百节皆乱。故其心治者，支体相遗也；其国治者，君臣相忘也。"

喻之于物，如毂之于辐。

《老子》第十一章："三十辐共一毂，当其无、有车之用。"

《文子·上德篇》："三十辐共一毂，各直一凿，不得相入，犹人臣各守其职也。"

《淮南子·主术篇》："志欲大者，兼包万国，一齐殊俗，并覆百姓，若合一族，是非辐凑，而为之毂。"高诱注："毂以喻王。"

《淮南子·齐俗篇》："通于道者，如车轴。不运于己，而与毂致千里，转无穷之原也。"

按旧义皆以毂辐喻君臣。故《老子》三十九章："侯王自谓孤寡不穀。"《河上本》作穀。注云："不穀，不为辐所凑也。"亦用古训。

方之于天，如北辰之于列宿。

《论语·为政篇》："子曰：'为政以德，譬如北辰，居其所而众星共之。'"郑玄注："德，无为。"

象之于位，如中央之于四方。

《韩非子·扬权篇》："事在四方，要在中央。圣人执要。四方来效，虚而待之，彼自以之。"

是以上下异道则治，同道则乱也。

《淮南子·主术篇》："主道员者，运转而无端，化育如神，虚无因循，常后而不先也。臣道员者，运转而无方，论是而处当，为事先倡，守职分明，以立成功也。是故君臣异道则治，同道则乱。"

人主法天地之无不覆载，故百姓归之。

《韩非子·大体篇》："上不天，则下不遍覆；心不地，则物不毕载。太山不立好恶，故能成其高；江海不择小助，故能成其富。故大人寄形于天地，而万物备；历心于山海，而国家富。"

如鬼神之不可测度，故群下畏之。

《韩非子·扬权篇》:"主上不神,下将有因。其事不当,下考其常。若天若地,是谓累解;若地若天,孰疏孰亲。能象天地,是谓圣人。主失其神,虎随其后;主上不知,虎将为狗。"

《韩非子·八经篇》:"明主之行制也天,其用人也鬼。天则不非,鬼则不困。"

《大戴礼记·少间篇》:"孔子曰:'天子昭有神于天地之间,以示威于天下也。'"

不可测度者,周之谓也。

《管子·枢言篇》:"周者,不出于口,不见于色,一龙一蛇,一日五化之谓周。"

《管子·内业篇》:"凡道必周,必密,必宽,必舒,必坚,必固。"

《管子·九守篇》:"人主不可不周。人主不周,则群臣下乱。寂乎其无端也。外内不通,安知所怨。关闭不开,善否无原。"

《韩非子·八经篇》:"明主其务在周密。是以喜见则德偿,怒见则威分。故明主之言,隔塞而不通,周密而不见。"

所谓周者,掩其聪明,偃其智故。

《管子·九守篇》:"目贵明,耳贵聪,心贵智。以天下之目视,则无不见也;以天下之耳听,则无不闻也;以天下之心虑,则无不知也;辐凑并进,则明不塞矣。"

《韩非子·奸劫弑臣篇》:"人主者,非目若离娄乃为明也,非耳若师旷乃为聪也,不任其数,而待目以为明,所见者少矣,非不蔽之术也。不因其势,而待耳以为聪,所闻者寡矣,非不欺之道也。明主者，使天下不得不为己视，使天下不得不为己听。故身在深宫之中，而明照四海之内，而天下弗能蔽，弗能欺者，何也？暗乱之道废，而聪明之势兴也。故善任势者国安，不知因其势者国危。"

《韩非子·解老篇》："视强，则目不明；听甚，则耳不聪；思虑过度，则智识乱。目不明，则不能决黑白之分；耳不聪，则不能别清浊之声；智识乱，则不能审得失之地。书之所谓治人者，适动静之节，省思虑之费也。"

《韩非子·定法篇》："人主以一国目视，故视莫明焉；以一国耳听，故听莫聪焉。"

不先言。

《管子·九守篇》："听之术，曰：勿望而距，勿望而许。许之则失守，距之则闭塞。高山仰之，不可极也；深渊度之，不可测也；神明之德，正静其极也。"

《韩非子·扬权篇》："听言之道，溶若甚醉。唇乎齿乎，吾不为始乎！齿乎唇乎，愈惛惛乎！"

《韩非子·解老篇》："议于大庭而后言，则立权议之士知之矣。故欲成方圆，而随其规矩，则万事之功形矣。而万物莫不有规矩，议言之士，计会规矩也。圣人尽随于万物之规矩，故曰：不敢为天下先。不敢为天下先，则事无不事，功无不功，而议必盖世。欲无处大官，其可得乎？"

《吕氏春秋·审应篇》："人主出声应容，不可不审。凡主有识，言不欲先。人唱我和，人先我随。以其出，为之入；以其言，为之名。取其实以责其名，则说者不敢妄言，而人主之所执其要矣。"

不先动。

《老子》第七章:"天长地久。天地所以能长久者,以其不自生,故能长生。是以圣人后其身而身先,外其身而身存。非以其无私邪!故能成其私。"

《老子》第六十七章:"我有三宝,持而保之。一曰慈,二曰俭,三曰不敢为天下先。"

好恶藏于内。

《管子·霸言篇》:"圣人畏微,而愚人畏明。圣人之憎恶也内,愚人之憎恶也外。"

《韩非子·二柄篇》:"人主好贤,则群臣饰行以要君欲,则是群臣之情不效。群臣之情不效,则人主无以异其臣矣。故越王好勇,而民多轻死;楚灵王好细腰,而国中多饿人;齐桓公妒而好内,故竖刁自宫以治内;桓公好味,易牙蒸其子首而进之;燕子哙好贤,故子之明不受国。故君见恶,则群臣匿端;君见好,则群臣诬能;人主欲见,则群臣之情态得其资矣。故子之托于贤以夺其君者也;竖刁、易牙,因君之欲以侵其君者也。其卒子哙以乱死,桓公虫流出户而不葬。此其故何也?人君以情借臣之患也。人臣之情,非必能爱其君也,为重利之故也。今人主不掩其情,不匿其端,而使人臣有缘以侵其主,则群臣为子之、田常不难矣。故曰:'去好去恶,群臣见素。'群臣见素,则大君不蔽矣。"

《韩非子·主道篇》:"君无见其所欲。君见其所欲,臣将自雕琢。君无见其意。君见其意,臣将自表异。故曰:'去好去恶,臣乃见素;去旧去智,臣乃自备。'"

因循应于外。

> 《管子·心术上》:"有道之君,其处也若无知;其应物也若偶之;静因之道也。"
>
> 《吕氏春秋·知度篇》:"有道之主,因而不为,责而不诏。去想去意,静虚以待。不伐之言,不夺之事。督名审实,官复自司。以不知为道,以奈何为宝。"
>
> 《太史公自序·论六家要指》:"道家无为,又曰无不为。其实易行,其辞难知。其术以虚无为本,以因循为用。无成势,无常形,故能究万物之情。不为物先,不为物后,故能为万物主。有法无法,因时为业;有度无度,因物与合。故曰:'圣人不朽,时变是守。'虚者,道之常也;因者,君之纲也。群臣并至,使各自明也。"

独明独断,而不与臣共。

> 《管子·霸言篇》:"权者,神圣之所资也;独明者,天下之利器也;独断者,微密之营垒也;此三者,圣人之所则也。"

是以群下竦惧,咸效其忠,夫是之谓君道。

> 《淮南子·要略篇》:"主术者,君人之事也。所以因作任督责,使群臣各尽其能也。明摄权操柄以制臣下,提名责实,考之参伍,所以使人主秉数持要,不妄喜怒也。其数直施而正邪,外私而立公,使百官条达而辐凑,各务其业,人致其功,此主术之明也。"

道者,虚物也。得其人则存,不得其人则废。故管子曰:"道也者,万物之要也。为人君者，执要而待之；则下虽有奸伪之心，不敢杀也。夫道者虚设，其人在则通，其人亡则塞者也。"（《君臣上》）又曰："大道可安而不可说。"（《心术上》）庄生亦曰："夫道有情有信，无为无形。可传而不可受，可得而不可见。"（《大宗师》）盖其精微之所至，初未可以口舌传也，神而明之，存乎其人。

第十，阐明庄子所称"内圣外王"亦即危微之旨

世之伪托理学以相标榜者，恒曰："内圣外王。"试执其人叩以斯言之本义，茫然不知所答。又或依附后世之说，而强为之辞，去古人原意，盖不知几千万里也。考此四字，始见于《庄子·天下篇》。庄周之学，与孔、孟异趣，则其所谓"圣"若"王"，自非儒门之所谓"圣"所谓"王"也。周尝作《渔父》《盗跖》《胠箧》，以诋訾孔子之徒，以明老子之术（《史记》列传语）。《天下篇》综论治方术者多家，而独不及仲尼，盖久已土苴视之，其言之不能强同也，固宜。后人不解斯理，必说"内圣"为圣贤之圣，"外王"为霸王之王，岂不过甚矣哉！《天下篇》曰："神何由降？明何由出？圣有所生，王有所成，皆原于一。"此问答之辞也。问者以神明分设，答辞以圣王并举，然则圣王之与神明，同义而殊称耳。（圣与神双声，王与明叠韵。古声韵本同，故通用无嫌。）董生有言："人主法天之行，内深藏所以为神，外博观所以为明。"（《春秋繁露·离合根第十八》）可知神明者，固君人南面之术也。盖圣者，通也；道也。王者，大也；明也。君人者，掩其聪明，深藏而不可测，此之谓"内圣"。《管子》曰："藏于胸中，谓之圣人。"（《内业篇》）《淮南》亦曰："圣人内藏，不为物先倡。"（《诠言篇》）皆是意耳。显其度数，尊高而不可逾，此之谓"外王"。《吕览》曰："王也者，势也；王也者，势无敌也；势有敌，则王者废矣。"（《慎势篇》）又曰："强大未必王也，而王必强大。"（《壹大篇》）皆是意耳。善夫韩非之言曰：

"人主之大物，非法则术也。法者，编著之图籍，设之于官府，而布之于百姓者也。术者，藏之于胸中，以偶众端，而潜御群臣者也。故法莫如显，而术不欲见。"（《韩非子·难三》）古者君道之经，不越于斯数语矣。盖就其本体言，则曰法，曰术；就其布施言，曰显，曰藏（《易》曰："显诸仁，藏诸用。"）；或曰神，曰明；就其德象言，曰圣，曰王；就其运用之妙言，则曰危，曰微。实一物而殊名，因所施而立号耳。呜呼！自老子始言"绝圣"，实为君道而发，后世莫究根原，相与诋斥不休，而不知庄生言"内圣"，亦引申老子之意，以明道术之本。反强傅会儒家之义以推衍之，宁有当乎！抑老子又言域中四大，而王居其一，斯又庄生"外王"之旨所从出，所谓"道德之论，譬犹日月不可移易"者也。自周衰百家竞兴，异论纷起，虽皆务为治，悉有得于道德之意。然但各得一体，不该不遍，于是"内圣外王"之道，暗然莫明。此庄生所为深慨后世学者不幸不见天地之纯，古人之大体，道术将为天下裂也。庄生能知之矣，而后人不能心知其意，转从而曲说谬解，以失古意之真，故今为详辨之。

道论足征记[①]

余既博稽周秦诸子,为《危微论》以明古者君道之要,意欲取周秦人之见,还之周秦。俾世之治故书雅记者,无复以后人之所谓"道",上衡周秦人之所谓"道"。周秦人之所谓"道",无虑皆为君道而发。非特道德之论,悉所以阐明"无为"之旨,即所揭櫫"人心道心""内圣外王"诸语,亦无非古者君人南面之术耳。苟能平心静气,以直求之古人辞言之情,而不杂以后起傅会之义,则二千余年前先民立说之真谛,庶在此而不在彼也。复思经传子史,下逮唐以前儒先之论,足以发明斯旨而未录入《危微论》者犹多。因以暇日稍加综治,择取其尤为切要者,表而出之。亦窃附己意,为商定焉。分条甄述,不殊札记之体,颜曰《道论足征记》,聊以缀缉遗义,补《危微论》之所未备云。一九四五年四月十五日张舜徽记。

《说文·口部》:"君,尊也。从尹;发号,故从口。𠈷,古文,象君坐形。"按君之为言威也。丱部莙下云:"读若威。"是君、威古声通。君之得训为尊,盖受义于威。因之一切有威而能发号之人,古代皆以君称之。故子称父母曰君;妇称舅姑曰君;妾称其夫为男君,称夫之嫡妻为女君;子称父之嫡妻曰君母;妻称其夫曰君子;皆是义也。考古者君有威义,实起于土地占有之制。《仪礼·丧服传》已云:"君谓有地者

[①] 本文选自《周秦道论发微》,中华书局1982年版。——编者

也。"而郑玄注《丧服传》"为君斩衰",亦云:"天子诸侯及卿大夫有地者,皆曰君。"可知古人已不啻明言"君"之得义,乃专指占有土地者言也。古代占有土地者,即有财产支配权;有财产支配权,即有统治权。故"君"字之引申义,遂为一切统治者之称矣。《易》称:"家人有严君焉,父母之谓也。"主家政者之得谓为君,犹主国政者之称君耳。古者国君临政,主于任人而不任智,无为而无不为。故若有所不见,有所不闻。推之古之言治家者,亦通于斯理。《慎子》尝引谚云:"不瞽不聋,不能为公。"(见《太平御览》引)《释名·释首饰》引里语曰:"不喑不聋,不成姑公。"(见瑱字条)皆此意也。

《史记·孟荀列传》称:"慎到,赵人。学黄老道德之术,故著十二论。"《汉书·艺文志》法家,著录《慎子》四十二篇。而其书代有散佚,至王应麟作《汉志考证》,已云:"今三十七篇亡,惟有《威德》《因循》《民杂》《德立》《君人》五篇。"则其书残缺已甚,自宋以来然矣。今以所存诸篇观之,文辞短简,似由后人缀辑而成,非《慎子》之旧。然其行文朴厚,固非汉以后人所能为,无疑也。观其论及君人南面之术,有曰:"君臣之道,臣事事而君无事,君逸乐而臣任劳。臣尽智力以善其事,而君无与焉,仰成而已。故事无不治,治之正道然也。人君自任,而务为善以先下,则是代下负任蒙劳也,臣反逸矣。故曰:君人者好为善以先下,则下不敢与君争为善以先君矣。皆私其所知,以自覆掩。有过,则臣反责君,逆乱之道也。君之智,未必最贤于众也。以未最贤而欲以善尽被下,则不赡矣。若使君之智最贤,以一君而尽赡下则劳,劳则有倦,倦则衰,衰则复反于不赡之道也。是以人君自任而躬事,则臣不事事,是君臣易位也。谓之倒逆,倒逆则乱矣。人君苟任臣而勿自躬,则臣皆事事矣。是君臣之顺,治乱之分,不可不察也。"(《民杂篇》)此与《管子》所云"上之人明其道,下之人守其职。上下之分不同任,而复合为一体"(《君臣上》);《韩非》所云"道不同于万物,君不同于群臣"(《扬权》);《淮南》所云"君臣异道则治,同道则乱"(《主术》),若合符契。而剖析入理,视诸家尤为详尽。学者苟能孰复其言,则于道家无为之旨,必有悟入矣。

《尚书》载虞廷之歌曰:"元首明哉!股肱良哉!庶事康哉!"又歌曰:"元首丛脞哉!股肱惰哉!万事堕哉!"伪《孔传》云:"丛脞,细碎无大略。君如此,则臣懈惰,万事堕废,其功不成。歌以申戒。"按此言人君但当主持大纲;而不必躬亲庶务,何等明切!乃无为之宏旨也。非特元首宜尔,即为大官者,亦必如此。《中庸》曰:"官盛任使,所以劝大臣也。"郑君《注》云:"官盛任使,大臣皆有属官可任使,不亲小事也。"郑《注》发明旧义,至为精谛。盖任大官者,属僚甚众,自当以君道临之耳。《论语》称"为政以德"。郑君解之云:"德者,无为也。"足与斯义相发明。

《诗·大雅·皇矣篇》:"帝谓文王,予怀明德,不大声以色,不长夏以革。不识不知,顺帝之则。"末二语,尤为君道之纲。不识不知,谓聪明内藏;顺帝之则,谓法天之无为耳。至于不大声色,则《中庸》已申其旨曰:"声色之于以化民,末也。上天之载,无声无臭,至矣。"《中庸》又言:"博厚配地,高明配天,悠久无疆。如此者,不见而章,不动而变,无为而成。"皆与《老子》所云"道法自然",无勿同者。《庄子·天地篇》曰:"古之君天下,无为也。天德而已矣。"亦即斯旨。

道家言主术,归于清静无为。其大用有二:一则存于人君,虚心弱志,不为物先倡,是也。一则施之天下,简政省事,我好静而民自正,是也。《老子》于二者,皆有所发明。所谓"不尚贤","不贵难得之货","绝圣弃智",皆就简政省事而言耳。《诗·桧风·匪风篇》:"谁能亨鱼,溉之釜鬵。"毛《传》云:"亨鱼烦则碎,治民烦则散。知亨鱼,则知治民矣。"孔《疏》云:"亨鱼治民,俱不欲烦。知亨鱼之道,则知治民之道。言治民贵安静。"毛、孔二家之言,用以笺注《老子》"治大国若烹小鲜"一语,殆无漏义。孰谓儒书不通于道乎?《韩非·解老篇》云:"事大众而数摇之,则少成功;藏大器而数徙之,则多败伤;烹小鲜而数挠之，则贼其泽；治大国而数变法，则民苦之。是以有道之君，贵虚静而重变法。故曰：'治大国者若烹小鲜。'"《韩非》此解，虽甚精核，似犹不逮毛《传》之简要也。《淮南·齐俗篇》曰："治国之道，上无苛令，官无烦治，士无伪行，工无淫巧。其事经而不扰，其器完而不饰。"实自《老子》之义推演而出。

《吕氏春秋·任数篇》曰："去听无以闻，则聪；去视无以见，则明；去智无以知，则公。去三者不任，则治。三者任，则乱。以此言耳目心智之不足恃也。"《吕览》此言，乃明古之君人者，必有所不见，有所不闻。己之聪明不足恃，而必任人之才以为己用。征之古初人君之所服，而知斯意固有寓诸器用者矣。《大戴礼记·子张问入官篇》曰："古者冕而前旒，所以蔽明也；黈纩塞耳，所以掩聪也。"《淮南·主术篇》亦有此语，则其说由来旧矣。《文选·东京赋》："夫君人者，黈纩塞耳。"薛《注》云："黈纩，言以黄绵大如丸，悬冠两边当耳，不欲妄闻不急之言也。"按古者人君必蔽明塞聪，乃原于清虚自守之意。《白虎通义》必谓"垂旒者，示不视邪；纩塞耳，示不听谗"；则所见甚陋，非所以推明先民因物寓教之意也。

天圆地方之义，始发于《大戴礼记·曾子天圆篇》，观曾参答单居离之问曰："天道曰圆，地道曰方，如诚天圆而地方，则是四角之不掩也。"卢辩《注》云："道曰方圆耳，非形也。"卢氏此注，最为精谛。后之治天文历法者，率好取近世地圆之说以傅会之，失其本旨矣。《管子》曰："君臣者，天地之位也。"（《任法篇》）又曰："主劳者方，主制者圆。圆者运，运者通，通则和。方者执，执者固，固则信。君以利和，臣以节信，则上下无邪矣。"（《君臣下》）是以古之言南面术者，称及君道，直曰天道，或曰圆道。故《庄子》之《天道篇》、《吕览》之《圜道篇》，与《荀子》之《君道篇》、《韩非》之《主道篇》，所言皆同，乃一物而异名耳。《吕氏春秋·圜道篇》尝发其旨曰："天道圜，地道方。圣王法之，所以立上下。何以说天道之圜也？精气一上一下，圜周复杂，无所稽留，故曰天道圜。何以说地道之方也？万物殊类殊形，皆有分职，不能相为，故曰地道方。主执圜，臣处方。方圜不易，其国乃昌。"观此所论，可知天道圆，地道方，古人实以喻君臣之异理，非他说所得傅会，固明甚。

先秦诸子之学，皆前有所承。故《庄子·天下篇》叙述诸子源流，每云古之道术有在于是者，某某闻其风而说之。则百家之说，悉非所自创，亦明矣。道论之兴，其于夏殷之世乎！盖必君臣之分既立，而斯论始有所傅。其不起于夏以前，无疑也（中国历史，至夏代始进入阶级社会）。顾夏殷之世，虽道论已萌芽，初但口耳相传，至周末诸子，各述所闻，始著之竹帛耳。其说既大行于汉初，为道者必高远其所从来，乃上托之黄帝，因名之曰黄帝老子之学。于是黄老二字连称，亦常见于《太史公书》。抑太史公尝称"百家言黄帝，其文不雅驯，荐绅先生难言之"。则史迁非不知后世托古之未足据也。特以黄老之名，时俗流行已久，因沿用不改耳。观其论及六家要旨，但称道家立俗施事，无所不宜，而不言出自黄帝，可以窥其意趣矣。

百家言主术，同归于执本秉要，清虚自守，《管》《晏》《申》《商》《老》《庄》《荀》《韩》诸书，及《吕览》《淮南》所陈，固无论矣。即孔、墨之说，亦无以异于是也。《论语》曰："为政以德，譬如北辰，居其所而众星拱之。"又曰："无为而治者，其舜也与！夫何为哉？恭己正南面而已矣。"可知仲尼论及人君南面之术，实亦源于道德之意。《墨子·所染篇》，既发善为君者，劳于论人，而佚于治官之旨矣。而《亲士篇》有曰："今有五锥，此其铦，铦者必先挫。有五刀，此其错，错者必先靡。是以甘井近竭，招木近伐，灵龟近灼，神蛇近暴。是故比干之殪，其抗也；孟贲之杀，其勇也；西施之沉，其美也；吴起之裂，其事也。故彼人者，寡不死其所长，故曰：太盛难守也。"又曰："天地不昭昭，大水不潦潦，大火不燎燎，王德不尧尧。"此二段议论，皆言人君宜以卑弱自处，意至明白。必如此而后能亲士，故于《亲士篇》发之。汪中《墨子序》乃谓此篇错入道家言二条，与前后不类，欲出而附之篇末，岂不悖哉！

《史记》称李斯从荀卿学帝王之术。所谓帝王之术，即道德之论也（汉人省称道论）。《淮南子·齐俗篇》曰："道德之论，譬犹日月也。江南河北，不能易其指；驰骛千里，不能易其处。"大抵古之有志用世，俗游说以干时君者，胥必明于斯道。荀卿生于周末，最为老师。于道德之论，素所讲求。今观《君道》《王霸》诸篇所言，至明切矣。李斯从之学是术，既有成；然后西入秦以跻通显。观其对二世问，有曰："夫不能修申韩之明术，行督责之道，专以天下自适也。而徒务苦形劳神，以身殉百姓，则是黔首之役，非畜天下者也。何足贵哉？夫以人殉己，则己贵而人贱；以己殉人，则己贱而人贵。故殉人者贱，而人所殉者贵。自古及今，未有不然者也。"又曰："明君独断，故权不在臣也。然后能灭仁义之涂，掩驰说之口，困烈士之行。塞聪掩明，内独视听，故外不可倾以仁义烈士之行，而内不可夺以谏说忿争之辩。故能荦然独行恣睢之心，而莫之敢逆。"（均见《史记·李斯列传》）斯之此论，虽大张申、韩之术，实亦原于道德之意。太史公取老、庄、申、韩同列一传，其旨深矣。

余既考定"人心惟危"乃人君御下之术，非特高令峻法，使人畏惮而已。即宫室之营造，制度之等差，亦莫不寓有立威厚势之意焉。汉初道德之论盛行，故言治者多明斯旨。萧何治未央宫，立东阙、北阙、前殿、武库、太仓。高帝见其壮丽，甚怒，谓何曰："天下匈匈，劳苦数岁，成败未可知，是何治宫室过度也？"何曰："天下方未定，故可因以就宫室。且夫天子以四海为家，非令壮丽，亡以重威；且亡令后世有以加也。"（见《汉书·高帝纪》）使萧何而不精于帝王之术，其能为此言乎？贾谊上疏文帝陈政事，有曰："人主之尊，譬如堂；群臣如陛，众庶如地。故陛九级上，廉远地，则堂高。陛亡级，廉近地，则堂卑。高者难攀，卑者易陵，理势然也。故古者圣王制为等列，内有公、卿、大夫、士；外有公、侯、伯、子、男。然后有官师小吏，延及庶人，等级分明。而天子加焉，故其尊不可及也。"（见《汉书·贾谊传》）贾生此论，亦通于道论之要矣。自古帝王必侈营宫室，多立等差，皆所以为南面养威地耳。盖其用心于人，务欲使之慑于威，伏于势，以便于一己之控驭。惟危之效，亦以斯为大焉。

《汉书·晁错传》载错上书言皇太子宜知术数一文，于古治道之要，敷陈至精。观所云"人主知所以临制臣下，而治其众，则群臣畏服矣。知所以听言受事，则不欺蔽矣。知所以安利万民，则海内必从矣"。皆非洞明道德之意，不足以语此。独忠孝事上一节，则第就为太子者言之耳。余尝谓西汉诸儒，无虑皆达治道之本，验于斯而益信。

刘向尝称董仲舒有王佐之材，虽伊吕无以加（见《汉书·董仲舒传》赞）。盖向有见于仲舒深通帝王之术，足以辅世主以临驭天下，其所操术，固不在伊尹太公下也。今读《春秋繁露》，所以发明帝王之术者，明切甚矣。而《离合根》《立元神》《保位权》三篇，几于字字珠玑，悉道论之精英也。其言有曰："天高其位而下其施，藏其形而见其光。高其位，所以为尊也；下其施，所以为仁也；藏其形，所以为神；见其光，所以为明。故位尊而施仁，藏神而见光者，天之行也。故为人主者，法天之行。是故内深藏，所以为神；外博观，所以为明也。任群贤，所以为受成；乃不自劳于事，所以为尊也。泛爱群生，不以喜怒赏罚，所以为仁也。故为人主者，以无为为道，以不私为宝。立无为之位，而乘备具之官。足不自动，而相者导进；口不自言，而摈者赞辞；心不自虑，而群臣效当。故莫见其为之，而功成矣。此人主所以法天之行也。"（《离合根第十八》）又曰："为人君者，其要贵神。神者，不可得而视也；不可得而听也。是故视而不见其形，听而不闻其声。声之不闻，故莫得其响；不见其形，故莫得其影。莫得其影，则无以曲直也；莫得其响，则无以清浊也。无以曲直，则其功不可得而败；无以清浊，则其名不可得而度也。所谓不见其形者，非不见其进止之形也；言其所以进止，不可得而见也。所谓不闻其声者，非不闻其号令之声也；言其所以号令，不可得而闻也。不见不闻，是谓冥昏。能冥则明，能昏则彰。能冥能昏，是谓神人。"（《立元神第十九》）又曰："为人君者，居无为之位，行不言之教。寂而无声，静而无形。执一无端，为国源泉。因国以为身，因臣以为心。以臣言为声，以臣事为形。有声必有响，有形必有影。声出于内，响报于外。形立于上，影应于下。响有清浊，影有曲直。响所报，非一声也；影所应，非一形也。故为君虚心静处，聪听其响，明视其影，以行赏罚之象。其行赏罚也，响清则生清者荣，响浊则生浊者辱。影正则生正者进，影枉则生枉者绌。揽名考质，以参其实。赏不空行，罚不虚出。是以群臣分职而治，各敬而事，争进其功，显广其名，而人君得载其中，此自然致力之术也。圣人由之，故功出于臣，名归于君也。"（《保位权第二十》）若此诸论，非治帝王之术而确有所得者，何足以知之乎？《汉书·艺文志》道家，著录《伊尹》五十一篇，《太公》二百三十七篇，盖伊尹、吕望之书，乃道论之源泉，故叙次道家者，以弁其首。刘向取仲舒侪诸伊吕，实以其于道论造诣至深，不让古人耳。向子歆不达斯旨，遽加驳难，岂有当哉？（歆驳难之辞，亦见《汉书·董仲舒传赞》引。）

司马谈尝习道论于黄子，故其学亦不醇于儒，而尤精通帝王之术。观其《论六家要指》，反复赞叹道家"使人精神专一，动合无形，赡足万物，指约易操，事少功多"。又谓"儒者以为人主天下之仪表，主倡臣和，主先臣随。如此，则主劳而臣逸"。此皆第就君道一端立说，意谓言及人君南面之术，则道家为巧，而儒者为拙耳。班氏彪、固父子乃病其论大道先黄、老而后六经，相与讥短不休，夫亦未达司马氏论述之本旨矣。余尝谓欲窥道家无为之真谛，首必研精太史公《论六家要指》一篇大义，此乃百家之辖辕，道论之梯梁。学者能由此入门，以上探管、商、老、庄、韩、吕之书，则于先秦人之所谓道，庶有得也。

刘向之父德，史称其少修黄老术，有智略（见《汉书·楚元王传》)。然则向深通道论之要,亦实承其家学耳。向之言曰:"道家者,秉要执本,清虚无为。及其持身接物,务崇不竞,合于六经。"(《列子叙录》)此与《汉书·艺文志》所云:"道家者流,盖出于史官。历记成败、存亡、祸福、古今之道,然后知秉要执本,清虚以自守,卑弱以自持,此君人南面之术也。合于尧之克攘,《易》之嗛嗛,一谦而四益,此其所长也。"语意全同,其必同出向手无疑。盖《汉志》以《七略》为底本,而《七略》之文,多存向之绪论,故二者密合无间如此。向于道家之学,可谓得其本柢矣。观向所为《说苑》二十篇,以君道冠首。开宗明义,即假晋平公与师旷问答之辞,以明人君清静无为之意,而他篇相互发明者,尤为繁夥。其言有曰:"水浊则鱼困,令苛则民乱,城峭则必崩,岸崃则必陁。故夫治国,譬若张琴,大弦急则小弦绝矣。故曰:急辔衔者,非千里御也。有声之声,不过百里;无声之声,延及四海。"(《说苑·政理篇》)若斯所论,达于致治之源,直入老聃之室矣。惜其所著《说老子》四篇,著录于《汉书·艺文志》而早亡,莫由尽窥其精蕴耳。

扬雄《法言》:"或问天。曰:'吾于天与!见无为之为矣。'或问雕刻众形者,匪天与?曰:'以其不雕刻也。如物刻而雕之,焉得力而给诸?老子之言道德,吾有取焉耳。及捶提仁义,绝灭礼学,吾无取焉耳。'"(《问道篇》)雄生于西京之末,习闻儒先绪论,故于老子之言无为,能心契而深许之。顾独以捐仁义、齐礼学为病,不悟此乃末流之弊,非道家之本旨。(晋李轨《法言注》曰:"老子之绝学,盖言至理之极,以明无为之本。"李氏此言,最为精谛。)《汉书·艺文志》论及道家,有曰:"及放者为之,则欲绝去礼学,兼弃仁义。"所谓放者,盖指庄周一流人。《太史公书》称庄子散道德放论,是其事也。大抵汉以上称黄老,本以清静无为,施之治国,故其效著。魏晋以来,始称老庄,专以旷达逍遥,托诸遗世,故其患大。方雄之时,虽论者未尝以老庄并举,而末流之弊已见,故不得不剧论之,盖亦所以警世矫偏也。

桓谭博学多通，遍习五经，皆诂训大义，不为章句。数从刘歆、扬雄辩析疑异，而意非毁俗儒，由是多见排抵（详《后汉书》本传）。盖谭在当时，自不失为魁杰之士，故其一生述造，亦多涉及治道。虽所著《新论》二十九篇，不传于世，然第就存于《群书治要》者观之，犹可考见其大较。《言体篇》规切时事，尤为详尽。以高帝为知大体，王翁（指王莽）为不明大体，此是何等见解。谭之学，盖又深于黄老者也。故《求辅篇》有曰："唯针艾方药者，已病之具也；非良医不能以愈人。材能德行者，治国之器也；非明君不能以立功。医无针药，可作为求买以行术伎，不须必自有也。君无材德，可选任明辅，不待必躬能也。由是察焉，则材能德行，国之针药也。其得立功效，乃在君辅。传曰：'得十良马，不如得一伯乐；得十利剑，不如得一欧冶。'多得善物，不如少得能知物。知物者之致善珍，珍益广，非特止于十也。"（《群书治要》卷四十四引）此种议论，重在任人而不任智，实原于道德之意，固非当时章句俗儒所逮知已。

王充《论衡》曰："至德纯渥之人，禀天气多，故能则天，自然无为。禀气薄少，不遵道德，不似天地，故曰不肖。不肖者，不似也。不似天地，不类圣贤，故有为也。天地为炉，造化为工。禀气不一，安能皆贤。贤之纯者，黄老是也。黄者，黄帝也。老者，老子也。黄老之操身恬澹，其治无为。正身共己，而阴阳自和。无心于为，而物自化。无意于生，而物自成。"又曰："天道无为，故春不为生，而夏不为长，秋不为成，冬不为藏。阳气自出，物自生长；阴气自起，物自成藏。汲井决陂，灌溉园田，物亦生长。霈然而雨，物之茎叶根垓；莫不洽濡。程量澍泽，孰与汲井决陂哉？故无为之为，大矣。本不求功，故其功立；本不求名，故其名成。沛然之雨，功名大矣。而天地不为也，气和而雨自集。"（均见《自然篇》）王氏论治，推本无为，而发明尽致。不啻为《老子》"道法自然"一语，作详细注解矣。

崔寔《政论》，仲长统亟称之，谓"凡为人主，宜写一通，置之坐侧"（语见《后汉书·崔寔传》）。可知其所敷陈，至为深远也。其言之存者，有曰："圣人能与世推移，而俗士苦不知变。以为结绳之约，可复理乱秦之绪；《干戚》之舞，足以解平城之围。夫熊经鸟伸，虽延历之术，非伤寒之理；呼吸吐纳，虽度纪之道，非续骨之膏。盖为国之法，有似理身。平则致养，疾则攻焉。夫刑罚者，治乱之药石也；德教者，兴平之粱肉也。夫以德教除残，是以粱肉理疾也；以刑罚理平，是以药石供养也。"（《后汉书》本传）此言刑罚德教，贵在因时布施，与物变化，而不可拘泥于一。亦即《韩非·五蠹篇》所云"不期修古，不法常可。论世之事，因为之备。世异则事异，事异则备变"之旨也。《淮南子·氾论篇》曰："圣人所由曰道，所为曰事。道犹金石，一调不更。事犹琴瑟，每弦改调。故法制礼义者，治人之具也；而非所以为治也。"斯言至为明晰，故古之言治者，莫不兼道与事而备论之。观寔论上下之分，有曰："三公，天子之股肱；掾属，则三公之喉舌。天子当恭己南面，于三公亦委策掾属，以答天子。"（《北堂书钞》六十八引）又曰："君以审令为明，臣以奉令为忠。故背制而行赏，谓之作福；背令而行罪，谓之作威。作威，则人畏之；作福，则人归之。夫威福者，人主之神器也。譬之操莫邪，执其柄，则人莫敢抗。失其柄，则还见害也。"（《太平御览》六百三十八引）若斯所言，则又由申韩以归本道德，得主术之弘纲矣。此与张衡上疏陈事所云："君以静唱，臣以动和。威自上出，不趣于下。"（见《后汉书·张衡传》）持论正同。从知东京诸儒，亦多通达治体。要言不烦，最为典核也。

　　阮瑀《文质论》有曰："盖闻日月丽天，可瞻而难附；群物著地，可见而易制。夫远不可识，文之观也；近而易察，质之用也。文虚质实，远疏近密。援之斯至，动之应疾。两仪通数，固无攸失。若乃阳春敷华，遇冲风而陨落；素叶变秋，既究物而定体。丽物若伪，丑器多牢。华璧易碎，金铁难陶。故言多方者，中难处也；术饶津者，要难求也；意弘博者，情难足也；性明察者，下难事也。通士以四奇高人，必有四难之忌。且少言辞者，政不烦也；寡知见者，物不扰也；专一道者，思不散也；混濛葭者，民不备也。质士以四短违人，必有四安之报。故曹参相齐，寄托狱市，欲令奸人有所容立。及为宰相，饮酒而已。"（节录《艺文类聚》廿二所引）以余籀绎斯论，实一篇绝妙政论，通于道德之意矣。汉末文士，而能具此识议，所谓凤鸣朝阳者也。

徐幹《中论》曰："人君之大患，莫大于详于小事而略于大道；察其近物而暗于远图。故自古及今，未有如此而不乱也。"（《务本篇》）徐氏所言详小略大、察近暗远之患，即所以申元首丛脞之戒。非于道论深造有得，孰能知之！

魏侍中刘廙所著《政论》五卷，虽早佚，然第就今存于《群书治要》者求之，固犹可窥其旨趣。其言有曰："君劳臣逸，上下易所。是一君为臣，而万臣为君也。以一臣而事万君，鲜不用矣。有不（旧校云"不"字恐衍）用人之名，而终为人所用也。是以明主慎之。不贵知所用于己，而贵知所用于人。能用人，故人无不为己用也。昔舜恭己正南面而已。天下不多皋陶、稷、契之数，而贵圣舜独治之功。故曰：为之者，不必名其功；获其业者，不必勤其身也。其舜之谓与！"（《任臣篇》）此论至卓，发明君臣异道之旨，最为精当。而无为二字之真谛，悉在是矣。

魏大司农桓范著《世要论》十二卷，始著录于《隋书·经籍志》。其书既早佚，而群籍征引，亦有称《政要论》者。考《群书治要》引此书，有《为君难》《臣不易》《政务》《节欲》《详刑》《兵要》《辨能》《尊嫡》《谏争》《决壅》《赞象》《铭诔》《序作》诸篇。可知其书所言，初不限于论政。《隋志》以"世要论"为书名，盖原题如是也。《为君难》一篇，极有理致。其言有曰："臣有立小忠以售大不忠，效小信以成大不信，可不虑之以诈乎？臣有貌厉而内荏，色取仁而行违，可不虑之以虚乎？臣有害同侪以专朝，塞下情以壅上，可不虑之以嫉乎？臣有进邪说以乱是，因似然以伤贤，可不虑之以奸乎？臣有因赏以恩（旧校云"恩"上恐有脱字），因罚以佐威，可不虑之以奸乎？（旧校云二"奸"字，疑有一误）臣有外显相荐，内阴相谋，事托公而实徇私，可不虑之以欺乎？臣有事左右以求进，托重臣以自结，可不虑之以伪乎？臣有和同以取谐，苟合以求荐，可不虑之以祸乎？臣有悦君意以求亲，悦主言以取容，可不虑之以佞乎？此九虑者，所以防恶也。臣有辞拙而意工，言逆而事顺，可不恕之以直乎？臣有朴骏而辞讷，外疏而内敏，可不恕之以质乎？臣有犯难以为士（旧校云"士"，疑当作"上"或"主"），离谤以为国，可不恕之以忠乎？臣有守正以逆众意，执法而违私志，可不恕之以公乎？臣有不曲己以求合，不耦世以取容，可不恕之以贞乎？臣有从侧陋而进显言，由卑贱而陈国事，可不恕之以难乎？臣有孤特而执节，分立而见毁，可不恕之以劲乎？此七恕者，所以进善接下之理也。"（节录《群书治要》卷四十七所引）此篇揭橥七恕、九虑，所谓元首明哉之事，无越于斯。而御臣之道，不俟旁求矣。不明于斯旨，而空言无为，则必流于庸暗，徒益其昏聩耳。此申韩之学，所以原于道德也欤！

刘劭《人物志》，论者徒目为辨材之书，而其实不尽于此也。观其立论有曰："主德者，聪明平淡，总达众材，而不以事自任者也。"（《流业篇》）又曰："凡偏材之人，皆一味之美，故长于办一官，而短于为一国。何者？夫一官之任，以一味协五味；一国之政，以无味和五味。"（《材能篇》）又曰："臣以自任为能，君以用人为能；臣以能言为能，君以能听为能；臣以能行为能，君以能赏罚为能。所能不同，故能君众材也。"（《材能篇》）此皆通于道论之要，达乎为政之本，岂第品鉴人物高下已哉！

"无为"二字，本人君南面之术。窃其义而趋于旷达清逸，以任天率真为一己放浪之资者，其始于何王乎！魏正始中，何晏、王弼，祖述老、庄立论，以为天地万物，皆以无为为本。无也者，开物成务，无往不存者也。阴阳恃以化生，万物恃以成形；贤者恃以成德，不肖恃以免身。故无之为用，无爵而贵矣（见《晋书·王衍传》）。盖自曹氏父子恣睢好杀，士大夫相率钳口不敢言天下事，观所云"贤者恃以成德，不肖恃以免身"，可知何王之傅会无为，亦自有不得已之苦心。竹林诸贤，闻风继起。若嵇康喜愠不形于色，阮籍未尝臧否人物，刘伶携酒出游，阮咸弦歌酣饮，意存远祸，岂徒然哉？于是老庄遂为玄谈之宗，无为乃成遁世之具。名士达官，翕然倾向。遗落世事，祖尚浮虚。视夫道家之所谓虚无、无为本为主术而发者，不啻背道而驰矣。

杜恕所著《体论》八篇，今存于《群书治要》者，犹六千余言。虽未标篇名，而大端以论治道者为最备。其言有曰："夫设官分职，君之体也；委任责成，君之体也；好谋无倦，君之体也；宽以得众，君之体也；含垢藏疾，君之体也；不动如山，君之体也；难知如渊，君之体也。君有君人之体，其臣畏而爱之，此文王所以戒百辟也。夫何法术之有哉？故善为政者，务在于择人而已。及其求人也，总其大略，不具其小善，则不失贤矣。故曰：记人之功，忘人之过，宜为君者也。人有厚德，无问其小节；人有大誉，无訾其小故。自古及今，未有能全其行者也。和氏之璧，不能无瑕；隋侯之珠，不能无纇。然天下宝之者，不以小故妨大美也。不以小故妨大美，故能成大功。夫成大功在己而已，何具之于人也。（中略）近观齐桓，中才之主耳。犹知劳于索人，逸于任之。不疑子纠之亲，不忘射钩之怨，荡然而委政焉，不已明乎！九合诸侯，壹匡天下，不已荣乎！一曰仲父，二曰仲父，不已优乎！孰与秦二世悬石程书，愈密愈乱；为之愈勤，而天下愈叛；至于弑死。以斯二者观之，优劣之相悬，存亡之相背，不亦昭昭乎？"又曰："夫君子欲政之速行，莫如以道御之也。皋繇喑而为大理，有不贵乎言也；师旷盲而为太宰，有不贵乎见也；唯神化之为贵。是故圣王冕而前旒，所以蔽明；黈纩充耳，所以掩聪也。"（均见《群书治要》卷四十八）凡此所言人君致治之本，在能任人而不任智，以及清虚自守之旨，皆剀切通明，深契道论之奥。

《吴志·步骘传》称黄武五年，权称尊号，拜骘骠骑将军，领冀州牧。时权太子登驻武昌，与骘书，论求贤之道。骘因上疏奖劝曰："臣闻人君不亲小事，百官有司，各任其职。故舜命九贤，则无所用心。弹五弦之琴，咏南风之诗，不下堂庙而天下治也。齐桓用管仲，被发载车。齐国既治，又致匡合。近汉高祖揽三杰，以兴帝业；西楚失雄俊，以丧成功。汲黯在朝，淮南寝谋；郅都守边，匈奴窜迹。故贤人所在，折冲万里。信国家之利器，崇替之所由也。方今王化未被于汉北，河洛之滨，尚有僭逆之丑，诚揽英雄拔俊任贤之时也。愿明太子重以经意，则天下幸甚。"（见本传）此疏虽甚短简，而发明人君任贤以臻无为之治，极有理致。

陆景《典语》有曰："天子所以立公卿大夫列士之官者，非但欲备员数设虚位而已也。以天下至广，庶事总猥，非一人之身所能周理，故分官别职，各守其位。事有大小，故官有尊卑；人有优劣，故爵有等级。三公者，帝王之所杖也。自非天下之俊德，当世之良材，即不得而处其任。处其任者，必荷其责；在其任者，必知所职。夫匡辅社稷，佐日扬光；协齐七政，宣化四方；此三公之职。笾豆之事，则有司存。大臣不亲细事，犹周鼎不调小味也。故《书》曰：'元首丛脞哉，股肱惰哉，庶事堕哉！'此之谓也。陈平曰：'宰相者，上佐天子，下理阴阳。外抚四夷诸侯，内亲附百姓。使卿大夫各得任其职也。'可谓知其任者也。"（《群书治要》卷四十八引）此言大臣不亲细事，实自《中庸》"官盛任使"之义推衍而出，合于道家之无为也。

《晋书·荀勖传》，称其时议省州郡县半吏以赴农功。勖议以为省吏不如省官，省官不如省事，省事不如清心。昔萧、曹相汉，载其清静致画一之歌，此清心之本也。汉文垂拱，几致刑措，此省事也。光武并合吏员。县官国邑，裁置十一，此省官也。魏太和中，遣王人四出，减天下吏员；正始中，亦并合郡县；此省吏也。今必欲求之于本，则宜以省事为先云云（详本传）。荀氏言致治之本，宜以省事为先；省事之要，在能清心。此即《老子》"我好静而民自正"之旨也，通于道德之蕴矣。

殷仲堪《天圣论》曰："天者，为万物之根本，冥然而不言。百姓生而不有其功，万物成而不疲其劳。圣者，承天之照，用天之业，圣宣其道者也。"（《初学记》十七引）斯言引申"道法自然"之意，至为简要。惟所用圣字，殆取顺义、循义、逊义，与常解殊。

南齐顾欢尝删撰老氏，献《治纲》一卷于朝。观其《上表》有曰："臣闻举网提纲，振裘持领。纲领既理，毛目自张。然则道德，纲也；物势，目也。上理其纲，则万机时序；下张其目，则庶官不旷。是以汤、武得势师道，则祚延；秦项忽道任势，则身戮。"（《南齐书》本传）此诚语简意赅，妙达治本。惜其所撰《治纲》，今不得见耳。

江淹《无为论》，乃以遁逸无闷、幽居永贞为"无为"。盖犹沿何、王之余波，以为旷达之依托。去道家无为之旨，不知其几千万里也。六朝文士，大抵宗奉佛理，其本无弊。必欲引老入佛，弊不可遏。学术升降之机，亦于斯可考见焉。其文既载《文集》，亦见《广弘明集》二十九下。

钟嵘上齐明帝书，谏亲细务曰："古者明君揆才颁政，量能授职。三公坐而论道，九卿作而成务，天子可恭己南面而已。"（《南史》本传）六朝文士亦复能解黄老之学，不绝如线，非可数觏。

历代帝王，以萧绎为最好学，而苦于不解治道。观《金楼子》论及诸子，有曰："道家虚无为本，因循为务。中原丧乱，实为此风。何、邓诛于前；裴、王灭于后；盖为此也。"（《立言篇九上》）此以魏晋南朝人之所谓道，上释周秦诸子之所谓道，譬犹以蠡测海，可闵也。其论又曰："世有习干戈者，贱乎俎豆；修儒行者，忽行武功。范宁以王弼比桀纣，谢混以简文方桀、献。李长有显武之论，文庄有废庄之说。余以为不然。余以孙、吴为营垒，以周、孔为冠带，以老庄为欢宴，以权实为稻粮，以卜筮为神明，以政治为手足。一围之木持千钧，五寸之楗制开阖，总之者明也。"（同上）即此，可知其临莅天下，固无以异于当时文士之所以涉世也。"以老庄为欢宴"一语，尤为浅薄。盖其于君人南面之术，概乎未之有闻，可验于斯矣。

后魏宗室任城王澄上表有曰："臣闻三季之弊，由于烦刑；火德之兴，在于三约。是以老聃云：'法令滋彰，盗贼多有。'又曰：'其政察察，其民缺缺。'又曰：'天网恢恢，疏而不漏。'是故欲求治本，莫若省事清心。昔汉文断狱四百，几致刑措，省事所致也。萧、曹为相，载其清静画一之歌，清心之本也。今欲求之于本，宜以省事为先。使在位群官，纂萧、曹之心，以毗圣化。如此，则上下相安，远近相信。百司不怠，事无愆失。岂宜扰世教以深文，烹小鲜以烦手哉？……又尚书职分，枢机出纳。昔魏明帝卒至尚书门，陈矫亢辞，帝惭而返。夫以万乘之重，非所宜行，犹屈一言，惭而回驾。群官百司，而可相乱乎？故陈平不知钱谷之数，丙吉不问僵道之死。当时以为达治，历代用为美谈。但宜各守其职，思不出位。洁己以励时，靖恭以致节。"（《魏书·任城王澄传》）此等奏议，洞达道本。前段陈省事清心之要，与荀勖所言，如出一口。后段明大官不必亲细事，与陆景所论，无勿同者。皆可谓识治之良才也。

后周王褒著《幼训》以诫诸子。其中有曰："儒家则尊卑等差，吉凶隆杀，君南面而臣北面，天地之义也。鼎俎奇而笾豆偶，阴阳之义也。道家则堕支体，黜聪明，弃义绝仁，离形去智。释氏之义，见苦断习，证灭循道，明因辨果，偶凡成圣。斯虽为教等差，而义归汲引。吾始乎幼学，及于知命，既崇周、孔之教，兼循老、释之谈。江左以来，斯业不坠。汝能修之，吾之志也。"（附见《梁书·王规传》）此文前以儒道并举，下取周、孔、老、释分列。可知牵佛附老，在南北朝时通行已久。至所称道家堕支体云云，则又误以道教为道家矣。

隋薛道衡所撰《老氏碑》，有曰："用之治身，则神清志静；用之治国，则反朴还淳。"（见《文苑英华》八百四十八）此数语，不啻将道德五千言体用，概括靡遗。后之为老氏之学者，但取以治身，而道德之用遂隐，自庄周始也。悠悠千载，能深窥道德之原意者，益寥寥矣。知德者稀，良可慨也。

柳彧谏文帝亲裁细务疏曰："臣闻自古圣帝，莫过唐虞。象地则天，布政施化。不为丛脞，是谓钦明。语曰：'天何言哉？四时行焉。'故知人君出令，诫在烦数。是以舜任五臣，尧咨四岳，设官分职，各有司存。垂拱无为，天下以治。所谓劳于求贤，逸于任使。又云：'天子穆穆，诸侯皇皇。'此言君臣上下，体裁有别。比见四海一家，万机务广。事无大小，咸关圣听。陛下留心治道，无惮疲劳。亦由群官惧罪，不能自决。取判天旨，闻奏过多。乃至营造细小之事，出给轻微之物。一日之内，酬答百司。至乃日旰忘食，夜分未寝。动以文簿，忧劳圣躬。伏愿思臣至言，少减烦务。以怡神为意，以养性为怀。思武王安乐之义，念文王勤忧之理。若其经国大事，非臣下裁断者，伏愿详决。自余细务，责成所司。则圣体尽无疆之寿，臣下蒙覆育之赐也。"（《隋书·柳彧传》）此与后魏任城王澄所上表，辞意大同，俱道德五千言之笺说也。

唐太宗所以大过人者，在能以道家清静之旨施之政理耳。天下之生久矣，如值大寒暑大病苦之后，则惟诊治调息以养复其元，而未可施以肥酞胺削之剂。汉承嬴秦之敝，当生民大灾患、大恫瘝之时，故留侯师黄石，佐高祖约法三章，尽革苛政酷刑。曹相师盖公，辅齐汉，不扰狱市，不更法令，致文景刑措之治，此黄老清静之说，行之汉初而大效者也。唐初承隋之敝，犹汉之代秦也。惟太宗洞鉴于斯，故尝谓侍臣曰："往昔初平，京师宫中美女珍玩，无院不满。炀帝意犹不足，征求无已。兼东西征讨，穷兵黩武。百姓不堪，遂致亡灭。此皆朕所目见。故夙夜孜孜，惟欲清静，使天下无事。遂得徭役不兴，年谷丰稔，百姓安乐。夫治国犹如栽树，木根不摇，则枝叶茂荣。君能清静，百姓何得不安乐乎？"（见《贞观政要》卷一《论政体第二》）则其治国之道，与民休息而已矣。故其论治有曰："凡事皆须务本。国以人为本，人以衣食为本。凡营衣食，以不失时为本。夫不失时者，在人君简静乃可致耳。安人宁国，惟在于君。君无为，则人乐；君多欲，则人苦。朕所以抑情损欲，克己自励耳。"（《政要》卷八《论务农第三十》）又曰："国家法令，惟须简约。不可一罪作数种条。格式既多，官人不能尽记，更生奸诈。"（《政要》卷八《论赦令第三十二》）以此临民，民无有不治者。唐初开国之基，盖奠于斯矣。魏徵尝言："隋氏以富强而丧败，动之也。我以贫穷而安宁，静之也。静之则安，动之则乱。"（《政要》卷八《刑法第三十一》）魏氏动静之说，可以见兴亡之机焉。虽然，此第就唐初安定天下之术而言耳。若夫帝王所以自处，复能无为而无不为，深有合于道德之意。观太宗论隋文帝曰："此人性至察而心不明，夫心暗则照有不通，至察则多疑于物。不肯信任百司，每事皆自决断。虽则劳神苦形，未能尽合于理。朕意则不然，以天下之广，四海之众，千端万绪，须合变通。皆委百司商量，宰相筹画。于事稳便，方可奏行。岂得以一日万机，独断一人之虑也？且日断十事，五条不中。中者不恶，其如不中者何？以日继月，乃至累年。乖谬既多，不亡何待？岂如广任贤良，高居深视。法令严肃，谁敢为非。"（《政要》卷一《论政体第二》）然则太宗深有鉴于隋文苛察之失，故反诸执本秉要，清虚自守，任人而不任智。贞观之初，人才称盛，而能各献所长，由斯道也。当时臣工明于此理者，自魏徵外，若孔颖达亦甚精通治术。孔氏之言曰："帝王内蕴神明，外须玄默，使深不可知。故《易》称以蒙养正，以明夷莅众。若其位居尊极，炫耀聪明，以才陵人，饰非拒谏。则上下情隔，君臣道乖。自古灭亡，莫不由此也。"（《政要》卷六《论谦让第十九》）此可谓明论嘉谟，足以匡弼君后。太宗之达于政理，有自来矣。虽然，亦赖乎其能力学也。太宗自言："年十八便举兵，年二十四定天下，年二十九升为天子。少从戎旅，不暇读书。贞观以来，手不释卷。知风化之本，见政理之原。行之数年，天下大理，而风移俗变。"（《政要》卷十《论慎终第四十》）所谓见政理之原，盖指无为自化，清静自正而言也。历代人主之好学者，史不绝书。其能精究道论，取精抉要，布之天下以致治平之绩者，要必推太宗为首选矣。

《太史公论六家要指》述义[①]

舜徽按：此文见《史记》卷一百三十，乃《太史公自序》中述其父谈评骘周秦诸子之语也。春秋战国之际，百家争鸣。诸子之言，纷然殽乱。后世学者，厘析其立说之异同，从而名之曰：此某家也，此某家也。当时曷尝自立此名乎？司马氏以前，论列诸子流别者，若《庄子·天下篇》《荀子·非十二子篇》《吕氏春秋·不二篇》《淮南子·要略篇》，皆但称举同异，提挈纲要，而不命之曰某家某家。诸子分家，实自史谈始也。其后刘向、刘歆，领校群书，撰定《七略》，别诸子为十家。《汉书·艺文志》因之。后世簿录诸子者，又本《汉志》而略有出入耳。司马谈尝学天官于唐都，受易于杨何，习道论于黄子。故其论次诸子，以阴阳为首，而极推重道家之言，亦特张其师说耳。

《易大传》："天下一致而百虑，同归而殊途。"夫阴阳、儒、墨、名、法、道德，此务为治者也。直所从言之异路，有省不省耳。

张晏曰："《大传》，谓《易系辞》。"颜师古曰："言发迹虽殊，同归于治。但学者不能省察，昧其端绪耳。直犹但也。"郭嵩焘曰："言六家同务为治，而所施异宜，不相为用，务此则忽彼，故曰有

[①] 本文选自《周秦道论发微》，中华书局1982年版。——编者

省不省。下言道家为术，无所不宜，则亦无所不省也。"

舜徽按：省犹审也，详也。此言诸子之说，皆务为治，不过致治之途径各殊，而所言又有详略之辨耳。《淮南子·泛论篇》曰："百川异源，而皆归于海；百家殊业，而皆务于治。"足以证成此文"同归殊途皆务为治"之义。此文原作"此务为治"，此字疑为皆字之讹。

尝窃观阴阳之术，大祥而众忌讳，使人拘而多所畏。然其序四时之大顺，不可失也。

司马贞曰："《汉书》作大详，言我观阴阳之术大详。而今此作祥，于义为疏也。"张守节曰："顾野王云：'祥，善也，吉凶之先见也。'拘而多畏，言拘束于日时，令人有所忌畏也。"李慈铭曰："古详、祥字通。《易》'视履考祥'，《释文》本或作详。《孟子》申详，《檀弓》作祥。"李桢曰："诸补《史记·日者传》，言孝文时聚会占家问之，某日可取妇乎？五行家曰：可。堪舆家曰：不可。建除家曰：不吉。丛辰家曰：大凶。历家曰：小吉。天人家曰：小吉。太一家曰：大吉。辨讼不决，以状闻。制曰：避诸死忌，以五行家为主，人取诸五行者也。据此，知忌讳拘畏，西汉时已如是。"

舜徽按："大祥而众忌讳"者，大犹尚也。言其术以吉凶之兆为尚，而忌讳甚多也。《汉书·艺文志·诸子略》曰："阴阳家者流，盖出于羲和之官，敬顺昊天，历象日月星辰，敬授民时，此其所长也。及拘者为之，则牵于禁忌，泥于小数，舍人事而任鬼神。"足以发明斯旨。

儒者博而寡要，劳而少功，是以其事难尽从。然其序君臣父子之礼，列夫妇长幼之别，不可易也。

中井积德曰："当时儒者，多赵绾、王臧之伦，治国以明堂辟雍为首务。其他莫非制度文饰，训诂名物，不知儒术为何物。宜乎毁之曰寡要少功也。"

舜徽按：儒之名在汉以前，含义本广。《周礼·大宰》："以九两系邦国之民，四曰儒，以道得民。"郑玄《注》云："儒，诸侯保氏有六艺以教民者。"《大司徒》："以本俗六安万民，四曰联师儒。"郑《注》云："师儒，乡里教以道艺者。"然则儒之本义，乃以道术教民者之通称。故《说文》云："儒，术士也。"《史记》载秦阬术士，后世谓之阬儒。此四百六十余人，固有传孔子之学者在其中矣。故扶苏进谏，亦以诸生诵法孔子为言也。儒名非孔门所得专，固昭然可晓。虽《儒行》见于《礼记》，"君子儒"载于《论语》，然当日孔子之所谓儒与汉人之所谓儒，又自不同耳。自汉武罢黜百家，表章六经，孔子于传述六经之功为最大，故推重其道为最尊。于是汉人之所谓儒，乃专谓孔子之道。《淮南子·俶真篇》高诱《注》云："儒，孔子道也。"此一语也，非高氏之私言，实两汉学者之公论已。顾汉儒掇拾于秦火之余，书缺简脱，学者不能通其读，不得已而为之传注，以致详于训诂名物，流于琐碎而不知返，又为当世所诟病。司马氏此处所云"博而寡要，劳而少功"，下文所云"累世不能通其学，当年不能究其礼"，皆谓是也。

墨者俭而难遵，是以其事不可遍循。然其强本节用，不可废也。

颜师古曰："不可遍循，言难尽用也。"

舜徽按：《淮南子·要略篇》言"墨子背周道而用夏政"，然则如《论语》所称"禹菲饮食而致孝乎鬼神；恶衣服而致美乎黻冕；卑宫室而尽力乎沟洫"。盖墨子贵俭之说所自出也。如《孟子》所称"禹思天下有溺者，犹己溺之也"。盖兼爱之说所自出也。周道尚文，夏道尚质。

质之极，必流于枯索寡泽，非生人所能堪。《庄子·天下篇》称"其道大觳。使人忧，使人悲，其行难为"。亦即此文所云"俭而难遵，不可遍循"之意。

法家严而少恩。然其正君臣上下之分，不可改矣。

舜徽按：法家之学，至韩非而集大成。《史记·老庄申韩列传》曰："韩子引绳墨，切事情，明是非，其极惨礉少恩。"又《史记·张叔传索隐》引《别录》曰："申子学号曰刑名者，循名以责实，其尊君卑臣，崇上抑下，合于六经也。"皆足与此文相发。

名家使人俭而善失真。然其正名实，不可不察也。

李慈铭曰："梁玉绳《史记志疑》以俭字为未的，引《评林》董份说为检字之误，梁说是也。名家以察核名实为务，不得云使人俭。盖检即敛也，《孟子》：'狗彘食人食而不知检。'赵《注》：'检，敛也。'《汉书·食货志》作'不知敛'。名家以绳墨检察人，使各约束于礼，而不得肆，故曰使人检而善失真。"

舜徽按：惠施、邓析，名家也。《荀子·非十二子篇》称其"甚察而不惠"。杨倞注云："惠，顺也。"盖谓其苛察缴绕，不顺人情也。不顺人情而人畏其检察，故相率竞于伪饰而失其本真。

道家使人精神专一，动合无形，赡足万物。其为术也，因阴阳之大顺，采儒、墨之善，撮名、法之要。与时迁移，应物变化。立俗施事，无所不宜。指约而易操，事少而功多。儒者则不然，以为人主，天下之仪表也。主倡而臣和，主先而臣随。如此，则主劳而臣逸。至于大道之要，去健羡，绌聪明，释此而任术。夫神大用，则竭；形大劳，则敝。形神骚动，欲与天地长久，非所闻也。

如淳曰："知雄守雌，是去健也；不见可欲，使心不乱，是去羡也。绌聪明，不尚贤，绝圣弃智也。"郭嵩焘曰："去健羡，绌聪明，是道家要旨。儒者不务明此义，而任知术以役天下，是神先竭也。形劳则敝，应上主劳而臣逸句。"罗焌曰："上六节，盖古人之言，而太史公述之。以下六节，则太史公之说明语也。"

舜徽按：此非二人之辞也。上六节，仅提其纲；下六节，分陈其义；皆太史公语。周秦故书，以及汉初文字，类此者众矣。反复申明，益见行文沉厚之致，不必以后世文法绳之。太史公甄论六家短长，而归重道德，乃就君人南面之术立说，是一篇绝大政论文字，非第揭橥诸子异同已也。《汉书·艺文志·诸子略》曰："道家者流，盖出于史官，历记成败、存亡、祸福、古今之道。然后知秉要执本，清虚以自守，卑弱以自持，此君人南面之术也。"《汉志》所言，盖刘氏《七略》中《辑略》原文。乃西汉旧说，班氏仍而未改耳。而"君人南面之术"一语，尤足以括道家之旨而无遗。凡探讨道家之说者，皆当本此意以求之也。司马氏尝学道论于黄子，故亦窥得道家深处。此文所云"指约易操，事少功多"，"去健羡，绌聪明"，皆为君道而发。亦即《汉志》所言"秉要执本，清虚自守，卑弱自持"之意。道家言主术，在能任人而不任智，故君无为而臣有为。以视儒者所言人主为天下仪表，事必躬亲为之先倡者，固不可同日语。但就君道一端而言，则儒者为拙而道家为巧矣。司马氏此文，归重道德，意在斯也。班彪、班固父子，乃谓史迁"论大道先黄老而后六经，是非缪于圣人"，为其所蔽。岂知言哉？

夫阴阳四时、八位、十二度、二十四节各有教令，顺之者昌；逆之者，不死则亡；未必然也。故曰："使人拘而多畏。"夫春生，夏长；秋收，冬藏；此天道之大经也。弗顺，则无以为天下纲纪。

故曰:"四时之大顺,不可失也。"

张晏曰:"八位,八卦位也;十二度,十二次也;二十四节,就中气也。各有禁忌,谓日月也。"

舜徽按:古有羲和之官,命以四时之事,令不失其序,故《尚书·尧典》云:"钦若昊天,历象日月星辰,敬授民时。"明以农事为重也。《孟子》称"无违农时",亦特顺天道之大经而已。《释名·释天》云:"春,蠢也,物蠢动而生也。夏,假也,宽假万物使生长也。秋,缩也,缩迫品物使时成也。冬,终也,物终成也。"此与春生、夏长、秋收、冬藏之意,可相证发,亦即四时之大顺也。

夫儒者以六艺为法。六艺经传,以千万数。累世不能通其学,当年不能究其礼。故曰:"博而寡要,劳而少功。"若夫列君臣、父子之礼,序夫妇、长幼之别,虽百家弗能易也。

泷川资言曰:"六艺,六经也。《晏子春秋·外篇》载晏子沮景公封仲尼云:'兼寿不能殚其教,当年不能究其礼。'《墨子·非儒篇》云:'累寿不能尽其学,当年不能行其礼。'是史谈所本。当年,犹言当生、当身。《列子·杨朱篇》:'且趣当生,奚遑死后。当身之事,或闻或见。'孙氏《墨子间诂》以为丁壮之义,恐非。"苏舆曰:"当年犹丁年。《释诂》:'丁,当也。'《淮南·齐俗训》:'丈夫丁壮而不耕,妇人当年而不织。'当年与丁壮对文同义。《管子·轻重丁篇》:'男女当壮。'《戊篇》又作'丁壮'。丁、当双声互训,是其证。此言礼文繁缛,年虽丁壮不能究尽。"

舜徽按:苏说是也。当年,谓鼎盛之年,即丁壮也。《汉书·匡衡传》:"无说诗,匡鼎来。"谓匡当来耳。鼎、当、丁皆双声字,故古人通用。成学在于盛年,而烦难之学,即盛年亦不易通,故曰当年不能究其礼。

墨者亦尚尧舜道，言其德行曰："堂高三尺，士阶三等。茅茨不翦，采椽不刮。食土簋，啜土刑。粝粱之食，藜藿之羹。夏日葛衣，冬日鹿裘。其送死，桐棺三寸，举音不尽其哀。教丧礼，必以此为万民之率，使天下法。若此，则尊卑无别也。夫世异时移，事业不必同，故曰俭而难遵。要曰强本节用，则人给家足之道也。此墨子之所长，虽百家弗能废也。

韦昭曰："采椽，栎椽也。"颜师古曰："簋，所以盛饭也；刑，所以盛羹也。土谓烧土为之，即瓦器也。"王念孙曰："梁当作粱。粱与粝，皆食之粗者。《李斯传》：'尧之有天下也，粱粝之食，藜藿之羹。'《韩非子·五蠹篇》：'尧之王天下也，粝粱之食，藜藿之羹。'《淮南子·精神篇》：'珍怪奇味，人之所美也，而尧粝粱之饭，藜藿之羹。'《主术篇》：'尧太羹不和，粱食不毇。'皆其证也。"

舜徽按：采椽，《汉书》采作棌。颜《注》："棌，柞木也。"与韦氏训采为栎义同。刑，经传作铏，始见《仪礼》。刑为铏之省借。鹿裘，粗裘也。粗裘谓之鹿裘，犹粗车谓之鹿车、粗布谓之鹿布、粗巾谓之鹿巾耳。墨子之学，与儒家异趣，其持论尤与儒者不同而致后世讥弹者，则在短丧薄葬。然细绎墨子节葬之说，实亦有为而发。盖墨子目睹当时天子诸侯淫侈用殉之酷，不胜愤嫉，欲以除易其弊，与孔子所云"死欲速朽"，为桓司马言之，用意正同，一也。墨子持身俭苦，其平日起居饮食，已非生人所堪。虽儒家所行寝苫枕块、食饘粥之食，以为居丧之仪者，亦无以过之。故墨子言短丧，乃不欲徒重仪文以害事耳，二也。由此观之，可知墨子力主短丧薄葬，殆非无的放矢矣。且短丧薄葬在当日，实亦强本节用之一端，又何可厚非耶？

法家不别亲疏，不殊贵贱，一断于法，则亲亲尊尊之恩绝矣。可以行一时之计，而不可长用也。故曰"严而少恩"。若尊主卑臣，明分职不得相逾越，虽百家弗能改也。

舜徽按：《韩非子·有度篇》曰："国无常强，无常弱。奉法者强，则国强；奉法者弱，则国弱。"《韩非》此语，足以概法家精神而无遗。亦即"一断于法""严而少恩"之旨也。

名家苛察缴绕，使人不得反其意，专决于名，而失人情。故曰"使人俭而善失真"。若夫控名责实，参伍不失，此不可不察也。

如淳曰："缴绕，犹缠绕，不通大体也。"晋灼曰："引名责实，参错交互，明知事情。"

舜徽按：缴绕，即今言纠缠也。参伍，即今言错杂也。《庄子·天下篇》谓"辩者能胜人之口，不能服人之心"。又谓"惠施以反人为实，而欲以胜人为名"。斯皆名家之短也。至其所长，则循名责实，固君道之弘纲也。

道家无为，又曰无不为。其实易行，其辞难知。

张守节曰："无为者，清净也；无不为者，生育万物也。各守其分，故易行也；幽深微妙，故难知也。"

舜徽按：《淮南子·原道篇》曰："圣人内修其本，而不外饰其末。保其精神，偃其智故。漠然无为，而无不为也；澹然无治，而无不治也。所谓无为者，不先物为也；所谓无不为者，因物之所为。所谓无治者，不易自然也，所谓无不治者，因物之相然也。"大抵道家所言无为而无不为，乃为君道而发。《淮南子》所云"不先物为"，"因物之所为",即任人而不任智之意。

> 其术以虚无为本,以因循为用。
> 张守节曰:"任自然也。"

舜徽按:老子言"道法自然",亦谓君道耳。《吕氏春秋·君守篇》曰:"天无形而万物以成,至精无象而万物以化,大圣无事而千官尽能。此乃谓不教之教,无言之诏。"又曰:"善为君者无识,其次无事。有识则有不备矣,有事则有不恢矣。不备不恢,此官之所以疑而邪之所从来。"又《知度篇》曰:"有道之主,因而不为,责而不诏,去想去意,静虚以待。不伐之言,不夺之事。督名审实,反复自司。以不知为道,以奈何为宝。"即此所言,已足发明人君南面术虚无因循之义。周秦故书中阐明斯旨者甚多,今亦未能悉数也。

> 无成势,无常形,故能究万物之情。

舜徽按:此言人君宜掩情匿端,不见好恶,以杜奸邪,而是非之情乃见也。《韩非子·主道篇》曰:"君无见其所欲。君见其所欲,臣将自雕琢。君无见其意。君见其意,臣将自表异。故曰:去好去恶,臣乃见素;去旧去智,臣乃自备。"《吕氏春秋·君守篇》曰:"凡奸邪险陂之人,必有因也。何因哉?因主之为。人主好以己为,则守职者舍职而阿主之为矣。阿主之为,有过则主无以责之。则人主日侵,而人臣日得。"若此诸论,皆足以证发斯义。

> 不为物先,不为物后,故能为万物主。

舜徽按:此言人君无为于身之效。《老子》第七章曰:"天长地久。

天地所以能长久者，以其不自生，故能长久。是以圣人后其身而身先，外其身而身存。非以其无私耶？故能成其私。"王弼《注》云："无私者，无为于身也。"是其义已。"不为物先，不为物后"二语，《汉书》作"不为物先后"。省节似有脱文，当以此为正。

  有法无法，因时为业。有度无度，因物与合。故曰：圣人不朽，时变是守。

  舜徽按：此言与时迁移，应物变化之效。有法无法，有度无度，谓虽有法度而不拘泥于法度也。《吕氏春秋·贵因篇》曰："三代所宝莫如因，因则无敌。禹之裸国，裸入衣出，因也。墨子见荆王，锦衣吹笙，因也。孔子道弥子瑕见厘夫人，因也。汤武遭乱世，临苦民，扬其义，成其功，因也。"如《吕览》所称汤武之事，则因时立业之类也。禹墨及孔子之事，则因物与合之类也。"因物与合"，《汉书》作"因物与舍"，盖传写致讹，当以此为正，业、合为韵。

  虚者，道之常也；因者，君之纲也。群臣并至，使各自明也。

  舜徽按：此承上文续申以虚无为本，以因循为用之义。刘劭《人物志》曰："老子以虚为道，以无为德。"刘氏此言，可谓达本之论。老子言主术，所以贵虚无者，为其能多受也。即人君不贵己之智才能勇，但因臣下之智才能勇以为己用耳。《淮南子·主术篇》曰："下者万物归之，虚者天下遗之。"又曰："君人者，不下庙堂之上，而知四海之外者，因物以识物，因人以知人也。故积力之所举，则无不胜也；众智之所为，则无不成也。"足以发明斯旨。《吕氏春秋·贵因篇》曰："因则功，专则拙。"亦为君道而发。

其实中其声者，谓之端；实不中其声者，谓之窾。窾言不听，奸乃不生。贤不肖自分，白黑乃形。在所欲用耳，何事不成。乃合大道，混混冥冥。光耀天下，复反无名。

舜徽按：此言人君听言之道，而是非黑白之所由别也。《淮南子·泛论篇》曰："不验之言，圣王弗听。"即此窾言不听之谓也。窾，空也；谓无证验也。末数语总结上文，而极言无为之效。复反无名者，谓如复归荒昧之世，无为而治也。《老子》第一章曰："无名，天地之始；有名，万物之母。"

凡人所生者，神也。所托者，形也。神大用，则竭；形大劳，则敝；形神离，则死。死者不可复生，离者不可复反。故圣人重之。由是观之，神者，生之本也；形者，生之具也。不先定其神，而曰我有以治天下。何由哉？

舜徽按：此言人君宜自惜形神，而后可以长生久视，亦即《老子》所言"治人事天莫若啬"之意也。《吕氏春秋·当染篇》曰："古之善为君者，劳于论人，而佚于官事，得其经也。不能为君者，伤形费神，愁心劳耳目，国愈危，身愈辱，不知要故也。"《吕览》所谓"知要"，亦不外清虚自守、卑弱自持而已耳。邵懿辰《书太史公自叙后》有曰："班氏父子讥太史公论学术，则崇黄老而薄五经。为之说者，谓特其父谈云耳。而迁书之尊孔氏，则可谓至矣。然余读《六家要指》之篇，而知谈之言，亦有为而发也。迁录其文，而首著之曰'太史公仕于建元元封之间'，明此篇作于武帝世。建元、元封中距三十年，始颇向儒术，博求贤良文学。既而广心浩大，弊中国以事四夷、巡游、祷祠。事端之兴，若蝟毛。谈意若曰，武帝崇儒，宜度越往昔，而治效顾不如文景尚黄老时。故曰：'道家使人精神专一，动合无形，赡足万物，指约而易操，事少而功多。'又曰：'虚者，道之常；因者，君之纲。窾言不听，奸乃不生。'凡是道家之常言，而施之建元、元封间，则皆切时之药石也。常求神仙方术，而形神骚动。故讽以先实其神。以谓养身之道，在彼不在此。六家中，举墨子为详。土阶茅茨之云，与营建章、作通天台，适相反。曰'世异时移，事业不必同'，犹云帝王各殊礼而异务，并抑损之微言也。要曰强本节用，则人给家足之道。言虽墨氏学，审行之，宏羊平准可不作，而德行亦可如尧舜矣。篇首称六家皆务为治者，末言欲以治天下何由，明此篇论治，非论学也。"（见《半岩卢遗文》卷上）邵氏谓此篇乃论治非论学，一语破的，可谓妙达神旨者矣。至于谓史谈是论，实为规讽时君而发，则未必尽然也。观史迁指斥时政，见于百三十篇者，至为彰著。若《封禅书》直叙汉武惑于鬼神、劳民伤财之事；《平准书》痛责当时大臣阿意兴利之罪；《酷吏传》大书严刑峻法之惨；《蒙恬传》深悯人民徭役之繁。皆直言无隐，罔知顾忌。故汉末王允，目为谤书。迁以良史之才，其能不畏不惧，以至如此。奚必托于父谈之辞，以申其讽谏之意哉？大抵古之言君道者，率主于任人而不任智，以收无为之效，而以道家所言为最密。汉初黄老之学极盛，君上如文帝、景帝、窦太后，宗室如刘德，将相如曹参、陈平，名臣如张良、汲黯、郑当时、直不疑、班嗣，处士如盖公、邓章、王生、黄子、杨王孙、安丘望之等，皆宗之。史谈实尝习道论于黄子，得其精蕴，故言之能识其要。今详绎是文，非特有以测其学之所至，抑亦可觇一时之风尚也。舜徽服膺是文，以为必由此入门，而后能窥见道家之阃奥，故略为诠述其旨趣焉。

论宋代学者治学的广阔规模及替后世学术界所开辟的新途径

人们每一提到宋代学术,便毫不例外地以理学为中心,以为空谈心性,可以概宋代学术之全。这是由于十八世纪中叶,当清代乾隆年间朴学蔚兴之际,一般学者专心力于考据,自命为"汉学",同时又标立"宋学"名义来统括那些专言义理的读书人,而加以"空疏不学"四字的评语,并大肆攻击。壁垒既立,门户便成,两百年来,在学术上渐成为可分而不可合之势。人们由鄙弃"宋学",便很自然地连宋代学术之全也看不见了。其实,宋代学者气象博大,学术途径至广,治学方法至密,举凡清代朴学家所矜为条理缜密、义据湛深的整理旧学的方式与方法,悉不能超越宋代学者治学的范围,并且每门学问的讲求,都已由宋代学者们创辟了途径,准备了条件。宋代学者的这种功绩,应该在中国学术史上大书特书,而不容忽视和湮没的。今特就宋代学者创辟的学术途径的荦荦大端,加以综合和分析。首先,总结他们整理史料的伟大成就;最后,才叙述他们对自然科学的卓越贡献。这样,便使两宋学术的真面貌也约略可见了。至于理学,自然是宋代学术的重要部分,也替后来讲求心性的学者们开了无数法门,由于近人已有专书加以阐述,特别是编写思想史或哲学史的学者们,也都极详尽地综录无余了,所以不在

---

① 本文选自《中国史论文集》,湖北人民出版社 1956 年版。——编者

这儿再谈。

第一，关于接受古代文化遗产的各项工作

甲　考证古书时代和作者的工作

古代文化遗产，大部分保存在书籍里面。但是古书的时代问题、材料的真实性问题，又成为学者们必须首先解决的大前提。这种工作，在我国很早的时候便开始了。孟子在周末即已提出："尽信书不如无书。"暗示人们对于古代的遗书，不宜轻信，应该合理地去怀疑它。《汉书·艺文志·诸子略》对几部远古的子书，也都注明它们是"依托"或者"晚出"。唐代刘知幾、柳宗元，对于治学也极富于怀疑精神，假设了或考定了许多古书的真伪。但这究竟还是一种启蒙工作；至于使它成为有系统有条理的工作，方法渐臻缜密，范围渐见宽阔，造成学术上浓厚的疑古空气，直到宋代学者才开始。宋人勇于疑古，在辨证伪书方面，开辟了宽大的道路，给后人以种种分析问题的方法和启示。

在封建社会，对于几种重要的统治阶级教科书——经典，认为是至尊无上、神圣不可侵犯的著作。特别是从唐初修定《五经正义》，把《周易》《尚书》《毛诗》《礼记》《左传》五部书定为五经（这和汉代立学官的五经不同）以后，一般知识分子对这几种经典都是尊信不疑。宋代学者，却大胆了：或疑全书为晚出，或疑其中有一部分是假的，或攻击传注，或鄙弃序说，使得几部经典在写作时代方面开始动摇了。这对学者们从求真出发，而着手于古书材料的来源的探讨，是有很大好处的。

一部《周易》，古人认为是"人更三圣、世历三古"，是多么古老的文化遗产。所谓"三圣"，是指伏羲、文王、孔子。从来相传旧说，认为伏羲始画八卦，是创造者；文王重卦，演变为六十四卦，更把它发展

了；到孔子才有详尽的解说，进一步丰富它的内容。孔子所做的功夫，使在"十翼"，他作了十篇足以羽翼《易经》的文字（《彖辞》《象辞》《系辞》各分上下，为六篇；再加《文言》《序卦》《说卦》《杂卦》四篇，共十篇）。汉唐学者的论著，如《史记·孔子世家》《汉书·艺文志》《儒林传》《隋书·经籍志》《经典释文》《周易正义》，都是这样肯定的。到了宋代，便有人开始怀疑了。首先，欧阳修大胆提出《十翼》非孔子作的论点。《居士集》卷十八《易或问》有云：

> 或问：《系辞》果非圣人之作，前世大儒君子不论，何也？曰：何止乎《系辞》。舜之涂廪浚井，不载于六经，不道于孔子之徒，盖俚巷之语也。及其传也久，孟子之徒道之。事固有出于谬妄之说，其初也，大儒君子以世莫之信，置而不论；及其传之久也，后世反以谓更大儒君子而不非，是实不诬也，由是曲学之士，溺焉者多矣。自孔子没，周益衰，王道丧而学废。接乎战国，百家之异端起。"十翼"之说，不知起于何人，自秦汉以来，大儒君子不论也。或者曰：然则何以知非圣人之作也？曰：大儒君子之于学也，理达而已矣。中人之下，指其迹，提其耳而謦之，犹有惑焉者。溺于习闻之久，曲学之士，喜为奇说以取胜也。何谓"子曰"者，讲师之言也。吾尝以謦学者矣：元者，善之长；亨者，嘉之会；利者，义之和；贞者，事之干；此所谓"文言"也。方鲁穆姜之道此言也，在襄公之九年。后十有五年，而孔子生。左氏之传《春秋》也，固多浮诞之辞，然其用心，亦必欲其书之信后世也。使左氏知《文言》为孔子所作也，必不以追附穆姜之说，而疑后世。盖左氏者，不意后世以《文言》为孔子作也。孟子曰："尽信书，不如无书。"孟子岂好非六经者！黜其杂乱之说，所以尊经。

他又作了《易童子问》三卷，其下卷专言"十翼"非孔子作的道理。他认为:"何独《系辞》焉。《文言》《说卦》而下,皆非圣人之作;而众说淆乱,亦非一人之言也。昔之学《易》者,杂取以资其讲说,而说非一家。是以或同或异,或是或非,其择而不精,至使害经而惑世也,然托附圣经,其传也久;莫得究其所从来,而核其真伪。故虽有明智之士,或贪其杂博之辨,溺其富丽之辞,或以为辨疑是正,君子所慎,是以未始措意于其间。"这明明肯定所谓《十翼》是后世研究《周易》的人们的集体创作,不成于一时,不出于一手;而其实,又是后人治《易》的重要参考资料,不可遽废。所以他又说:"古之学经者,皆有《大传》,今《书》《礼》之传尚存。此所谓《系辞》者,汉初谓之《易大传》也。至后汉,已为《系辞》矣。《系辞》者谓之《易大传》,则优于《书》《礼》之传远矣,谓之圣人之作,则僭伪之书也。盖夫使学者知《大传》为诸儒之作,而敢取其是而舍其非,则三代之末,去圣未远,老师名家之世学,长者先生之余论,杂于其间在焉,未必无益于学也。使以为圣人之作,不敢有所择而尽信之,则害经惑世者多焉,此不可以不辨也。"(俱见《欧阳文忠全集》卷七十八)他既反对硬将这些写作归诸孔子一人的说法,又不赞成对这些写作的价值全盘予以否定。这仍然是一种全面看问题的方法。后来又有赵汝谈所撰《南唐易说》三卷,陈振孙《直斋书录解题》称其"专辨《十翼》非孔子作",自然是步欧阳修之后尘,而继续发展的。

《尚书》,是上古之书,相传最初简牍很多,经过孔子删订以后,选存了一百篇。后来遭遇秦代焚书,这书损失最多。汉初,伏生但传出二十九篇,用当时隶书写成,称为《今文尚书》。到武帝末年,鲁共王刘馀从孔壁中发现很多用蝌蚪文字写成的竹简,这叫《古文尚书》。大知识分子孔安国,用当时通行的字体去校读一遍,多出十六篇(用班固说)。但是这种《古文尚书》,当时虽曾献于朝廷,一直没有列于学官,不久也就亡佚了。到了东晋元帝时(公元三一七—三二二年),忽然有豫章内史梅赜奏上《孔传古文尚书》,增多伏生廿五篇,又从伏生所传诸篇中，分出五篇，并书序，凡五十九篇，为四十六卷。这种书在社会上流行了很长时间，唐人修《尚书正义》，陆德明写《经典释文》，都根据这个本子。一直到宋人，才开始怀疑。首先发难的，便是吴棫。他大胆地指出：

> 安国所增多之书，今书目俱在，皆文从字顺；非若伏生之书，诘屈聱牙，至有不可读者。夫四代之书，作者不一，乃至二人之手，而遂定为二体乎？其亦难言矣。

棫字才老，有《书裨传》十三卷，《直斋书录解题》和《文献通考·经籍考》都著录了。今虽不传，但在宋代，它的价值极高。朱熹便很推崇它，《晦庵先生文集》（四部丛刊本）卷三十四《答吕佰恭》说："近看吴才老说《胤征》《康诰》《梓材》等篇，辨证极好。"朱熹也有同样的见解，怀疑晚出《古文尚书》系后人伪造，大概受吴才老的影响很大。《晦庵先生文集》卷六十五《尚书序》说：

> 今按汉儒以伏生之书为今文，而谓安国之书为古文。以今考之，则今文多艰涩，而古文反平易。或者以为今文自伏生女子口授晁错时失之，则先秦古书所引之文，皆已如此，恐其未必然也。或者以为记录之实，语难工，而润色之雅，词易好，故训诰誓命，有难易之不同，此为近之。然伏生倍文暗诵，乃偏得其所难，而安国考定于科斗古书错乱磨灭之余，反专得其所易，则又有不可晓者。至于诸序之文，或颇与经不合，而安国之序，又绝不类西京文字，亦皆可疑。

这样的论调，在他的《文集》和《语类》中多次提到（如《文集》卷八二《书临漳所刊四经后》及《语类》卷七十八），和吴才老的见解，几乎一鼻孔出气。不过他又进一步怀疑所谓《孔安国传》《孔安国序》都是魏晋间人所作,不像汉人的笔墨(俱见《语类》卷七十八)。这种论断,替清代学者考定《古文尚书》之伪铺平了道路。所以清初的攻伪健将阎若璩在所著《尚书古文疏证》卷一便说:"《书》古文出魏晋间,距东晋建武元年凡五十三四年,始上献于朝,立学官。建武元年、下到宋南渡初,八百一十有一年,有吴棫字才老者出,始以此书为疑,真可谓天启其衷矣。"《四库全书总目》卷十二《古文尚书疏证提要》对这工作作了简要的总结:"《古文尚书》,较今文多十六篇,晋魏以来,绝无师说。故左氏所引,杜预皆注曰:逸书。东晋之初,其书始出,乃增多廿五篇,初犹与今文并立。自陆德明据以作《释文》,孔颖达据以作《正义》,遂与伏生二十九篇混合为一。唐以来,虽疑经惑古如刘知幾之流,亦以《尚书》一家,列之《史通》,未言古文之伪。自吴棫始有异议,朱子亦稍稍疑之。吴澄诸人,本朱子之说,相继抉摘,其伪益彰,然亦未能条分缕析,以抉其罅漏。明梅鷟始参考诸书,证其剽剟,而见闻较狭,搜采未周。至若璩乃引经据古,一一陈其矛盾之故,古文之伪乃大明。所列一百二十八条,毛奇龄作《古文尚书冤词》,百计相轧,终不能以强辞夺正理。则有据之言,先立于不可败也。"阎氏在辨伪工作上的巨大成就,仍然是吴棫、朱熹这般人导夫先路,可知宋代学者创始之功,是不可湮没的。

《诗》三百篇中存在的问题更多。至于束缚思想,使原来活泼生动、吟咏情性的诗篇,变为死板而处处"止乎礼义"的写作,《诗》的大小序,实为之梗。《大序》,是全书的总序,也就是第一篇《关雎诗序》。《小序》,是三百十一篇的分序(内六篇已亡其辞,序尚存)。这种诗序,传世已久,究竟出于谁手,从来没有定论。诚有如《四库全书总目》卷十五《诗序提要》所说:"诗序之说,纷如聚讼。以为《大序》子夏作,《小序》子夏、毛公合作者,郑玄《诗谱》也;以为子夏所序诗,即今毛诗序者,王肃《家语注》也;以为卫宏受学谢曼卿作诗序者,《后汉书·儒林传》也；以为子夏所创，毛公及卫宏又加润益者，《隋书·经籍志》也；以为子夏不序诗者，韩愈也；以为子夏惟裁初句，以下出于毛公者，成佰玙也；以为词人所自制者，王安石也；以《小序》为国史之旧文，以《大序》为孔子作者，明道程子也；以首句即为孔子所题者，王得臣也；以为《毛传》初行，尚未有序，其后门人互相传授，各记其师说者，曹粹中也；以为村野妄人所作，昌言排击而不顾者，则倡之者郑樵、王质，和之者朱子也。"这样争辨不清的问题，到了南宋学者便率性把它摆在一边了。南宋学者改序最力的，以郑樵、朱熹为著。郑樵有《诗辨妄》，专为这问题发出了极锋利的诋斥，朱熹后来也就采取其说。《朱子语类》卷八十说过：

> 旧曾有一老儒郑渔仲，更不信《小序》，只依古本与叠在后面。某今亦只如此。令人虚心看正文，久之，其义自见。盖所谓序者，颇多世儒之误，不解诗人本意处极多。且如"止乎礼义"，果能止礼义否？桑中之诗，礼义在何处？

同卷又说：

> 诗序实不足信。向见郑渔仲有《诗辨妄》，力诋诗序，其间言语太甚，以为皆是村野妄人所作。始亦疑之，后来仔细看一两篇，因质之《史记》《国语》，然后知诗序之果不足信。

又说：

> 大率古人作诗，与今人作诗一般，其间亦自有感物道情，吟咏情性，几时尽是讽刺他人！只缘序者立例，篇篇要作美刺说，将诗人意思尽穿凿坏了。且如今人见人才做事，便作一诗歌美之或讥刺

之，是什么道理！

这样的见解，在《朱子语类》和《文集》中，是经常可以看到的。后来朱熹作《诗集传》，便直接废序言诗了。这便替后人研究《诗》三百篇，扫除了障碍，解脱了束缚。清代著名的历史学家崔述写《读风偶识》，更把郑、朱两家之说加以发展，而直接找到了解诗意的钥匙了。

宋代学者怀疑《周礼》的很多，而以洪迈之言最为简要而明白。《容斋续笔》卷十六说过：

> 《周礼》一书，世谓周公所作，而非也。昔贤以为战国阴谋之书。考其实，盖出于刘歆之手。《汉书·儒林传》尽载诸经专门师授，此独无传。至王莽时，歆为国师，始建立《周官经》以为《周礼》，且置博士。而河南杜子春，受业于歆，还家以教门徒。好学之士郑兴及其子众往师之，此书遂行。歆之处心积虑，用以济莽之恶。莽据以毒四海，如五均、六筦、市官、赊贷诸所兴为，皆是也。故当其时，公孙禄既已斥歆颠倒六经，毁师法矣。历代以来，唯宇文周依六典以建官，至于治民发政，亦未尝循故辙。王安石欲变乱祖宗法度，乃尊崇其言，至与《诗》《书》均匹，以作《三经新义》。……呜呼！二王托周官之名以为政，其归于祸民一也。

这样便将《周礼》全系伪托的论断很清楚地向后人指出来了。七百年后，清末学者廖平的《古学考》、康有为的《新学伪经考》，肯定《周礼》为刘歆所造，也还是遵循宋人旧说，去引申发明的。

其次，宋代学者怀疑《左传》的，也大有人在。王安石最早提出左氏是六国时人。他著有《左氏解》一卷，现在虽不可得见，但是王应麟《困学纪闻》卷六却已指出："王介甫疑左氏为六国时人者十一事。"可见他的理由，是很充实而坚定的。后来叶梦得的《春秋考》便说：

《春秋》终于哀十四年，而孔子卒。《传》终二十七年，后孔子卒十三年，辞及韩、魏、智伯、赵襄子事，而称鲁悼公、楚惠王。以年考之，楚惠王卒，去孔子四十七年，鲁悼公卒，去孔子四十八年，赵襄子卒，去孔子五十三年；察其辞，仅以哀公孙于越尽其一世之事为经终。泛及后事。赵襄子为最远，而非止于襄子。不知左氏后襄子复几何时？岂有与孔子同时非弟子如是其久者？以左氏为丘明，自司马迁失之也。今考其书，杂见于秦孝公以后事甚多，殆战国秦汉间人无疑。

郑樵《六经奥论》也说：

左氏终记韩、魏、知伯之事，又举赵襄子之谥。自获麟至襄子卒，已八十年，使丘明与孔子同时，不应孔子既没七十八年之后，丘明犹能著书，此丘明为六国时人，明验一也。《左氏》云："战于麻隧，获不更女父。"又云："秦庶长鲍、庶长武率师及晋师战于栎。"秦至孝公时立赏级之爵，乃有不更、庶长之号，明验二也。《左氏》云："虞不腊矣。"秦至惠王十二年初腊，明验三也。《左氏》师承邹衍之诞，而称帝子王孙，明验四也。《左氏》言分星皆准堪舆，案韩、魏分晋以后，而堪舆十二次"始于赵分，曰大梁"之语，明验五也。《左氏》云："左师展将以公乘马而归。"案三代时有车战，无骑兵，惟苏秦合纵六国，始有车千乘骑万匹之语，明验六也。《左氏》序吕相绝秦、声子说齐，其为雄辩狙诈，真游说之士，捭阖之语，明验七也。《左氏》之书，序晋、楚事最详，如"楚师熸犹拾沈"等语，则左氏为楚人，明验八也。

这一类的议论，都是新颖而特殊的见解。而《朱子语类》卷八十三更谓："秦始有腊祭，而《左氏》谓虞不腊矣，是秦时文字分明。"那末，更把《左传》的时代拉后了。

他们对几部重要经典，尚且如此大胆怀疑，至于其它周秦古书，更不轻易置信。像《管子》便是问题最多的书，宋人如苏辙、叶梦得，都怀疑是战国时人所为。到朱熹，便提得更明确了，《朱子语类》卷一三七说过：

> 《管子》，非仲所著。仲当时任齐国之政，事甚多，稍闲时又有三归之溺，决不是闲功夫著书的人。著书者，是不见用之人也。其书，老、庄说话亦有之，想只是战国时人，收拾仲当时行事言语之类著之，并附以它书。

其后叶适《习学记言》也认为：“《管子》非一人之笔，亦非一时之书。”黄震《黄氏日钞》也说：“《管子》之书，不知谁所集，乃庞杂重复，似不出一人之手。”这简直揭出了周秦诸子在编撰上的一个通例，使人们知道远古书籍，大半不出于一人之手，而后人附益之笔为多，又不必沾沾于考订作者为谁了。

乙　整理古代几部重要经典的工作

宋人研究经学的特殊精神，在于不依傍古人，注意个人的创造和发明。首先，表现在他们对几部经典的敢于大胆怀疑，这在前面已经说过了。其次，便是抛弃一切汉唐旧说，不甘心做汉唐注疏家的奴隶，而必直求之古人原书，自立新解。这种精神，是二千年间宋代学者独有的精神，也是学术进步的主要因素。但是，当时保守派的学者们，反而加以攻击。北宋学者如司马光便说：“新进后生，口传耳剽。读《易》未识卦爻，已谓《十翼》非孔子之言；读《礼》未知篇数，已谓《周官》为战国之书；读《诗》未尽《周南》《召南》，已谓《毛传》为章句之学；读《春秋》未知十二公，已谓《三传》可束之高阁。”（《论风俗劄子》）

南宋学者王应麟也说:"自汉儒至于庆历间,谈经者守训故而不凿。《七经小传》出,而稍尚新奇矣;至《三经义》行,视汉儒之学若土梗。"(《困学纪闻》卷八)这种见解,如果抱着"述而不作"的观点去看问题,自然是正确的;如果能从学术发展进步的角度去仔细考虑,像司马光、王应麟这一类的议论,又是极端保守的。

况且宋代学者对于汉唐旧说,并不是一笔抹杀,全盘否定;相反地,对于汉注唐疏各给以适当的评价,而加以重视。例如朱熹是一位学问十分博通的学者,也是极其勇锐的健将,但是他却强调了治经必先钻研旧注的重要性和必要性。《朱子文集》卷六十九《学校贡举私议》说过:

> 治经必传家法者,天下之理,固不外于人之一心,然圣贤之言,则有渊奥尔雅而不可以臆断者;其制度名物,行事本末,又非今日之见闻能及也。故治经者,必因先儒已成之说而推之。借曰未必尽是,亦当究其所以得失之故,而后可以反求诸心而正其缪。此汉之诸儒所以专门名家,各守师说,而不敢轻有变焉者也。但其守之太拘,而不能精思明辨以求真是,则为病耳。

由于他有这种主张,所以汲汲提倡人们细心读注疏。《文集》卷七十五《论语训蒙口义》序有云:"本之注疏,以通其训诂;参之《释文》,以正其音读。"同卷《论语要义目录》序又云:"其文义名物之详,当求之注疏,有不可略者。"《语类》卷五十七又云:"今世博学之士,大率不读正当底书,不看正当注疏。"卷一百二十九又云:"祖宗以来,学者但守注疏。其后便论道,如二苏直是要论道。但注疏如何弃得。"根据这些议论来看,可知他平日是怎样努力地在注疏方面用功。

既寝馈于注疏之学为时很久,他自然懂得了汉儒的长处,竭力加以表章。《文集》卷三十一《答张敬夫书》云:"汉儒可谓善说经者,不过只说训诂，使人以此训诂玩索经文。训诂经文，不相离异，只做一道看了。真是意味深长。"《文集》卷三十八《答李季章书》又说："汉儒初不要穷究义理，但是会读，记得多，便是学。"同卷又说："汉儒注书，只注难晓处，不全注尽本文，其辞甚简。"这一类的认识，假若不是他用功于注疏很深，如何能有这样深刻的体会。

郑玄（康成）是汉代经学集大成的学者，也是后来清代乾嘉学者标举"汉学"时期内所宗仰的中心人物。但是认真推崇他和敬佩他，却从朱熹便开始了。《语类》卷六十四说过："郑康成解非天子不议礼云：必圣人在天子之位，然后可。若解释得如此简而明，方好。"卷八十七又说："问：礼记古注外，无以加否？曰：《郑注》自好，看注看疏自可了。"同卷又说："郑康成是个好人，考礼名数大有功，事事都理会得。如汉律令，亦皆有注，尽有许多精力。东汉诸儒煞好，卢植也好。"他不但肯定了郑氏注经的功绩为不可没，并且进一步认为郑康成有制礼作乐的大本领，所以《语类》卷八十四便说："使郑康成之徒制作，也须略成个模样，未说待周公出制作。"朱熹推崇郑氏，并不止于口头称说；后来他编定《仪礼经传通解》时，甚至取《郑注》以补经文，简直把郑氏看成圣贤一流的人物了。清代学者标榜"郑学"，无所不至，究竟了解郑学像朱熹这样体会深切的人，还不算太多。

宋代学者不独对郑康成解经之书保存到现在的那几种，竭力加以表章和发挥，连郑氏所注之书已经散佚了很久的，也都设法从其他书籍中去搜辑采取，使能排比成书。例如郑康成有《周易注》，《隋书·经籍志》著录九卷；《新唐书·艺文志》著录十卷；宋《崇文总目》只著录一卷，仅存《文言》《序卦》《说卦》《杂卦》四篇，余皆散佚；《中兴书目》不复著录。大约这书在南北宋之间便亡佚了。南宋王应麟，便从其它书籍中辑成《周易郑注》一卷。王氏又有《三家诗考》一卷，专辑已经散亡了的齐、鲁、韩三家诗遗说。这便是中国学术史上辑佚书的工作的开端。这种工作，一开始便摆在搜辑汉人经说和郑氏注《易》的事业上，充分说明宋人对"汉学""郑学"的重视。后来清代学者循着这条道路，所做的功夫更广泛、更缜密，差不多唐以前已经散亡了的传注及诸子佚文，都恢复了一大部分，对学术方面的贡献十分巨大。这条致力的途径，也仍然是宋人开的。

宋人整理群经，还有一件最显著的成绩，便是出现了很多荟萃群言成为集解体的大部书。例如房审权的《周易义海》一百卷，上起郑玄，下至王安石，收辑到一百家的注说。黄伦的《尚书精义》五十卷，也采取了自汉迄宋的不同见解。王与之的《周礼订义》八十卷，所采旧说凡五十一家。卫湜的《礼记集说》一百六十卷，所取凡一百四十四家。这些书是规模很大、材料很多的编著，保存了不少古注和旧说，对治经的人们补益很大，也就替从事于《集解》《纂疏》的工作者开辟了道路。

丙　校勘群书的工作

校勘书籍的工作，从汉代以后，以宋人为之最勤，而范围也最广。当北宋全盛时期，开崇文馆校理书籍，罗致一时名贤参加这种规模浩大的集体工作。当时如沈括、苏颂，都是博涉多通的大科学家，分工合作，各献所长，自然取得了极大成绩。当时校完一书，都有《叙录》，颇与汉代刘向、刘歆校书时"条其篇目、撮其旨意，录而奏之"的作法相同。还有一点最特殊的，便是私人校书的风气也很盛行，而成绩也特别显著。举其要者而言，经部则有郑樵的《书辨讹》，张淳《仪礼识误》，朱熹《孝经考异》，毛居正《六经正误》，岳珂《刊正九经三传沿革例》；史部则有赵抃新校《前汉书》，余靖《汉书刊误》，张泌《汉书刊误》，无名氏《西汉刊误》，刘巨容《汉书纂误》（此五家书早佚，目见《宋志》），刘攽《汉书刊误》，刘仁杰《两汉刊误补遗》；子部则有黎錞《校勘荀子》，陈襄《校定梦书》及《相笏经》《京房婚书》（均见《宋志》），陆佃校《鹖子》（见《书录解题》），钱佃《荀子考异》，沈揆《颜氏家训考证》，朱熹《阴符经考异》《参同契考异》；集部则有洪兴祖

《楚辞考异》，黄伯思《校定楚辞》及《杜工部集》，方崧卿《韩集举正》《外集举正》，朱熹《韩文考异》，彭叔夏《文苑英华辨证》。凡此二十余家之书，已经彬彬可观，其它不甚知名的著作，更不可悉数。

在上面所称举的二十多家之中，像郑樵、朱熹，是特别擅长于校勘的专门名家。郑樵在学术史上不可磨灭的功绩，是在于把"校雠"肯定为专门学问，列为《通志》二十略之一，篇帙虽不太多，但却对于书籍的编次、类例、存亡等问题，讨论得极其显豁，将校雠古书的作用，引入"辨章学术、考镜源流"这一条路上去，这是他的一种创见。清代史学家章学诚的议论著述，便是循着这条大道上走的。至于郑樵亲自动手从事校勘古书的实际工作，也投下了不少精力，他对这方面的写作，有《书考》六卷、《书辨讹》七卷。王应麟《玉海》卷三十七指出："郑樵《书考》六卷，考证今古文同异。"而《直斋书录解题》卷二也说明了《书辨讹》的内容："凡纠缪四，阙疑一，复古二。"这两书虽不传于今日，但是它的体例，却尚可考见其大概。

朱熹校勘群书，极其仔细审慎，首先提出不可随意改字的道理。《文集》卷三十《与张钦夫论程集改字》便道：

> 大抵古书有未安处，随事论著，使人知之，可矣。若遽改之以没其实，则安知其果无未尽之意耶？汉儒释经，有欲改易处，但云："某当作某。"后世犹或非之，况遽改乎！且非特汉儒而已，孔子删书，"血流漂杵"之文，因而不改。孟子继之，亦曰："吾于《武成》，取二三策而已。"终不刊去此文。以从己意之便也。

但是他在替经传作注解时，对于一般真正错误的字句，也直接把它改过来，而不顾惜。《语类》卷八十七说：

> 或曰：经文不可轻改。曰：改经文固启学者不敬之心；然旧有

> 一人专攻郑康成解《礼记》，不合改其文，如"蛾子时术之"，亦不改，只作蚕蛾子，云："如蚕种之生，循环不已。"是何义也？且如《大学》云："举而不能先，命也。"若不改，成甚义理？

这便指出了在校书过程中，复不可盲目自信从古本。《语类》卷一百五又曾说明他改易经文的不得已。他说："某所改经文字者，必有意，不是轻改，当观所以改之之意。"照他这样的说法，可以想见他十分审慎的态度。但是他对《孝经》《大学》曾经用自己的看法整理了一番，颇失去原来面目，为后人所訾议。清儒黄廷鉴《第六弦溪文钞》卷一《校书说二》有云：

> 朱子之删定，岂后人改书之比！如《大学》传首三四章下，皆注云："旧本在某句下。"《孝经》经一章下，注云："旧分为几章，衍去引诗引书者几。"凡所更定，必详注旧本云云，则虽改而本书之旧仍存，即谓之未改可也。校书而不改书者，莫善于朱子。不独解经然也，观《阴符》《参同考异》，则兼解文义也，《韩文考异》则正其字句也，皆博采诸本，详列句下。以朱子之学识，何难折衷一是，而犹作传疑未敢专断者，诚慎之至也。

朱熹在校书方面所做功夫的精到处，只有清人能知之，也只有清人能仿效之。清代校勘名家如卢文弨、顾广圻都继承了这种谨慎仔细的精神。阮元所主编的《十三经注疏校勘记》，但载诸本异同，而不轻改文字，便具体地体现了这种精神。

校勘书籍的工作，到宋代特别发达，这和当时印刷术的盛行是分不开的。由于流传愈广，讹舛日多，有意购藏书籍的人，莫不对校勘十分认真，如果自己无暇校书，便宁愿不多藏书。王明清《挥麈前录》卷一记其事云：

承平时，士大夫家如南都戚氏、历阳沈氏、卢山李氏、九江陈氏、番阳吴氏，俱有藏书之名，今皆散佚。近年来所至郡府，多刊文籍，且易得本传录。仕宦稍显者，家必有书数千卷，然多失于校雠也。吴明可帅会稽，百废俱举，独不传书。明清尝启其故，云："此事当官极易办，但仆既簿书期会，宾客应接，无暇自校；子弟又方令为程文，不欲以此散其功；委以他人，孰肯尽心。漫盈箱箧，以误后人，不若已也。"

王氏《挥麈后录》卷七，又称其"先祖早岁登科，游宦四方，留心典籍，经营收拾，所藏书逮数万卷。皆手自校雠，贮于乡里，汝阴士大夫，多从而借传"。陆游《老学庵笔记》卷八亦称："贺方回喜校书，朱黄未尝去手。"根据这些记载，可知宋代的藏书家又是汲汲讲求校勘的。这便开了后世藏书家注意校书和刻书的风气。

丁　簿录群书的工作

将很多书籍的名称有系统地分门别类，胪列成簿，称为"目录"。这二字成为一个专用名词，起于汉代。用"目录"二字联系到一种专门学问，称为"目录学"，却是从宋人开始的。《苏魏公谭训》卷四说过："祖父谒王原叔，因论政事。仲至侍侧，原叔令检书史，指之曰：此儿有目录之学。"据此，可知北宋时已有"目录学"的专门名词了。（近人姚名达所著《目录学》及《中国目录学史》，以为目录学成为名词，始见于王鸣盛《十七史商榷》，大误。）

宋代学者不独把目录学肯定为一种专门的学问，并且在这方面取得了大的成就，创辟了新的途径。目录的书籍，不外三大类：一、官簿，是由政府罗致专才，到国家图书馆内去校书而写成的书目。如刘向、刘歆父子在西汉末年所编定的《别录》和《七略》是。二、史志，是由史家修史时，登载现存书籍的名目，写为这部史书内的一篇。如班固《汉书·艺文志》是。这两种体制,宋人都继承了。前者有北宋仁宗时王尧臣、王洙、欧阳修等奉诏修成的《崇文总目》,后者有南宋高宗时郑樵所私自写成的《通志·艺文略》。这都是仿效前人的体例来编定的。宋人除此二大类外,又新创了一种体例,便是私录。是由私人编写的一家藏书目录,成为一部专著。像晁公武的《郡斋读书志》、陈振孙的《直斋书录解题》,成为后世私家读书志、藏书志一类写作的开端。

宋代学者编写官簿和私录的两大类书目,都有详明的解题。官簿如《崇文总目》,其原本虽不可见,但《宋史·艺文志》著录《崇文总目》六十六卷,书名之下,必有论说。至于私家书目,如《郡斋读书志》《直斋书录解题》,对于每书作者事迹,书中内容介绍尤详。这是由于官簿和私录,同是专门性质的编述,不为卷帙所限,所以考释不厌其详,对后来读书的人们帮助很大。清代官簿如《四库全书总目提要》,便继承了这一传统。至于私家藏书志一类,更是日出不穷,由介绍作者生平及本书内容,更推广到版本行款、印刷早晚各方面的记载了。

从来研究目录学的人们,莫不奉《汉书·艺文志》为不祧之祖,因为它是以刘歆《七略》为底本而改编的,《七略》今不可见,而绝大部分保存在这里面,所以后世如果要探寻刘、班义例,自然以《汉书·艺文志》为最重要的典籍。但是第一次从汉书里面把这二篇抽出来单行,而特别加以疏通证明成为专书的,是宋代学者王应麟。王氏有《汉书艺文志考证》十卷,捃摭旧文,补颜师古注说之不备,这便是清代目录学家章宗源《隋书经籍志考证》、姚振宗《汉书艺文志条理》这一类书籍之所从出。

王应麟在就《汉书·艺文志》本文和颜注加以疏通证明之外,还做了另一方面的工作,便是将史传中有此书名,而《汉志》不著录的,也都依类附入,凡二十六部,各疏其所注于下,而以不著录字别之。这种工作也就指示了后人用功的又一方向。清代姚振宗的《汉书艺文志拾补》六卷,便是循着这条道路努力写成的。

宋人对考证之学，做的功夫很切实，特别是南宋诸儒，在考证文字的形式上，也有了一定的成规。表现在目录书籍方面的，如马端临的《文献通考·经籍考》，于每书解题，博引繁征，不厌其详，凡和本书有关的序跋、题记、论说的文字，都搜辑起来，低一格写在书名之下，马氏自己的意见或考证、心得，都附按语于尾。这种形式的考证方法，在宋以前是没有的。这种方法传至清代，朱彝尊得之，而作《经义考》；谢启昆得之，而为《小学考》。后来这一类的书籍，也就日益增多。

宋代最杰出的目录学家，首推郑樵。他对于书籍分类法，有创造性的发明，舍弃一切依傍，敢于自立新例，在目录学史上，自然是一件惊人的大事。本来，从唐以下图书编目，早已肯定了依着经、史、子、集顺序而下的四部分类法，和汉代《七略》的类例，截然不同。郑樵都否定了它们，所以《通志·校雠略》说："《七略》所分，自为苟简；四库所部，无乃荒唐。"在《通志总序》中，提出他自己的意见道：

> 学术之苟且，由源流之不分；书籍之散亡，由编次之无纪。《易》虽一书，而有十六种学：有传学，有注学，有章句学，有图学，有数学，有谶纬学，安得总言易类乎？《诗》虽一书，而有十二种学：有训诂学，有传学，有注学，有图学，有谱学，有名物学，安得总言《诗》类乎？道家则有道书，有道经，有科仪，有符录，有吐纳内丹，有炉火外丹，凡二十五种，皆道家，而浑为一家，可乎？医方则有脉经，有灸经，有本草，有方书，有炮炙，有病源，有妇人，有小儿，凡二十六种，皆为医家，而浑为一家，可乎？

这是他说明图书分类必须细密的理由，而摘举几种以示例。他终于在编写《通志·艺文略》时，荡除过去一切狭隘的门类，总分群书为"经""礼""乐""小学""史""诸子""天文""五行""艺术""医方""类书""文"等十二类，而每一门类的细目，又十分详明。《校雠略》说："总十二类，百家、四百二十二种。"这种分类法，在当时是一种显著的大进步，虽不为学术界所重视，但是后来确有高见卓识的学者们，却为郑氏的议论见解所转变了。例如清儒孙星衍编《祠堂书目》，便不守四部成规，将群书分为经学、小学、诸子、天文、地理、医律、史学、金石、类书、词赋、书画、小说等十二类，显然是遥承《通志·艺文略》的类例，而向前发展的。

戊　字形字音字义的研究工作

"读书必先识字"，这是封建社会学者们所经常提出的口号。识字的范围包括"文字""声韵""训诂"三部分，是指每个字的形体、音读和意义。古人认为这种知识，幼小时候便当留意讲求，所以称为"小学"。特别是清代学者，对于这方面的功夫，做得很专精，成就也特别巨大。他们由于把自己的成绩估计太高，以为跨越汉唐，更看不起宋儒，盲目地肯定宋儒空疏不学，而加以轻蔑。其实清儒讲求"小学"的途径和方法，都是凭借宋代学者在这方面已经取得的成绩的基础上进行研究的。

首先，谈到研究汉字的形体结构，和有系统地去理解它，自然以东汉许慎的《说文解字》为最重要的典籍。但是从东汉传到宋初，因传抄而致讹误的地方，所在皆是，特别是经过唐代李阳冰的任意改窜，损坏了许氏原书的本来面目。宋太宗雍熙三年（九八六年），统治阶级所认为"深明旧史，多识前言"的徐铉，便受诏校定《说文解字》。他校定完毕时，献书于朝，并附表一篇介绍道：

> 篆书堙替，为日已久，凡传写《说文》者，皆非其人，故错乱遗脱，不可尽究。今以集书正副本及群臣家藏者，备加详考。有许慎注义序例中所载，而诸部不见者，审知漏落，悉从补录。复有经典相承传写，及时俗要用，而《说文》不载者，承诏皆附益之，以

广篆籀之路。亦皆形声相从，不违六书之义者。其间《说文》具有正体，而时俗讹变者，则具入注中。其有义理乖舛，违戾六书者，并序列于后。俾夫学者，无或致疑。大抵此书务援古以正今、不徇今而违古。

据此，可知他对这种校定工作，是十分审慎的。许氏原书十四篇，连序篇共十五卷，徐铉认为篇帙繁重，每卷各分上下，共三十卷。《说文》阙载，注义及序例偏旁有者，新补十九文于正文中。经典相承传写，及时俗要用，而《说文》不载者，新附四百二文于正文后。又以俗书讹谬、不合六书之体二十八文，及篆文笔迹相承小异者，附于全书之末。校订之外，稍附训释。许氏作书时，还没有反切，徐铉根据宋初盛行的孙愐《唐韵》，将每字反切都在《说文》中注记下来，使学者容易找到每字的音读，对研究《说文》的人们，给予了便利。

徐铉的弟弟徐锴也是一个湛深于古文字学的人。他做过南唐的官，当宋兵下江南时，他死于围城之中。照理讲，他虽不能算成宋代的学者，但徐铉《说文》之学，和徐锴的关系是极密切的。锴著有《说文系传》四十卷，首列《通释》三十卷，依《说文》十五篇（连序篇）篇析为二，凡属徐锴自己所发挥的，或征引经传处，都加上"臣锴曰"或"臣锴案"诸字以示分别；继以《部叙》二卷，《通论》三卷、《祛妄》《类聚》《错综》《疑义》《系述》各一卷。他自名其书叫《系传》，便是把《说文》看成经典了。这部书的写成，远在徐铉校定《说文》之前。铉职在校勘，所以发挥自己的见解较少。锴志在论述，所以自成一家之言。后世并称"二徐"，且有"大徐""小徐"之号。清代学者笺注《说文》，大半都以大徐校定本为底本。而他们进一步作有系统的研究，以探穷形声相生、音义相转之理，又以得之小徐的启发为多。

封建时代学者们每一谈到文字的结构，便离不开"六书"。六书，本来是西汉学者研究文字时从字群中用综合和分析的方法所领会出来的几个类例，而不是造字时的什么原则。不过既由学者们归纳出了几个条例，再用以去统括所有的文字，使之以类相从，有条不紊，仍然有它的作用。清儒钱大昕在《十驾斋养新录》卷四徒然根据几位宋儒的穿凿附会的例子，便提出"宋人不讲六书"的论断。其实把六书看成一种专门的学问"认真地去分析它，写成专门的书来说明它，这是从郑樵《通志》的《六书略》开始的。郑氏在《序论》里开首便说："经术之不明，由小学之不振；小学之不振，由六书之无传。"这便把六书提到了很重要的地位。他在分析说明之中，虽不免牵强附会和师心自用的弊病，但是他却是第一个把六书说成有条理有系统的人，门分类别，用以统括一切，以成其"驱天下文字尽归六书"的一种整理文字的工作。在发凡起例方面，自然有他极伟大而精谛的创造，替后人开辟了不少的途径。即就分析门类来说，例如他把象形文字分为十种：天地之形、山川之形、井邑之形、草木之形、人物之形、鸟兽之形、虫鱼之形、鬼物之形、器用之形、服饰之形。这种分法，不一定合乎科学；但是清代诸儒著书论六书，乃至像王筠的《说文释例》《文字蒙求》等书，在谈到象形的种类，也还是仿效了郑氏以类相从的旧法，去继续阐明的。

其次，谈到文字的音读，在清儒也成为讨论十分热烈、钻研十分专精的学问，而其致力之途径，不外两个：一是切韵，二是古韵。这两条路，也都是宋人开的。切韵方面，便有司马光所撰《切韵指掌图》二卷，附检例一卷。这书以三十六字母科别清浊，为二十图，首独韵，次开合韵，每类之中，又以四等字多寡为次。王行《书后》有云：

> 华音之有翻切，未审昉于何时。世所大行，惟陆法言之五卷。至于图列音母，以简御烦，则又自司马公始也。大中祥符初，敕增修《唐韵》为《广韵》，昭陵又敕增为《集韵》，是图之作，实羽翼夫韵书也。

这书诚然是宋代学者的一种创作。清儒如江永所著《音学辨微》《四声切韵表》一类的书，都是循着这条道路发展的。

至于研究古韵的开端，是由于学者们读古代韵文时，拿当时流行的韵书去校对，十之八九并不同韵，始而怀疑；由怀疑便综合起来加以分析，渐渐发觉古人韵宽，后世韵窄的基本原理，再从而确定了古代韵部的面貌。这种工夫，也是宋人最先去做的。宋代陈彭年等所重修的《广韵》，凡二百六部，是当时通行的韵书。学者们拿去读周秦古书，如《易经》《诗经》《楚辞》《老子》这一类有韵的文字，是不能吻合的。最初有吴棫的《韵补》，搜集群书用韵与今音不合的地方，把它综合起来，就二百六韵创为古通某（如"冬""钟"注：古通"东"）、古转声通某（如"佳""皆""哈"注：古转声通"支"）、古通某或转入某（如"江"注：古通阳或转入东）诸例，可算是推求古韵的嚆矢。但是这一工作究竟是草创，他的认识始终停留在协韵的问题上，而没有推穷其所以然。不过他的筚路蓝缕之功，是不可湮没的。

宋代学者从艰苦钻研中，找得了古人用韵的规律。正式把古韵部居肯定下来，写成专书以传世的，以郑庠的《诗古音辨》为最先。他把二百六部归并成六部，这便是中国声韵学上古韵分部之始。清代学者顾炎武分古韵为十部，江永又析为十三部，段玉裁又析为十七部，孔广森又析为十八部，王念孙又析为二十一部，都是用郑氏所考定的六部作研究基础，以渐加详逐步增密的。

关于训诂之学，昔人无不认为《尔雅》是训诂的正宗，为传注之祖。但是这部书传世久远，替它作注解的，从汉以后，固然不少；保存得完备而没有残缺的，却只有晋代郭璞一家之注。替郭注作疏的，从宋代邢昺开始。现在通行《十三经注疏》内的《尔雅疏》，便是邢昺的本子，后人颇以此书太简略，除引伸郭注外，无它发明。但是《四库全书总目提要》却指出："疏家之体，惟明本注；注所不及，不复旁搜。此亦唐以来之通弊，不能独责于昺。"这种论断是正确的。况且邢疏发明郭注之处，亦时有精义（清儒陈澧《东塾读书记》卷十一已经指出），替后来研究《尔雅》的学者们开辟了道路。清儒如邵晋涵的《尔雅正义》，郝懿行的《尔雅义疏》，也都是沿着邢氏走过的老路，奉郭注为宗主，继续加以疏通证明的。

宋代学者在训诂学的园地还另辟了一块新的领域，便是从文字所从之声，去探索他的意义。本来汉字十之八九系形声字。而形声字中，大半是左形右声，例如江、河、松、柏等字，其含义都在左边的"水"和"木"，一望而人人皆知是水名或木名。宋代学者却相反地找到了一条规律，认为右边所从之声，也都有它的意义。这在当时，称为"右文"。如王圣美之流，便专在这方面用力研究过。沈括《梦溪笔谈》卷十四说过：

> 王圣美治字学，演其义为右文。古之字书，皆从左文。凡字其类在左，其义亦在左。如木类，其左皆从木。所谓右文者，如：戋，小也。水之小者，曰浅；金之小者，曰钱；歹之小者，曰残；贝之小者，曰贱；皆以戋字为义。

其次，张世南在《游宦纪闻》卷九中也说：

> 自《说文》以字画为类，而《玉篇》从之。不知其右旁亦以类相从，如戋为浅小之义，故水之可涉者曰浅，疾而有所不足曰残，货而不足贵者为贱，木而轻者为栈。青为精明之义，故日之无障蔽者为晴，水之无溷浊者为清，目之能见明者为睛，米之去粗皮者为精。

据此，可知在这方面用功钻研的人，还很普遍。这便替后人另辟了一条新途径。清代学者如焦循的研究《易经》，朱骏声的整理《说文》，都采用了这种方法去说明问题。至于黄春谷的《梦陔堂文集》里，发挥得更为详尽。近人刘师培也有《字义起于音说》三篇，载在《左盦集》卷四，而在他所编《中国文学教科书》《形声释例》中，推阐尤明，都是循宋人右文之说，推衍而成。

己　古代遗物的整理工作

铜器和石头上面的刻辞，可以是正文字，可以证说史实。这在很早的时候，我们祖先便已运用它作为考古的资料了。不过研究"金石"，到宋代才成为专门之学。宋代学者对这方面所做的工夫，可分三方面来谈。

宋代学者搜集古器物而从事考订，始于刘敞、欧阳修。《宋史》卷三百十九《刘敞传》称其"尝得先秦彝器数十，铭识奇奥。皆案而读之，因以考知三代制度。尤珍惜之，每曰'我死，子孙以此蒸尝我'"，可知刘敞是宋代第一个对古代器物发生浓厚兴趣的人。其次，便是欧阳修，进一步把所有金石拓片，开始著录加以考证。蔡絛《铁围山丛谈》卷四说："始则有刘原父（敞）侍读公为之倡，而成于欧阳文忠公（修）。"这是符合当时实际情况的记载。蔡氏并且详尽地将宋代研究金石的风气叙述一番道：

> 初，原父号博雅，有盛名。襄时出守长安，长安号多古簠、敦、镜、甗、尊、彝之属，因自著一书，号《先秦古器记》。而文忠公喜集往古石刻，遂又著书，名《集古录》，咸载原父所得古器铭款。由是学士大夫雅多好之，此风遂一煽矣。元丰后，又有文士李公麟者出。公麟字伯时，实善画，性希古，则又取平生所得，暨其闻睹者，作为图状，说其所以，而名之曰《考古图》。传流至元符间，太上帝即位，宪章古始，眇然追唐虞之思，因大宗尚。及大观初，乃效公麟之考古，作《宣和殿博古图》。凡所藏者，为大小

礼器，则已五百有几。世既知其所以贵爱，故有得一器，其直为钱数十万，后动至百万不翅者，于是天下冢墓，破伐殆尽矣。

据此，可知宋代搜集古器物的风气最初从私家开始，后来才影响到最高统治者也留意访求。欧阳修在当时位极人臣，财力足以购致古物。至于李公麟，是宋代著名的画家，《宋史》卷四百四十四本传也称其"好古博学，多识奇字，闻一妙品，虽捐千金不惜"。这自然是为一时风气所驱，大家都争先恐后地以购致古器相尚了。

欧阳修的《集古录》，为书十卷，登载了几百篇金石跋文，这是我国学术史上正式出现金石学专著的开端。后来赵明诚仿其体例，写成《金石录》三十卷。此外，像吕大临的《考古图》、薛尚功的《历代钟鼎彝器款识法帖》、王俅的《啸堂集古录》，都是私家考证的成果。而由宋徽宗赵佶领导臣下编成的《宣和殿博古图》，都是当时集大成的作品。

考证古代器物，特别是辨认上面的文字，是一件不容易的事。刘敞在《先秦古器记》自序中便已提出："礼家明其制度，小学正其文字，谱牒次其世谥。"这样，如果不是学有根底的人，是不好轻易来谈的。特别是遇着了字形方面的疑难，而无从取证时，容易发生穿凿附会的弊病，在宋代学者所做工作中，也犯了不少这一类的错误。例如嘉祐六年（一〇六一年），刘敞出为永兴军路安抚使，在长安得古器很多，送了二件给欧阳修，一为"伯冏之敦"；一为"张仲之匜"。欧阳修大加考证，认为这两个古人的名字，见于《诗》《书》：伯冏，周穆王时人；张仲，宣王时人（详见《集古录》卷一）。但是问题却发生了，原器刻辞"弡中"，上一字不一定是"张"字。赵明诚《金石录》卷十一便说：

> 吕与叔以偏旁推之，其字从巨，不从长。以隶字释之，当为弡。弡字虽见《玉篇》，然古文与隶书多不合，未知果是否？

黄伯思《东观余论》卷上《𫓧仲匜辨》也说：

> 𫓧音其勿反，原父误释为张字，遂以为张仲之器。欧阳公从而文之以数百字，盖失之矣。古器中又有𫓧伯敦，岂张仲之兄乎？

《朱子语类》卷八十四也说：

> 刘原父好古，在长安偶得一周敦，其中刻云"𫓧中"，原父遂以为周张仲之器。后又得一枚，刻云"𫓧伯"，遂以为张伯。曰：诗言张仲孝友，则仲必有兄矣，遂作铭述其事。后来赵明诚撰《金石录》辨之云：𫓧非张，乃某字也。今之说礼，无所据而杜撰者，此类也。

王应麟《困学纪闻》卷八，谈到此事，也认为"古文难考，几于郢书燕说"。两宋学者对这问题，已经不满于刘敞和欧阳修的武断而加以否定了。可知考证金石刻辞，是一件极艰难的工作。这种弊短，在宋代普遍存在。这在陈振孙《直斋书录解题·金石录解题》下已经指出：

> 本朝诸家蓄古器物款识，其考订详洽，如刘原父、吕与叔、黄长睿，多矣。大抵好傅会古人名字，如丁字即以为祖丁；举字即以为伍举；方鼎即以为子产；仲吉匜即以为偏姞之类。邈古以来，人之生世夥矣，而仅见于简册者几何？器物之用于人亦夥矣，而仅存于今世者几何？乃以其姓字名物之偶同而实焉，余尝窃笑之。惟其傅会之过，并与其详洽者皆不足取信矣。

当时号称为专家研究，尚且流弊至此，至于由宋徽宗赵佶亲自领导臣工们所编定的《博古图》，更可想见了。洪迈《容斋随笔》卷十四说过：

政和、宣和间，朝廷置书局以数十计，其荒陋而可笑者，莫若《博古图》。予比得汉匜，因取一册读之，发书捧腹之余，聊识数事于此。父癸匜之铭曰："爵方父癸。"则为之说曰："周之君臣，其有癸号者，惟齐之四世有癸公。癸公之子，曰哀公。然则作是器也，其在哀公之时欤？故铭曰父癸者，此也。"夫以十干为号，及称父甲父丁父癸之类，夏商皆然，编图者固知之矣，独于此器表为周物，且以为癸公之子称其父，其可笑一也。周义母匜之铭曰："仲姞义母作。"则为之说曰："晋文公杜祁让偪姞而己次之。"赵盂曰：母义子贵，正谓杜祁。则所谓此为偪姞？杜祁但让之在上，岂可便为母哉？既言仲姞自名，又以为襄公为杜祁所作，然则为谁之物哉？其可笑二也。汉注水匜之铭曰："始建国元年正月癸酉朔日制。"则为之说曰："汉初始元年十二月，改为建国。此言元年正月者，当是明年也。"按《汉书》：王莽以初始元年十二月癸酉朔日，窃即真位，遂以其日为始建国元年正月。安有明年却称元年之理？其可笑三也。楚姬盘之铭曰："齐侯作楚姬宝盘。"则为之说曰："楚与齐从亲，在齐湣王之时。所谓齐侯，则湣王也。周末诸侯自王，而称侯以铭器。尚知止乎礼义也。"夫齐楚之为国，各数百年。岂必当湣王时从亲乎？且湣王在齐诸王中，最为骄暴，尝称东帝，岂有肯自称侯之理？其可笑四也。汉梁山铜之铭曰："梁山铜器。"则为之说曰："梁山铜者，纪其所贡之地。梁孝王依山鼓铸，为国之富，则铜有自来矣。"夫积山铸钱，乃吴王濞耳。梁山自是山名，属凤翔夏阳县，于梁国何预焉？其可笑五也。观此数说，他可知矣。

尽管如上面所说，宋代公私考证金石刻辞的书籍，免不了一些错误，但是从这种艰巨工作的本身来说，它所取得的成就和对后世的启发，仍然是很大的。

首先，由于宋代学者的努力，创造了保存和描摹古器形貌的方法。这表现在传拓文字和绘制图形上，是十分明显的。拓墨的方法始于六朝，那时专用以拓汉魏石经，继以拓秦刻石。至于用之于拓古器物文字，从宋代才开始。又感到拓本流传不广，于是又根据拓本进行刊木刊石，以图久远。如王俅《啸堂集古录》、薛尚功《钟鼎彝器款识法帖》，便仅摹其文字。此外如《考古图》《博古图》以及《续博古图》诸书，便进一步图绘了每一器物的形状体制，并且详细载明了尺寸轻重，乃至出土之地、藏器之家，亦复纪录无遗。宋代藏器到今天虽百不存一，但赖这些图谱，保存了一部分古器的形制，供后世学者考证的参考，为用很大。

其次，由于宋代学者的努力，肯定了古代礼器的名称。近人王国维在所著《古礼器略说·说觥觚》篇中指出：

> 凡传世古礼器之名，皆宋人所定也。曰钟、曰鼎、曰鬲、曰甗、曰敦、曰簠、曰簋、曰尊、曰壶、曰盉、曰盘、曰匜、曰盦，皆古器自载其名，而宋人因以名之者也。曰爵、曰觚、曰觯、曰角、曰斝，古器铭辞中均无明文，宋人但以大小之差以定之，然至今日，仍无以易其说。知宋代古器之学，其说虽疏，其识则不可及也。

宋人的这种考订工作，无疑是金石学史上不可磨灭的功绩。后世出土的器物，较宋为多，并且有不少的东西，不见于宋人书中，而是新发现的器物。从事研究工作的人们，也只能根据古书的可考记载，安上一个适当的名称，这也是循用宋人的方法来处理问题的。

郑樵《通志·金石略》有云："三代以上，惟勒鼎彝。秦人始大其制，而用石鼓；始皇欲详其文，而用丰碑。自秦迄今，惟用石刻。"这说明了铜器刻辞的时间比较短，而石刻的时间比较长，也就说明了石刻的资料，在金石学的园地里，占了主要地位了。研究石刻而成为专门之学,也是从宋代学者开始的。像洪适的《隶释》二十七卷、《隶续》二十一卷,便专录碑刻,具载金文,考证之语,都低一格书于其后。清代学者如王昶《金石萃编》,便完全沿用了这一体例。

石刻以石鼓为最早,它有径方二寸以上的文字,每篇都有七十多字的长诗,诚然是历史上最煊赫的刻石。从隋代在天兴县的三畤原发现以后,当时人们徒以字迹和大篆相似,认为是史籀写的,而定为周宣王时物。一直到郑樵,才从文字来证明它是秦刻石。但马定国等又把它定为后周。近人则主张为秦刻石者为多,且出土之处,本属秦地,惟年代不能辄定。震钧、罗振玉、马叙伦等,主张是文公(公元前七六五至前七一六年);马衡主张是穆公(公元前六五〇至前六二一年);郭沫若主张是襄公(公元前七七七至前七六六年)。聚讼纷纭,莫衷一是。但是首先大胆怀疑,肯定它是秦篆而非周代遗物的,我们还不能不归功于八百年前的郑樵。

他在《金石略》中,将石鼓文录入秦代石刻内,与绎山泰山诸碑并列,并且自注云:"臣有《石鼓辨》,明为秦篆。"郑氏又有《石鼓文考》专著,这是金石学家专写一书来考证一事一物的开端。原书虽佚,但是后来作《直斋书录解题》的陈振孙,曾经到郑樵故乡莆田做过官,传抄过郑樵这部书(详见周密《癸辛杂识》),所以在《石鼓文考》解题下又指出:"其说以为石鼓出于秦,其文有与秦斤秦权合者。"单凭这简略的介绍,便可知道它的内容了。南宋绍定间(一二二八——一二三三年),临安章樵注《古文苑》卷首石鼓文下,便引了郑樵的辨说。可以考见郑氏是在看到甲鼓殹字见"诅楚"及秦斤、丞字见秦权,而取得立论根据的。

汉灵帝熹平四年(一七五年),立五经刻石于太学门外,是中国历史上一件大事。后世称为《熹平石经》,既可校正经文,又可临摹书法(相传是蔡邕写的)。但这碑传至后来便损破崩坏了。残字片石,仍足以供后人考证。从宋代学者,便开始注意收集。黄伯思《东观余论》卷上

《记石经与今文不同》篇里便说：

> 此石刻在洛阳，本在洛宫前御史台中，年久摧散。洛人好事者，时时得之，若骐骥一毛，虬龙片甲。今张焘龙家有十版，最多；张氏婿家有五六版；王晋玉家有小块。洛中所有者止此，予皆得其拓本。

这连收藏家的姓名和得石多少，都记载得很清楚，便给后来研究石经的学者们一个很大的启示。

当欧阳修编写《集古录》的时候，便在序中说过："因并载夫可与史传正其阙缪者，以传后学，广益于多闻。"可知金石的最大用途，是在于考证史实，但是另一方面，也还可取以证经。清末学者如朱百度的《汉碑证经》、皮锡瑞的《汉碑引经考》，都是这一方面的工作。但这种工作，也还是宋人最先动手的。清末文廷式的《纯常子枝语》卷三说过：

> 李心传《丙子学易编》与黄直卿书云："古书与本义暗合者，妄意亦欲表出之，如汉玄儒娄先生碑云：父安贫守贱，不可荣以禄之类。"直卿复书云："古书可以互见，正当拈出。前辈考经，此类亦多。"据此，则以汉碑证经，宋人之旧学也。

由此可见，宋代学者对于汉碑可以补证经义的价值，已加以深刻的注意了。

铜器和石刻上面的文字，是研究古文字学的重要资料，这也是宋代学者开始注意的。例如薛尚功的《历代钟鼎彝器款识法帖》二十卷，虽以钟鼎款识为名，然所疏释的对象，主要是古器的文字，而不是古器的体制，这便已经把钟鼎文字，归入了字学的范围。其次如王应麟的《困学纪闻》，将有关金石的一些问题，和《尔雅》《说文》之类，同列"小学"。可知宋代学者,已经明确了金石学和文字学的一致性,二者是分不开的。后来元初修《宋史·艺文志》,把刘敞《先秦古器图》、李公麟《古器图》以及《考古图》《博古图》和欧、赵、薛、王、洪、黄诸家考证之书,完全著录在经部小学类,这却很好地反映了宋代学者当日功力所至的范畴和途径。

此外,由研究金文而推及到钱币,宋代便有洪遵的《泉志》十五卷;由研究石刻而推及到古玉,宋代便有龙大渊等所编定的《古玉图谱》一百卷;由金文石刻而推及到玺印,宋代便有王厚之的《汉晋印章图谱》一卷;至于岳珂作《桯史》,其中载有《古冢桴盂记》一篇,这是封建社会学者们有专篇记载明器之始,也就开始了对明器的重视和研究。凡此,都是前人没有做过的功夫,而是宋代学者开辟的研究园地,从此金石考证的范围,也就日益扩大了。近三百年来,从事金石考证的学者不下数十百家,而在学术上的成就也非常大,但都是遵循着宋人的途径和方法,逐步提高改进而向前发展的。

第二,关于史料整理的各项工作

甲　当代史迹之整理

宋代史学的最大特色,便是详于当代史迹的记述,能够及时地把现实的社会变化和政治得失编写成书。这是宋代史学最成功的地方。也只有宋人具此魄力,在这方面用了不少的工夫。《文献通考》卷一百九十三引陈傅良《建隆编》自序有云:

> 本朝国书,有日历,有实录,有正史,有会要,有敕令,有御集;又有司专行指挥典故之类;三朝以上,又有宝训;而百家小说私史与大夫行状志铭之类,不可胜记。

这样名类繁多的当代记述，是中国历史上空前的大成绩，值得我们重视。

《文献通考·经籍考》史部正史门，登载历代正史外，还著录了《三朝国史》一百五十卷，《两朝国史》一百二十卷，《四朝国史》二百五十卷。这些卷帙巨大的史书，虽由设馆修成，终竟费了学者们无限心力。洪迈《容斋三笔》卷四"九朝国史"条下，叙述修书本末道：

> 本朝国史凡三书：太祖、太宗、真宗，曰三朝；仁宗、英宗，曰两朝；神宗、哲宗、徽宗、钦宗，曰四朝。虽各自纪事，至于诸志若天文、地理、五行之类，不免烦复。元丰中，三朝已就，两朝且成，神宗专以付曾巩，使合之。巩奏言："五朝旧史，皆累世公卿，道德文学、朝廷宗工所共准裁。既勒成大典，岂宜轻议损益？"诏不许，始谋纂定。会以忧去，不克成。其后神、哲各自为一史。绍兴初，以其是非褒贬皆失实，废不用。淳熙乙巳，迈承乏修史，丙午之冬，成书进御，遂请合九朝为一。寿皇即以见属。尝奏曰："臣所为区区有请者，盖以二百年间，典章文物之盛，分见三书。仓卒探究，不相贯属。及累代臣僚，名声相继。当如前史，以子系父之体，类聚归一。若夫制作之事，则已经先正名臣之手，是非褒贬，皆有据依，不容妄加笔削。乞以此奏下之史院，俾后来史官，知所以编纂之意，无或辄将成书，擅行删改。"上曰："如有未稳处，改削无害。"迈既奉诏，开院，亦修成三十卷矣。而有永思攒宫之役，才归即去国。尤袤以高宗皇帝实录为辞，请权罢史院，于是遂已。祥符中，王旦亦曾修撰两朝国史，今不传。

这些"国史"的编辑，无疑是以实录和日历为蓝本。《文献通考·经籍考》史部起居注门有《太祖实录》五十卷、《重修太祖实录》五十卷、《太宗实录》八十卷、《真宗实录》一百五十卷、《仁宗实录》二百卷、《英宗实录》

三十卷、《神宗实录》二百卷、《神宗朱墨史》二百卷、《神宗实录考异》二百卷、《哲宗前录》一百卷、《后录》九十四卷、《重修哲宗实录》一百五十卷、《徽宗实录》二百卷、《钦宗实录》四十卷、《高宗实录》五百卷、《孝宗实录》五百卷，而《宋史·艺文志》又著录《光宗实录》一百卷、《宁宗实录》四百九十九卷、《理宗实录初稿》一百九十卷。这是多么丰富的史料！至于日历，那就更多了。《宋史·艺文志》著录《高宗日历》一千卷、《孝宗日历》二千卷、《光宗日历》三百卷、《宁宗日历》五百一十卷，重修五百卷。这都是一系列的官修书籍。

当时统治者既注意时事的编纂，也就激起了宋代学者们私人修史的勇气。例如李焘所作《续资治通鉴长编》，便是积四十年写成的大部书。李氏原来编写的卷帙，大得十分惊人。《文献通考》卷一百九十三登载了李氏进书的《奏状》四篇：一在隆兴元年（一一六三年），一在乾道四年（一一六八年），一在淳熙元年（一一七四年），一在淳熙九年（一一八二年）。可知他这部书，是分几次陆续献进朝廷的。他在最后一次《奏状》中说道：

> 臣累次进所为《续资治通鉴长编》，今重别写进，共九百八十卷，计六百四册。其修换事，总为目十卷。又缘一百六十八年之事，分散为九百八十卷之间，文字繁多，本末颇难立见，略存梗概，庶易检寻。今创为《建隆至靖康举要》六十八卷，并卷总目，共五卷。已上四种，通计一千六十三卷，六百八十七册。

他自己在《奏状》中并且申言："网罗收拾，垂四十年。""精力几尽此书。"马端临在《文献通考》里，引他的父亲马廷鸾的话，也指出此书"一百六十八年之事，以四十年而成"，这是何等持久耐心的艰苦工作！据陈振孙《直斋书录解题》，称其"逐卷自分子卷，或至十余"。那么，他《奏状》所称一千六十三卷，自然是统括所有子卷来计算的。宋代公私簿录，但题一百六十八卷，大约是依北宋九朝一百六十八年的事迹，逐年为一卷。这书自宋以来，传本渐稀，到清代修《四库全书》时，从《永乐大典》中重新辑录，依文字繁简，别加厘析，定著为五百二十卷，仍然是卷帙浩繁的大著作。

李焘的《续资治通鉴长编》，只载北宋九朝的事迹（九六〇——一一二七年）。继这部书而续编的，便有李心传的《建炎以来系年要录》（《文献通考》作《系年要记》，《宋史》本传作《高宗要录》），专载高宗一朝三十六年的事迹，为书至二百卷，自然是很详尽的写作。这书从元以后，传本已稀。今通行本，也是清乾隆时从《永乐大典》中辑出的。此外私人编写成的当代史书，如徐度的《国纪》五十卷，王偁的《东都事略》一百五十卷，熊克的《九朝通略》一百六十八卷、《中兴小历》四十一卷，赵甡之的《中兴遗史》六十卷，李丙的《丁未录》二百卷，都著录于《文献通考·经籍考》及《宋史·艺文志》，是私人写作中卷帙较大的史籍。

由于宋代学者勇于私人修史，特别是对当代事实，热心纂辑，所以稗官野史，也就日益丰富。在叙述时政的记载中，自然反映了当时的社会真实情况，大为统治阶级内部的权臣所忌，私人所修的史书，不免受了直接和间接的摧残和焚毁，造成史料中极大损失。李心传《建炎以来朝野杂记甲集》卷六"嘉泰禁私史"条下说道：

> 顷秦丞相既主和议，始有私史之禁。时李文简焘，尝以此重得罪。秦相死，遂弛语言律。近岁私史益多，郡国皆锓本，人竞传之。嘉泰二年（一二〇二年）春，言者因奏禁私史，且请取李文简《续通鉴长编》，王季平《东都事略》、熊子复《九朝通略》，李丙《丁未录》及诸家传等书，下史官考订。或有裨于公议，乞即存留，不许刊行；其余悉皆禁绝，违者坐之。文简所著《长编》，凡九百余卷，孝宗甚重之。季平、子复皆尝上其书，除职迁官，仍付史

馆。丙以父任监行在都盐仓，乾道八年（一一七二年）夏，上其所编《丁未录》二百卷，自治平四年至靖康元年。诏特改京官，付国史院，然纪载无法，学者弗称焉。其秋，商人载十六车私书，持子复《中兴小历》及《通略》等书，欲渡淮。盱眙军以闻，遂命诸道帅宪司察，郡邑书坊所鬻书，凡事干国体者，悉令毁弃。《中兴小历》者，自建炎初元至绍兴季年，虽已成书，未尝进御，然其书多避就，未为精博，非《长编》之比也。

据此，可知宋代野史虽多，然受统治阶级有意识地禁毁以致亡佚的，当不在少数。但是私人留心于讲求当代掌故的搜辑和排纂，仍然是很多的，如彭百川的《太平治迹统类》，江少虞的《皇朝事实类苑》，李攸的《皇朝事实》，李心传的《建炎以来朝野杂记》，都分门隶事，把宋代的掌故网罗很多，足为"正史"的羽翼。

至于采集当代名臣巨卿的碑传，成为一书，便有杜大珪所编的《名臣碑传琬琰集》一百七卷，共分三集：上集凡二十七卷，收"神道碑"；中集凡五十五卷，收"志铭""行状"；下集凡二十五卷，收"别传"。从北宋初年起，至南宋初年止，一代达官贵人的行事，略见于此。这便替后人开了一条整理当代史料的新道路。明代徐纮便辑有《明名臣琬琰录》二十四卷、《续录》二十二卷，清代钱仪吉纂有《碑传集》一百六十四卷，缪荃孙有《续碑传集》八十六卷，都是循着杜氏所创辟的体例去从事编述的。

乙　旧史之整理

一、改修旧史

改修旧史的工作，宋以前便已有了。如刘宋以前，作《后汉书》的已有八九家，范晔把它重新编写一次，这是用私人的力量去改修私人著述的事例。唐以前修《晋书》的，已有十几家，但到唐太宗时，又令房玄龄等重新编写一次，这是用政府的力量去改修私人著述的事例。至于用一个人的力量，去改修政府所修成的所谓"正史"，这是封建社会知识分子们所不敢轻易动手的工作。由于政府设馆修书，人力、财力、物力比较集中，私人难与较短长，所以大家对这种工作，都是望而生畏的。只有宋人很勇敢地引为己任，才出现了欧阳修私修的《五代史记》（通称《新五代史》）。本来，当宋初开国的开宝年间（九六八—九七六年）诏修梁、唐、晋、汉、周五代史书，卢多逊、李昉等同修，薛居正等监修，其书多据累朝实录，及范质《五代通录》为稿本，仅仅一年半时间，而成书百五十卷。欧阳修对此书深致不满，便发愤重新独作，写成《五代史记》七十五卷，藏于家。他死后，政府才把这书刊布行世。后人以其模仿《春秋》义例，以一字寓褒贬，书中文到处用"呜呼"二字，慨叹世情，不免使人生厌。其实这书在取材方面也还有其不可湮没的价值。清代赵翼的《二十二史劄记》卷二十一"欧史不专据薛史旧本"条下说：

> 欧史虽多据薛史旧本，然采证极博，不专恃薛本也。宋初薛史虽成，而各朝实录具在，观《通鉴考异》，尚引梁太祖、唐庄宗实录，则欧公时尚在，可知也。欧史《郭崇韬传》赞云："余读《梁宣底》。则实录之外，又有宣底等故籍，皆不遗也。"刘昫之《旧唐书》，修成亦未久，其所援据底本，方借以修《新唐书》，凡唐末交涉五代之事，又足资考订。至宋初诸臣，记五代事者尤多，案《宋史》：范质尝述朱梁至周，为《通鉴》六十五卷（质传）；王溥亦采朱梁至周，为《五代会要》共三十卷（溥传）；王子融集五代事，为《唐余录》六十卷（子融传）；路振采五代九国君臣事迹，作《世家列传》（振传）；郑向以五代乱亡，史多缺漏，著《开皇纪》三十卷（向传）。此外，又有孙光宪《北梦琐言》，陶岳《五代史补》，王禹偁《五代史阙文》，刘恕《十国春秋》，龚颖《运历图》。见于《宋史·艺文志》及晁公武《读书志》者，皆在欧公之前，足

资考订。其出自各国之书：如钱俨之《吴越备史》《备史遗事》，汤悦之《江南录》，徐铉之《吴录》，王保衡之《晋阳见闻要录》，又皆流布。而徐无党注中所引证之《唐摭言》《唐新纂》《九国志》《五代春秋》《监戒录》《纪年录》《三楚新编》《纪年通谱》《闽中实录》等书，又皆欧所参用者。盖薛史第据各朝实录，故成之易，而记载或有沿袭失实之处；欧史博采群言，旁参互证，则真伪见，而是非得其真，故所书事实，所纪月日，多有与旧史不合者，卷帙虽不及薛史之半，而订正之功倍之，文直事核，所以称良史也。

根据这段综合性的记述，可知在欧阳修以前已经有很多人对官修的五代史作了不少拾遗补阙的工夫，替欧阳修准备了丰富的资料，他不过是综合起来，成为一书而已。不过从他以后，便为史学界加辟了新的努力方向，鼓舞了后人敢于用私人的力量去改修官书。明清学者有志改修宋史，近人柯绍忞的改修元史，都是循着这条道路进行的。

二、考证旧史

史部考证之学，宋人也努力去做。首先，便是订伪刊误的工作。从唐代颜师古注《汉书》以后，学者们都宗信它。到北宋刘敞和其弟刘攽，他的儿子刘奉世，便开始补苴罅漏。当时三刘《汉书》之学，声誉很高。《文献通考·经籍考》便著录了三刘《汉书标注》六卷，对旧注多所辨正和发明。《宋史·艺文志》除三刘《汉书标注》六卷外，尚有刘攽《汉书刊误》四卷，这大概是他们父子兄弟预备作《汉书补注》的底本。但是他们的工夫还是在草创，所以不久而出现了吴仁杰的《两汉刊误补遗》十卷，较刘氏原著，却又提高和缜密了。至于熊方，有《补后汉书年表》十卷，则又开后人补修旧史中表、志的先例。

宋人不但对旧史肯做考证的工夫，并且对时人新著，也不遗余力地去订讹补缺。当欧阳修和宋祁共同奉诏改修《新唐书》以及欧阳修私人重写的《五代史记》成书后，便有吴缜的《新唐书纠缪》二十卷、《五代史纂误》三卷，指出了不少的错误和阙漏。《宋史·艺文志》尚著录有韩子中的《新唐书辨惑》六十卷。至于为之加以注说和音释，则有窦巩的《唐书音训》四卷、无名氏的《唐书音义》三十卷（二书见《文献通考·经籍考》）、徐无党的《五代史记注》七十四卷、史炤的《资治通鉴释文》三十卷、王应麟的《通鉴地理通释》十四卷，都对原书有疏通证明之功。

由于宋人对《汉书》之学深感兴趣，对两汉制度文物也就仔细讲求。王应麟有《汉制考》四卷，便是根据其它汉人经注及字书上面的材料，结合《汉书》诸志记载，来考证制度的原委。《四库全书总目》卷八十一《汉制考提要》有云：

> 是编因《汉书》《续汉书》诸志于当日制度多详于大端，略于细目，因掇采诸家经注及说文诸书所载，钩稽排纂，以补其遗，颇足以资考证。又以唐时贾、孔诸疏，去古已远；方言土俗，时异名殊，所谓某物如今某物，某事如今某事者，往往循文笺释，于旧文不必悉符，亦一一详为订辨。

这样便把史部考证学取材的范围，扩大到经学和小学的领域了，这对学术研究工作来说，也仍然是宋代学者所创辟的新途径。《文献通考·经籍考》史部故事门有袁梦麟的《汉制丛录》三十三卷（分门别类，凡二十五门），又职官门有徐筠《汉官考》六卷（《宋史·艺文志》作徐均《汉官考》四卷），王益之《汉书总录》十卷，这都是宋代学者留心汉制考证的实际工作。

丙　编述事业之巨大成就

一、大部编年史之出现

《资治通鉴》的出现，是宋代史学的巨大成就，也是中国学术史上一件大事。它根据丰富的旧史材料，整理了从周威烈王二十三年（公元前四〇三年）到五代时周世宗显德六年（九五九年）总计一千三百六十二年的史事，成为一部依时代顺序以年月为经的二百九十四卷的大著作。主编者司马光以宋英宗治平三年（一〇六六年）受诏修史，到神宗元丰七年（公元一〇八四年）书成奏上。中间经过十九年的长时间，才写成这部卷帙浩繁的编年史。在编述过程中，颇得力于几方面。

（一）发挥了分工合作集体创造的力量。这部书的编写，虽司马光总其事，但同时参加这艰巨工作的人还很多，特别是刘恕（字道原）、刘攽（字贡父）、范祖禹（字淳甫）是最得力的助手。根据司马光《与范淳甫手帖》所云："隋以前，与贡父；梁以后，与道原；足下止修武德以后，天祐以前。"可知当日整理史料的分工情况：自汉至隋，归刘攽；自梁至周（五代）归刘恕；唐代归范祖禹（此与邵伯温《闻见录》所称，略有不同）。这三人都精熟旧事，各用所长，把材料整理好了，写成底本，司马光再加删削整齐的功夫。刘攽的儿子刘义仲说过："先人在书局，止类事迹，勒成长编。其是非予夺之际，一出君实笔削。"（语见《通鉴问疑》）推知其它，亦必如此。

（二）采用了由粗到精、由繁到简的组织材料的方法。《文献通考》卷一百九十三载乾道四年李焘进《续通鉴长编》的奏状有云："臣窃闻司马光之作《资治通鉴》也，先使其僚采摭异闻，以年月日为丛目；丛目既成，乃修长编。唐三百年，范祖禹实掌之。光谓祖禹：长编宁失于繁，无失于略。今《唐纪》取祖禹之六百卷，删为八十卷，是也。"据此，可知在编写《通鉴》的过程中，实先有丛目、长编二阶段。丛目所以比次异闻，好像工厂中的原料品；长编便已加工制造，成为工厂中的粗制品。这两种工作，都是助手们的事。到司马光笔削成书的时候，才由粗制品变为精制品。这种组织材料的工作，无疑是十分细密而艰巨的。

（三）博采兼收，取材极其广泛，丰富了编年史的内容。修书时所用资料，除了十七史以外，杂史多至三百三十二部。高似孙《纬略》，称光编《通鉴》有一事用三四处纂成者。而《四库总目·史部总叙》亦云："今观其书，如淖方成祸水之语，则采及《飞燕外传》；张彖冰山之语，则采及《开元天宝遗事》；并小说亦不遗之。"可知当日搜辑资料的范围是极其广泛的。由于取材的范围极广，所包含的内容也就特别丰富。这点在元代胡三省作《通鉴注》时，早已说过。《通鉴》卷二百十二《唐纪》开元十二年注中有云："温公作《通鉴》，不特纪治乱之迹而已，至于礼乐历数、天文地理尤致其详。读《通鉴》者，如饮河之鼠，各充其量而已。胡注虽仅在此处发其凡，推之全书，莫不如此。"

以上三点是《资治通鉴》所以能写成一部有价值著作的基本条件。司马光除编定二百九十四卷的本书以外，又有《通鉴考异》三十卷、《通鉴纲目》三十卷，都在元丰七年（一〇八四年）随《通鉴》同时奏上。《考异》以明取材不同之故，《纲目》以备检览之易，实为辅翼《通鉴》之作。特别是《考异》一书，替后世史家开辟了一条道路，便是自著一书，把材料的异同说明清楚，以供读者参考。这是一种十分仔细的工作。其后李焘《续资治通鉴长编》、李心传《建炎以来系年要录》也都沿用其例。虽将考异之辞散附在各条之下，体式略有不同，但是考订的作用则一。这便是后世修史者们自注同异的所由昉。

二、纪事本末体之创立

宋代以前，中国史学界编书的体例，不外两大类：一是纪传，二是编年。纪传体的史书以人物为中心，编年体的史书以岁月为中心，都有它的缺陷。因此到宋代，便创立了一个新体。《四库全书总目》卷四十九《通鉴纪事本末提要》有云：

> 纪传之法，或一事而复见数篇，宾主莫辨；编年之法，或一事而隔越数卷，首尾难稽。袁枢自出新意，因司马光《资治通鉴》区别门目，以类排纂，每事各详起讫，自为标题，每篇各编年月，自

为首尾；始于三家分晋，终于周世宗之征淮南，包括数千年事迹，经纬明晰，节目详具，前后始末，一览了然。遂使纪传编年，贯通为一，实前古之所未见也。

这种新的编述体例在宋代出现，并不奇怪，因为宋代学者喜欢抄书，在抄书的过程中，便创造出许多新的编述形式。这不独史部群书如此，其他理董一切古书，莫不如此。近人梁启超在《中国历史研究法》第二章说过：

> 善抄书者，可以成创作。荀悦《汉纪》而后，又见于宋袁枢之《通鉴纪事本末》。编年体以年为经，以事为纬，使读者能了然于史迹之时际的关系，此其所长也。然史迹固有连续性，一事或亘数年，或亘百数十年。编年体之纪述，无论如何巧妙，其本质总不能离开账簿式。读本年所纪之事，其原因在若干年前者，或已忘其来历；其结果在若干年后者，若不能得其究竟。非直翻检为劳，抑亦寡味矣。枢抄《通鉴》，以事为起讫，千六百余年之书，约之为二百三十有九事。其始亦不过感翻检之苦痛，为自己研究此事谋一方便耳，及其既成，则于斯界别辟一蹊径焉。

自从袁枢创立这一体例以后，明代陈邦瞻便有《宋史纪事本末》《元史纪事本末》；清代高士奇有《左传纪事本末》，李有棠有《辽史纪事本末》《金史纪事本末》，谷应泰有《明史纪事本末》，杨陆荣有《三藩纪事本末》，李铭汉有《续通鉴纪事本末》。由是纪事本末体的史书，便大大增加起来。

三、百科全书式的通史之修纂

在两千年前，我国史学界便有一个很伟大的理想，想把天地间所有书籍的内容，有系统有条理地组织成一部书，以完成"集天下之书为一书"的艰巨工作。大史学家司马迁，是历史上第一个首先从这方面着手的人，其所著《史记》百三十篇，实是一部由上古写至汉武帝时的百科全书式的通史。可惜后人没有这种魄力和学识，无由继承这一工作续编下去。虽在六世纪初期，梁代开国的统治者萧衍曾经领导他的臣下做过这种工作，写成六百卷大部书，正式标出了"通史"的名目，可惜这书散佚很早，无从考见其内容。但据《史通·六家篇》指出其体皆如《史记》。其所异者，唯无表而已，仍可以想见其体制大概。

南宋初年的大史学家郑樵，便是一位学识渊博、气魄雄伟的学者，单凭他一个人的才思心力，从事于搜辑材料，研究问题，来努力作编写通史的工作。他平日谈到史书体例，强调了《史记》贯通古今的优越性，批判了从《汉书》以下断代为史的局限性（大旨见《通志》总序）。他浩然有志编写一部融会群书、包罗万象的通史。今日通行的《通志》二百卷，便是他在短时期内辛勤写成的初稿。虽不能说是理想中的定本，但足以看出这部书规模体制的庞大了。关于叙述人事的：有本纪二十卷、列传一百二十四卷、年谱四卷。纪、传是综合诸史而成，惟在避免重复而已。年谱是他自己创立的新体。其次关于记载典章制度学术技艺的，便有《二十略》五十二卷，《通志》全书的精华，也都集中在这里面。它的门类，包括氏族、六书、七音、天文、地理、都邑、谥、器服、乐、艺文、校雠、图谱、金石、灾祥、昆虫草木、礼、职官、选举、刑法、食货等二十类。所谓"略"，是"举其大纲"的意思。他自己认为前面所列的十五略，是"汉唐诸儒所不得而闻"，是他自己一生从事学问所积累的心得的结晶。后面所列的礼、职官、选举、刑法、食货等五略，才是"汉唐诸儒所得而闻"，但也不等于完全抄袭。他自己指出："虽本前人之典，亦非诸史之文。"可以想见这书包罗的事物真是广博，而所下的功夫真是湛深，充分表现了宋代学者治学不畏艰苦的精神。

单就他编写《二十略》的工作来说，就并不是偶然的。他预先作了极长时期的准备工作，在上宰相书中所谓"三十年著书，十年搜访图书"，便指出了他在研究过程中是怎样地艰苦奋斗。他对于天地间每一种知识，都有浓厚的兴趣去接触它，钻研它。他在《献皇帝书》中说：

> 十年为经旨之学，以其所得者，作《书考》，作《书辨讹》，作《诗传》，作《诗辨妄》，作《春秋传》，作《春秋考》，作《诗经序》，作《刊误正俗跋》。三年为礼乐之学，以其所得者，作《谥法》，作《运祀议》，作《乡饮礼》，作《乡饮驳议》，作《系声乐府》。三年为文字之学，以其谓所得者，作《象类书》，作《字始连环》，作《续汗简》，作《石鼓文考》，作《梵书编》，作《分音之类》。五六年为天文地理之学，为虫鱼草木之学，为方书之学。以天文地理之所得者，作《春秋地名》，作《百川源委图》，作《春秋列国图》，作《分野记》，作《大象略》。以虫鱼草木之所得者，作《尔雅注》，作《诗名物志》，作《本草成书》作《本草外类》。以方书之所得者，作《鹤顶方》，作《食鉴》，作《采冶录》，作《畏恶录》。八九年为讨论之学，为图谱之学，为亡书之学。以讨论之所得者，作《群书会记》，作《校雠备论》，作《书目正讹》。以图谱之所得者，作《图书志》，作《图谱有无记》，作《氏族源》。以亡书之所得者，作《求书阙记》，作《求书外纪》，作《集古系时录》，作《集古系地录》。此皆已成之书也。其未成之书，在礼乐则有《器服图》；在文字则有《字书》，有音读之书；在天文则有《天文志》；在地理则有《郡县迁革志》；在虫鱼草木则有《动植志》；在图谱则有《氏族志》；在亡书则有《亡书备载》。

这种广博的研究和繁多的写作，都无非是替修通史作准备的，有了这些丰富的史料，便已替编写《二十略》提供了有利条件。《二十略》中，尤以《六书》《七音》《谥》《乐》《校雠》《金石》《昆虫草木》诸略，创

论宋代学者治学的广阔规模及替后世学术界所开辟的新途径

造性的心得为最多。所可惜的，他还没有将自己的书全部收入《通志》。《氏族略》固已节录了他的《氏族志》，《艺文略》固已节录了他的《群书会记》，虽卷数相差甚多（《氏族志》五十七卷，而《氏族略》六卷；《群书会记》三十六卷，而《艺文略》八卷），而体系自是完备。至于《天文略》原有他的《天文志》可采，《昆虫草木略》也有他的《动植志》可采，便他却只就《步天歌》《本草成书》等编录起来，使后人无由考见他完全的系统和细密的分类，实是一个大缺陷。更可惜的是，他生平所画的图，原可插入，但他以为"流传易讹，所当削存"（天文略序），除了韵图以外，一个也没有保存，于是他的别种图就完全亡佚了。

由于他一生精力耗尽了，深恐寿命不能久长，无由完成自己的志愿，所以很忙遽地赶快写书，竟以不足两年的时间，草率地编成二百卷的《通志》。无疑这是一种赶任务的工作，不能算是他理想中所要求的定本。当他在一一六一年将《通志》编完，献之于朝以后，便在一一六二年的春天死去了。这样迫促在老病侵寻中编成的书，自然不尽人意。后世很多人批评它，认为赶不上杜佑的《通典》、马端临的《文献通考》，在"三通"中为最劣。独清儒《章学诚为申郑篇》以辨正之云：

> 郑樵生千载而后，慨然有见于古人著述之源，而知作者之事，不徒以词采为文，考据为学也。于是遂欲匡正史迁，益以博雅，贬损班固，讥其因袭，而独取三千年来遗文故册，运以别识心裁，盖承通史家风，而自为经纬，成一家言者也。学者少见多怪，不究其发凡起例，绝识旷论，所以斟酌群言，为史学要删；而徒摘其援据之疏略，裁剪之未定者，纷纷攻击，势若不共戴天。古人复起，奚足当吹剑之一吷乎？若夫《二十略》中，《六书》《七音》与《昆虫草木》三略，所谓以史翼经，汉唐诸儒不可得闻者也。创条发例、巨制鸿编，既以义类明其家学；其势不能不因一时成书，粗就隐括，原未尝与小学专家特为一书者，絜长较短，亦未尝欲后之人守

其成说，不稍变通。夫郑氏所振在鸿纲，而末学吹求则在小节。是何异讽韩、彭名将不能邹鲁趋跄；绳伏、孔巨儒不善作雕虫篆刻耶？

本来，《通志》的体例是通贯古今、包罗万象的百科全书式的通史，和《通典》《通考》专言典章制度的书籍，截然不同。后人徒以这三部书的名称同有一个"通"字，便把它们相提并论，并且合刻起来，成为"三通"，致使它们各自为体的性质，湮没不彰，这完全是错误的。章学诚在数百年后，能够指出《通志》精处在乎义例，可算是郑氏的身后知己。从郑氏以后八百年来，没有第二个人能以一个人的力量，敢于动手做这种艰苦而伟大的工作了。

四、方志与地图

方志起源很早，但是它具备地方志书的完整体例，包含事物很广泛，成为后世志书的定型，这到宋代才开始。首先，谈到以全国范围内所有郡县为记录目标的总志，虽导源于唐人李吉甫的《元和郡县志》，但是到宋初乐史写成《太平寰宇记》二百卷，更把修志的体例改进而充实了，内容也就更丰富了。《四库全书总目》卷六十八称："其书采摭繁富，惟取赅博。于列朝人物，一一并登。至于题咏古迹，若张祜《金山诗》之类，亦皆并录。后来方志，必列人物艺文者，其体皆始于史。盖地理之书，记载至是书而始详，体例亦自是而大变。"钱大昕《十驾斋养新录》卷十四也说："有宋一代志舆地者，当以乐氏为巨擘。"这都是很正确的评价。《四库全书总目·史部地理类叙》有云：

> 古之地志，载方域山川，风俗物产而已。其书今不可见，然《禹贡》《周礼·职方氏》其大较矣。《元和郡县志》颇涉古迹，盖用《山海经》例。《太平寰宇记》增以人物，又偶及艺文，于是为州县志书之滥觞。

可知方志体例，一直到宋代才完成。此外，如王存《元丰九域志》、欧阳忞《舆地广记》、祝穆《方舆胜览》、王象之《舆地纪胜》，都是后来《一统志》的前驱。

《文献通考·经籍考》史部地理门，著录东阳布衣王希先所撰《皇朝方域志》二百卷，陈振孙《直斋书录解题》称其书有谱、有志："凡前代谓之谱，十六谱为八十卷。本朝谓之志，为一百二十卷。谱叙当时事实，而注以今之郡县；志述今日疆理，而系以古之州国。古今参考，谱志互见。地理学之详明者，无以过此矣。"据此，可知其书特详于地理沿革，使人通知古今，对于研究史实的学者们，给予了巨大的便利和帮助。其书今虽不传，但以一布衣而竟能成此卷帙浩繁的《方域志》，自然是一绝作。后来讲沿革地理的人们，也很少有像他这样大的气魄和规模的。

以一州一郡为记录中心的志书，是宋代学者的创作，也是地理学上新辟的道路。《宋史·艺文志》史部地理类著录的书籍，凡四百七部，五千一百九十六卷，其中州郡志书，便占了十之七八，但是绝大部分可惜都散佚了。宋代方志存于今日的，仅二十余家，不独分门别类十分仔细，在文词方面也十分雅致。特别是在书名上面，冠以年号，使赓续修辑，有所分别，像《乾道临安志》《咸淳临安志》这一类的标题，使时间先后不致混淆，既便于学者们的检寻，又替编写方志的事业创立了一个重要的体例。

宋人修造方志另一方面的特点，便是除文字记载以外，把图和表配合进去了。就总括全国的总志而言，如王象之既作《舆地纪胜》二百卷，又有《舆地图》十六卷，二者当日是相辅而行的。王希先编《皇朝方域志》二百卷，分为谱、志二例。古人言"谱"，今人言"表"，实际是一个形式。列表较为省简，所以前代遥远的史实，仅用八十卷的篇帙，便可统括无余；作志势归详尽，所以当代短时期内的史实，便多至一百二十卷。这也是史家详近略远的通例，无足深怪。但从这些例证，可以说明宋代方志已普遍采用了绘图制表的方法，来补充文字叙述之不足。至于州郡志书，应用图表更广。所以在标题上，或称图经（如朱长文《吴郡图经》之类），或称图志（如王招《芜湖图志》之类），充分体现了图和志是分不开的。

宋代学者对于绘制地图十分注意，并且成绩很大。除总志和州县志都已普遍附载地图以外，也还有单行的专制地图。《宋史·艺文志》两次著录《地理图》一卷，皆不知作者。又有《南北对镜图》《混一图》《指掌图》《西南蛮夷朝贡图》《契丹疆宇图》《契丹地理图》《交广图》《福建地理图》《益州地理图》等，可以说明宋代绘制地图的技术，已日益精工；并且从很多记载里，可以考见一般著名的大学者，也都亲自动手来绘制地图了。

《宋史·艺文志》著录了沈括《天下郡县图》一部。注云："卷亡。"沈括是一位多才多艺的科学家，他绘制地图，并不是坐在书屋里向壁虚造，而是从实地考察中留意山川形势，作过一番图描测绘的工夫。《梦溪笔谈》卷二十五有一段关于这方面的记载：

> 予奉使按边，始为木图，写其山川道路。其初遍履山川，旋以面糊、木屑写其形势于木案上。未几，寒冻，木屑不可为，又熔蜡为之。皆欲其轻易赍故也。至官所，则以木刻上之。上召辅臣同观，乃诏边州皆为木图，藏于内府。

据此，可知他虽在天寒地冻、山川跋涉之中，也尽力作了测绘地图的工作。这是何等的精神！这是宋代学者实事求是、不怕困难的卓绝表现。

我国现在保存的古代地图，以西安石刻《禹迹图》《华夷图》为最早，也仍然出于宋代学者之手。图是刘豫称齐帝时，在阜昌七年所立，适当宋高宗绍兴七年（一一三七年），距离现在已经八百多年了。毕沅《关中金石记》指出："唐宋以来地图之存，惟此而已。"叶昌炽《语石》

也说："齐阜昌之《禹迹图》《华夷图》，开方记里虽简，实舆地之鼻祖也。"到现在这种刻石仍为中外人士所重视。可知宋代学者在地图绘制技艺方面的成就，是极其巨大的。

第三，关于自然科学的各项研究工作

甲　天文算法方面的发明

我国历史上关于自然科学的研究工作，到宋代已有辉煌卓绝的成就。先从天文算法谈起，清代阮元编的《畴人传》，综述古今通知天算的科学家，宋代便著录了三十人（附见五人在内），超过了历朝的记录。其中如沈括、秦九韶、苏颂等，是杰出不凡的人物，他们在科学方面，有着卓越的发明，值得我们重视和追述。

我国历法从汉以后一直到宋元之间，经张衡测定了黄赤大距（即黄道赤道的夹角），虞喜测定了岁差，加上其他天文历法家的努力，一般知识分子都认为已渐臻精密了。到沈括，大胆主张抛弃前人旧说，以节气定月，不管月亮的朔望，把闰月完全去掉，彻底实行阳历。他在《补笔谈》卷二说过："今为术，莫若用十二月气为一年。"并且指出具体办法道：

> 直以立春之日，为孟春之一日；惊蛰为仲春一日。大尽三十日，岁岁齐尽，永无闰余。十二月常一大一小相间，纵有两小相并，一岁不过一次。如此，则四时之气常正。

这在当时是一种惊人的建议，很不容易见信于社会，而结果受到士大夫们的疯狂攻击。但是沈括又自己写道："予今此历论，尤当取怪怒攻骂。然异时必有用予之说者。"他认为自己的论点是合乎科学的，所以自信力也特别高。果然在一九三○年左右,英国气象局局长萧伯纳有同样的计划。不过他把元旦放在阳历的十一月六日,即中国的立冬节,称为农历。现在英国气象局统计农业气候和生产,就用萧氏农历。萧伯纳的这个发明,与沈括的见解不谋而同,不过迟于沈氏已九百年了。

当熙宁七年(一○七四年)沈括任提举司天监时,曾把他研究天文学的心得,向最高统治者提出浑仪、浮漏、景表三议,将我国历代对天象的知识和天象仪器的制造方法,以及他自己所创造出来的"候景(影)"方法,作了详细的介绍和说明;同时也认为旧的铜浑仪不适用,自己重造了一具浑仪,又另制玉壶浮漏铜表,并聘请当时唯一专家卫朴重造新历,这在天文方面是一种极伟大的贡献。

《宋史》称苏颂"自书契以来,经史九流百家之说,至于图纬、律吕、星官、算法、山经、本草,无所不通"。可知苏颂治学的方面是极其广博的。他在天文方面,也有别制浑仪的创造。《宋史》卷三百四十《苏颂传》有云:

> 颂既邃于律历,以吏部令韩公廉晓算术,有巧思,奏用之。授以古法,为台三层:上设浑仪,中设浑象,下设司辰。贯以一机,激水转轮,不假人力。时至刻临,则司辰出告。星辰躔度所次,占候则验,不差晷刻。昼夜晦明,皆可推见。前此未有也。

这种制作不是偶然可以成功的。此器作成于元祐年间(一○八六——一○九三年),后来到宣和年间(一一一九——一一二五年)又曾经再度铸造,不幸被金人劫掠去了。绍兴年间(一一三一——一一六二年)虽已仿造粗成,但《宋史》卷四十八《天文志》指出:"若水运之法与夫浑象,则不复设。其后朱熹家有浑仪,颇考水运制度,卒不可得。苏颂之书虽在,大抵于浑象以为详,而其尺寸多不载,是以难遽复云。"可知此种巨大创造到南宋时便失传了。苏颂和沈括同时,都是十一世纪的杰出科学家。

秦九韶在算学上的成就，便是代数，当时称为"天元一术"。他所写《数书九章》，是一种创造性的著述。除古代九章数学所讲到的算学问题外，他创作有"大衍""率变""堆积""招法"四种。其中的"大衍"，即今日的代数。它是根据古算书《孙子算经》所谓"韩信点兵"的原理而成。所谓韩信点兵，实在是和韩信毫无关系。在晋代当公元第四世纪出现的《孙子算经》中，提出了一个问题："今有物，不知数。三三数之，剩二；五五数之，剩三；七七数之，剩二。问物几何？"所谓韩信点兵，就是这个问题拿他两个物字换做兵字罢了。他的答数，是二十三。它的解法，是先求五七相乘积的二倍，得七十，以三除之，余一；三七相乘得二十一，以五除之，余一；三五相乘得十五，以七除之，亦余一。然后各以所剩之数乘之，相加得二百三十三。减去两倍三五七的连乘积得二十三，就是最小的答数。倘使题目内剩余之数不同，也可依此推算。秦九韶既得知此法的原理，于是推广其实际运用，补充其计算法则，便于公元一二四七年在他的《数书九章》内发表。因此解决此项问题，先须计算甲数的倍数，以乙数除之，恰余一，所以秦九韶称它为"大衍求一术"。

这种算法在中国只有元代郭守敬运用于历书中，明代便无人懂得。但却传入了西洋。直到清初西洋算学输入，才又引起注意。据清初算学家梅文鼎在所著《赤水遗珍》中的记载，有一天，康熙皇帝亲授他以"借根方"法，并告诉他说："西洋人名此书为阿尔热八达，译言东来法。"梅氏仔细研究后，感到这算法非常神妙，怀疑与"天元一术"相似，乃取郭守敬的《授时历草》对看，始恍然大悟。于是中国久已失传的代数术，才重新为本国学者所重视。到现在西洋算学家对秦九韶的卓越贡献还是相当尊重，称为"中国剩余定理"。

在秦九韶之后，还有南宋末年栾城人李冶，于淳祐八年（公元一二四八年）隐居在峷山（代州崞县）的桐川，著成《测圆海镜》一书。所言代数术,与秦氏同,并正式提出"天元一法"的名词。所以后人考论中国算学的伟大成就,经常是以秦氏的《数书九章》和李氏的《测圆海镜》相提并论的。这也说明了代数术经过宋代学者的创造发明,已经进入了非常完善的阶段。

乙　建筑工程方面的成就

由于宋代学者湛深算法,掌握了自然现象的规律,在土木建筑的工程方面,也就涌现了不少的杰出工程师和理论家。可惜这般人在封建社会,为"艺成而下"的思想所抹煞,连他们的姓名多不传于后世。今天只能从可靠的记载中,称举在这方面造诣最卓越的一二人为例。我们只看《宋史》卷四百六十二《方技列传》下叙述的一个和尚的本领,就是十分奇特而惊人的。其传云:

> 僧怀丙,真定人,巧思出天性,非学所能至也。真定构木为浮图,十三级,势尤孤绝。既久,而中级大柱坏,欲西北倾。他匠莫能为;怀丙度短长,别作柱,命众工维而上。已而,却众工,以一介自从;闭户良久,易柱下,不闻斧凿声。赵州洨河,凿石为桥,熔铁贯其中,自唐以来,相传数百年,大水不能坏。岁久,乡民多盗凿铁,桥遂欹倒,计千夫不能正。怀丙不役众工,以术正之,使复故。河中府浮梁,用铁牛八维之,一牛且数万斤。后水暴涨绝梁,牵牛没于河,募能出之者。怀丙以二大舟实土,夹牛维之,用大木为权衡状,钩牛,徐去其土,舟浮牛出。转运使张焘以闻,赐紫衣。寻卒。

从这简短的二百二十字的传文来看,只知道怀丙是河北真定人。究竟他在未出家之前,做学问的过程怎样,造诣如何,完全一字未提。两宋有三百多年的时间,怀丙是什么时候的人,传中也没有提到。传末幸有

"转运使张焘以闻"的话，可从《宋史》卷三百三十三张焘传推知怀丙是公元十一世纪的人（当北宋仁宗、英宗、神宗时）。传文虽简，却指出他在工程方面的三个奇迹：一、不用旁人帮助，不用斧凿，居然换掉了十三层木塔中的大柱；二、用巧妙的技术，把赵州石桥扶正了，代替了千夫以上的人力；三、用比重的方法，将两船堆积泥土，使船载之重，超过铁牛之重，然后钩取铁牛，很轻易地浮出水面。这种工程，不是精通物理和算法的人，是绝对不能理解的。宋史所谓"以术正之"，这个术，当然不是什么法术，而必须有科学的专深修养，而后可以取得的。

其次，我国的木构建筑，有着几千年的悠久历史，在方法和技术方面，有不少突出的创造和发明。一直到公元十一世纪，北宋学者李诫著《营造法式》三十四卷，才出现关于建造学的专著。《四库全书总目》卷八十二称："其书所言，虽止艺事，而能考证经传，参会众说，以合于古者饬材庀事之义。"这无疑是宋代以前两千年中国木架结构建筑经验的总结。它把梁架和斗拱的部分，叫做"大木作做法"；砖石、墙壁、门窗、油饰、屋瓦等部分，称做"石作做法""小木做法""彩图作做法"和"瓦作做法"。《营造法式》应是世界上早期的最完备的建筑著作。

人们每以为李诫做过将作少监的官职，他的责任本是掌管国家营建之事，受最高统治者的诏令来编此书，本是他分内的事，估计他的知识，也不过限于建筑工程罢了。其实，他的学问，是十分渊博的。这从宋代学者对他的叙述文字中，可以考见大概。程俱《北山小集》三十三有"宋故中散大夫，知虢州军州、管勾学事、兼管内劝农使，赐紫金鱼袋李公墓志铭"，其中有云：

> 公博学多艺能，家藏书数万卷，其手抄者数千卷。工篆籀草隶，皆入能品。尝纂《重修朱雀门记》，以小篆书丹以进，有旨勒

石朱雀门下。善画，得古人笔法。上闻之，遣中贵人谕旨。公以《五马图》进，睿鉴称善。公喜著书，有《续山海经》十卷，《续同姓名录》二卷，《琵琶录》三卷，《马经》三卷，《六博经》三卷，《古篆说文》十卷。

据此，可知李诫是一位博闻多识的学者，著述甚富，而《营造法式》不过是他通过实际工作在建筑方面从事考证研究所得出的成果。

丙　地质化石矿藏的辨认

世界上一切科学的伟大发明，都是由于科学家们对极平凡的事物现象不轻易放过，随时随地加以留意与怀疑，穷究其所以然，积以专精的探索与钻研，终致取得了极不平凡的创获。这是科学家们成功的一面。其次，自己对事物现象，已经注意到了，发现了问题，开始了研究，但却为当时科学知识水平及物质条件所限，不可能得出结论、有所发明，但是他们却尽力做了启蒙的工作，把所发现的问题记录了下来，留待后人去考察，这种"不必成之于我"的精神，也仍然是开创学术研究途径的功绩。宋代学者，在这方面做了不少工作，而尤以沈括为之最勤。

沈括，是公元十一世纪（一○三二——一○九六年）当北宋仁宗、英宗、神宗、哲宗时浙江钱塘人。他是一个随时随地留心研究自然现象的科学家。他了解水力的侵蚀作用，认为温州雁荡山高出云表的山峰，乃是水的侵蚀作用所造成的。他在《梦溪笔谈》卷二十四这样写道：

> 温州雁荡山，天下奇秀，然自古图牒，未尝有言者。祥符中，因造玉清宫伐山取材，方有人见之。……予观雁荡诸峰，皆峭拔崄怪，上耸千尺，穹崖巨谷，不类他山，皆包在诸谷中。自岭外望之，都无所见，至谷中，则森然干霄。原其理，当是为谷中大水冲激，沙土尽去，唯巨石岿然挺立耳。为大小龙湫，水廉，初月谷之

> 类,皆是水凿之穴。自下望之,则高岩峭壁,从上观之,适与地平,以至诸峰之顶,亦低于山顶之地面。世间沟壑,中水凿之处,皆有植土龛,岩亦此类耳。今成皋陕西大涧中,立土动及百尺,迥然耸立,亦雁荡具体而微者,但此土彼石耳。

由此可见,他对地形构成的原理,已初步了解,并且由雁荡山的情形,推论华北的黄土丘也是水流冲积的结果。他对水的侵蚀作用,有了基本的认识。

沈括在考察自然现象时,也知道化石是古代生物的遗骸。当他行经太行山时,看到了很多螺丝蚌壳,就推想是从前的海滨。他在《梦溪笔谈》卷二十四又说:

> 予奉使河北,过太行而北。山崖之间,往往衔螺蚌壳及石子如鸟卵者,横亘石壁如带。此乃昔之海滨。今东距海已近千里,所谓大陆者,皆浊泥所湮耳。尧殛鲧于羽山,旧说在东海中,今乃在平陆。凡大河、漳水、浮沱、涿水、桑乾之类,悉是浊流。今关陕以西,水行地中,不减百余尺,其泥岁东流,皆为大陆之土,此理必然。

沈括根据自然变化的现象,进一步推断所谓大陆常由浊泥多年将海洋埋积而成。这和现代的研究海陆变迁的看法,大致相同。最可贵的,是他从竹笋化石的发现,推论到这是本地向所未见的植物,可能曾在地势气候适合它生长的旷古时代繁茂滋长过。《梦溪笔谈》卷二十一写道:

> 近岁延州永宁关大河岸崩,入地数十尺。土下得竹笋一林,凡数百茎,根干相连,悉化为石。适有中人过,亦取数茎去,云欲进呈。延郡素无竹,此入在数十尺土下,不知其何代物?无乃旷古以

前，地卑气湿，而宜竹耶？婺州金华山有松石，又如桃核芦根蛇蟹之类，皆有成石者。然皆基地本有之物，不足深怪。此深地中所无，又非本土所有之物，特可异耳。

他的推断是正确的；并且能够将地壳变迁与古今生物存亡的变化联系起来分析问题，初步认识到了生物与其生存环境之间存在着密切的关系。沈括的思想体系中，孕育着地质变化与生物进化之最早结合，是我国古代对于进化论的巨大贡献，这是值得大书特书以公之于世的。

宋代学者中注意到生物化石的，还大有人在。如邵雍（一○一一——一○七七年）看到竹化石，朱熹（一一三○——一二○○年）看到蚌蛤的化石，他们对于化石都有正确的认识。朱熹不但没有把化石看作怪诞不经的东西，并从而论断发现蚌蛤化石的地方从前是海底。这都是符合于科学的一种看法。

当沈括以龙图阁待制出知延州（即延安）的时候，又发现了石油的出产和它的用途。《梦溪笔谈》卷二十四说：

> 鄜延境内有石油。旧说高奴县出脂水，即此也。生于水际，沙石与泉水相杂，惘惘而出。土人以雉尾挹之，乃采入缶中。颇似淳漆，燃之如麻，但烟甚浓，所沾帷幕皆黑。予疑其烟可用，试扫其煤以为墨，黑光如漆，松墨不及也。遂大为之，其识文为"延川石液"者，是也。此物后必大行于世。自予始为之。盖石油至多，生于地中无穷；不若松木有时而竭。今齐鲁间松林尽矣，渐至太行、京西、江南，松山太半皆童矣，造煤人盖未知名烟之利也。石炭烟亦大墨人衣。予戏为延州诗云："二郎山下雪纷纷，旋卓穹庐学塞人。化尽素衣冬未老，石烟多似洛阳尘。"

由这一段记载看来，可见他当时确已知道了石油的重要。虽然他着重在烟墨的制造，但对石油燃料的发现，由于他的记载，才渐渐引起后人的注意。"石油"二字的使用，也是由他开始的。他在当时，预料"此物后必大行于世"，到了九百年后的今天，果然如他所言了。

丁　动植物学的研究

我国古书中，叙述生物的名类、性状比较详悉的，要推《尔雅》和《本草》两部书最有条理。这两部书的内容能够如此丰富，无疑是依靠了我们祖先在和自然作斗争的长期过程中，从事于实际考察所得出的体验和心得，汉代学者把这些知识总结下来，成为两部有系统的书。后人以为《本草》出于神农，《尔雅》成于周公，都是托古之辞。宋代学者对这两书的时代首先加以肯定。晁公武以为《本草》一书，"盖上世未著文字，师学相传，至张机、华佗始为编述"（见《郡斋读书志》）。朱熹以为《尔雅》自取传注以作，后人却以《尔雅》证传注（见《朱子语类》）。这都是比较可信的论断。《尔雅》共十九篇，从第十三篇起，便是《释草》《释木》《释虫》《释鱼》《释鸟》《释兽》《释畜》，完全是分类综录动植物的名称和性状，无异是一部生物学辞典。至于《本草》虽属医书，但胪列药名，至为繁博，称说性状，更臻详尽，所以我国封建社会的学者们便奉是书为研究生物学的宝库。

从隋唐盛行科举之制以后，《尔雅》渐不为人们所重视，特别是有关草木鸟兽虫鱼的知识，是赋诗作文的举子们所鄙视的。到宋初学者，才把这种学问的价值提得很高。陈傅良说过："隋唐以来，以科目取士，此书不课于举了，由是浸废。韩退之以古文名世，尚以注虫鱼为不切，则知诵习者寡矣。国初诸儒，独追古，依郭氏注为之疏，《尔雅》稍稍出。"（跋《尔雅疏》）这话不算是夸大。就事实来说，宋代学者研究《尔雅》而有成书的，除邢昺根据郭注作了《尔雅疏》以外，尚有陆佃的《尔雅新义》二十卷、《埤雅》二十卷，郑樵的《尔雅注》三卷，罗愿的《尔雅翼》三十二卷。《埤雅》一书，凡《释鱼》二卷、《释兽》三卷、《释鸟》四卷、《释虫》二卷、《释马》一卷、《释木》二卷、《释草》四卷、《释天》二卷。《尔雅翼》一书，凡《释草》八卷、《释木》四卷、《释鸟》五卷、《释兽》六卷、《释虫》四卷、《释鱼》五卷。很明显的是专门围绕着动植物来进行研究工作的。

宋代学者进行动植物的研究，不是单凭思考，就纸本上去推求，而是注意到目验，从实际事物中，通过感性认识来取得活的知识。郑樵便是这样一个有科学头脑和科学方法进行生物研究的学者。他自己"结茅夹际山中，与田夫野老往来，与夜鹤晓猿杂处，不问飞潜动植，皆欲究其情性"。他并且更进一步认为必须放下读书人的架子，和直接生产的劳动人民打成一片，才能对生物方面的知识，有所收获。所以他在《通志·昆虫草木略》序中指出："儒生多不识田野之物，农圃人又不识诗书之旨。二者无由参合，遂使鸟兽草木之学不传。"这种重视实验和亲自考察的治学精神，也只有科学家才具备。所以他注《尔雅》的工作，不是偶然取得成功的。这种好的传统精神，后来清代学者便继承了。朴学家著述中，如程瑶田的《通艺录》，郝懿行的《尔雅义疏》，有时都是袭用郑樵的治学方法，去进行研究问题的。

宋代学者重视植物的研究，因而在园艺学方面进展到新的阶段，专谱的写作日益增多。如欧阳修有《洛阳牡丹记》，陆游有《天彭牡丹记》；刘蒙、史正铸、范成大各著《菊谱》；刘贡父、王观各著《芍药谱》；赵时庚、王贵学各著《兰谱》；陈思、沈立各著《海棠谱》；范成大有《梅谱》；陈仁玉有《菌谱》；赞宁有《笋谱》；蔡襄有《荔枝谱》；韩彦直有《橘录》。这一类的书，都不仅讲到繁殖栽培的方法，并且有品种分类的记载。如《荔枝谱》成于公元一〇五九年，描述当时闽中四郡（今兴化、莆田、福州等地）的荔枝三十二种，以及栽种的地区、适当的气候、主要虫害乃至加工利用等等。这是专谱中的杰作，也是最早的果树栽培学的名著（有英译本）。而《橘录》一书，成于一一七八年，又是世界最早的柑橘学专著，已有英法文译本。书中按柑、橘、橙子等三类，共记温州产柑橘品种二十七种，并涉及了繁殖栽培贮藏利用等方法。这些书编写的动机，虽由当时士大夫们为着栽花种竹来点缀自己的幽闲生活而作，但是就园艺的本身来说，却因此大大地提高了。

刘蒙《菊谱》的写成，约当十一世纪的初期。他从园艺实践过程中，初步认识到培育与选种可以产生和增加生物的变异，改变生物的本性。他在书中说过：

> 凡植物之见取于人者，栽培灌溉，不失其宜，则枝叶华实，无不猥大。至其气之所聚，乃有连理合颖，双叶并蒂之瑞。而况于花有变而为千叶者乎？日华子曰：花大者为甘菊，花小而苦者为野菊，若种园蔬肥沃之处，漫同一体，是小可变而为甘也。如是，则单叶变为千叶，亦有之矣。牡丹、芍药……生于山野，类皆单叶小花，至于园圃肥沃之地，栽钼粪养，皆为千叶，然后大花千叶，变态百出。然则奚独至于菊而疑之？

由此可见，他已懂得加意培肥管理，可以得到变化多端的大孕重瓣花。这种用人工可以改变植物本性的原理，和近世达尔文、米丘林的理论，基本上是相符合的。

我国古代在很早的时候，便已知道嫁接法的运用。这在后魏贾思勰的《齐民要术》里，已提到了。到宋代，学者更普遍地运用于嫁接果树花木，使植物常常发生变异。如苏轼在《物相感志》里写道："冬春树上接梅，则开洒墨梅。"《东坡杂记》又载："予少时，尝与子由戏用苦楝木接李，既实，不可向口，无复李味。"又云："近时都下菊品甚多，皆以他草接成，不复与时节相应。始八月，尽十月，菊不绝于市，亦可怪也。"这又说明当时已试验科间无性杂交，并用嫁接的方法来改变花色花期，也都是宋代学者长期通过感性认识而取得的成果。

清代学术的流派和趋向[①]
——一九八四年三月廿三日在湖北大学文史各系大会上的演讲

清代学术，要分阶段来看，大致可分为"清初""乾嘉""道咸以下"三个时期。这三个时期的流派很多，而治学趋向各有不同。清初学者多是明末遗民，抱亡国之痛，究心经世致用之学，以图光复故物，处境艰困，矢志坚贞。他们学问博大，议论弘通，有许多话足以启发人们的意志，开拓胸襟，大有助于振作士气，影响是很大的。例如顾炎武，人们只知道他是清初大学者，开创了清代朴学的道路，而忽略了他讲求经世之学，注重实地考查的方面。他到过许多地方，周览山川形势，了解郡国利病。他的学问好，气魄大。他曾大声疾呼："有体国经野之心，而后可以登山临水；有济世安民之略，而后可以考古证今。"这是何等见解！何等气魄！也就说明了他一生汲汲皇皇，到处奔走，并不是单纯地游览山水；他平日从事考证，也不是为考证而考证。乃是有志用世，想通过考证弄清楚历代制度利弊，取其可行者，收古为今用之效。他考虑到读书人要做的事太多，有所取必有所弃，不要沉溺于雕虫小技而忘却学问大事，所以又提出"诗不必人人皆作"的主张，这意义也是很大的。和他同时的人有黄宗羲，也是一位大学者。他的根柢虽在史学，但

[①] 本文选自《切庵学术讲论集》，岳麓书社1992年版。——编者

门庭广大，学问博赡。他对当时学术界治学规模的狭小、知识领域的局隘深感不满，所以有力地指出："学问之事，析之者愈精，而逃之者愈巧。"这话一直传到今天，对我们还有指导意义和积极作用。大抵研究文史的人，一开始不要走太窄狭的路，许多必备的知识尚未取得，便着手专攻一门，知其一不知其二，这是很不妥的治学方法。明清之际的大学者们，根柢深厚，气象博大，他们大半是以史学为基础，而旁涉许多学术领域，不像后人治学的这样局隘。即以王夫之而论，著书甚多，遍及四部，实是封建学者推广治学范围的典型，那种求实精神和博大气象，值得我们学习。

我在前面所称举的顾、黄、王三大儒，都是南方学者。至于北方，也在清初出现了一些特立拔起的人物。例如颜元和李塨，强调躬行实践，反对死守书本，认为礼、乐、射、御、书、数，重在实物演习，还要苦练军事。颜氏曾痛斥当时学弊道："以诵读著述为学，七百年来之大梦也。"这简直将宋元以来的学者们都骂倒了。由于他过于崇实黜虚，却把诗文书画，看成乾坤四秽，这都是其他学者所不敢提出的问题。他的议论主张，虽不免流于偏激，但在当时和后世起了一定的作用，被人称之为"颜李学派"，和南方学者趋向不同。当时北方学者中，还有一个了不起的人，就是刘献廷。他学问渊博，可惜没有专著。他的言论，一部分保存在《广阳杂记》中。他曾指出："今之学者，率知古而不知今，纵使博极群书，亦只算半个学者。"这是何等警厉的话！我们今天学文史的，还可用来鞭策自己，使不流于迂腐一途。刘氏志在天下，在南方考察山川地理为时最久。结果以北人客死于南，和顾炎武以南人客死于北，在三百年前是不多见的。两人志气行踪，颇相类似。所谓"古之伤心人，别有怀抱"，不是用常理可推测的。那时山西有一位大学者傅山，学问博大，取得多方面的精湛造诣，不独经史根柢深厚，对诸子之学更多创见。又精通医术，尤于妇科、儿科为长。旁及书画，世称绝艺。顾炎武到山西时，便住在他家，很敬佩他。河南有孙奇逢，是一位艰苦卓绝的学者。明亡后，隐居不仕。由于名声很大，远近从他问学的人很多，平日除了教学外，便亲自下地带领学生耕种。他勉励学生们不要靠做官领受俸米，要靠自己的双手解决生活问题。在三百年前，竟有这样一位老先生，直接参加生产劳动，自成一种学风，真了不起！

那时，南方也有一位讲求农学、自己参加耕种的著名学者浙江张履祥。他学问极博，著述不少。为要使青年人懂得稼穑之艰难，带领学生共同从事生产劳动。他在长期实践过程中，取得了新的经验和农业知识，便在元代王祯《农书》的基础上，加以补充修订，写成《补农书》，至今仍为农业科学家所重视。他治学范围很广，我们从《杨园先生全集》中可以看到他论学之语，极其通达，可以知其修养之深。尚有广东学者廖燕，强调读无字书的重要，尝谓"无字书者，天地万物是也。日在目前，而人不知读。虽于古人书无所不读，然皆古人之糟粕"。这却指出学之范围至广，万事万物，都有可学者在，不必死守书本然后谓之学。议论甚通，足以启诱多士。总之，清初学术界，英奇人物很多，现在不能遍举，在这里，仅择取其中尤为著名的标举数人，并略采其言论、行事，借以考见其治学规模和趋向，与乾嘉诸儒截然不同。

经过康熙、雍正、乾隆三朝大兴文字狱以后，不少知识分子受到迫害、杀戮。于是学术界不敢复言明季史事或谈论当时政治，以免触犯法纪。大家都逃到故纸堆里讨生活，从事于穷经说字，而乾嘉考证之学以兴。其间又分几个流派：一是吴学，主于墨守，以惠栋为代表；二是皖学，主于求是，以戴震为代表；三是扬州之学，主于通贯，以汪中、焦循为代表。三派徒友散布很广，专家辈出，著述日丰，形成当时朴学极盛的气氛。学者们崇尚征实，鄙弃空谈。于是出现"汉学""宋学"之争。从事钻研朴学的先生们，鄙薄宋儒为空疏，相与诋斥不休。门户水火，相攻若仇。其实，乾嘉考证之学，都由宋代学者开辟途径、启示方法、为之先导的。宋代学术范围本广，何可用"空疏"二字抹杀一切。就小学（即语言文字之学）论，校定《说文》，自徐铉始；为《说文》

作传，自徐锴始；创右文之说，自王圣美始；考论古韵，自吴棫始；为《尔雅》作疏，自邢昺始。就经学论，攻伪《古文尚书》，自吴棫、朱熹始；斥河图洛书之妄，自欧阳修始；为《礼经》作图，自聂崇义始；尊信《诗序》，自吕祖谦始；辑汉人旧注，自王应麟始。至于从事金石考证，由欧阳修、赵明诚开其端；编造私家书目解题，自晁公武、陈振孙振其绪。可知清代乾嘉学者们在朴学方面所做的各项工作，都是沿着宋代学者已开辟的途径向前发展推进的。宋代学术在很多方面都取得了辉煌成就，理学仅其一端。何可但据空谈心性的流弊，便痛斥宋学为空疏呢？乾嘉学者们，在学术问题上，强分汉宋，坚立壁垒，适足以见其狭隘而已。他们在做学问的功力上，虽勤奋不懈，取得了许多成绩，但谈到高识卓见，便远远赶不上清初学者。古人说过："贤者识其大者，不贤者识其小者。"乾嘉学者中，除三数通人议论见解较高外，其余都很平庸，只能列入"识小"一流。由此可知学术上的高下浅深，也是千万不齐的了。

  清王朝从嘉庆以后，国家由盛而衰，渐渐走下坡路。特别在道光年间，内有农民革命军的勃起，外有帝国主义者的入侵，国势阽危，岌岌不可终日。这时统治者来不及控制言论或再兴文字狱了。禁网既疏，知识分子的思想议论，也就活跃起来。这时便有浙江的龚自珍、湖南的魏源，受了今文经学家常州学派庄存与、刘逢禄讲求微言大义、提倡通经致用的影响，立志高远，发论骏快，以扶危救倾为己任。魏源著述较多，特别是《海国图志》一百卷，极为当时所重。使闭关自守、耳目短浅的士大夫，知道在"大清帝国"之外，还有许多国家、许多事物，值得研究和学习。这对启迪民智，作用很大。尽管其书不免有些疏误，然在当时是可贵的。龚自珍虽没有其他专著，但议论新隽，不但提出了"更法"的要求和主张，并预言暴风雨即将到来。这都表现在《文集》中的许多篇章里，足以警世厉俗。他们以爱国志士的忧愤心情，充任了时代的号角。后来康有为、谭嗣同、梁启超等进行变法维新的活动，都是受到他们思想言论的鼓舞而有所作为的。

总起来说，清初与清末诸儒，在论学与论政方面，都有独到的见解，和乾嘉年间朴学经师们颇不一样。所以研究清代学术，应从清初和清末著名学者的书中，吸取有用的东西，增益自己的识力。至于乾嘉朴学家的书，荟萃在《清经解》《清经解续编》两大丛刊中，至为繁夥，大都是考证古代语言文字制度名物的专著。我们把它看成考史的重要参考书，还有很大的作用。我平生喜欢看清代著述，单就文集一类，便涉猎了一千多家。收入《清人文集别录》中的只有六百家。有人问我：清代学者最有成就的究竟有多少人？我的回答是：确是硕学高识、卓然有以自立者，不过二三十家；真正可永传不朽的书，不过十数家。也就说明了有清二百六十余年的学术界，名家虽多，仍有高下浅深之辨，我们必须有甄别的能力。

顾炎武学记[1]

总叙　顾氏的生平行事

　　公元十七世纪，当明清之际的时期，是中国社会急剧变化的时期。明代末年，满族贵族势力勃兴东北，日益强大，准备大举入关。明王朝腐败无能，赋税繁重，人民无法活下去。随着资本主义因素的增长，工商业者反对封建压迫的斗争趋于激化；接着由于土地的高度集中和封建剥削的异常残酷，而爆发了李自成所领导的空前规模的农民大起义。满族贵族便乘机入关，从农民起义军手中夺取了胜利果实，爬上皇帝的宝座。人民不甘受他们的奴役，在全国范围内广泛展开抗清斗争。这时便涌现出不少卓越的政治思想家和活动家，积极参加抗清活动。事虽失败，始终不肯投降，或者销声匿迹，深隐岩壑；或者变易姓名，出游天下，将他们在书本里钻研所得和在游历中考察所得的一些知识，记录下来，留供后人参考。特别是他们通过亲身感受，针对着明末政治上失败的原因，在法制方面，提出了一些改良办法和主张，乃成其所谓"经世致用"之学。这样的学者，在当时并不算少，而顾炎武便是其中最杰出的一个。

---

[1] 本文选自《清儒学记》，齐鲁书社1991年版。——编者

顾炎武，初名绛，明亡后改名炎武，字宁人，江苏昆山县人，学者称亭林先生。生于明万历四十一年，卒于清康熙二十一年（即公元一六一三——一六八二年），年七十。他生长在一个官僚地主家庭，祖先们世代做过明朝的官。到他出生时，家道虽已衰落，但还保存了一部分藏书。特别是他的嗣祖顾绍芾，是一个关心政治留意时事的书生，顾炎武从十岁时起，便跟他读书，受过比较严格的训练。祖父规定他每日除诵读以外，还要抄书；并指点他注意讲求天文、地理、兵、农等实用的学问。暇时又有他的嗣母王氏讲述许多历史上民族英雄的故事来鼓励他。这些都对他一生学术的趋向和多方面的成就，以及后来成为忠愤耿耿始终保全民族气节的人物，无疑是有很大影响的。

后来他的年纪渐渐大了，开始与社会接触。恰逢其时，一般士大夫继"东林"之后，又组织了"复社"。他便参加了这一政治性的学术团体，广泛地和当时许多名士往来，讲学论道，抵掌谈天下事。他把科场应试看成无足轻重，进一步钻研实用之学，于是发愤读二十一史、《大明一统志》及各府州县的方志。他经常自己慨喟道："感四国之多虞，耻经生之寡术。"（见《天下郡国利病书序》）这两句话却吐露了他讲求实学的宏愿。从二十七岁起，便开始博综群书，搜集明代以前中国的经济状况和自然环境方面的材料。举凡有关农田、水利、矿产、交通的记载，无不勤加抄撮。这不独替他后来纂成《肇域志》和《天下郡国利病书》准备了丰富的资料，同时也奠定了他一生学问的雄厚基础。

当公元一六四四年清兵入关时，顾氏才三十二岁。明年五月，清兵渡过长江，大肆屠杀。他前后勇敢地参加了苏州起义和保卫昆山的战斗。两度抗清失败之后，故乡不易立足了，便忍饥耐寒，过着流浪的生活。最使他痛心的，便是他的嗣母王氏，当家乡沦陷之时，绝食十多天以身殉国，临死时给他留下"无为异国臣子，无负世世国恩"的遗嘱。这更坚定了他的民族气节，一生经常引他母亲的遗嘱来鼓励自己，时时见于诗文。后来，清代统治者虽想尽方法来网罗他，他始终坚决拒绝征召，不是偶然的。

顾氏当国破家亡之后，决计离开江南，作长期而大规模的出游，一则想结纳英雄豪杰，二则想考览山川形势。他的隐情，仍然想汲汲鸠合同志，图谋天下大事，和一般人的泛泛旅行截然不同。顺治十四年（公元一六五七年），当他四十五岁的时候，开始向山东出发。临行前，他特地走到南京钟山之麓，拜谒明太祖的坟墓——明孝陵，然后踏上征途。他的眷恋故国之情，可以想见。到了山东以后，又时时往来山东、河北一带。特别对于河北省的许多形胜之地，如山海关、居庸关、古北口、昌平、蓟州、昌黎等处，都进行了一些实际调查的工作，并多次哭吊于昌平的明十三陵。后来又遍游山西、陕西、河南三省的一些主要地区，并择冲要之处，从事垦荒，最后定居在陕西的华阴。他认为华阴形势很好，退可以守，进可以取，大可经营一番，于是置田五十亩以自给。后来他的外甥徐乾学（官至尚书）、徐元文（官至宰相），在清初官至极品，替他买田置宅，多次请他回江南终老，他却始终不肯南归。康熙二十年（公元一六八一年），从华阴出游河东，复至曲沃，明年正月，死在曲沃韩姓家。兹分述其学术、思想的大要如下：

一、顾氏治学的精神

大凡一个有大成就的学者，必然经过长期刻苦钻研的过程，抱着朴素而老实的学习态度，不取巧，不偷懒，脚踏实地，从低处下手，行之以渐，持之以恒，才能积微末以至高大。至于在长期刻苦钻研的过程中，能否坚持到底，不致一曝十寒，这便取决于每个人是否真正有坚定不移的治学精神。有的人取得成功，有的人半途而废，关键便在这里。顾炎武一生治学，有着极其顽强、始终不懈的精神。他自己说过："君子之学，死而后已。"（《文集四·与人书六》）他把做学问已看成终生工作。究竟他一生是怎样进行工作的，我们只看他的朋友王弘撰（字山史）所介绍的情况，便可知道一斑。王氏在所著《山志》一书中叙述道：

> 顾亭林，古所谓义士，不合于时，以游为隐者也。……四方之游，必以图书自随。手所抄录，皆作蝇头行楷，万字如一。每见予辈或宴饮终日，辄为攒眉。客退，必戒曰："可惜一日虚度矣！"其勤厉如此。所著《昌平山水记》二卷，巨细咸存，尺寸不爽，凡亲历对证，三易稿矣，而亭林犹以为未惬。正使博闻强记，或尚有人；而精详不苟，未见其伦也。

其次，他的学生潘耒在《日知录序》中也说：

> 先生精力绝人，无他嗜好，自少至老，未尝一日废书。出必载书数簏自随，旅店少休，披寻搜讨，曾无倦色。有一疑义，反复参考，必归于至当；有一独见，援古证今，必畅其说而后止。

这两段话，将顾氏平日刻苦钻研、努力不懈的治学精神，反映了一个大概。至于全祖望《鲒埼亭集·顾亭林先生神道表》中所载：

> 凡先生之游，以二马二骡载书自随。所至厄塞，即呼老兵退卒询其曲折。或与平日所闻不合，则即坊肆中发书而对勘之。或径行平原大野，无足留意，则于鞍上默诵诸经注疏。偶有遗忘，则于坊肆中发书而熟复之。

王昶《春融堂文集·与汪容甫书》中也说：

> 闻顾亭林先生少时，每年以春夏温经，请文学中声音宏敞者四

人，设左右坐，置注疏本于前。先生居中，其前亦置经本，使一人诵而己听之。遇其中字句不同或偶忘者，详问而辨论之。凡读二十纸，再易一人。四人周而复始，计一日温书二百纸。十三经毕，接温三史或《南北史》。顾亭林先生之学，如此习熟而纤悉不遗也。

根据这两段记载，可知顾氏平日旅行，途中无事，便背诵经传，这是怎样地在支配时间，不使一寸光阴浪费掉。平居温经有定程，且能采取各种办法，以补自己记忆之所不及。专精到这步境地，可算是"用志不纷"了。

但是天地间的书籍，不可能都背诵无遗。顾氏平日治学，除温故知新外，又勤于动手进行抄书。抄书，本来是过去学者们经常的工作。特别是雕版印刷术没有发明以前，人们想读书，便须手抄；手抄一遍，自能精熟。所以唐以前的学者，记诵特别强，不是没有原因的。后来虽出现了印刷术，书籍传播较易，但是一般用功的人还重视抄书，而宋代学者为之最勤，有些著述是由抄辑而成的。顾氏继承了这一优良传统，用来充实自己的学问。他在《钞书自序》中，既已追述祖训"著书不如抄书"，作为一生努力的指南。又自述道："炎武之游四方，十有八年，未尝干人。有贤主人以书相示者，则留。或手抄，或募人抄之。"可见他平日遇着没有见过的书，是不轻易放过的。通过自己的手，留一副本，以供浏览，这是他平日抄书的一方面。至于有计划地组织材料，意在写成某种专著，则又逐类以求，将各种有关记载博采兼收地抄下来，像《天下郡国利病书》《肇域志》一类的写作，便由抄辑正史、实录、方志而成，这又是他平日抄书的比较高级的一种形式。阮元《研经室三集·顾亭林先生肇域志跋》中有云：

此《肇域志》稿本，未成之书。其志愿所规画者甚大，而《方舆纪要》实已括之。亭林生长离乱，奔走戎马，阅书数万卷，手不辍录。观此帙密行细书，无一笔率略。始叹古人精力过人，志趣远大。世之习科条而无学术、守章句而无经世之具者，皆未足与论此也。

像这种大部头的写作，无疑是他著述的长编，都没有一笔草率，怎不令人惊叹！

他在抄书过程中，时时勤作笔记，有时融会贯通，自抒心得；或加工提炼，别有发明。他自己在《谲觚》中开首便说：

仆自三十以后，读经史，辄有所笔记。岁月既久，渐成卷帙，而不敢录以示人。语曰："良工不示人以璞。"虑以未成之作，误天下学者。

由此可见，他在写笔记的过程中十分审慎，不愿将自己没有成熟的见解马上发表。所以他一生笔记的精华如《日知录》这部书，便是经过了几十年的岁月才写定的。他在《日知录序》中说过：

愚自少读书，有所得，辄记之。其有不合，时复改定。或古人先我而有者，则遂削之。积三十余年，乃成编。取子夏之言，名曰《日知录》，以正后之君子。

根据他自己的记载，可知他平日抄书或作笔记，分两个步骤：首先是搜集材料，抄辑过去有用的资料；其次才加以考证，提炼成为自己的心得。必须先有很多零散的本子，才能取精用宏，组织成为有体系的写作。这种不畏艰苦、反复锻炼自己的过程，也就是他丰富知识、不断提高自己的过程。没有始终不懈的精神，是不容易成功的。

二、顾氏治学的态度

谈到做学问,应该说是一件最忠实、最谦谨的工作。一个人是否做到忠实而又谦谨,便看他的治学态度如何。首先体现在对前人的劳动成果,必须十分尊重,不可湮没它。甚至自己在某些问题上虽有发明或发现,一旦发觉古人在若干年前已经说过,便须放弃自己的见解,标举古人的见解,这是一个做学问的人起码应有的态度。顾炎武生平,便特别注意到了这一点。《日知录自序》中既说:"或古人先我而有者,则削之。"可知他平日不惜放弃自己的见解,来推崇古人的见解。这是一种忠于学术、极其谦谨的态度。因此,他把著述的规格提得很高。《日知录》卷十九"著书之难"条下有云:

必古人所未及就,后世之所必不可无者,而后为之。

这又是怎样用最高的标准来要求自己!有了这种态度和志气,自然对世俗一般进行剽窃者之所为,深恶痛绝,引为厉禁。他在《文集卷二·钞书自序》中指出:

凡作书者,莫病乎其以前人之书改窜为自作也。

《日知录》卷十八"窃书"条下也说:

晋以下人,则有以他人之书而窃为己作者,郭象《庄子注》、何法盛《晋中兴书》之类是也。若有明一代之人,其所著书,无非窃盗而已。

又说：

> 今代之人，但有薄行而无俊才，不能通作者之意。其盗窃所成之书，必不如元本，名为钝贼何辞！

这种言论对当时学术界投下了有效的针砭，对后来著述家们提出了有力的警告。有此胸襟和识解，他表现在平日治学的态度上又是谦虚的，努力向前进取的。当他的学生潘耒请刻《日知录》时，他说要再等待十年。《文集卷二·初刻日知录自序》有云：

> 炎武所著《日知录》，因友人多欲抄写，患不能给。遂于上章阉茂之岁（即庚戌岁，乃康熙九年）刻此八卷。历今六七年，老而益进，始悔向日学之不博，见之不卓。其中疏漏往往而有，而其书已行于世不可掩。渐次增改，得二十余卷。欲更刻之，而犹未敢自以为定，故先以旧本质之同志。盖天下之理无穷，而君子之志于道也，不成章不达。故昔日之得，不足以为矜；后日之成，不容以自限。

这是何等"自视欿然"的态度！在这努力不懈的过程中，对于整理自己的著述自然十分审慎。当他的朋友写信问《日知录》又成几卷，他回答道："别来一载，早夜诵读，反复寻究，仅得十余条。"（见《文集四·与人书十》）以时间计，差不多一月之久，只能写成一条或二条，这又是怎样细致而小心地在进行工作。书写成后，送给朋友们看，尽量请人提意见。《日知录》被阎若璩驳正若干条，他一见便欣然采纳（见赵执信所作《阎氏墓志》）。《音学五书》经张力臣改正一百多处，他自己便认为虽已刻成，不可刷印，恐有舛漏以误后人（见《文集四·与潘次耕书》）。虚怀若谷，从善如流，仍然是对学术认真负责的态度。他平日常说:"时人之言,亦不敢没。君子之谦也,然后可以进于学。"(《日知录》卷二十"述古"条)可见他对于同时人和朋友们的意见,从来是尊重的。经常取人之长,补己之短。由于他不立崖岸,使人容易接近,当时许多有学问的人也就愿意亲近他。他出游山东、河北、山西、陕西一带,随处都结识了一些学者。他对那些人的长处,评价很高。《文集卷六·广师篇》里竟这样说道:

> 学究天人,确乎不拔,吾不如王寅旭;读书为己,探赜洞微,吾不如杨雪臣;独精三礼,卓然经师,吾不如张稷若;萧然物外,自得天机,吾不如傅青主;坚苦力学,无师而成,吾不如李中孚;险阻备尝,与时屈伸,吾不如路安卿;博闻强记,群书之府,吾不如吴任臣;文章尔雅,宅心和厚,吾不如朱锡鬯;好学不倦,笃于朋友,吾不如王山史;精心六书,信而好古,吾不如张力臣。

由此可见,他真是"不薄今人",对于朋友,可算是推美尽致了。既用这种谦虚态度来处世接物,当时朋友们也就愿意支持他,因而在学术造诣上达到很高的境地,这自然是他一生取得成就的一个重要条件。

三、顾氏治学的方法

一个人在学术上成就的大小,不完全决定于"学"的深浅,而是决定于"识"的高下。因为"学"只是一种求知的功力,有如北齐颜之推所说:"钝学累功,不妨精熟。"只要肯努力做不少积累的功夫,自然可以达到精熟的地步,成为专攻一艺的所谓专家。只有在这种基础上,把治学范围推广,再加上卓越的"识",才能成为一个大学者。假使徒然拥有很多知识而没有"识",必然会变成过去所谓"书簏""学究"一类的人物,事实上也不可能把他已有的知识条理化、系统化,并从其中提出比较高的原则性的理论，来解决学术上的问题，对社会的贡献仍然是很少的。所以，一个人的"学"固然重要，然而更重要的还是在"识"。但是二者又是紧密联系着的。没有"学"的功力做基础，"识"是不能凌空出现的。"识"和"学"诚然是不可分割的整体。

一个伟大的学者，"识"的运用，表现在整理资料时，有融会贯通，有别择去取；表现在研究问题时，能见大体，能察本原。不独能解决过去学者们所没有谈到、或者谈错了的问题，并且也替后人启示了许多新途径，提出了许多新问题，在学术史上留下了不可磨灭的功绩。这样的人，在中国历史上不算太多，顾炎武便是其中杰出的一个。

顾氏成功的原因很多，而一生读书得法，是其中最重要的一环，综合他平日治学的方法，确有四个特点：

（一）重视实地调查和考察的工作

昔人每言："读万卷书，行万里路。"一个人只关在房子内读死书，足迹不越家门一步，很难有所成就。中国历史上的大学者，如司马迁、郑玄、郑樵这些人，都得力于出游。在旅行的过程中，接触的事物太丰富了。书本上有记载的，可以证其所学；书本上没有谈到的，可以增益见闻。这对增益他们的知识，提供了优越的条件。顾氏漫游四方，经历的地区很广，每至一地，都细致地、深入地做了调查研究工作。有如潘耒在《日知录序》中所说："先生足迹半天下，所至交其贤豪长者，考其山川风俗、疾苦利病，如指诸掌。"这不是几句空话！我们只看顾氏著述如《山东考古录》《京东考古录》《营平二州地名记》《昌平山水记》诸书，都是通过实地考察，将调查所得的材料结合书本的记载，加以分析研究之后而写成的。再如《日知录》谈到历代制度和风俗的地方，也可以发现有许多资料不是专从书本上取得的。

（二）重视当代掌故和时事的学习

汉儒王充在《论衡·谢短篇》说过："知古不知今，谓之陆沉。"清初学者刘献廷在《广阳杂记》卷三中也说："今之学者，率知古而不知今,纵使博极群书,亦只算得半个学者。"可知历代大儒,从来都是提倡研究当代掌故和时事的。顾氏一生也特别重视这方面的学习。潘耒在《日知录序》中介绍顾氏治学情形道:"尤留心当世之故。实录奏报,手自抄节,经世要务,一一讲求。"这当然是事实。但在明清之际的学者们,是很不容易看到政府图书馆里所收藏的国史和实录的,因而形成了一种奋陋的风气。顾氏在《日知录》卷十八"秘书国史"条下曾发慨喟道:

> 今则实录之进,焚草于太液池,藏真于皇史宬。在朝之臣,非预纂修,皆不得见。而野史家传,遂得以孤行于世。天下之士,于是乎不知今。是虽以夫子之圣,起于今世,学夏殷之礼而无从,学周礼而又无从也,况其下焉者乎?

由此可见,他平日不独自己留心时事,同时也关心一般士子看不到秘书国史而极为可怜,从而揭露了当时统治者对这些资料深藏固闭、不予开放的罪恶。顾氏重视研究时事的习惯的养成,和他的家教有关。根据顾氏所写的一些回忆性文字来看,他的嗣祖顾绍芾平时也非常关心政治,七十多岁时还天天阅读"邸报"(当时政府刊行的一种官报),并且亲手将重要内容抄录下来,整理备用。这种精神,自然为顾氏所继承了。

(三)善于运用归纳的方法研究问题

清代学者们治学方法的最大特色,便在于对每一事物的考明,先进行归纳的研究,然后得出比较可靠的结论。这种方法比较接近于科学方法。虽不始于顾氏,但顾氏却运用得更为熟练,推广到各方面了。他研究音韵学时,就采用了这种方法,因而取得很大的成就。例如唐明皇读《尚书·洪范》"无偏无颇,遵王之义"一句,觉得下文都协韵,只有"颇"字与"义"不协,便下敕改为"陂"字。顾氏博考其他经传,归纳出许多例子,证明古人读"义"为"我",义字正与颇字协韵,明皇改颇为陂,是改错了。这样的例子很多,俱见《文集》卷四《答李子德书》。又如他的《诗本音》,于"服"字下举出本证十七条,旁证十五条;他的《唐韵正》,于"服"字下共举出一百六十二个证据。这对恢复古书旧读,作出了贡献。

其次,他研究历史,着重在制度文物和地理沿革的考明。举凡租赋、盐铁、钱币、科举、军事、都邑、屯田等方面,都作了极细致的研究,并且在《日知录》中都谈到了。他又嫌《日知录》分条叙说,重点不够突出,于是又用归纳的方法,提挈纲要,写了一些专题性的政治论文,如《郡县论》九篇、《钱粮论》二篇、《生员论》三篇,以及《军制论》《形势论》《田功论》《钱法论》等,这些写作不独和《日知录》互相发挥,并且直接和当时政治联系起来,成为了总结性的论著。

(四)善于掌握用联系的观点分析事物

顾氏在治学过程中,处理每一问题,从来不孤立地根据个别现象或材料,马上作出轻率的结论;相反,他经常联系到各方面去研究它、分析它,联系的内容又往往包括书本的记载和实地考察所得的知识。所以他所做的考证工作,不是像其他一般矜奇炫博的学者们为考证而考证的做法,漫无宗旨地考证一番,而是着重结合实际,想达到经世致用的最后目的来从事考证的。

至于他平日联系看问题的方法,又可分为两方面:一种是纵的联系——即时间的联系,把问题摆在不同时代中去考察;又一种是横的联系——即地域的联系,把问题摆在不同地区里去考察。有时二者又交错起来,大加论证一番。例如他在游山东时,看到济南府学的铁牛和灵岩寺的铁袈裟,便联系到《后汉志》(即《续汉书·郡国志》)和《韩棱传》关于有铁和造剑的记载,证明济南在汉代为产铁和冶铁之地。在游历中,遇着了碑文,每不轻易放过。登泰山时,发现了无字碑,世传为秦始皇立,顾氏因取《史记》反复读之,知为汉武帝所立。岳庙有元代统治者所立碑文,文极鄙俚,顾氏认为可以证史,一字不遗地抄录下来,以供后人参考。这些材料,都写入了《山东考古录》。至于谈到赋税制度,顾氏便把这件事摆到全国不同的地区内去考察,指出明代征收银两的办法在江南怎样方便,在西北怎样造成不好的后果,在《日知录》卷十一"以钱为赋"条下和《文集》卷一《钱粮论》上下篇中,详尽地、实事求是地考证了一番。其他通过实地考察、联系书本知识而考明的事物,更不可胜数。

四、顾氏在思想界的建树

当明代末年,一般道学先生们,空言明心见性,而不讲求实际学问,束书不观、游谈无根的风气,弥漫了全社会。士大夫都打着"理学"的幌子,来欺世盗名。大家案头只摆几部"语录",便可应付一切。关心国家大事的人太少了,因而也就没有人讲求经世之学和救亡之术了。这便直接影响到国家的安危,问题是很严重的。顾炎武目睹当时流弊,大声疾呼地加以纠正,给当时思想界当头一棒。《日知录》卷一"艮其限"条、卷十八"心学"条,对晚明所谓"心学"已有极深刻的批判。至于他忧时感事,指出当时空谈理学的危害性,是极其痛心的。《日知录》卷七"夫子之言性与天道"条下说过:

> 刘、石乱华,本于清谈之流祸,人人知之。孰知今日之清谈,有甚于前代者!昔之清谈,谈老庄;今之清谈,谈孔孟。未得其精,而已遗其粗;未究其本,而先辞其末。不习六艺之文,不考百王之典,不综当代之务,举夫子论学论政之大端,一切不问,而曰一贯,曰无言,以明心见性之空言,代修己治人之实学。股肱惰而万事荒,爪牙亡而四国乱,神州荡覆,宗社丘墟。昔王衍妙善玄言,自比子贡。及为石勒所杀,将死,顾而言曰:"呜呼!吾曹虽不如古人,向若不祖尚浮虚,戮力以匡天下,犹可不至今日。"今

之君子，得不有愧乎其言！

这段话真是慨喟无穷！所谓"神州荡覆，宗社丘墟"，竟把明代三百年天下的覆灭，归咎于清谈孔孟，不是没有理由的。《日知录》卷十八"朱子晚年定论"条下又说：

> 以一人而易天下，其流风至于百余年之久者，古有之矣：王夷甫之清谈，王介甫之新说。其在今日，则王伯安之良知是也。孟子曰："天下之生久矣，一治一乱。"拨乱世，反诸正，岂不在后贤乎？

这便旗帜鲜明地在攻击王学！顾氏既有勇气摧破当时空谈心性的堡垒，便毅然以转移风气为己任，积极提出自己的主张来，想重新在当时思想界树立一个中心。《文集》卷三《与施愚山书》中指出：

> 理学之名，自宋人始有之。古之所谓理学，经学也；非数十年不能通也。故曰：君子之于《春秋》，没身而已矣。今之所谓理学，禅学也。不取之五经，而但资之语录，校诸帖括之文而尤易也。……《论语》，圣人之语录也。舍圣人之语录而从事于后儒，此之谓不知本矣。

这里必须指出：他所提的"古之所谓理学，经学也"，只是说明古人所谓理学，是从经学里面提炼出来的。非长期钻研经学，自然够不上谈理学。而绝不是直接用经学代替理学，语意十分明显。后来全祖望所撰《亭林先生神道表》，称引其语，直作"经学即理学"；和顾氏原意，大有距离。这是由于误解了顾氏的话，好像顾氏平日只强调讲经学而不必讲理学似的。此后乾嘉学者们，便有所借口，更不得不标举汉学旗帜，来敌视理学。风气所趋，大有"使有宋不得为代，朱子不得为人"的模样。他们虽众口同声，奉顾氏为开山祖师，但和顾氏论学宗旨远不相合。因为顾氏平生所反对的理学，仅限于掺杂了禅学成分的理学，从来没有反对过从五经、四书中提炼出来的理学，也没有反对过其他理学家。所以，他一生对宋代程颐、朱熹是十分推重的，对其他理学家的言论是普遍引用的。这和后来乾嘉学者们所采取的态度迥然不同。我们今天必须弄清楚这一点，才能找到顾氏论学的本旨。近人梁启超在《清代学术概论》中，根据全祖望所提"经学即理学"的话，理解为"以经学代理学"，那就错了。

顾氏平日所以自勉的，在努力学习"圣人之道"，并且决意把它贯注到行动实践中去。《文集》卷六《答友人论学书》，自述为学趣向道：

> 窃以为圣人之道，下学上达之方，其行在孝弟忠信；其职在洒扫应对进退；其文在《诗》《书》《三礼》《周易》《春秋》；其用之身，在出处辞受取与；其施之天下，在政令教化刑法；其所著之书，皆以拨乱反正、移风易俗，以驯致乎治平，而无益者不谈。一切诗赋、铭颂、赞诔、序记之文，皆谓之巧言而不以措笔。其于世儒尽性至命之说，必归之有物有则、五行五事之常，而不入于空虚之论。仆之所以为学者如此。

同时，他又明确提出"博学于文，行己有耻"八个字来，用以自勖，并用以教人。《文集》卷三《与友人论学书》中又说：

> 愚所谓圣人之道者如之何？曰：博学于文；曰：行己有耻。自一身以至于天下国家，皆学之事也；自子臣弟友，以至出入往来辞受取与之间，皆有耻之事也。耻之于人大矣！不耻恶衣恶食，而耻匹夫匹妇之不被其泽。故曰："万物皆备于我矣，反身而诚。"呜

呼！士而不先言耻，则为无本之人；非好古而多闻，则为空虚之学。以无本之人，而讲空虚之学，吾见其日从事于圣人而去之弥远也。

这段话和前一段话，彼此参照起来看，可知顾氏在求知和修身方面，都注意到"学"与"用"的统一。他把"自一身以至于天下国家"，都当作学习的内容，这是前此空谈心性的学者们所不能梦见的。他所提出的"行己有耻"，特别着重在出处、辞受、取与之间，具体反映在他一生坚持民族气节，高蹈不仕，是十分清楚的。当康熙初年开明史馆，大学士孝感熊赐履主持馆事，写信招聘他。他回答道："愿以一死谢公。最下，则逃之世外。"结果，熊氏也不能强逼他。康熙十七年（公元一六七八年），诏举博学鸿词，顾氏邑人叶方蔼和长洲韩菼，都争先荐举他，他也致书坚辞。次年，诏修《明史》，当时权贵又想招致顾氏，他仍毅然拒绝。他的外甥徐乾学、徐元文兄弟显贵了，顾氏始终不依附他们。徐氏兄弟念他年老远旅，希望他早回江南，替他预备好了田园庐舍，他也掉头不顾，终于客死西北。这一系列的事实，足以说明他所提出的"行己有耻"，不是一句口头空话，确已具体地体现到生活实践中去了。所以他一生所讲的理学，是躬行实践的理学。他自己也想以身作则，转移一世之风气。不但在本身生活实践中体现出来了高尚的人格，而且在他的著述中也留下了不少的警辟言论。当他结合历史事实分析当前社会问题时，便强调风俗的重要，更注意到士大夫的节义。这一类的言论，记载在《日知录》和《文集》中的很多，对当时和后世的思想界，都起了很大的影响和作用。

其次，顾炎武在当时，很想引导学者们走上经世致用的道路，而不囿于小近。他在《菰中随笔》卷三说过：

必有体国经野之心，而后可以登山临水；必有济世安民之识，而后可以考古证今。

这是何等胸襟，何等抱负！他以南士而远旅于北，往来秦、晋、冀、豫、齐、鲁之间，不遑宁处，所至必遍历其形胜，其志固不在于游览；研精经史，博稽方志，从事纂辑，老而益勤，其志固不在于著述。皆别具苦心，思大有为于天下。一生以经世济民自任，讲求致用之学。当时学者也实以此许之。他的朋友程先贞在《赠顾徵君亭林序》中谈到：

> 东吴顾徵君亭林先生，今之大儒。于书无所不读，习熟国家典制，以至人情物理，淹贯会通，折衷而守之，卓乎为经济之学者也。

在封建社会，简称经世济民为"经济"，和今天所用"经济"一词，名同而实有异。当时士大夫既推许他有经世济民之学，自然牵涉到他的政治思想和致治办法。他对政治上的议论主张，何止限于《文集》中的几篇论文？《日知录》一书，大部分便包含这一内容。顾氏自己曾经指出《日知录》这部书"上篇经术，中篇治道，下篇博闻，共三十余卷。有王者起，将以见诸行事，以跻斯世于治古之隆"（见《文集》卷四《与人书二十五》）。又说："所著《日知录》三十余卷，平生之志与业，皆在其中。有王者起，得以酌取焉，其亦可以毕区区之愿矣。"（见《文集》卷三《与友人论门人书》）由此可见，顾氏自己早已肯定《日知录》的中心内容和主要效用是在经世济民方面了。果然，我们试检《日知录》，其中如卷八、卷九、卷十、卷十一、卷十二、卷十三，都是顾氏发表政见的篇帙，其他各卷也还保存了不少有关政治的主张。所可惜的，顾氏所著《区言》五十卷，"皆述治天下之要"，何焯曾见其稿本，而不传于后世。意料其中内容必为更有条理、有系统的论述，现在无从考见了。

从现在还保存的许多论述来看，顾氏对许多关系国计民生的重要问题，虽提出了一些改良的建议；并且有些建议，还或多或少包含了新的内容，但是一谈到解决问题的办法时，又常常不能摆脱已死的旧形式，自然找不出彻底解决问题的方案。他既经常高举"法古用夏"四字大旗，便跳不出"则古称先"的老圈子。《四库全书总目提要》对顾氏的评论有云："炎武生于明末，喜谈经世之务，激于时事，慨然以复古为志。其说或迂而难行，或愎而过锐。"（见《日知录提要》）这种批判不是没有理由的。不过，顾氏所不同于当时其他封建学者们的地方，虽然他的世界观还是唯心的，但他相对地重视了客观的存在，表现在研究问题时，都从实事实物出发。有些建议和主张，却又代表了当时新兴市民阶层的要求。例如他对政治方面的建议，除强调地方分权以外，还主张均田减租，开矿兴利，对当时地主阶级是不利的，对当时新兴的市民阶层是有利的。从整个社会发展的历史进程来看，凡是他反映市民要求的政治主张，在当时具有进步意义。可惜他虽具有"经世济民"的雄心，和其他封建学者一样，为历史条件和阶级属性所局限，没有也不可能找到根本改变社会的方法。

五、顾氏在音韵学方面的成就

过去学者将语言文字之学看成是治学的工具，是研究经史群书必须首先掌握的一种重要手段。古人称之为"小学"，实包括文字、音韵、训诂三类内容，而音韵乃其枢纽。顾炎武早就提出了这样的口号："读九经自考文始，考文自知音始。"（见《文集》卷四《答李子德书》）可知他已认定探究音韵是治学根本，努力钻研，整整花了三十年的时间，完成了他所写的音韵学巨著——《音学五书》。此书虽包含五种，而第一种为《音论》，意在"审音学之源流"，实是全书中总纲性的写作。《音论》三卷。上卷分三篇：一、古曰音，今曰韵；二、韵书之始；三、唐宋韵谱异同。中卷分六篇：一、古人韵缓，不烦改字；二、古诗无叶音；三、四声之始；四、古人四声一贯；五、入为闰声；六、近代入声之误。下卷分六篇：一、六书转注之解；二、先儒两声各义之说不尽然；三、反切之始；四、南北朝反语；五、反切之名；六、读若某。共十五篇，差不多把他自己对音韵方面的看法和心得都总结出来了。他在《音学五书序》中写道：

  记曰："声成文谓之音。"夫有文斯有音，比音而为诗，诗成然后被之乐；此皆出于天，而非人之所能为也。三代之时，其文皆本于六书，其人皆出于族党、庠序，其性皆驯化于中和，而发之为音，无不协于正。然而《周礼》大行人之职，九岁属瞽史论书名，听声音，所以一道德而同风俗者，又不敢略也。是以《诗》三百五篇，上自《商颂》，下逮陈灵，以十五国之远，千数百年之久，而其音未尝有异；帝舜之歌，皋陶之赓，箕子之陈，文王、周公之系，无弗同者。故三百五篇，古人之音书也。魏晋以下，去古日远，词赋日繁，而后名之曰韵。至宋周颙、梁沈约，而四声之谱作。然自秦汉之文，其音已渐戾于古，至东京益甚。而休文作谱，乃不能上据雅南，旁摭骚子，以成不刊之典；而仅按班张以下诸人之赋，曹刘以下诸人之诗，所用之音，撰为定本。于是今音行而古音亡，为音学之一变。下及唐代，以诗赋取士，其韵一以陆法言之《切韵》为准，虽有独用、同用之注，而其分部未尝改也。至宋景祐之际，微有更易。理宗末年，平水刘渊始并二百六韵为一百七，元黄公绍作《韵会》因之，以迄于今，于是宋韵行而唐韵亡，为音学之再变。世日远而传日讹，此道之亡，盖二千余岁矣。

《文集》卷四《答李子德书》又说：

> 夫子有言："齐一变，至于鲁；鲁一变，至于道。"今之《广韵》，固宋时人所谓兔园之册，家传而户习者也。自刘渊韵行，而此书几于不存。今使学者睹是书，而曰是齐梁以来周颙、沈约诸人相传之韵固如是也，则俗韵不攻而自绌，所谓一变而至鲁也。又从是而进之五经、三代之书，而知秦汉以下，至于齐梁，历代迁流之失，而三百五篇之诗可弦而歌之矣，此所谓一变而至道也。

由此可见，顾氏对古代音韵迁变，元元本本，说得够清楚了。本来，在顾氏以前，明代陈第在《读诗拙言》里早已谈到这一问题，并且指出："三百篇，诗之祖，亦韵之祖也；作韵书者，宜权舆于此。"这对顾氏自然是一种大的启示。不过顾氏在陈第所提出的原有基础上，更加发展而明晰了。

其次谈到厘析古韵部类，顾氏实有承先启后之功。保存到今天的古代韵书还完整无缺的，自然以《广韵》为最早。它是在隋代陆法言所修《切韵》、唐代孙愐所修《唐韵》的基础上，经过宋代陈彭年等加以增广重修而成的。它分二百六部，只能反映六朝唐宋人用韵的部类。在远古，特别是周秦古书的用韵，是很宽的，不像后世的这样窄；因而古韵分部，必然很简少，不像后世的这样多。学者们便根据古代韵文如《诗》三百篇、《楚辞》以及其他可以取证的材料，做一番归纳研究的工夫，将古人篇章中每句叶韵的字抄录下来，再去和《广韵》对勘，发现了古韵今韵不同的痕迹，并进一步找出其中的规律来，便成为古韵之学。这种研究工作，是从宋代学者开始的。吴棫作《韵补》，在韵目下注明"古通某""古转声通某"这一类的话，已有朝着这方面用力的倾向。到郑庠作《古音辨》，明确地分古韵为六部，这便在中国学术史上提出了新的研究题材。清代学者在这方面用功钻研的人却不少；而顾氏便是首先在郑庠所分古韵六部的基础上继续发展的，终于考定古韵为十部，较郑庠所分更加细密了。

研究古韵，有两个中心问题：首先，由于《广韵》二百六部，兼包平、上、去、入四声，固然可以拿平声代表上、去、入，但是《广韵》五十七部平声中，怎样归并入六部或十部，才符合古代用韵的实际情况？这是值得研究的。其次，《广韵》平声有五十七部，而入声只得三十四韵。两者对照起来，究竟这些入声韵应该分配到哪些平声韵才够妥当，这也是值得研究的。顾氏所分古韵部类所以不同于郑庠的地方，以及后来诸家所以不同于顾氏的地方，其争论点，便集中在这两个问题上面。现在将郑庠所考订的古韵六部和顾氏所分十部，分别表列如下：

郑氏六部表

	平声	上声	去声	入声
一部	东冬江 阳庚青 蒸			屋沃觉 药陌锡 德
二部	支微 齐佳 灰			
三部	鱼 虞 歌麻			
四部	真文 元寒 删先			质物 月曷 黠屑
五部	萧 肴 豪尤			
六部	侵 覃 盐咸			缉 合 叶洽

顾氏十部表

	平声	上声	去声	入声
一部	东 冬 钟江	董 肿 讲	送 宋 用绛	
二部	支脂之 微齐佳 皆灰咍	纸旨止 尾荠蟹 骇贿海	寘至志未霁 祭泰卦怪夬 队代废	质术栉昔职物 迄屑薛锡月没 曷末黠辖麦德
三部	鱼 虞 模侯	语 麌 姥厚	御 遇 暮候	屋沃烛觉 药铎陌麦 昔
四部	真谆臻文殷 元魂痕寒桓 删山先仙	轸准吻隐阮 混很旱缓潸 产铣狝	震稕问焮愿 恩恨翰换谏 襉霰线	
五部	萧宵 肴豪 幽	筱小 巧皓 黝	啸笑 效号 幼	屋沃 觉药 铎锡
六部	歌 戈 麻	哿 果 马	箇 过 祃	
七部	阳 唐庚	养 荡梗	漾 宕映	
八部	耕 清 青	耿 静 迥梗	诤 劲 映	
九部	蒸 登	拯 等	证 嶝	
十部	侵覃谈 盐添咸 衔严凡	寝感敢 琰忝俨 豏槛范	沁勘阚 艳㮇酽 陷鉴梵	缉合盍 叶帖洽 狎叶乏

由上列二表对照来看，两家不同的地方，在于顾氏将郑氏的第一部分成了四部，又将郑氏的第三部分成了二部。顾氏在分部方面，较郑氏细密了。可见顾氏研究古韵，虽是凭借郑庠已取得的成果继续努力去做的，但是有发展，有发明，实具有承先启后的巨大作用。

　　古韵的研究，从顾氏不墨守前人成规并加以发展以后，激起了后来学者们深入探讨的兴趣。清代学者继顾氏而起的，如江永作《古韵标准》，分十三部；段玉裁作《六书音韵表》，分十七部；孔广森作《诗声类》，分十八部；王念孙分二十一部（无专书，附见《经义述闻》中）；近世章炳麟作《成均图》，定为二十三部；黄侃复广为二十八部。大抵前疏后密，精益求精地进一步研究，仍然是顾氏首先倡导去做的。

　　至于考定古无四声之分，顾氏也有较大的贡献。当吴棫著《韵补》时，只创为四声互用之说。陈第在《毛诗古音考》中，始言："四声之说，始于后世。古人之诗，取其可歌可咏，岂屑屑毫厘若经生为耶？且上去二音，亦轻重之间耳。"但陈氏遇着具体问题时，又多拘泥而不能自申其说。顾氏在《音论》中，指出了他们的弊短，明确地提出"古人四声一贯"的说法，辨析精审，足成定论。后来江永、戴震、钱大昕、张惠言诸家谈到四声，都是根据顾氏成说加以发挥的。

　　顾氏既早强调"读经自考文始，考文自知音始"。他在音韵学上，取得了辉煌成就；但对文字的研究，则没有专著。然而他给予东汉许慎所作《说文解字》一书以很高的评价，肯定了它的效用；同时又指出了它的缺点。这在《日知录》卷二十一说得很清楚。封建社会的学者们，大半过于尊信《说文》，不免流于盲从，设法回护它，不敢有所诘难。顾氏却大胆地批评它的短处，这种实事求是的精神，对后人理董《说文》，启发极大。可惜他所见到的本子，是宋人李焘依韵目改编而成的《说文五音韵谱》，是"始东终甲"的本子。那时毛氏汲古阁所刊徐铉校定的许氏原书"始一终亥"的本子尚未流行，顾氏没有见到，所以他在《日知录》卷二十一又曾慨喟地说过："《说文》原本次第不可见。今以四声列者,徐铉等所定也。"这便误以李焘为徐铉了。由于为当时条件所限,看不到原书,顾氏对于《说文》也就没有集中精力去研究它。但是发凡起例,对许氏不曲从,不阿好,不是融会贯通,也不能自道其所以然。并且由于他对《说文》估价很高,也就推动了后来乾嘉诸儒积极研究《说文》的高潮。

六、顾氏的史学修养和功力

桐城钱澄之与顾炎武生同时而相友,在《与徐公肃司成书》中,谈到顾氏之学"详于事而疏于理,精于史而忽于经"。清末曾钊在《日知录跋》中也说顾氏"以经世自命,故长于史;至于说经,则韵学最深,其他训诂,或尚有未精考者"。两家所论,都是有根据的。大抵顾氏研究经学的宗旨;归于致用。努力探求先民制作原意,想把几部经典中的主要理论,运用到修己治人的实际方面去。所以他学习《周易》,强调了修身寡过的作用,但对后起一切穿凿附会的说法,却抨击不遗余力。研究《尚书》时,则又侧重在经世济民的方面。所以读《尚书》至某篇某句有所体会,便很自然地联系到历史事实,来说明政治上的问题。推之学习其他经传,也莫不如此。他的治经趋向,主要是融会贯通,畅明大义,归于致用,而不屑规规于名物考证。和后来乾嘉学者专经研究的风尚,大不相同。然而从大处来看问题,顾氏对乾嘉经学的勃兴,仍然有开创门路之功。当明、清之际,士子皆为《四书五经大全》所桎梏,眼孔极小,固执异常。顾氏不惜大声疾呼以激起一世之人,力主博综旧义以破执一不化之见;并昌言"八股行而古学弃,《大全》出而经说亡",唤醒当时经生们不再为《四书五经大全》所束缚。他的摧陷廓清之功,自然是不可湮没的。假使没有顾氏披荆斩棘,开辟一条路来,也无由以臻后来乾嘉经学之盛,这是毋庸置疑的了。

顾氏治学,志在经世致用,所以他研究史学,更注意于此。他在

《答徐甥公肃书》中说过："夫史书之作，鉴往所以训今。"意思至为明显。他的治史，自然不屑从事于琐碎考证了。但是他处理远古传说或记载，却很审慎，对于一般传闻失实的故事，不轻置信，并且富有怀疑精神，进一步纠正以讹传讹的谬说。例如他考证介之推事，指出了割股、焚山的说法为不足信；考证杞梁妻事，纠正了哭崩长城的传说（均见《日知录》卷二五）。这一类的考证，虽只是历史上的小小故事，却把古籍中对事物夸饰失真的谬误，驳诘得很痛快，无异于替辨证古史传说的工作开辟了新的园地，给学者们的启示，仍然是很大的。他为了进一步考明古书记载的真伪，又曾广泛地从古书中抽出了"名以同事而晦""名以同事而章""人以相类而误"诸例（均见《日知录》卷二五）。这些例子被提出来后，影响也很大。乾隆年间的崔述写《考信录》，清末俞樾写《古书疑义举例》，都是采用了这种归纳的研究方法，去从群书中总结出来很多公例而成为专著的。这不独对于考史可以提高认识，也大有助于整理其他古书。

顾氏尝自言："历览二十一史，以及天下郡县志书，一代名公文集及章奏文册之类，有得即录。"（见《天下郡国利病书自序》）可知他研究史学所采资料，是很广博的。特别对于二十一史，用力更深，自然能称举各书的利弊得失。对旧史的体制，极重视"志"和"表"的作用，以为陈寿《三国志》、范晔《后汉书》不立"表""志"，诸史多效其体，自是一大缺陷。所以他很重视《宋书》《隋书》里面的"志"，以为可补诸史之缺。他同时又称赞欧阳修《新唐书》所列诸"表"，为能复班马之旧。他平日自己阅读历史书籍，也尽量运用列表的方法来驾驭纷乱、复杂的历史事件。这种方法诚然是以简驭繁的科学方法，值得后人学习和采用。顾氏除诵习历代"正史"外，自言十三四岁即读完了《资治通鉴》，一生对《通鉴》一书是十分推崇的。他研究《通鉴》，着重在历代军事和政治方面的探讨，仍然是从"学期致用"的志趣出发的。

顾氏从"学期致用"的志趣出发，所以在治史过程中，又重视地理沿革的研究。他从二十七岁开始,便动手搜集有关这方面的资料,准备写成一部规模庞大的《肇域志》。他在《文集》卷六《肇域志序》中写道:

> 此书自崇祯己卯起,先取《一统志》,后取各省、府、州、县志,后取二十一史,参互书之。凡阅志书一千余部。本行不尽,则注之旁;旁又不尽,则别为一集,曰备录。年来糊口四方,未遑删订,以成一家之书。叹精力之已衰,惧韦编之莫就。庶后之人有同志者为续而传之,俾区区二十余年之苦心,不终泯没尔。

这一巨大工作,从纵的联系来看,贯穿了二十一史;从横的联系来看,参考了一千多部地方志书。既打下了这样坚实而雄厚的学问基础,就替他后来写《天下郡国利病书》以及晚年成熟的著作《日知录》,都提供了优越的条件。所以今天从他的各种著述中来估计他在史学方面的成就,不独《天下郡国利病书》是一部规格庞大的写作;即用笔记体裁编成的《日知录》,其中绝大部分内容也还是他一生考证史事的结晶。尽管《肇域志》和《天下郡国利病书》全属抄纂性质的史料,没有达到如他自己所理想的有系统的著述,但是他一生在这方面所投下的功力和取材的广泛,是十分令人惊叹的。

顾氏治史,除取材书本记载以外,还留心金石刻辞的搜求与研究。本来金石考古之学,从宋代学者开其端。顾氏读了宋人的金石专著以后,便重视到用金石刻辞考证史实的研究工作。结合他长期旅行的生活,随时随地,访古探奇,收到了不少古碑残碣的拓本,从而加以缜密的考证,撰成《金石文字记》《求古录》《石经考》诸书。他在《金石文字记序》中,自述研究金石刻辞的情况,有云:

> 余自少时,即好访求古人金石之文,而犹不甚解。及读欧阳公

《集古录》，乃知其事多与史书相证明，可以阐幽表微，补阙正误，不但词翰之工而已。比二十年间，周游天下，所至名山巨镇、祠庙伽蓝之迹，无不寻求。登危峰，探窈壑，扪落石，履荒榛，伐颓垣，畚朽壤，其可读者，必手自抄录。得一文为前人所未见者，辄喜而不寐。一二先达之士，知余好古，出其所蓄，以至兰台之坠文，天禄之逸字，旁搜博讨，夜以继日。遂乃抉剔史传，发挥经典，颇有欧阳、赵氏二录之所未具者，积为一帙，序之以贻后人。

有了这种不避艰险、不畏困难的精神，便成为他在金石考古方面取得成绩的有利条件。后来乾嘉年间的金石学家如钱大昕、王昶诸人所为，便是循着顾氏这条途径努力去做的。

顾氏治史不但长于考古，更重要的在能知今。他一生对当代掌故以及时政大事，是十分注意研究的。他从少年时便用力读邸报，抄实录，后来又搜集了史录、奏状一类的零散文献资料，至一二千本之多，对有明一代史实比较精熟。他曾经根据自己见闻所及，辑成《明季实录》一书，又别辑《皇明修文备史》一书，更全面地提供了许多真实史料。他一生虽有修史之才，结果并没有写成首尾完具的《明史》，这是有原因的。一则由于所藏当代史料，全部为吴炎、潘柽章借去，及吴、潘遇难，都损失光了，他虽有志纂修《明史》，已失去了有力的凭借；而另一方面，目睹当时湖州庄廷鑨史狱之惨，不敢再从事于斯。这在《文集》卷四《与潘次耕书》、卷五《书吴潘二子事》中，说得很清楚。他从此"不谈旧事，不见旧书，退而自修经史之业"。这分明是迫于当时统治者大兴文字狱的惨酷情况，不得不转变做学问的方向到考古方面来。和后来乾嘉学者们不敢谈论时政，只是埋头伏案、做解经说字的工作，其处境是相同的。不过他考古的目的和治学的范围，同后来乾嘉学者们是有区别的。

七、顾氏的文学理论和实践

顾炎武是一位敦笃谦谨、切切实实伏案做学问的著名学者，一生不以诗文自重，也深以做个文人为耻。《文集》卷四《与友人书二十五》有云：

> 君子之为学，以明道也，以救世也。徒以诗文而已，所谓雕虫篆刻，亦何益哉！

这分明以明道救世自任，而不屑从事于咬文嚼字的小技。他在《与人书十八》中又说：

> 《宋史》言刘忠肃每戒子弟曰："士当以器识为先。一命为文人，无足观矣。"仆自一读此言，便绝应酬文字，所以养其器识，而不堕于文人也。

他既坚决不作无谓的应酬文字，所以当他的好友李颙（字中孚）请他替母亲作传时，他认为"无关经术政治之大"，竟拒绝不作。他又评论唐代韩愈，如果一生只作《原道》《原毁》《争臣论》《平淮西碑》《张中丞传后序》诸篇，而不作其他墓志铭、传状一类的应酬文字，那便增高了韩氏"文起八代之衰"的价值。这一类的行事和言论，都具体说明了他一生是不滥作文章的。他认为天地间必不可少之文，只有几种。《日知录》卷十九说过：

> 文之不可绝于天地间者，曰：明道也，纪政事也，察民隐也，乐道人之善也。若此者，有益于天下，有益于将来，多一篇，多一篇之益也。若夫怪力乱神之事，无稽之言，剿袭之说，谀佞之文，

> 若此者，有损于己，无益于人。多一篇，多一篇之损矣。

至于诗，他更不主张多做。《日知录》卷廿一有"诗不必人人皆作"一条，说得很清楚。其中指出：

> 古人之会君臣朋友，不必人人作诗。人各有能有不能，不作诗何害。

这是何等通达的见解！给一般知识分子放大了眼孔，开拓了胸襟，是一种极有意义的倡议。本来，古代国与国之间的往来，或朋友相见，宴饮赋诗，乃是赋三百篇之《诗》，某篇某章，借以助兴。何尝如后世所为，动辄五言七言，争奇斗艳，层出不穷呢？从顾氏的观点来看问题，也必然认为"无关经术政治之大"，可以不作或少作。这便为学者们节省了时间，爱惜了精力，使精力时间更好地用于经世之学，这对启诱当时和后世有志读书的人们，是有深远影响的。

顾氏平日对于写作诗文，反对摹拟，强调创造，认为不解除依傍，是不能作好诗文的。他在《与人书十七》中指出：

> 君诗之病，在于有杜；君文之病，在于有韩欧。有此蹊径于胸中，便终身不脱依傍二字，断不能登峰造极。

《日知录》卷十九又说：

> 效《楚辞》者，必不如《楚辞》；效《七发》者，必不如《七发》。盖其意中先有一人在前，既恐失之，而其笔力，复不能自遂。此寿陵余子学步邯郸之说也。

这一类的言论，居然出于三百年前学者之口，真不容易！他的反对摹拟，又是从文学本身发展的规律来说明问题的。《日知录》卷十九说过：

> 今之不能为二汉，犹二汉之不能为《尚书》《左氏》。乃剿取史汉中文法以为古；甚者猎取其一二字句，用之于文，殊为不称。

《日知录》卷廿一又说：

> 三百篇之不能不降而《楚辞》，《楚辞》之不能不降而汉魏，汉魏之不能不降而六朝，六朝之不能不降而唐也，势也。用一代之体，则必似一代之文，而后为合格。

这却肯定了一时代有一时代的文学。文学本身随时代而有不同，是事物发展的必然趋势。后人正不必死板地胎袭远古以求貌似。这一类的主张在当时是一种崭新的进步的见解，足以补救明末以来文士句摹字拟、毫无生气的文风。

谈到顾氏本人在文学写作方面的成就，他平生极推服白居易的两句名言："文章合为时而著，歌诗合为事而作。"在《日知录》卷廿一"作诗之旨"条下，已阐发它的精义了。他从来肯定文学是现实的反映，所以他的作品，和那些庸俗文士吟风弄月、叹老嗟贫的篇什，自有天渊之别。他平日写文章，要求自己很高，所包含的内容，不外"明道""纪政事""察民隐""乐道人之善"。凡是对当时和后世没有好影响的文章，一概不为。所以他一生写的文章保存在文集中的，并不太多。至于他所作诗歌，流传到今天的虽只有四百首左右，但是绝大部分是反映现实的写作。当时统治阶级的腐朽、社会的黑暗、清兵入关的蹂躏情形、人民生活的苦难状况，都变成了他诗歌创作的主要源泉。他同时在若干诗篇中歌咏了历史人物和山川名胜，充分抒发了热爱祖国、眷念河山的情感。这无疑是继承了杜甫、白居易、陆游等伟大诗人现实主义的优良传统而向前发展的。所以单就诗的写作而论，顾氏在中国诗史上，也是一位卓然杰出的大家。

八、顾氏著述目录

顾炎武一生著述很多。他以一身远旅，死在北方，遗稿散佚不少。著述中已写定的，多被收入《四库全书》，或由后人编入《遗书》《丛刻》，得永其传；有些则未见传本，有目无书。今区为已刻、未刻二类，分举如下：

（一）已刻诸种：《左传杜解补正》三卷、《九经误字》一卷、《音学五书》三十八卷（包括《音论》《诗本音》《易音》《唐韵正》《古音表》共五种）、《韵补正》一卷、《顾氏谱系考》一卷、《历代帝王宅京记》二十卷、《营平二州地名记》一卷、《天下郡国利病书》一百二十卷、《昌平山水记》二卷、《山东考古录》一卷、《京东考古录》一卷、《谲觚十事》一卷、《求古录》一卷、《金石文字记》六卷、《石经考》一卷、《日知录》三十二卷、《日知录之余》四卷、《菰中随笔》三卷、《救文格论》一卷、《杂录》一卷、《经世篇》十二卷、《五经同异》三卷、《亭林文集》六卷、《蒋山佣残稿》三卷、《亭林余集》一卷、《亭林诗集》五卷、《亭林佚诗》一卷、《圣安纪事》二卷、《明季实录》（无卷数）。

（二）未刻诸种：《肇域志》一百卷、《营平二州史事》六卷、《北平古今记》十卷、《建康古今记》十卷、《岱岳记》八卷、《万岁山考证》一卷、《官田始末考》一卷、《下学指南》一卷、《当务书》六卷、《菲录》十五卷、《二十一史年表》十卷、《圣朝纪事》一卷、《十九陵图志》六卷、《诗律蒙告》一卷、《昭夏遗声》二卷、《惧谋录》四卷。

此外，尚有《唐宋韵补异同》《一统志案说》《海道经》《三朝纪事阙文》《熹庙谅阴记》《皇明修文备史》《海甸野史》诸种，均无卷数。

如上所列，虽不太少，但仍不足以概其著述之全。清初何焯曾言，顾氏身后，全部遗书为其外甥徐元文所得，不知爱惜，为人取去，以致残缺散亡，是极其可惜的事。

扬州学记[1]

总叙　扬州学术的精神

近人研究清代学术史的,莫不认为汉学兴起时,有吴、皖二派。吴派以惠栋为首,皖派以戴震为首,卓然称两大师。很少有人注意到扬州学者们在清代学术界中所起的重大作用。一九四六年,我任兰州大学教授时,曾为诸生讲"中国近三百年学术史",有所撰述,重点放在扬州学派,竭力表扬,当时是用文言文写的。开端便有一段议论:

> 余尝考论清代学术,以为吴学最专,徽学最精,扬州之学最通。无吴、皖之专精,则清学不能盛;无扬州之通学,则清学不能大。然吴学专宗汉师遗说,屏弃其他不足数,其失也固。徽学实事求是,视夫固泥者有间矣,而但致详于名物度数,不及称举大义,其失也褊。扬州诸儒,承二派以起,始由专精汇为通学,中正无弊,最为近之。夫为专精之学易,为通学则难。非特博约异趣,亦以识有浅深弘纤不同故也。郑康成之所以卓绝在此耳。清儒专门治经,自惠、戴开其先,天下景从而响和者,无虑皆能尽精微而不克

---

[1] 本篇选自《清儒学记》,齐鲁书社1991年版。此外,关于清代扬州学术的研究,张舜徽先生还著有《清代扬州学记》,上海人民出版社1962年版。——编者

自致于广大。至于乾隆之季，其隘已甚，微扬州诸儒起而恢廓之，则终清之世，士子疲老尽气以从事者，杂猥而已耳，破碎而已耳。末流之弊，不知所届，庸讵止于不能昌明经训已乎？吾之所以欲表章扬州之学，意在斯也。

这虽然是我早年的见解，也还道出了扬州学术值得重视的原因。的确，吴、皖两派学者所走的路，是比较窄的。特别是惠栋，盲目崇拜汉人，无原则地把汉师旧说看成至宝。由好古、信古乃至佞古、媚古。这种弊病，也只有扬州学者能够大胆提出批判，如焦循和王引之都对惠氏治学方法加以指责过。戴震治学范围比较惠栋宽阔些，方法也比较缜密，有实事求是的精神。他的优点全被扬州学者们继承了，并且发扬了。扬州学者治学的特点，首先在于能"创"，像焦循的研究《周易》，黄承吉的研究文字，都是前无古人，自创新例；其次在于能"通"，像王念孙的研究训诂，阮元的研究名物制度，汪中的辨明学术源流，都是融会贯通，确能说明问题，这都是吴、皖两派学者们所没有，而是扬州诸儒所独具的精神和风格。他们这一类的治学方式与方法，如果拿今天的尺度去衡量，诚然有他们的不足之处，但是对当时那般笃信谨守、褊狭拘隘的学术气氛来说，仍然有它客观上的进步作用。我们今天对扬州学派所以还有重视的必要，道理便在这里。

还有一点特别应该指出的：乾嘉学者中绝大多数，从事考证名物、训诂、典章制度，虽然取得了很大的成绩，有它的历史地位。但是流于烦琐，失掉了十七世纪学术思想界宏伟活泼的气象，谈不上个性的发展和见解的创辟。这应该说是十八世纪的中国学术思想界晦塞的一面。扬州学者们在这方面弥补了这一缺陷。像汪中、焦循、阮元都能大胆地对一些问题，特别是对伦理思想的问题，提出自己的看法，继皖学戴震之后，给宋、明唯心主义理学以严厉的批判。这种精神实渊源于戴氏。一则由于戴氏留寓扬州最久，早已将他的议论主张带到了扬州；二则扬州几位大学者，如王念孙是戴氏弟子，任大椿是戴氏同事；焦循一生最推尊戴学，我们只看他所写的《申戴篇》，可以知其宗尚。戴氏的哲学思想和治学道路，全为扬州诸儒所继承而发展了，这是值得我们大书特书的。清代扬州府治，领二州（高邮、泰州），六县（江都、甘泉、仪征、兴化、宝应、东台）。今兹所述，不越此限。扬州学者在学术研究方面有成就的人很多，在这里只抽举几位较为重要的中心人物为主题，次要者附见。兹分述如下：

甲　王懋竑

一、王氏的生平及学术大要

王懋竑，字予中，宝应人。先世自苏州迁宝应，居白田。后又徙入城中，筑白田草堂，所以学者们又称他白田先生。生于清康熙七年，卒于乾隆六年（即公元一六六八——一七四一年），年七十四。他一生的遭遇，不算太好。就科场应试来说，四十一岁才中举，五十一岁才成进士，这在封建社会的士子们，已经是不太得意的事。就做官来说，也并不亨通。虽在雍正元年受过最高统治者的"特召"，给以供职内廷的机会，但不到一年，便丁忧回籍，在五十八岁那年退休了。大约他在五十一岁以前绝大部分岁月，是尽力于教书。他的儿子王箴听在所撰《行状》中说过："府君家贫，资馆谷以赡养。"这样清苦的生活，他一直过了若干年。当然，他长期教书的过程，也就是他钻研学问的过程。后来又找到藏书丰富的人家，课其子弟，因得饱览未见之书，他的学问也就日益充实了。从五十八岁重回故乡以后，还活了十六年，这便是他专意著述的时间。

王懋竑一生治学，主要精力用在整理、研究朱子之学方面。这一研究途径的形成，受了二大影响：一是家学濡染。他的叔父王式丹，是康熙四十二年癸未科的状元，曾参加过修纂《朱子全书》的工作，对于朱子之学，素所讲求，因而影响了他。二是友朋切磋。桐城方苞，推尊朱学，曾于年轻时来宝应乔家任塾师二年，和他结识后，往来甚密，受其影响也不小。因而抱定宗旨，努力探讨朱子各种著述，锲而不舍；实事求是，不落空谈，能切实贯注到生活实践中去。乾嘉中著名学者钱大昕，虽非扬州人。但对他十分敬仰，特为写《王先生懋竑传》，称他："笃志经史，耻为声气标榜。"王念孙的父亲王安国，替他的著作《朱子年谱》撰序时，也赞颂他："自处闾门里巷，一言一行，以至平生出处大节，举无愧于典型。"可知他在封建社会里，是一位谨严方正的学者。他研究朱子之学，是用考证的方法，力求有据，和一般浅尝浮慕的人有所不同。所以焦循在《雕菰楼集》卷十二《国史儒林文苑传议》中着重指出："他人讲程朱理学，皆浮游剿袭而已。惟懋竑一生用力于朱子之书，考订精核，乃真考亭功臣。"这样被后来学者所推重，应该不会是偶然的。首先由于他认真严肃地对待工作，一生精力尽瘁于《朱子年谱》一书。《行状》指出这部书的纂辑："盖积二十余年、四易稿而后定。力疾成编，至易簀前数日，犹不忍释手。"可以想见他用心之专一，用力之勤苦！写成《朱子年谱》后，又别为《年谱考异》四卷，并附录《朱子论学切要语》二卷于其尾。此外尚有《白田草堂存稿》二十四卷，其中以讨论朱子之学的文字为多；《读书记疑》十六卷，便是他研究四部群书的心得记录。据《行状》所载，尚有《续集》《别集》《朱子文集注》《朱子语录注》等多种。

当时一般讲理学的士大夫们，大抵拘守几部《语录》，强记一些术语，用来装饰自己的门面，空谈心性。对于读书，说不上博览苦钻。王氏治学，恰巧相反。我们只看《读书记疑》中所包含的内容，已经够丰富了。此书卷一为《周易》，卷二《尚书》《毛诗》，卷三《礼记》，卷四《左传》《论语》《孟子》，卷五《音韵考》，卷六、七《史》，卷八《南史》，卷九、十《北史》，卷十一《国语存校》《庄子存校》《荀子存校》，卷十二《后汉书存校》，卷十三《南史存校》，卷十四、十五《北史存校》，卷十六《读诸家集》。有了这样的学问基础，再去研究朱子之学，才能真正理解朱熹。因为朱熹虽是一位理学家，但做学问的面极广，谈到的问题极多。一个知识领域狭隘的人，自然不可能读通朱子之书。王氏所以不同于其他讲理学的人而取得较大的成就，原因便在这里。

《白田草堂存稿》二十四卷，是王氏一生学术论著和应酬诗文的集子。《四库全书》既把它收入集部别集类存目，在子部杂家类又著录《白田杂著》八卷。其实《杂著》八卷，即《存稿》中的前八卷，后人抽出单行，故二本并行于世。《四库全书总目提要》卷一百十九《白田杂著》提要有云：

> 是编皆其考证辩论之文，而于朱子之书，用力尤深。如《易本义九图论》《家礼考》，皆反复研索，参互比校，定为后人所依托，为宋元以来儒者之所未发。

他在考证方面，确有许多创见。他的治学范围既比较广，所以在十八世纪初期的封建士大夫群中，仍不失为一个论古有识的学者。乾嘉时，王鸣盛在《十七史商榷》卷九十一"李德裕主议杀郭谊"条下，采用了《白田存稿》卷四（即《杂著》卷四）的说法，认为"此论最精，可云卓识"。清末李慈铭也十分佩服他确有史识。《越缦堂日记》在咸丰辛酉（公元一八六一年）三月二十一日写道：

> 阅王予中《白田杂著》，其中论史独多名议，驳正《通鉴》诸条尤详慎。先生笃信宋学，最致力于朱子之书，而时能匡救其失。说经不多，要皆推本汉儒。史学尤精密，惟及《史》《汉》《三国》，晋以下则不暇论。于《纲目》亦多辨核，谓与文公《家礼》皆非新安手定之书，固乾隆以前诸儒所罕见者也。

李慈铭在晚清是一个性好讥弹、少所许可的人物，而独对王氏推服至此，却不是一件容易事。并且指出他"说经不多，要皆推本汉儒"；"史学尤精密"。说明王氏经、史之学，根柢是比较雄厚的。他年轻时曾以孔安国、郑玄诸大经师自许，又曾旁及杜预、服虔诸家经义，显然对考证之学，有深造自得之乐。后来他竟运用考证家的治学方法，去研究、整理朱子之学。融会贯通，而不拘隘。这对后来扬州学派的走入"通核"一途，他无疑作了"导夫先路"的前驱者。尽管后来焦循阐明义理，多引申戴震之说，和王氏异趣，但焦氏一谈到扬州学派的敦崇实学，还是不湮没王氏倡始之功。《雕菰楼集》卷二十一《李孝臣先生传》中说：

> 吾郡自汉以来，鲜以治经显者。国朝康熙、雍正间，泰州陈厚耀泗源天文历算，夺席宣城；宝应王懋竑予中，以经学醇儒为天下重。于是词章浮缛之风，渐化于实。

这便把乾嘉年间扬州朴学的渊源找出来了。乾嘉大师钱大昕虽不是扬州人，但特为王氏撰传，和阎若璩、胡渭、万斯同、惠栋、江永、戴震诸人相提并列，不是没有原因的。

二、王氏对朱子之学的贡献

谈到朱熹的学术思想，必然要牵涉到陆九渊。所谓"朱陆异同"，成了中国学术思想界长期争论的重大问题。要弄清楚朱陆异同，首先有必要提一下两千年间儒学流别。在很早的时候，儒家便曾谈到"尊德性而道问学"（见《礼记·中庸》）。意思是说一个人既要注意自己人格方面的修养，又要努力探求知识，用功学习。这两方面本来是相提并论的。但是两千年间的学者们，大半有所偏重，注意到了一方面，而忽略了另一方面。如果借用这句话加以分析，那末像战国时期的儒家孟子，便偏重在尊德性方面；荀子偏重在道问学方面。汉代学者多半是走荀子的路，宋代学者多半是走孟子的路。而宋代学者中，朱熹偏重在道问学方面，陆九渊偏重在尊德性方面。于是两千年间所谓"孟荀是非""汉宋门户""朱陆异同"，成了长期封建社会中学术思想界斗争的一个主要内容。朱熹和陆九渊本是同时讲学的朋友。他们做学问的方法各偏重向一方面发展，对许多问题的看法也有根本分歧之点。当时面谈和通信时，已经有不少的辩论。明代学者王守仁是拥护陆子学说的，并进一步根据朱陆意见相合的三十多通论学书札，写成《朱子晚年定论》，援朱入陆，来说明朱熹到了晚年也觉得自己学问支离，渐渐悔悟，走到陆九渊一条路上去了。晚明学者陈建，著《学蔀通辨》，对朱陆早异晚同之说力加驳斥。而顾炎武《日知录》卷十八"朱子晚年定论"一条，攻击得也很厉害，在当时形成了明清之际朱陆异同的激烈论战。到了康熙年间，尊朱排陆一派，随着最高统治者的支持，大大地抬头了。

尽管当时最高统治者提倡理学，寓有他的政治意义；当时一般士大夫，依附程朱，也有他们的个人企图，但是，朱熹作为历史上的著名人物来说，是值得后人认真研究的。他不仅是一位理学家，而且还是有名的传注家和文献学家。他在整理文化遗产方面，翻译古代经传方面，都作出了重大的贡献。中国历史上在这些方面取得辉煌成绩的人，恐怕只有后汉郑玄可以和他比。清代朴学家们从事考证的途径和方法，也有不少方面是继承朱熹的治学遗规而发展起来的。他既对学术界有这样大的影响，为什么被后世所訾议呢？这里面原因很多。首先由于自元明以来，他的几部传注，特别是《四书章句集注》，为统治者所利用了，列为科场考试中命题和发论的重要依据。士子必须烂熟于心，才能写好应试文字。人们因痛恨科举，便很自然地迁怒及他。其次，由于他的声名大，后世伪造一些书托名于他，如所谓《文公家礼》以及《易本义》前面的九个图和《筮仪》等，都极其浅妄。学者不察，以为这些东西果出朱熹之手，从而否定他在其他方面的成就。最后，由于康熙年间靠打着理学的幌子做大官的人越来越多，为非作恶的本领也就越大，那般伪理学为害天下之烈，几至无以复加。当时颜元、李塨、王源、毛奇龄等，以及后来乾嘉考证学者们痛诋朱子，不过想从根本上撤下那道伪理学的护身符而已。然而这三者都不是朱熹所能负责的。如果徒然看到这些后起现象便归罪于他，从而谩骂丑诋，那是不恰当的。所以认真研究朱熹的学术，重新估价他的作用，实是一件重要的工作。

王懋竑研究朱子之学，很鄙视当时那般伪理学家的所作所为，极其痛恶。所以他的从事于此，和世俗的宗朱截然不同。首先由于他是一个淡泊荣利的人，不想挂着程朱的招牌来攫取高位。钱大昕在所撰《王先生懋竑传》中说他"性耿介恬淡，少时尝谓友人曰：'老屋三间，破书万卷，平生志愿，于斯足矣。'"显然他是一个自甘寂寞的人。果然他做官不到几年，便很早退休，仍旧过他那闭户读书的生活。笃志潜修，锲而不舍，在研究、整理朱子各种著述的工作中，投下了大量的劳动，取得了卓越的成绩。主要体现在两个方面：

第一，对朱熹著述进行了去伪、辨诬的工作。从来研究《周易》的，说法最多，汉宋殊途，莫由统一。北宋时，道士陈抟推阐易理，衍为诸图。附会河图洛书，自圆其说。邵雍吸取了道教图书先天象数之学，而加以发展。程颐独指邵说为"易外别传"。所撰《易传》，专重言理。到了朱熹，对图书之说，并不排斥，在所撰《易学启蒙》中发明其义；而今本《周易本义》又有九图以冠其端，引起了学术界的怀疑。元代陈应润作《爻变义蕴》，始指先天诸图，为道家假借易理，以为修炼之术。到了清初，毛奇龄作《图书原舛编》，黄宗羲作《易学象数论》，黄宗炎作《图书辨惑》，胡渭作《易图明辨》，都给予了有力的抨击。但他们所讨论而肯定了的，只是图书出于道家，非儒家经典所固有；只是责怪朱熹没有识见，相信这些东西，并且编入了他自己所著《易本义》的卷首，混淆了经传的本来面目。直到王懋竑，才开始替朱熹辨诬。根据《朱子文集》《语类》，钩稽参考，肯定那九图是后人加进去的，非朱子所能负责。《白田草堂存稿》卷一《杂著》的第一篇，便是《易本义九图论》。这是替朱熹辨诬释谤的专著之一，也就是王氏整理朱熹著述过程中去伪存真的巨大成就。他在《易本义九图论》开首便说：

> 《易本义》九图，非朱子之作也。后之人以《启蒙》依放为之，又杂以己意而尽失其本指者也。朱子于易，有《本义》，有《启蒙》。其见于《文集》《语录》讲论者甚详，而此九图，未尝有一语及之。九图之不合于《本义》《启蒙》者多矣，门人岂不见此九图者；何以绝不致疑也？

这却很明确地替朱子翻了案，肯定了《易本义》九图是后人妄加的。况且朱子平日对陈抟、邵雍的学说，早已认定与儒学有区别（说详《朱子语类》卷一百），也可说明他不会援用方士术数之流的写作来解说经典。那末，王懋竑所肯定的九图不出于朱子的说法，似乎可以成立了。从王氏这一论断发表以后，学者们推服无异辞。由于他在研究问题上细心读朱子之书，从朱子各种著述中发现佐证，用来解决疑难，较之以前诸家进了一大步，所以受到学术界的欢迎和重视。

第二，对朱熹年谱进行了订误、改编的工作。在王氏以前，有三个人做过《朱子年谱》：一是朱子门人李晦，二是明嘉靖时人李默，三是清康熙时人洪璟。这三家的本子，是前后相承加以增删修订而成的。李默用李晦的书作底本而改窜了一番，等到新书行世，而原编便废。洪璟又根据李默的书加以补订，没有什么新的发现。特别是李默处在王阳明之学正盛的年代里，不免夹杂了"朱子晚年定论"一派的见解，更不足以满人意。王懋竑为了这些，便发愿修订《朱子年谱》。首先将朱子平生数百卷的著述，包括注释、纂辑之书在内，反复精读。其次，又将朱子同时友朋的书，认真仔细研究，找出彼此联系、相互影响的关系。又博览群书，从而发现朱子取材所由，以说明问题。这样的做工夫，自非有长期苦钻的精神不可。他的儿子在《行状》中称其改写《朱子年谱》，积二十余年之久，四次修订稿本而后写成，可以想见他的辛勤了。

但是必须指出：王氏治学专谨，功力深厚，并不等于他所改写的《朱子年谱》没有缺点。体现在取材和论断处，不免有主观片面之失。后来道光末年，当涂夏炘所写成《述朱质疑》一书，对王氏所编《朱子年谱》便多所纠弹。特别是《述朱质疑》卷五所载《与朱福堂论年谱书》中，指出应该进一步加以考订之处甚多。其次，王氏考定《朱子家礼》一书，不是朱子自己的作品，其说详见《白田草堂存稿》卷二《家礼考》中。因此作《年谱》时，便在乾道六年下删去"家礼成"一条。夏炘在《述朱质疑》中既深致诘难，后来顾广誉《悔过斋续集》卷一有《家礼非朱子书辨》一篇，郭嵩焘《养知书屋文集》卷六有《校订朱子家礼序》一篇，都对王氏的论断，提出了不同的意见，认为他是一时失考。尽管如此，但从大体上讲，学术界对王氏改编《朱子年谱》所取得的成就，仍然是推服而肯定的。由于《朱子年谱》的改编，是王氏一生精力所聚，做得很细致，成为了他研精朱学的主要成果。加以考证之书，后出者胜。王氏此著，所以能超过以往诸作，也是势所必然的。

三、王氏的亲密学侣朱泽沄

朱泽沄，字湘淘，号止泉，学者称止泉先生。生于康熙五年，卒于雍正十年（即公元一六六六——一七三二年），年六十七。他和王懋竑同是宝应人，年龄仅大于王氏两岁。自少至老，经常生活在一起。王氏的儿子王箴传（字洛师）曾受业于朱氏，并是朱氏女婿。朱氏的儿子朱光进（字宗洛）又问学于王氏。两家易子而教，且是儿女姻亲，从社会关系来说，可算是最亲密的了。两人自少读书，有切磋之益。朱泽沄做学问的基础，也比较博大深厚。读完"二十一史"后，将历代嘉言善行、经制典则，手录其要；复究心天文、舆地，讲学务期致用。他在青少年时期已经是学识比较渊广的人了（详见王箴传所撰《行状》）。后来才由博返约，专心研究朱子之学以终其身。尽管他的研究对象和王懋竑是一致的，但是两人议论主张，则又彼此分歧；有些见解，甚至是对立的。各自保留己见，终亦无由统一。这是由于朱氏学术趋向，仍与王阳明之学接近，和王懋竑纯粹推宗朱熹的道路有所不同，因而他们二人的思想，也无由强合。

当时常和朱氏论学的好友，还有无锡顾昀滋（培）。顾曾问学于宜兴汤世调（之锜），讲学以主静为归。汤传其学于顾昀滋与金廓明。顾、金两人，后又筑共学山居于无锡，遵高攀龙静坐法，显然是东林余绪。朱氏既与顾昀滋交甚密，保存在《朱止泉先生文集》中的《寄顾昀滋书》，凡十二通，对顾极为推许。又曾亲至共学山居，当然受他们的影响很大。所以他一谈到朱熹之学，便以"涵养未发"为归，颇偏重尊德性一方面。论及朱子涵养工夫，归于主静，无可讳言地已杂入了陆王的见解。《朱止泉先生文集》卷四有《与王予中书》五通，提出了他的主见。王氏复书论难，具载《白田草堂存稿》卷十一、十二。两人在学术问题上尽管有不同的看法，仍然各存己见，留待后人论定，但自始至终互相尊重，从来没有彼此轻蔑的意思。这种态度和风格，又是值得后人学习的。朱氏一生著述，除《止泉先生文集》八卷、《后集》五卷外，尚有《朱子圣学考略》十卷、《宗朱子要法》一卷，以及《朱子诲人编》《三学辨》《先儒辟佛考》《阳明晚年定论辨》《吏治集览》《师表集览》《保釐集览》诸种。《朱子文集》《语类》，也都有选本。均见《行状》，有些或未全成，仅存其目。

四、王氏乡里后学的继起（刘台拱、朱彬、刘宝树、刘宝楠）

宝应学者继王懋竑、朱泽沄而起，潜研朴学，走上博通一途取得成就的，首推刘台拱。他的学术直接影响到他的表弟朱彬和侄儿刘宝楠。所以我现在叙述王氏乡里后学的继起，有必要将这几个人以及和他们有直接关系的人都写进去。

刘台拱，字端临。生于乾隆十六年，卒于嘉庆十年（即公元一七五一——一八〇五年），年五十五。二十一岁举江南乡试后，六试礼部，不第。最初留京授徒，因得结识当时学者名流如朱筠、程晋芳、戴震、邵晋涵、任大椿、王念孙等。左右采获，丰富了他的学识和见闻。后官丹徒县训导，竟以读书教书终其身。他在少年时期，研究宋代理学，是从王、朱二家遗书中得到启发的。他所讲求的理学，绝不口头标榜，而只是把那些有积极意义的行为准则，努力贯彻到生活实践中去，为朋友们所推重。大家敬服他德行纯固，笃实不欺，认为他在做人方面有高度修养，相与仰慕不衰。这在阮元所撰《刘端临先生墓表》、王昶所撰《四士说》、江藩所撰《汉学师承记》中都谈到了。他的论学好友，以段玉裁、王念孙为最亲密。段氏在所撰《刘端临先生家传》、王氏在所撰《刘端临遗书序》中同声称叹他的朴学功深，"于天文、律吕、六书、九数、声韵之学，莫不该洽。穷治诸经，于三礼尤粹。精思卓识，坚确不移"。可知他学识渊博精邃，又是乾嘉大师们所尊崇的。由于他治学严谨，矜慎太过，留下的研究成果不多。身后经人搜辑，仅得《论语骈枝》《经传小记》《国语补校》《荀子补注》《淮南子补校》《方言补校》《汉学拾遗》《文集》等八卷。

朱彬，字武曹，号郁甫。乾隆年间举人。生于乾隆十八年，卒于道光十四年（即公元一七五三——一八三四年），年八十二。朱泽沄是他的族祖父，刘台拱的母亲是他的姑母。有了这些关系，他的治学趋向，基本上也是不反对程朱理学的。他和刘台拱既是中表兄弟，年龄又仅小刘两岁。从小便在一起读书，共相砥砺，同为训诂、文字、声韵之学，用以疏释经传，创见很多。著有《经传考证》八卷，为王念孙所称许。《王石臞文集补编》有写给朱彬的几封信，推重之。且替此书撰序；后来阮元又收入《皇清经解》。此外，尚有《礼记训纂》四十九卷、《游道堂集》四卷、《诗集》一卷，皆传于世。其后宝应境内，继刘台拱、朱彬而起的学者，便有刘宝树、宝楠兄弟。

刘宝树，字幼度，号鹤汀，嘉庆十二年举人。由大挑选教谕，改国子监典簿。卒于道光十九年（公元一八三九年），年六十三。他的父亲刘履恂，是乾隆年间的举人，和刘台拱是共祖父的兄弟。宝树濡染家学，精研经训。一生虽好读书，但不轻于著述。所以他死去不久，其弟宝楠整理遗稿，仅刊成《娱景堂集》三卷（道光刻本）。上卷为《经义说略》，中卷为《杂著偶存》，下卷为《鹤汀诗钞》，而以说经的部分最为精粹。例如他解释《周易》否卦："六二，包承。小人吉，大人否，亨。"肯定"吉"字是"喜"字的误写。解释《诗·小雅·大东》"舟人之子"，肯定"舟人"当为"周人"的误写。都是根据保存在古玉和铜器上面的远古字形加以论证的，确是一种创见。此外对于《尚书》《春秋》《礼记》《论语》《孟子》，也都能自抒心得，订正旧义，而语甚通核。

刘宝楠，字楚桢。生于乾隆五十六年，卒于咸丰五年（即公元一七九一——一八五五年），年六十五。道光二十年进士，历任文安、元氏、三河等县知县。自少受经于台拱，研精群籍，与其兄宝树切磋讨论，学乃益进。当他应省试时，与仪征刘文淇、江都梅植之、泾县包慎言、丹徒柳兴恩、句容陈立邂逅相遇，论学极欢。因约定各治一经，加以疏证。宝楠分任《论语》。便依焦循作《孟子正义》之法，先为长编，得数十巨册；次乃荟萃而折衷之，名为《论语正义》。由于作官在外，日理政务，夺去了不少读书著书的时间，自然给学术研究工作带来了损失。《论语》二十篇，他只写完《正义》十四篇便停下了。从《卫灵公》以下诸篇，是他的儿子刘恭冕续成的。这部书考证详尽，远远胜过了邢昺的旧疏，成为清代经学著述中的出色作品。宝楠学问的根柢，得力于文字、训诂之学的深厚修养。除《论语正义》外，尚有《释穀》四卷、《汉石例》六卷、《宝应图经》六卷、《胜朝殉扬录》三卷、《文安堤工录》六卷、《愈愚录》六卷、《念楼集》八卷、《外集》二卷。其子恭冕，学问优赡，有《广经室文钞》。恭冕字叔俛，用"广经"二字名其室，意味着他治学的范围比较广泛，突破了旧的所谓"十三经"的狭隘圈子，进一步丰富他的研究内容。"广经"这一问题的提出，实发端于嘉庆十七年（公元一八一二年）段玉裁所撰《十经斋记》中。段氏主张在原有十三经的基础上，加入《大戴礼记》《国语》《史记》《汉书》《资治通鉴》《说文解字》《九章算术》《周髀算经》等八书为二十一经，定为学者必读之书。刘恭冕对段氏所加入的几部书作了小的调整，便是除去《国语》与《周髀算经》，而换以《荀子》与《楚辞》，仍为二十一经。从段、刘二家之说出，可治经生们褊狭之病，影响很大。刘氏在《致刘伯山书》中曾畅发其旨。假若不是博学而有通识的人，不可能见到这一点。在刘氏同邑的学者中，后来成就最大的，要推成蓉镜。后改名孺，字芙卿，一字心巢，卒于光绪九年，年六十八。一生不汲汲于举业，以诸生终。曾主讲长沙校经堂，造就甚众。著述不下数十种，其说经之书，多收入《清经解续编》及《南菁书院丛书》中，语多精邃。

乙　王念孙和王引之

王念孙，字怀祖，号石臞，高邮人。生于乾隆九年，卒于道光十二年（即公元一七四四——一八三二年），年八十九。他的父亲王安国，雍正二年一甲进士。乾隆初年，累官吏部尚书。念孙自幼便随侍在京，其父礼延当时留寓北京的戴震，为念孙师，讲授经义。所以他一生做学问的基础，在幼年时便已奠定。后来成进士，入翰林，官至永定河道。在六十七岁时退休，专意著述。家庭环境既好，年寿又高，各方面都给他提供了有利条件。这是他一生能在学术上取得辉煌成绩的原因之一。

他的儿子王引之，字伯申，号曼卿。生于乾隆三十一年，卒于道光十四年（即公元一七六六——一八三四年），年六十九。嘉庆四年一甲进士，官至工部尚书。一生治学，以父为师。从事文字、声韵、训诂之学，父子讨论，互相证发。在乾嘉学者中，最为人们所称道。于是"高邮王氏父子"这一名词，在学术界肯定下来了。引之在二十多岁时，学问已有成就，和他的父亲同被当时学者所推重。王昶在《四士说》中，早就指出"给事中王念孙及其子国子监生引之，有仓雅之学"；后来阮元撰《王石臞先生墓志铭》，竟说"高邮王氏一家之学，海内无匹"。这都不是阿好之辞。

王氏父子的著述很多，就其常见而有传本、比较重要的几种来说，王念孙则有《广雅疏证》二十二卷、《释大》八卷、《方言疏证补》一卷、《读书杂志》八十二卷、《余编》二卷、《王石臞先生遗文》四卷、《补编》一卷。往年上虞罗氏购得王氏未刊丛稿一箱，除从其中整理出《释大》等三种排印行世外，其余未写定之稿，以韵书为最多。王国维曾为之检点清理，写成《高邮王怀祖先生训诂音韵书稿叙录》，刊入《观堂集林》卷八，可以参考。至于王引之的著述，则有《经义述闻》三十二卷、《经传释词》十卷、《太岁考》二卷、《春秋名字解诂》二卷、《字典考证》十二卷、《王文简公文集》四卷、《补编》二卷。他们父子在学术上的精深造诣，主要表现在训诂学和校勘学两方面。

一、王氏父子的训诂学

文字、声韵、训诂，是理解古书的重要工具，也可说是最不可少的基本知识。清代学者们的治学次第，都是从研究这一类的知识入手。当时称为"小学"，被看成经学的附庸。后来名家辈出，便由附庸蔚为大国了。王念孙在这方面的成就尤为卓绝。他看到当时已有邵晋涵撰《尔雅正义》，段玉裁撰《说文解字注》，于是自己便集中精力研究《广雅》，为之疏证。阮元在所撰《墓志铭》中称其为《广雅疏证》，"凡汉以前仓雅古训，皆搜括而通证之。谓训诂之旨，本于声音，就古音以求古义，引申触类，扩充于《尔雅》《说文》之外，似乎无所不达"。诚如阮氏所言，王念孙作《广雅疏证》，原不止于解释疑义，更重要的在能将声韵训诂的弘纲大例，通过这一著作都提出来了。焦循在《读书三十二赞》

中也称此作乃是"借张揖书，示人大路"。这自然是王念孙最大的成功！根据阮、焦两家所说，去检寻《广雅疏证》，果然发现许多地方经常是通过一个字联系到若干字，错综旁通，说明了不少问题；同时也给循声求义的学者们，以莫大启示。

  人们学习了王念孙的研究成果，必然会引起怀疑：为什么引申触类能够那样的取用自如？好比散钱在地，他却用了一根索子把它们贯串起来了。加以当他作《广雅疏证》时，如《经籍籑诂》一类的工具书，尚没有出现。凡所征引，全靠记忆。更足令人惊叹、佩服！推求他之所以取得这样的成就，主要有两方面：一方面固然由于他博闻强记，对一些基本书籍读的很精熟；另一方面便由于他在写《广雅疏证》以前，曾对群书训诂做过大规模的综合研究工作。当时他所做的综合研究工作，是采取两种方式进行的：一种是以韵部为纲，依据他自己所考定的古韵二十一部的分类，将古书训诂，列成二十一表；一种是以声纽为纲，依据古声二十三母，将古书训诂，汇而释之。一九二二年，上虞罗氏购得王念孙手稿一箱，其中有《雅诂表》二十一册、《释大》二册，便是这二种工作的底稿。《雅诂表》是以古韵部为纲而写成的；《释大》是以古声纽为纲而写成的。可以想见他平日研究训诂学功力之深厚。那样纵横交错，将古书旧义有条不紊地组织起来，用声音贯穿文字，从而发现声义相通之故。这种方法，可说是接近于科学的方法了。他既掌握了丰富的、系统的训诂学基本资料，从而条理化、系统化，以进行说字、解经，又何往而不左右逢源！特别是他疏证《广雅》时，运用古声通转之理，联贯故训，给后人指明了一条研究训诂之学的康庄大道。又曾以声为纲，类辑同义之字而系联之。初取凡字之有大义者，依所隶字母，撰成《释大》。今虽仅存牙、喉八母字八篇，仍使学者由此可悟双声之理，为用至巨，影响是很大的。

  王引之研究训诂之学，更是秉承父教，在他父亲的指导培养下成长起来的。这种情况，在他所撰《经义述闻序》中，将他自己的为学次第和他父亲有关说字解经的教诲，有重点地提出来了。其中谈到他父亲的治经，"熟于汉学之门户，而不囿于汉学之藩篱"。这两句话，可说是高邮王氏父子之学总的精神所在。他们父子两人平日治学，不但不流于墨守，并且反对墨守。我们只看王引之《与焦理堂先生书》中指斥惠栋株守汉学之弊，至为明切。他在当时，大力提倡"求是"的治学风气，和焦氏所强调的"通核"一鼻孔出气，也就体现了扬州学者们治学通方而不拘隘的特殊精神。

文辞中有实字，有虚字。所谓虚字，一般是指在发句、助句方面起作用的单字。像"之""乎""也""者""矣""焉""哉"这一类的字，是比较容易辨认的。至于不易辨认的虚字还很多。训诂学家习惯于解实字，而容易忽略虚字，往往误将虚字当作实字理解。王念孙读书细心，在这方面做了不少发疑正读的工夫，取得不小的成绩。当他读到《毛诗·邶风·终风》"终风且暴"一语时，便发觉自汉以来的学者们把"终"字作实字讲，全都错了。因联系到《燕燕篇》的"终温且惠"、《北门篇》的"终窭且贫"、《小雅·伐木篇》的"终和且平"、《甫田篇》的"终善且有"、《正月篇》的"终其永怀，又窘阴雨"，说明"终"字皆当训"既"，"既"与"终"，一语之转。凡三百篇诗中用"终"字处，都是作"既"字讲的。这真是一个极有价值的重大发现。这一类的发现，保存在《经义述闻》中的还很多。王引之循用这一方法，遍搜九经三传以及周秦西汉之书的虚字，凡一百六十，勒为一书，成《经传释词》十卷，与《经义述闻》相辅而行。至于王引之研究训诂学的成果，记录在《经义述闻》《读书杂志》《广雅疏证》中的更为繁多，不能尽举。《广雅疏证》自《释草》以下诸篇，是王引之写成的。可知他在训诂学之外，又深于名物考证。

二、王氏父子的校勘学

校勘学与训诂学，是关系最为密切的两种学术研究工作。王念孙作

《广雅疏证》，除诠释训诂名物外，还做了一番仔细的校勘工作。校正讹字五百七十八，脱者四百九十一，衍者三十九，先后错乱者百二十三，正文误入音内者十九，音内字误入正文者五十七。随条订正，并且把他的根据和论证说个清楚。于是《广雅》一书，才渐渐接近恢复旧观。他对此书的功绩，是比较大的。他不独校勘《广雅》很精密，推之整理群经子史，在校勘方面也取得辉煌成绩。清末孙诒让在《札迻序》中谈到校书的流别时，说过：

> 综论厥善，大氐以旧刊精校为据依，而究其微旨，通其大例，精思博考，不参成见。其谊正文字讹舛，或求之于本书，或旁证之它籍，及援引之类书。而以声类通转为之钤键，故能发疑正读，奄若合符。及其蔽也，则或穿穴形声，捃摭新异；冯臆改易，以是为非。乾嘉大师，唯王氏父子郅为精博。凡举一义，皆确凿不刊。

这段话是在总结清代校勘家的成就时提出的，将王氏父子在这方面取得的成绩，肯定到了很高的地位。他们父子的校书工作，大部分精力集中在校订经传和周秦诸子方面。校勘成绩保存在《经义述闻》和《读书杂志》中的，十分令人叹服。《经义述闻》卷三十二，将群经中的"衍文""形讹""上下相因而误""后人改注疏释文"等各种情况，都作出了综合性的总结。王氏在"衍文"中抽出了数例：有汉儒作注时已衍者；有唐初作疏时已衍者；有至唐开成石经始衍者；有旁记之字误入正文者。王氏在"形讹"中，又指出几种不同类型的错误，我们可以归纳为几种情况：有因篆文及古文形体相似而讹者；有因隶书形体相似而讹者；有因草书形体相似而讹者；有与或体相似而讹者；有与半体相似而讹者；有两字连讹者。王氏在"上下相因而误"中，着重指出"因上下文而误写偏旁"的一些实例：一部分是"本有偏旁而误易"；一部分是"本无偏旁而误加"。至于谈到"后人改注疏释文"，也指出"有注疏释文已误者";也有"注疏释文未误,而后人据已误之正文改之者"。这一类的重要发现,假若没有掌握古代汉字形体变化的一般规律,而又通过长期感性认识,取得了丰富经验,是不容易提出来的。

校勘书籍,有求证于本书以外的,叫做"外证",也称"旁证";有求证于本书以内的,叫做"内证",也称"本证"。凡属本书以外的一切实物或记载,直接间接可以订正本书谬误、补缀本书缺佚的材料,都是外证。至于内证,便在于从本书的文字、训诂、语法,以及前后文气、全书义例等各方面找线索,来证明哪些地方有错字,有脱文。虽没有他书可资佐证,但也要有足够的理由,说明其所以然,使自己提出的论断可以成立。这便十分需要在读书时仔细从各方面体会,做一番融会贯通的工夫,才能抽出一些规律性的条例,来处理本书中文字和内容方面的有关问题。王念孙校勘群经诸子时,运用内证法而取得的成就,非常显著。例如,他订正了《老子》"夫佳兵者不祥之器"的"佳兵"二字,认为是"唯兵"之讹,便是前人没有说过的有价值的发现。尽管没有别的本子可以对证,这论断是可以成立的。这分明是一种活的校书法。至于根据旧本,努力去找外证,有时将外证、内证二者错综为用,更可解决许多问题。王念孙在这方面也取得很大成绩。

保存在《读书杂志》中的《读淮南杂志叙》,是一篇极有价值的校勘学总结性文字。篇首开端便说:

> 是书自北宋已有讹脱,故《尔雅疏》《埤雅》《集韵》《太平御览》诸书所引,已多与今本同误者,而南宋以后无论已。余未得见宋本。所见诸本中,惟《道藏》本为优,明刘绩本次之。其余各本,皆出二本之下。兹以《藏》本为主,参以群书所引,凡所订正,共九百余条。推其致误之由,则传写讹脱者半,冯意妄改者亦半也。

他曾进一步分析那九百多处文字致误的原因,归纳为由于不明文字假借、不通声韵、不辨各种书体的差别、正文和注文掺杂、妄加、妄删、脱字、衍字、破句、错简等六十二例,可算是做了很精密的校订工作。但由于他所根据的只是《道藏》本,而没有看到宋本。等到《读书杂志》刊成,顾广圻读了以后,因从汪阆源处借来宋本《淮南子》,复校一过,又订正许多讹误。王引之亟称顾氏心细识精,并补刻顾校于《淮南子杂志》之后,体现了王氏对待学术研究认真负责、虚心纳善的精神。然而必须指出:高邮王氏父子从事校勘工作,并不是没有缺点。首先体现在信任类书太过,往往专据类书以改本书,便在不经意中,替本书带来了损害,这是我们应该注意到的。

丙　汪中

汪中,字容甫,江都人。生于乾隆九年,卒于乾隆五十九年(即公元一七四四——一七九四年),年五十一。他出身于一个贫穷的读书人家,父名一元,邑增生。七岁时,父亲便死去了。有姊有妹,一家四口。母亲靠替人缝鞋补衣维持生活,经常食用不够。特别是到了冬天,饥寒交迫,更难忍受。这样地生活着,更谈不到入塾读书了。但他的母亲,还是耐心抽暇教他识字,读些幼学启蒙的书籍。到了十三四岁时,便入书店做学徒工,刻苦自学,因得遍观经史百家。由于阅读能力强,深为社会人士所注意,并劝他习举子业。得到他父友的支持,授以应试文。果然在二十岁成了秀才,三十四岁考取了拔贡。他一生长期在饥饿中挣扎,处境极其艰苦。记载在《先母邹孺人灵表》中的早年贫困景象,不是一般人所能忍受的。他在幼年时零丁孤苦,仅从他的母亲身上得到安慰和鼓励。后来他成人了,对于那位"更百苦以保其后"的母亲,极其敬爱。他一生糊口于外,经常不忍和他母亲离开。但他不得不长期客游于外,做当时达官贵人们的幕僚。从此不再参加科场考试,只是在学术研究工作上做工夫。

汪中治学的规模趋向，和其他扬州学者一样，从大体上讲，是遵循顾炎武的道路前进的。他在《与巡抚毕侍郎书》中说过："中少时问学，实私淑顾宁人处士，故尝推六经之旨以合于世用。及为考古之学，惟实事求是不尚墨守。"这差不多将自己学术渊源和治学态度简要地提出来了。惟其讲求实事求是之学，所以平日所宗仰的学者，除顾炎武外，还有阎若璩、梅文鼎、胡渭、惠栋、戴震等，并且肯定他们六人是继往开来的人物，作《六儒颂》加以表彰。他在叙述到扬州学派时，把自己摆在一个比较重要的地位。观所为《大清故候选知县李君（李惇）之铭》有云："是时古学大兴，元和惠氏，休宁戴氏，咸为学者所宗。自江以北，则王念孙为之唱而君和之，中及刘台拱继之。并才力所诣，各成其学。"

由此可见，他把李惇、王念孙、刘台拱和他自己，都看成扬州学派中开创风气的人物。他们这几个人，在当时也确是性情学问之交。王念孙写给刘台拱的信中，曾经谈过："闻容甫著作益富，此人才学识三者皆过人。在我辈中，且当首屈一指。"可知当时友朋一致是推崇他的。他治学范围比较广泛，对于经学、史学以及周秦诸子的钻研，都有比较深厚的功力和新颖的见解。虽没有卷帙浩繁的大著述，但门庭轩敞，和当时一般专守一书、专攻一艺的学者截然不同。特别是他所写的文章，直逼魏晋，闳丽渊雅，更非当时朴学家们所易学步。即就他在学术著作方面的造诣来说，在有清一代仍然是不废大家。他的著述有传本的，计有：《述学内篇》三卷、《述学外篇》一卷、《述学补遗》一卷、《述学别录》一卷；《遗诗》五卷；《广陵通典》十卷；《大戴礼记正误》一卷；《经义知新记》一卷；《春秋列国官名异同考》一卷；《国语校文》一卷；《旧学蓄疑》一卷。其他如《春秋后传》《强识录》《尚书考异》《说文求端》之类，或草创未成，或有目无书。他一生勤于校勘古籍，成绩巨大。所校《仪礼》《尔雅》，多被胡培翚的《仪礼正义》、郝懿行的《尔雅义疏》择要采录了；所校《荀子》，又多见于谢墉刊本和王念孙的

《读书杂志》中；所校贾谊《新书》和《墨子》，也只存稿于家，没有刊行。这些都无疑是他一生精力所瘁，可以想见他治学规模的浩博了。

一、汪氏治学的识见与规模

汪中一生从事学术研究工作，勇于怀疑，不墨守前人旧说，自创新解。不独在经学方面有不少的重要发明或发现，即整理周秦诸子，也作出了较大的成绩。他对《墨子》《荀子》的重视和表彰，固已替后来研究两家学说的人们，开辟了途径，即如所撰《老子考异》一篇，论证老聃、老子、老莱子三人各不相蒙。五千言作者的老子，是孔子以后的人。这却给予后来研究中国哲学的人们以莫大的启示，是一种极有价值的发现。他在《吕氏春秋序》中指出《吕氏春秋》不出于一手，集诸子学说之成，是后世类书如《修文御览》之类的所托始。这又是从辨章学术、考镜源流的角度来说明问题的。

汪中在治学过程中，善于做融会贯通、疏明大例的工作。首先，他对古代制度名物尽力考索，发现了前人没有见到的许多新问题。例如古代经传中时常谈到"明堂"，究竟明堂的结构怎样，作用如何，从来议礼之家，纷如聚讼。汪氏博考繁征，写成《明堂通释》一篇，论证经典中的明堂有六：一、宗周；二、东都；三、路寝；四、方岳之下；五、太学；六、鲁太庙。这说明古代制度或建筑，名虽相同而实有不同的一般通例，给考古者的启发极大。其次，在古书语法方面，汪氏又曾发凡起例，指出古人写作中用字的一般规律。例如《释三九上》，说明古书中称"三"称"九"，多系虚数，实际是形容事物之多。《释三九中》，又说明古人发言时，有"曲"有"形容"。"曲"是不直指其物，只间接去说；"形容"便近于夸饰，和原事物有出入。确实道破了古书语法的通例，替阅读古书的人找到了一个极有价值的规律。

尽管汪中对这一类的问题平日留心考究，做了融会贯通、疏明大例的工作，但是他的学问却不停留于此。由于他的治学范围较宽，涉览的书籍较博，曾经发愿要写二部卷帙浩繁的大书，来总结古代有关学制、学术的盛衰兴废，名为《述学》。他在《与端临书》中说过："中之志，乃在《述学》一书，文艺又其末也。"可知他一生著述的庞大规划，就是想集中精力写《述学》这部书。刘台拱在所撰《容甫汪君传》中指出："君搜辑三代两汉学制，以及文字、训诂、度数、名物有系于学者，分别部居，为《述学》一书。属稿未成，更以平日读书所得，及所论撰之文，分为《述学》内外篇。"汪中的儿子汪喜孙，在所撰他父亲的《年谱》乾隆四十四年条下也说："是时先君撰《述学》一书，博考先秦古籍、三代以上学制废兴，使知古人之所以为学者。凡虞夏第一，周礼之制第二，列国第三，孔门第四，七十子后学者第五；又列通论、释经、旧闻、典籍、数典、世官、目录凡六；未成书。更取平日考古之学及所论撰之文，为《述学》内外篇。"

据此，可知汪中原来计划要写的那部《述学》，是一部有完整体系、有庞大规格的古代学术史。包世臣《艺舟双楫》有《书述学六卷后》一篇，谈到他曾经看过《述学》稿本，汪氏在册首自题"述学一百卷"，已成者才数卷。可以推想到此书编述的预定计划是惊人的。书虽未成，也足以说明汪氏治学规划的博大了。

二、汪氏对儒家正统思想的批判

从饥寒交迫中挣扎出来的汪中，由一个书佣成为了清代第一流的学者，不独他刻苦钻研的精神和当时一般学者有所不同，即他的思想和当时官僚地主阶级的士大夫们的思想也迥然有别。首先体现在对儒家正统思想的批判，极其大胆。尽管他生长在十八世纪的封建社会里，和当时士子们一样诵习四书、五经，但在许多问题上不愿随声附和，勇于提出自己的主张，进行分析和批判。从宋元以来，特别是明代的学者们，喜欢高举"讲学"二字的招牌来空谈心性，汪中是极其痛恶的。《述学别录》有《讲学释义》一篇，专明其意。其中有云：

> 古之教也以四术。书则读之；诗乐同物，诵之歌之，弦之舞之；揖让周旋，是以行礼。……后世群居终日，高谈性命，而谓之讲学，吾未之前闻也。

这种言论从表面上看，似乎和颜元、李塨极相似。但是汪氏之学，和颜李没有什么渊源，也可能没有见过颜李的书。如果进一步探究这种见解的所从出，只能说是私淑于顾炎武。顾氏在明清之际，是反对空谈讲学的。后来扬州学者们谈到这一问题，都是在顾氏议论的基础上进一步加以发挥了。汪中如此，焦循、阮元也莫不如此。

宋明以来理学家们讲学的重要依据之一，便是四书。四书的名称，从南宋淳熙年间（公元一一七四——一一八九年）才出现。是由朱熹给《大学》《中庸》做了章句，《论语》《孟子》做了集注以后，合在一起，才名为四书。《大学》《中庸》本是《礼记》中的两篇，《论语》《孟子》原来也各自单行，编为一部书加以表彰，从朱熹始。从元明以至清末，科举取士，将《四书章句集注》规定为人人必读之书。考官的试题取材，举子的应试为文，都以四书为依据。理学家们平日虽守住几部语录，作为空谈心性的资料，但剖析义理，却归其本于四书。所以四书从元明以来，又成为理学家们讲学的重要依据之一。汪中既反对以空谈为讲学，又进一步把他们的重要依据之一的四书，特别是其中的《大学》，重新加以估价，着重指出宋儒利用这篇文字牢笼天下的用意。他对宋儒表彰《大学》是极其不满的。《述学补遗》有《大学平义》一篇，指出《大学》在《礼记》中本和其他篇价值相等，没有什么特别高明的道理。宋儒利用它，以便控制思想。朱熹作章句时，将此篇分为经一章，传十章，又为补《格物致知之传》，不独窜改了古书原次，并且硬要肯定那章是经，即孔子的话，更觉毫无根据。他根据周秦古书写作形式的通例，驳斥了朱熹主观唯心地分别经传、肯定作者的做法为不可靠。他又指出宋儒从《大学》里标举所谓"三纲领""八条目"来范围天下人的思想，使之出于一途，大非孔子平日所以教人之法。孔子平日教人，辩证地处理问题，经常结合具体的人，作出具体的诲导，正足以体现孔子的伟大。宋儒硬要标举古人一两篇写作，定为永恒不变的大经大法，这和孔子之道是背道而驰的。汪中这种言论，积极有力地打击了封建教条，给儒家自宋元以来的正统思想以严正的批判。

汪中在批判宋元以来儒家正统思想的同时，竭力提倡周秦诸子之学。他以前的学者们总以孔孟并称，以为绍孔子之传的，在战国时只有孟轲。汪氏却着重提出荀子，在所撰《荀卿子通论》中指出"荀卿之学，出于孔氏，而尤有功于诸经"。他曾引证古书，说明许多经传都是靠荀子传下来的。在《荀卿子通论》中，强调了荀卿传经之功。他又写了《荀卿子年表》，大力宣扬了一番。其次，他对《墨子》之学，用功也很深。校订其书多次，收获很多。《述学内篇》有《墨子叙》和《墨子后叙》，除考证墨子年代外，还订正了儒家从来把杨墨二家相提并论的错误。特别对于孟子用"无父"二字的罪名诬陷墨子，尤力加辩驳。这对乾嘉以来学者们开展诸子之学的研究，有着很大的影响。但他的这种新颖见解，和儒家传统思想是不相容的。当时以卫道自任的正统派代表人物如翁方纲，便大声疾呼要打倒他。翁氏《复初斋文集》卷十五有《书墨子》一篇，竟明目张胆地诋斥汪中为"名教罪人"。想见当日开展学术的自由研究，仍然是一场剧烈斗争。汪中却能大胆地提出自己的看法，言人之所不敢言，这种精神是不可能从当时一般没有真知灼见的学者们身上去寻找的。

丁　焦循

焦循，字理堂，一字里堂，晚号里堂老人。生于乾隆二十八年，卒于嘉庆二十五年（即公元一七六三——一八二〇年），年五十八。世居江都黄珏桥，雍正九年，分县为甘泉人。家寒微，自少勤苦于学，以嘉庆六年辛酉科举人,一应会试不第,即绝意仕进,专心力于治学。朋友或劝他再赴京应试,以母老辞;母死后,托疾闭门不出。有时设馆于外,以赡衣食。与阮元交甚厚,又为其族姊夫,情好至密。阮元督学山东、浙江时,几次招他出游。既与观览山水,又共切磋学问。阮氏亟钦服其学,目为通儒。后于里居建雕菰楼,为读书著书之所。风景很好,足迹不入城市。著书至数百卷,其有刊本者,又分二类,约举如下:

(一)已收入《焦氏丛书》者:《易章句》十二卷、《易图略》八卷、《易通释》二十卷(以上三种,为"易学三书");《易话》二卷;《易广记》三卷;《论语补疏》三卷、《周易补疏》二卷、《尚书补疏》二卷、《毛诗补疏》五卷、《春秋补疏》五卷、《礼记补疏》三卷(以上六种,为"六经补疏");《群经宫室图》二卷,《禹贡郑注释》二卷;《孟子正义》三十卷;《加减乘除释》八卷、《天元一释》二卷、《释弧》三卷、《释轮》二卷、《释椭》一卷(以上五种,为"里堂学算记");《北湖小志》六卷;《李翁医记》二卷。

(二)已收入其他丛书者:《雕菰楼集》二十四卷、《忆书》六卷、《邗记》六卷、《红薇翠竹词》一卷、《仲轩词》一卷、《里堂家训》二卷、《扬州足征录》二十七卷、《诗陆氏疏疏》二卷、《论语通释》一卷、《易余龠录》二十卷、《开方通释》一卷、《花部农谈》一卷、《剧说》六卷、《焦里堂先生轶文》一卷。

此外,如《三礼便蒙》,有石印本,为书四卷,凡二十三篇;《里堂道听录》五十卷,有稿本存北京图书馆。其他有目无书者,尚有多种。他的儿子焦廷琥,字虎玉。能传家学,造诣亦深,著有《尚书伸孔篇》《冕服考》《读书小记》《春秋三传经文辨异》《蜜梅花馆文录》《蜜梅花馆诗录》《因柳阁词钞》诸书。

一、焦氏治学的精神与态度

焦氏先世虽拥有比较丰厚的财产,但到他父亲时,家道便中落了。

当他二十三岁时，父母相继去世，丧葬费用既重，加以连岁大饥，负债甚多。不得已，将剩下的遗产几十亩田卖去，除偿债外，竟将余资从书贾手中买得一部《通志堂经解》。可知焦循当时处境十分艰苦，而好学之志却又十分坚定。他从二十五岁开始授徒于外，教学相长，笃志潜修，把做学问看成终身之事，不使一日间断。在糊口授徒的过程中，边教边学，来丰富自己的知识。他平日求知的方法，又得力于能够发挥主动思考，认为勤思苦索，多动脑筋，什么理论都可弄通。他的朋友顾超宗看到他长于思考，以所得《梅氏丛书》一部赠他，劝他认真学完。果然他不辜负好友的期望，在天文、算学方面，取得很深的造诣。他研究群经，也都卓然有成。少年时，为《毛诗》鸟兽草木虫鱼之学，十九年中，六易其稿。中年以后治《易》，尽屏他务，专理此经。日坐一室，终夜不寐。自立一簿，以稽考其业。晚年撰述《孟子正义》，先为长编，再加整理。有不达，则思，每夜三鼓后不寐。他治学不但善于思考，刻苦钻研，又能勤于动手，多作笔记。每治一种专业或研究一部专书，都有许多小簿短册，用来记录自己的心得、摘抄群书的要义和检查工作的进度。这对他每一研究工作的如期完成，起了很大作用。

焦循治学的态度很谦谨，他平日涉览所及，不但重视古人的著述，对当代学者们的重要写作，也都十分推美。《雕菰楼集》卷六有《读书三十二赞》，篇中所标举的作者，如顾炎武、阎若璩、梅文鼎、王锡阐、毛奇龄、张尔岐、胡渭、江永，固然是清初大师。至于程瑶田、钱大昕、段玉裁、王念孙，年辈虽较焦氏为早，但多见面或通过信。其他如阮元、王引之、姚文田、汪中、凌廷堪、汪莱、李锐，更是和他常相往来的人。他都各取所长，加以赞扬，体现了他虚心服善、不薄今人的精神。有了这种可贵的精神，自然消除了骄矜气。同时对那些自以为是的人，十分痛恶。《雕菰楼集》卷十《说矜》中指出：

人莫患乎自以为孔子。自以为孔子，则惟觉己之言是，而天下之言非。惟觉己之言是，而天下之言非，则不复能察天下之言，而其学不进。

他在《家训》中又说：

> 一人有一人之能，不能以己能傲人之不能也。一事有一事之体，不得以此之体混彼之体也。

这无异于对那些妄自尊大的人，给以当头一棒。同时，他又大力纠正当时有些学者喜欢骂人的习气，曾在《雕菰楼集》卷七《述难三》中提出了有力的针砭。我们今天检查焦氏全部著述，从没有发现他骂人的话。凡有不同意见，也只是提出合理的辩论，从来看不到他轻蔑别人的思想和言辞。如果遇着别人对他提出了批评意见，他又是十分尊重的。当他二十八岁写成《群经宫室图》时，是冬呕血几死，便仓促把它付刊，自然免不了疏漏和缺失。当时江声写信规戒他，至于往复辩难。焦氏却珍重江声的意见，把他的手札保存下来，并系以长跋。《雕菰楼集》卷十八《江处士手札跋》中便说：

> 人有撰述以示于人，能移书规之，必此书首尾皆阅之矣。于人之书而首尾阅之，是亲我重我，因而规我。其规之当，则依而改之；其规之不当，则与之辨明。亦因其亲我重我，而不敢不布之以诚。非恶夫人之规已，而务胜之也。

这是何等廓大的胸怀！当他写成《释椭》以后，寄给他的朋友沈方钟。方钟为签出数条，焦氏很感谢他，依照他的意见改正以后，并在答书中谈到："友朋之益，不在揄扬而在勘核。揄扬为一时之名计，勘核为千百年之名计。"有了这样明智的看法，自然虚怀若谷，能受尽言。焦氏年寿不到六十,而学问精邃,能取得多方面的成就,和他一生治学所具有的刻苦精神和谦逊态度,是分不开的。

二、焦氏治学的识见与规模

焦循死后,阮元替他作传,题为《通儒扬州焦君传》。"通儒"二字,确反映了当时学术界对焦氏的评价,也就是大家所公认的。究竟他的所以够得上称为通儒者何在,值得我们探索。一方面,固然由于他的学问很博通,知识范围很广阔。而更重要的,在于他的识见卓越,通方而不偏蔽;规模宏敞,汇纳而不局隘。在乾嘉学者中,不愧为杰出的第一流人物。

焦氏生值乾嘉朴学极盛之日。当时一般人认为从事实事求是之学,是讲考据。袁枚和孙星衍为着"考据"二字,争论不休。焦氏在《雕菰楼集》卷十三《与孙渊如观察论考据著作书》,对此表示了他的见解,认为"考据之名,不可不除"。这充分说明了焦氏对当时据守固隘之辈,是十分不满的。他在《家训》中着重谈到:

> 近之学者,无端而立一考据之名,群起而趋之。所据者汉儒,而汉儒中,所据者又惟许、郑。执一害道,莫此为甚。专执两君之言,以废众家。或比许、郑而同之,自擅为考据之学,吾深恶之也。

这是很通达的见解,在当时确是对症的良药。焦氏并在他的专著《论语通释》的《释据》一篇中,反复发挥了这一理论。他的意图,很想攻破当时学术界据守一隅的积习,引导学者们走宽广的道路。所以他在《雕菰楼集》卷八《辨学》中很明确地将当时著书流派分为五类:一、通核;二、据守;三、校雠;四、摭拾;五、丛缀。而篇末作结论道:"五者兼之则相济,学者或具其一而外其余,余患其见之不广也。"

当时学术界还有所谓"汉学""宋学"的名目，他听了也很反感，而深致不满。既在《雕菰楼集》卷七《述难四》中，对"汉学"二字给了详尽的批判，又在《寄朱休承学士书》中指出："说者分别汉学、宋学，以义理归之宋。宋之义理诚详于汉，然训故明乃能识羲、文、周、孔之义理。宋之义理，仍当以孔之义理衡之。未容以宋之义理，即定为孔子之义理也。"

总之，焦氏在当时竭力反对考据、汉学、宋学这一类的名目，并不是好与时人立异，而只是想荡除这些狭隘标帜，使学者不囿于小近，不执于一端。希望能补救时弊，挽回风气，用意是很深的。大抵焦氏对于做学问，提倡创新，反对保守。主张融会众说，反对固执一家。他在《雕菰楼集》卷十三《与刘端临教谕书》中说过：

> 循谓经学之道，亦因乎时。汉初，值秦废书，儒者各持其师之学。守之既久，必会而通。故郑氏注经，多违旧说。……盖古学未兴，道在存其学；古学大兴，道在求其通。

他在《雕菰楼集》卷十五《代阮侍郎撰万氏经学五书序》中又说：

> 西汉经学初兴，各承师说。东汉郑康成出，于杜子春、郑大夫诸注之外，折以己说，而经赖以明。……他如刘炫规杜，孙毓评毛，同异并呈，是非互见。鉴以磨砻而愈明，丝以洸沤而益熟。孔子曰："当仁不让于师。"不让者，争之谓也。

他对研究经学，强调"通"的重要，强调"争"的作用，这不是那些"暖暖姝姝，守一先生之言"的人所能梦见的。他的治学所以能有卓越的识见和宏阔的规模，是由于他能用发展的观点来看问题，认为天地间没有一成不变的事物，也没有固定不移的见解。对于当时学者经常提出的所谓"定论"或"未定之论"的说法，非常不满。特撰《说定》上、下两篇（载《雕菰楼集》卷十）以畅发其旨。他把事物看成是变动的、进化的，而不是静止的、停滞的。平日要求自己，时时在求前进，求日新。这便是他一生在多方面取得巨大成就的重要因素。

三、焦氏的经学研究

过去学者们谈到焦氏在经学方面的造诣，都一致推崇他研究《周易》的精邃。其实焦氏博通群经，在当时早有定评。王昶替焦氏的父亲作墓表，开首便说："焦子循以通经泽古名于时，尤深于《三礼》。"李斗《扬州画舫录》谈到焦氏，也推尊他"熟于《毛诗》《三礼》"。可知他治经的范围确也很宽，不是一部书所能局限的。不过他中年以后专心治《易》，投下的精力为最多，收获也最大，现在且从《周易》谈起。

焦氏研究《周易》的写作，计有《易学章句》《易图略》《易通释》《易话》《易广记》《周易补疏》，共六种。而一生精力所聚，更在前三种，又称为"雕菰楼易学三书"。焦氏治《易》，突破二千年传注的重围，直接从六十四卦内找参伍错综的关系，终于抽出了三条根本原则：一、旁通；二、相错；三、时行。于是三百八十四爻的变化，都可按这些原则去推求。这确是焦氏的重大发现，为两千年间治《易》者所不及知，体现出他在这方面的极大创见。他的易学心得，完全是从彖、象、《系辞》中推究出来，毫不杂以后起之说。好像千年秘笈，终于由他打开了这把锁。但是他的能够开锁，是由于预备了两把好的钥匙：一是数学方面的知识；二是训诂学方面的知识。他将平日所积累的六书、九数之学，完全运用到《周易》的研究中去了。《雕菰楼集》卷八有《周易用假借论》一篇，发挥了他运用六书假借之理，来说明易辞用假借之例。至于他自称"以测天之法测易"，"以数之比例求易之比例"，在《易图略自序》和《易通释自序》中，已说得很详尽。当时学者如阮元、王引之等，都一致推崇他说《易》的新解和创见。有些说汉易的学者，颇排斥王弼，焦氏认为王弼也有可取之处，因又作《周易补疏》以发明王注之长。

焦氏研究《尚书》，也有独到的见解。他认为东晋晚出的《尚书孔传》和增多的二十五篇经文，固然是伪品；但是从《尧典》以至《秦誓》二十八篇经文不伪。假托孔安国所作的传文，也必然出于魏晋人之手。如果降低时代，作为魏晋间的传注来处理，它的价值，又何尝不可和何晏的《论语集解》、杜预的《左传集解》、郭璞的《尔雅注》、范宁的《穀梁传集解》同样看待？他因就《伪孔传》写出《尚书补疏》二卷。此书是以发明《孔传》兼抒心得为主。此外，又就二十八篇经文，荟萃众说，裒为一帙，名曰《书义丛钞》，凡四十卷。仿卫湜《礼记集说》的体例，不专一家，不加断语，以时代先后为秩第，采集至四十一家五十七种之多。

焦氏少年时期，诵习《毛诗》，曾经写过《毛诗地理释》《草木鸟兽虫鱼释》《毛郑异同释》三书，共二十余卷，后来删录合为一书，凡五卷，名为《毛诗补疏》。他认为毛传与郑笺本不相同，而唐初孔颖达作《正义》时，混而为一，故多不通。焦氏为分别传笺，摘出要义，加以疏通证明。焦氏研究三礼的成果，有《三礼便蒙》四卷，为专考古代制度名物之作。他在学习三礼的过程中，认为必先明乎《礼记》，而后可学《周官》《仪礼》。后乃搜辑早年考究名物训诂之作，整理成《礼记补疏》三卷。他在经学方面，还有两部名著，便是《孟子正义》和《论语通释》。《孟子正义》三十卷，是通释全经体例；《论语通释》一卷，是仿戴震《孟子字义疏证》而作。此外，尚有《群经宫室图》二卷，共绘图三十一，并附图七。考求古代宫室结构形式，至为详尽。

四、焦氏的史识史才

从来论述清代学术的写作，都只肯定焦循在经学方面、特别是在易学方面的成就，而没有人称举他的史学。这是由于过去学者们品论史家，只注意在"史考"和"史纂"方面的成绩，而忽略了"史才"和"史识"方面的甄别。本来，凡是从史考、史纂方面做工夫的，比较具体，容易看出高下浅深。至于史才、史识，便嫌抽象，自难论定是非得失。焦氏一生著述虽多，但在史学方面，既没有像钱大昕《廿二史考异》、王鸣盛《十七史商榷》这一类的写作，也没有从事于历代正史补志补表的工作，很自然地不会被当时学术界重视。其实，如果平心静气，通观焦氏全书，可以发现焦循实拥有很高的史识和史才。从他平日所提出有关修史的建议和所编写的地方志书来看，都可证明这一点。他在史学方面，虽没有讨论史学义例的专书和编述历代史事的大著作，但是，他参加过嘉庆年间修《扬州府志》的工作，又独自写过一部《北湖小志》，都具体体现了他的史识和史才，非常卓越。

嘉庆十年（公元一八〇五年），汀州伊秉绶来任扬州知府，恰逢那时阮元丁忧在家。因倡议整理扬州文献，聘焦循纂修《扬州图经》《扬州文粹》二书。伊氏所规定的《图经》写作形式，采用纂录体例，将旧有记载，不改一字，缀辑成书，并标明出处，以示文献足征。焦氏认为这不合修志体例，写信力争。列举十大理由，加以辨正。他首先指出如朱竹垞（彝尊）的《日下旧闻》、黄玉圃（叔璥）的《南台旧闻》，都用纂录体。但是两书只述古旧逸闻，不及当今时事。至于郡县志书，贯通古今，不是纂录可以编成的。焦氏还特别强调详近略远的重要。详近，便必以闻见为本，以实地调查为依据。信中着重指出司马迁写《史记》之所以成功，便在于调查研究的工作做得很好。"访于时人，而不必求之故纸。"这一类的见解，无疑是一种极有价值的建议。没有好久，伊秉绶丁忧回籍，这工作也就搁置下来了。

直到嘉庆十四年（公元一八〇九年），焦氏又佐姚文田（字秋农）纂修《扬州府志》。焦氏虽只担任山川、忠义、孝友、笃行、隐逸、术艺、释老、职官诸门的撰述，但对全书体例也提出了不少合理的建议。《雕菰楼集》卷十三《复姚秋农先生书》，便是一篇详尽的意见书。姚文田主张将扬州人士的重要写作，选录一些入《艺文志》。焦氏却认为"志书以诗文为艺文，最是陋习"。他同时指出：有些和史事有关的诗文，可随类入录，援用《汉书·沟洫志》载贾让三策，《礼乐志》载房中诸歌之例。其次，文人学士们确有重大价值的作品，又可援用《史记》、两《汉书》于司马相如、扬雄、班固等备载其文之例，各归本传，都不必收入《艺文志》。这一意见确实纠正了过去和当时修志工作中的通弊。在他工作实践过程中，并且将他好的见解，贯注到他的著作《北湖小志》中去了。

焦氏写《北湖小志》，是在嘉庆十二年（公元一八〇七年）。北湖是扬州郡城一地名，周围百里，焦氏世居其地。他因整理旧闻，搜访遗籍，写成《小志》六卷。凡《叙》六，《记》十，《传》二十一，《书》八，《家述》二，共四十七篇。其中《叙》六篇，记载北湖的地理条件和民情风俗；《记》十篇，专载名胜古迹；《传》二十一篇，专载重要人物；《书》八篇，专载奇闻轶事；《家述》二篇，专载焦氏世系大事。全书虽只六卷，却把北湖一地值得记载的事物，完全写入了。阮元替此书撰序，便称"此书数卷，足觇史才"，不是过分夸扬的话。特别应该指出的，其中如《叙农》《叙渔》二篇，将北湖农村生产情形以及湖上捕鱼、取蟹、取虾、取水鸟诸法，都详载无遗。假若没有经过实地调查研究，也不可能写成那种内容丰富的篇章。此外，焦氏尚有《国史儒林文苑传议》，载《雕菰楼集》卷十二，是一篇有关史传编述体例的重要论文，不仅适用于清史儒林、文苑传而已。

五、焦氏的哲学思想

焦循的哲学思想，源出于戴震。他虽不是戴震的及门弟子，但从他的著作《论语通释》《论语补疏》《孟子正义》及《雕菰楼集》中的言论来看，可以考见其脉络。焦氏在《雕菰楼集》卷十三《寄朱休承学士书》说过：

> 循读东原戴氏之书，最心服其《孟子字义疏证》。

其次，在《国史儒林文苑传议》里谈到戴震时，又着重指出：

> 生平所得，尤在《孟子字义疏证》一书，所以发明理道情性之训，分析圣贤老释之界，至精极妙。

在《论语通释自序》中又说：

> 《孟子字义疏证》于理道天命性情之名，揭而明之如天日。

他曾作《读书三十二赞》，其中赞《孟子字义疏证》云：

> 性道之谭，如风如影。先生明之，如昏得朗。先生疏之，如示诸掌。人性相近，其善不爽。惟物则殊，知识周周。仁义中和，此来彼往。各持一理，道乃不广。以理杀人，与圣学两。

我们看了这些言论，可知焦循对于戴氏的《孟子字义疏证》，极其推服。他的《论语通释》，无疑是仿效那书而作；《孟子正义》，也是在那书的基础上发展起来的。当时有上元戴衍善，说戴震临死时自道："生平读书绝不复记，到此方知义理之学，可以养心。"这可能是出于卫道者之口，近于诬蔑的流言。在当时传布很广。焦氏特为此事，写成《申戴篇》替戴震辨诬。其中有云：

> 其所谓义理之学可以养心者，即东原自得之义理，非讲学家《西铭》《太极》之义理也。

戴氏自得之义理，主要发表在三种哲学著作中：一、《原善》；二、《绪言》；三、《孟子字义疏证》，而精粹俱在《疏证》一书。《疏证》的主要目的，一方面批判宋明理学家们"舍欲言理""理具于心"的弊害；一方面揭露当时统治者"以理杀人"的罪恶。《疏证》卷上说："理者，存乎欲者也。"认为"欲"是自然，"理"是必然，强调"理"与"欲"的统一。这在中国哲学史上自然是戴震的重大贡献。焦循在这方面是私淑戴震的。焦氏心目中所认定的"性"是什么？又怎样才能达到"善"的境地？《雕菰楼集》卷九《性善解一》开首便说：

性善之说，儒者每以精深言之，非也。性无他，食色而已。

同卷《性善解三》又说：

性何以善？能知，故善。同此男女饮食。嫁娶以为夫妇，人知之，鸟兽不知之；耕凿以济饥渴，人知之，鸟兽不知之。鸟兽既不能自知，人又不能使之知。此鸟兽之性，所以不善。……故论性善，徒持高妙之说，则不可定。第于男女饮食验之，性善乃无疑耳。

焦氏认定食色即是性，能知，故善。这都是和戴震的意见相同，因而进一步认为如能因事设教，因势利导，便可止于至善。他很推重《淮南子》中有一段话实已说明了这一原理。《雕菰楼集》卷九《性善解五》有云：

《淮南·泰族》云："民有好色之性，故有大昏之礼；民有饮食之性，故有大飨之谊；有喜乐之性，故有钟鼓管弦之音；有悲哀之性，故有衰绖哭踊之节。先王之制法，因民之所好而为之节文者也。"皆人之所有于性，而圣人之所匠成也。故无其性，不可教训。有其性，无其养，不能遵道。……此盖孔门七十子之遗言，故善言性者，孟子之后，惟淮南子。

焦氏从《淮南子》这段话里体味出一切典制礼文，无非是因民固有之性订立起来的，也就是因事设教、因势利导的具体内容。此中关键，在能"推己及人"。所谓"饮食男女，人之大欲存焉"。如果感到自己有结婚的欲望，推想到所有的人都有此欲；自己有生活的欲望，推想到所有的人都有此欲，从而合理地加以解决，才是走上治平的根本办法。假若不善于推己及人，徒然多设立一些法制来限制和禁止人们的欲念，那是不能收效的。《雕菰楼集》卷九有《格物解》三篇，曾畅发斯旨，充分体现了他在哲学思想上的卓识。

戊　阮元

阮元，字伯元，号芸台，仪征人。生于乾隆二十九年，卒于道光二十九年（即公元一七六四——一八四九年），年八十六。乾隆五十四年进士，由翰林直南书房，外放山东、浙江学政。嘉庆、道光年间，历官兵部、礼部、工部、户部侍郎。又曾任会试总裁，得士称盛。后来官至浙江、江西、河南等省巡抚；湖广、两广、云贵总督。晚年入京为体仁阁大学士。卒谥文达。在清代学者中，是一位年少早达、位极人臣的显宦。他所不同于其他封建大官僚的地方，便是凭借自己的地位，积极提倡学术研究，作了不少编书、刻书的工作。例如他在浙江组织人力编成《经籍纂诂》，在江西刻《十三经注疏》，在广东刻《皇清经解》。这都对当时学术的发展，起了很大的作用。至于在浙江立诂经精舍，在广东立学海堂，选高材生读书其中。讲求朴学，培植人才。在那里培养出来的专家学者，确也不少。后来仪征刘寿曾《传雅堂文集》卷一《沤宦夜集记》中谈到这些问题时说：

> 学术之兴也，有倡导之者，必有左右翼赞之者，乃能师师相传，赓续于无穷，而不为异说謷言所夺。文达早膺通显，年又老寿，为魁硕所归仰，其学盖衣被天下矣。

这段话确与事实相符，对阮元的推崇并不过于夸大。毫无疑问，阮元对十八、十九世纪的中国文化，作出了一定的贡献，这成绩是不可湮没的。

至于他本人的学问，也很渊博。对于经史、小学、天算、舆地、金石、校勘，无不穷极隐微，有所阐发，可算是扬州学者中的巨擘。他在年轻的时候，和同郡学者王念孙、刘台拱、焦循等以学问相切磋。焦循又是他的族姊夫，往来尤密。焦循治学不喜依傍，有许多创造性的见解。阮元自然受了他的影响，所以平生研究经学，也不以惠栋一派墨守汉儒为然。抱着实事求是的精神，走戴震的道路。不过阮元治学，长于归纳，每喜胪列证据，再从而得出结论。如所撰《性命古训》，便是一例。焦循治学，长于演绎，每喜根据旧义，从而引申发明，推及一般。如所撰《论语通释》，便是一例。两家都是通学门庭，影响很大。刘师培《左盦外集》卷二十《扬州前哲画象记》有云：

> 自汉学风靡天下，大江以北治经者，以十百计。或守一先生之言，累世不能殚其业。或缘词生训，歧惑学者。惟焦、阮二公，力持学术之平，不主门户之见。

这却不是一段空话。道咸以后的学者们，渐渐形成汉宋兼采一派。如陈澧所撰《汉儒通义》，便是遵用阮氏《性命古训》的遗例而编述的。陈澧少年时期肄业学海堂，受阮氏治学遗规的感染自然不小。

阮元出生的年代，较惠栋、戴震、汪中、钱大昕等为晚，而又老寿。从他在学术上总的成就来说，实乾嘉学者中的重镇。他平生喜欢刻书，既将钱大昕、张惠言、汪中、钱塘、刘台拱、凌廷堪、焦循、孔广森诸家著述广为刊布，后又汇刻《皇清经解》，差不多将清代学术界全盛时期的研究成果，特别是经学方面的代表作品，都设法传布出来了。这对当时和后来的影响，都极其巨大。现在将阮氏一生著述、辑录、编刻的书，分别举列如下：

（一）著述：《论语论仁论》一卷、《孟子论仁论》一卷、《诗书古训》六卷、《曾子注释》四卷、《考工记车制图解》二卷、《仪礼石经校勘记》四卷、《十三经注疏校勘记》二百四十三卷、《积古斋钟鼎彝器款识》十卷、《华山碑考》四卷、《四库未收书目提要》五卷、《广陵诗事》十卷、《畴人传》四十六卷、《石渠随笔》八卷、《小沧浪笔谈》四卷、《定香亭笔谈》四卷、《研经室集》五十八卷。

（二）辑录：《经籍籑诂》一百六卷、《山左金石志》二十四卷、《两浙金石志》十八卷、《淮海英灵集》二十四卷。

（三）编刻：《十三经注疏》四百一十六卷、《皇清经解》一千四百卷、《诂经精舍文集》十四卷、《学海堂初集》十六卷。

一、阮氏的训诂学

从来学者们谈到清代训诂学方面的成就时，莫不称举高邮王氏父子和栖霞郝懿行，很少有人提到阮元。这是由于阮元一生做过大官，他的学术成就完全为名位所掩，不容易使人注意；加以他在训诂学方面，没有像王念孙著《广雅疏证》，郝懿行著《尔雅义疏》，从事一部书的精深研究，以专门名家，难怪不为学术界所重视。但他自己却承认在训诂学方面是下了一番工夫的。《研经室一集》卷五《经义述闻序》中说过：

> 昔余初入京师，尝问字于怀祖先生，先生颇有所授。

《研经室续集》卷二之下《王怀祖先生墓志铭》又说：

> 元于先生，为乡后进。乾隆丙午入京，谒先生。先生之学，精微广博。语元，元略能知其意。先生遂乐以为教。元之稍知声音、文字、训诂者，得于先生也。

由此可见，阮氏自己说明了他早年研究训诂之学，曾从王念孙请教，受益不小。王氏研究训诂，大抵由声音以贯通义训，再从其中找出它的一般规律来，用以理解其他字群。阮元说字解经，也运用了这种方法。《研经室一集》卷五《与郝兰皋论尔雅书》着重指出：

> 言由音联，音在字前。联音以为言，造字以赴音，音简而字繁。得其简者以通之，此声韵、文字、训诂之要也。以简通繁，古今天下之言，皆有部居，而不越乎喉舌之地。

同卷《与宋定之论尔雅书》也说：

> 窃谓注《尔雅》者，非若足下之深通乎声音文字之本原不能，何也？为其转注假借本有大经大纬之部居，而初、哉、首、基，其偶见之迹也。山、水、器、乐、草、木、虫、鱼诸篇，亦无不以声音为本，特后人不尽知耳。

这一类的言论具体体现了他的卓越识解，大力提出"循音求义"的主张。郝懿行是他在嘉庆四年总裁会试时所取录的门生，后来便根据阮元这些指示来作《尔雅义疏》。可惜郝氏对音韵之理造诣不深，所以《尔雅义疏》虽已写成，仍没有达到完善的程度。

阮元曾经说过："余之学多在训诂。"（见《雷塘庵主弟子记》卷六）

可知他在这方面是很自信的。他研究训诂的论文，大部分保存在《研经室集》中。那里面解释文字的专篇写作，义证广博，很多是发凡起例的创见。综括起来看他的成绩，首先在能探究语源。他强调语言文字的起源，最初都是简单的声音。声音既同，得义便很相近。文字不过是一种记载声音的符号而已。虽字形不同，而在运用时经常可以彼此相通。他在《研经室一集》卷一《释心》《释磬》《释矢》《释门》诸篇，阐发了这个理论。并从多方面找出了异字同义以及声近语同的根源，值得重视。此外，又如《研经室一集》卷一《释相》，说明了寻求本字的方法；《释鲜》，说明了假借字展转相通的道理；《研经室续集》卷一《释佞》，说明了一个字的含义有随时代而变的实例。这些都是比较重要的发明或发现，也可说是他研究训诂的心得记录了。

研究训诂，离不了古代传注。后人阅读古书，在识字、句读以及分析篇章等方面，都必须依靠传注。传注是解释古书的书，它直接对后人起了传递和翻译的作用。汉代传注，去古较近，自然在翻译和解释方面要比较可靠些。阮元平日既对古代训诂学专著和传、注、笺、疏之类的书籍，作过较深入的研究，又感到那些训诂资料，散在群书，如果能荟萃为一部书，确对研究字义为用甚宏。当他督学浙江时，便组织人力，分工辑录，依照《佩文韵府》的办法，按平上去入四声，分为一百零六部，以一韵为一卷，编成《经籍纂诂》一百零六卷。取材广泛，唐以前的传注旧训，差不多网罗殆尽，给学者检查古义以很大的方便。当日修辑此书，虽由臧庸、臧和贵、洪颐煊、洪震煊、陈鳣、周中孚等三十余人分工撮抄而成，但全书编纂义例，却是由阮元拟订的。本来，纂录古训以成一书的倡议，最初是由戴震提出的。钱大昕在《经籍纂诂序》中，说得很清楚。阮元训诂之学，受之王念孙；王氏之学，出于戴震。那末，阮元纂成此书，实际是继承戴氏遗志而从事编述的。大抵扬州诸儒学术，在某些方面，实衍戴学遗绪，加以发扬光大，本不止于训诂一端而已。

二、阮氏的考证学

清代乾嘉学者研究工作的中心内容，绝大部分是集中在经学方面。由于经典中所包含的内容十分丰富，想彻底理解它，便非具备许多辅助知识不可。乾隆年间，戴震在《与是仲明论学书》中，最先提出这个问题。认为不懂天文，不能读通《尚书·尧典》；不懂古音，不能读通《诗》三百篇；不懂古代名物制度，不能读通《仪礼》；不懂地名沿革，不能读通《尚书·禹贡》和《周礼·职方氏》；不懂数学，不能读通《周礼·考工记》；不懂鸟兽虫鱼草木，不能理解《诗》三百篇中比兴之旨；把问题提得至为严重。戴氏本人对于天算、舆地、音韵、考古等方面，都有很精湛的修养。所以在经学的造诣，也就取得了最出色的成绩。后来私淑戴氏的学者们，同样用他所提出的问题来要求自己。所以乾嘉学者，都努力钻研朴学。阮元也不例外。他在《研经室集自序》中说："余幼学以经为近。余之说经，推明古训，实事求是而已，非敢立异也。"谈到"推明古训，实事求是"，也确不是一件容易事。必然要对那些辅助知识，积累得很丰富，才能说明问题，解决问题。所以阮元早年钻研朴学，从事考证，仍然是为的研究经学，为说经服务而已。

阮元钻研朴学，从事考证，功力是很深厚的。他在少年时期，已精通算法。二十四岁便写成了《考工记车制图解》。又曾运用天文方面的知识，推知周幽王六年十月朔，正入食限，考定《诗》中《十月之交》以下四篇，《毛传》属之幽王为是，《郑笺》属之厉王为非。写了《十月之交四篇属幽王说》，来发表他的见解。从来解释"三江"的说法，聚讼纷纭。阮元家在扬州，又因督学浙江，曾亲自作过实地考察，再参稽经史旧说，并绘为地图，写成《浙江图考》三卷，订正从来传说的谬误。像这一类的考证，都是他在研究工作中所取得的成果。

至于古书上面所涉及的"明堂""辟雍""封禅"等问题，从汉以下的学者，人各一说，没有肯定的结论。阮元经过考证，认为"明堂"

"辟雍"是上古未有宫室的时候，一种粗糙简陋的结构。好像后世游牧地区的帐幕，上圆下方，而环绕以水。远古无多宫室，所以祭天、祭祖、军礼、学礼以及发号施令，都在这里面举行。凡古书所称明堂、太庙、太学、灵台、灵沼，都不过是同地异名。后世文明日进，所以还保存明堂遗制，正如衣裳未兴之时，我们祖先但知用物遮蔽膝前；有了衣裳以后，也还保存袯的遗制一样。所谓"封禅"，也不是什么神秘事。"封"便是南郊祭天，"禅"便是北郊祭地。阮元既在《问字堂集赠言》中畅发了这些理论，他又写了《明堂论》《封泰山论》等专篇加以阐释。清末大经学家皮锡瑞在《三礼通论》中《论明堂、辟雍、封禅当以阮元之言为定论》一篇中，亟叹"阮氏之通识，可以破前儒之幽冥"。由于阮元治学具有比较通达的识解，所以在考证方面，每能窥见古人大体，而不失之迂拘。这在当时为许多学者所不能及。

阮元从事考证，不徒局限于几部书本，他的研究范围很广。首先他对古代钟鼎彝器的形制和文字十分重视，把它估价很高。《研经室三集》卷三，有《商周铜器说》上下篇，其中有云：

> 古铜器有铭，铭之文为古人篆迹，非经文隶楷、缣楮传写之比。且其词为古王侯大夫贤者所为，其重与九经同。

过去学者们研究金文，多取以证史，而不常以证经。阮氏认为钟鼎铭词，当与九经并重，这是前人没有说过的。他对石刻也同样重视，在搜辑、传录、整理、考证上都尽了一番力。每到一处，便注意保存文物。遇见稀有的铜器，立即仿铸以广其传；发现难得的石刻，马上摹制以存其真。除了识力之外，也要有雄厚的财力才能办到。他在当时凭借封疆大吏的地位，有条件能够做这些事。但是，如果他没有精深的学术修养，留心考证，也始终不会注意到这方面来。当他任山东学政时，曾拜谒过郑玄的祠墓，并加以修复。在积沙中掘得金朝承安年间重刻唐万岁通天（公元六九六年）史承节所撰碑文。于是用以校勘范晔《后汉书·郑玄传》，发现碑文与传文有许多不同的地方，订正了《后汉书·郑玄传》中的几处错误和遗漏，成为了校勘学史上的一个典型范例。

三、阮氏的哲学思想

阮元一生精研训诂，从事考证，他的志趣，很想通过训诂和考证，再进一步推求义理。这和戴震所揭橥的"故训明则古经明，古经明则贤人圣人之义理明"的说法是一致的。所以阮元平日论学，也特别强调这一点。《研经室续集》卷一《冯柳东三家诗异文疏证序》中说过：

> 古今义理之学，必自训诂始。

《研经室一集》卷二《论语一贯说》中又说：

> 圣贤之言，不但深远者非训诂不明；即浅近者，亦非训诂不明。

由此可见，阮氏平日钻研训诂，显然是以阐发义理为最后目的。他曾发愿要探索经典中的原始义理，先就《诗》《书》二经，从《论语》《孝经》《孟子》《礼记》《大戴礼记》《春秋三传》《国语》《尔雅》诸书中引及《诗》《书》加以解说的话，采辑起来，系于《诗》《书》各篇各句之下，写成《诗书古训》六卷，刊行于世。此书一出，便给研究经学新辟了一条途径，启示后人不独不应拘守唐宋以下的经说，并且也不可固泥于两汉经师遗言，还要把钻研的对象推广到汉代以前的书籍中去。

阮元又以为研究孔子学术思想，专集中在《论语》一部书，是很不够的。当日亲受业于孔子、尚有遗说可考的写作，当推《曾子十篇》为最醇。今保存在《大戴礼记》中，有《立事》《本孝》《立孝》《大孝》

《事父母》《制言上》《制言中》《制言下》《疾病》《天员》等十篇。这些篇题上都冠以"曾子"二字。那里面所阐发的有关伦理、政治的理论,和《论语》大致相同。阮元于是写成《曾子注释》一书,加以表彰;并且在序文中着重指出:"从事孔子之学者,当自曾子始。"

阮元感到《论语》和《曾子十篇》中所谈的道理,都不外日常事物,平易近人。因此学者探究孔子的学说,也应该从实际、浅近、平凡中去体认,用不着纠缠于玄虚之谈。他解释《论语》"时习"二字,认为这"习"字兼包"诵之""行之"二义,纠正了汉儒但释为"诵习"的错误;解释"一贯",也着重指出"贯"是"行",是事,不可把它看成通彻;解释《大学》上的"格物",把"格"字作"至"字讲,"物"字作"事"字讲,认为凡事皆应亲身实践,才能深入了解许多道理。像这一类的见解,和颜(元)李(塨)之学很相近,自然是针对着宋元以来空谈心性的理学家们坠入玄虚的流弊提出的。强调力行,强调实践,在当时自不失为一种进步的见解。

阮元又以理学家们争论一个"仁"字的含义,离开实事而专言心性,钻得愈深,愈难明白。他于是用归纳的方法,将孔孟平日谈到"仁"的语句,都集中排比起来加以发明,写成《论语论仁论》和《孟子论仁论》,很客观地将孔孟原意介绍出来,用以纠正后起诸说的歪曲和错误。他又觉得商、周人谈性命,多在事,所以切于实际,而易于率循;晋、唐人言性命,多在心,所以流入空虚,而易于附会。于是作《性命古训》一文,以阐明其本义;并对唐代李翱的《复性说》给以有力的驳斥。他又认定宋以后"静坐主敬"的说法最迂阔而害事,于是写《释敬》一篇,指出"敬"的本义,是严肃认真、对事负责的意思,是一种好的积极的工作态度,和后世理学家们把"敬"看成枯坐拱手的行为表现截然不同。对自宋以来理学家们附会禅学、强调静坐的讲学方式,给予了当头一棒。大抵阮元所谈的义理,是想以佛家之说,还之佛家;以宋儒之说,还之宋儒;以三代之说,还之三代,使学者们憬然有悟于古初义理之原，不致为后起诸说所乱。他在这方面努力做了不少工作，补偏救弊，作用很大，因而后来学者们便一致肯定了他在这方面所取得的成绩。

己　刘文淇（附刘毓崧、刘寿曾、刘师培）

刘文淇，字孟瞻，仪征人。生于乾隆五十四年，卒于咸丰四年（即公元一七八九——一八五四年），年六十六。他出身寒微，在嘉道间没有什么高的科名，仅仅是一名优贡生，以课徒游幕为生；但在经学研究方面，却为当时学术界所推重。特别是研究《春秋左氏传》，是他一生专门之学，有大名于当时。谈到他的学术渊源，必然要联系到江都凌曙。凌曙是一位拔起孤寒、艰苦自立的学者，深知寒士读书的不易，特别怜爱他的外甥刘文淇，在生活和学习上给以许多照顾，并亲自教导，不使废学。这对刘文淇一生成就资助很大。于是，凌曙努力奋发的精神和终身以校书授读为事的职业，都为刘文淇所继承了。尽管他们舅甥二人在研究经学方面的趣向不同，凌曙治《公羊》，刘文淇治《左氏》，似乎无相合之处，谈不上授受源流，但是这种事例，在封建社会确也不少。汉代学者刘向、刘歆父子，向治《穀梁》，歆治《左氏》，彼此相难，不害其为家学。所以不可但据二人学术宗尚不同，便谓全无影响。不过刘氏子孙谈到自家学术渊源时，必上溯到徽州学者江永、戴震，认为扬州诸儒包括仪征刘氏在内，都是衍徽学之余绪发展起来的。这在刘寿曾《传雅堂文集》卷一《沤宦夜集记》里说的很详晰，不失为探本穷源之论。

刘文淇由于家境贫苦，十八岁便以授徒糊口，做了乡村中的塾师。一生岁月，大部分消费在教书生活中；其次，便是为别人校勘书籍。他在道光年间，替阮元校勘宋元本《镇江府志》，并成《校勘记》四卷。接着，又替岑建功校勘《旧唐书》和《舆地纪胜》，与同事诸君共成《旧唐书校勘记》六十六卷、《舆地纪胜校勘记》五十二卷。六十岁以后，还校订了朱彬的《礼记训纂》。至于编述的工作，他曾应地方官吏之请，担任过重修《仪征县志》的总纂；又曾应两淮盐运使童濂之聘，与杨亮、吴熙载、王翼凤等共注《南北史》。

文淇的儿子毓崧，字伯山。生于嘉庆二十三年，卒于同治六年（即公元一八一八—一八六七年），年五十。毓崧自少即随其父客游四方，在他父亲的教导下，也特长于校书。他居曾国藩、国荃幕中最久，任事金陵书局。校勘《王船山遗书》，用力独勤。此外，替杜文澜编辑《古谣谚》一百卷，将历代人民的口头创作荟为一书，有补于艺林尤大。我们只看他所订立的《古谣谚凡例》，便可想见他当日取材的广博，别择的谨严。纂辑《古谣谚》，又有他的儿子寿曾参加了这一工作。

寿曾字恭甫，是毓崧的长子，也以游幕校书为生。年仅四十五。根据他的《传雅堂文集》卷三《先妣汪太宜人行述》中所云："寿曾为东台知县某公掌书记，又助先徵君为运判杜公编纂《古谣谚》及词学诸书。"可知当日他们父子两人替杜文澜所编之书，除《古谣谚》外，还涉及词学多种。那末，今日通行本《曼陀罗华阁丛书》内的《梦窗词》附《补遗》四卷，《草窗词》上下卷、《补》上下卷，以及《词律校勘记》诸书，都一定是由刘氏父子为之纂成。他们在校勘、纂辑群书的工作上做出了成绩。

刘毓崧有四个儿子：长即寿曾；次贵曾，字良甫；次富曾，字谦甫；季显曾，字诚甫。贵曾有子师培，字申叔，又名光汉，别号左盦，清季举人，传其家学。早年鼓吹民族革命，后又流于保守，附和帝制，在政治上为人所訾。综其一生成就，仍在学术。他一方面绍承家学余绪，继续向前发展；一方面私淑乡先辈扬州诸儒治学矩矱，加以发扬光大。讲学四方，后任北京大学教授，三十六岁便死去了。一生治学头绪很多，徒以年命短浅，没有完成什么大著作，论者惜之。

从刘文淇到刘师培，可算是四代传经了。但他们治学范围比较广阔，本不限于穷经。现在将他们祖孙父子的重要著作或编述，分别如下：

（一）刘文淇的著述：《左传旧疏考正》八卷，《左传旧注疏证》（一九五九年科学出版社新印），《楚汉诸侯疆域志》三卷，《扬州水道记》四卷，《图》一卷，《仪征县志》五十卷，《艺兰记》（不分卷），《青溪旧屋文集》十卷，《诗集》一卷。

（二）刘毓崧的著述：《周易旧疏考正》一卷，《尚书旧疏考正》一卷，《王船山年谱》二卷，《克复金陵记》一卷，《通义堂文集》十六卷。

（三）刘寿曾的著述：《昏礼重别论对驳义》二卷，《临川答问》一卷，《传雅堂文集》四卷，《诗集》一卷。

（四）刘师培的著述：师培治学，所涉甚广。他一生已成、未成的著述，凡有关经学、小学的论著二十二种，讨论学术和文辞的十三种，群书校释二十四种，诗文集四种，读书记五种，学校教本六种，共有七十四种之多。一九三七年，其旧友南桂馨，广搜博访，裒为一集，名为《刘申叔先生遗书》。名目繁多，今不备载。

一、刘氏的经学

清代乾嘉学者们感到旧的《十三经注疏》不满人意，有重新改作的必要，于是纷纷奋起，撰述新疏。如惠栋的《周易述》、孙星衍的《尚书·今古文注疏》、江声的《尚书集注音疏》、陈奂的《毛诗传疏》、胡培翚的《仪礼正义》、邵晋涵的《尔雅正义》、郝懿行的《尔雅义疏》、焦循的《孟子正义》，都是新疏中的代表作品。但还有几种，有待继作。道光八年戊子（公元一八二八年），刘文淇和刘宝楠、陈立等同赴乡闱，相约各治一经，加以疏证；欲仿江氏、孙氏《尚书》，邵氏、郝氏《尔雅》，陈氏《毛诗》，焦氏《孟子》体例，继述新疏。当时刘文淇分任《左传》，刘宝楠任《论语》，陈立任《公羊》。其后，刘宝楠的《论语正义》、陈立的《公羊义疏》先后完成，独刘文淇所承担的《春秋左氏传》迟迟未能卒业。这是有原因的：一则由于此书是一部"大经"，字数多，卷帙大，必须投下极多的劳动量，才能把整理工作做完，自非有几十年的功力不可；二则由于他的家境清贫，没有静居著书的条件，终年糊口于外，为人校书，因而被夺去了许多岁月，无暇自理旧业。草创历四十年，虽已成《长编》，而《疏证》仅写定一卷，成为他一生憾事。

刘文淇整理《春秋左氏传》，是分两方面着手的：一是研究旧注，一是研究旧疏。原拟分写《左传旧注疏证》和《左传旧疏考正》两部专著。后者较易成书，道光十八年即有《左传旧疏考正》八卷刊行。独《左传旧注疏证》卷帙浩繁，难于毕役。刘毓崧《通义堂文集》卷六《先考行略》中记载文淇当日苦心钻研、爬梳理董的情况道：

> 生平湛深经术，于《春秋左氏传》致力尤勤。尝谓左氏之义，为杜注剥蚀已久，其稍可观览者，皆系袭取旧说。爰辑《左传旧注疏证》一书。先取贾、服、郑三君之注，疏通证明。凡杜氏所排击者纠正之，所剿袭者表明之，其沿用韦氏《国语注》者，亦一一疏记。他如《五经异义》所载左氏说，皆本左氏先师；《说文》所引《左传》，亦是古文家说；《汉书·五行志》所载刘子骏说，实左氏一家之学。又如经疏史注及《御览》等书所引《左传注》，不载姓名而与杜注异者，亦是贾服旧说。凡若此者，皆称为旧注而加以疏证。其顾、惠补注，及洪稚存、焦里堂、沈小宛等人专释左氏之书，以及钱、戴、段、王诸通人，说有可采，咸与登列。未始下以己意，定其从违。上稽先秦诸子，下考唐以前史书，旁及杂家笔记、文集皆取为证佐，期于实事求是。俾左氏之大义，炳然著明。草创四十年，长编已具；然后依次排比，成书八十卷。

由此可见，文淇广泛搜罗汉师佚注，博采近人精谊，从而疏通证明，是费了很大功力的。其用心的勤笃，可以想见。他既赍志而殁，其子毓崧思卒此业，因扰于他务，取得的成绩不多；其孙寿曾，创立程限，锐志纂述，属稿至襄公四年，便成绝笔。祖孙父子共治一经，终未能写完全稿，论者惜之。其稿本保存在上海图书馆的，仅原稿七册，清钞本（题为副稿）七册。所谓八十卷的《长编》，竟不知流落何所。一九五九年，中国科学院历史研究所资料室根据存沪稿本加以整理，起隐公元年，尽襄公五年，于一九五九年五月，由科学出版社出版了。由于它始终还是一部未经最后加工的稿本，自然不免存在着许多问题。但此书印行以后，对于研究《左传》的人，仍是一部极有参考价值的专著。

仪征刘氏之学，传到刘师培，算是第四代了。师培治学途辙，与其先辈不尽同。其先人三世整理《左传》旧注，赓续从事疏证。而师培对此不感兴趣，亲见其伯父寿曾所补，至襄公四年便止，他竟无意去完成它。并且他进一步将治学范围推广到遍治群经去了。所以他留下的遗著，对《尚书》《毛诗》《礼经》《周官》《左传》，都有撰述，务在"旁推交通"，讲明大义，而不汲汲于笺释字句。过去学者以小学为经学附庸，治经者必通小学。师培经学根柢，仍在精通小学。从他所发表的有关论文来看问题，他在这方面的高识卓见，一在于就字音以求字义；二在于通过文字考证古代社会情状；三在于取古语以明今言，用今言以明古语。这都是他以前的治经者所不多谈，也是他的先人所没有谈到的问题。但就仪征刘氏一家之学来说，师培算是推广门庭，在原有基础上大大地向前发展了。

二、刘氏的校勘学

仪征刘氏祖孙父子除湛深经学外，尤特长于校勘。刘毓崧《通义堂文集》卷六《先考行略》中说过：

> 精于校雠之事，为人校勘书籍，不啻如己之撰述。

刘寿曾《传雅堂文集》卷三《先考行状》中也说：

> 尤精校雠之事，自出游及家居，所主多专司校书。刊讹订谬，搜逸撮残。视己所撰述，尤加矜慎。

可知刘文淇、毓崧父子一生奔走于外，认真仔细地为人校勘书籍，几乎以校书为职业了。寿曾继起，也精于此道。他们大半生的岁月，都是客游于外，糊口四方，从事校书、刻书的工作。既有丰赡的学识，又有长期积累的经验，因而在校书方面取得了较大的成绩。刘文淇《青溪旧屋文集》卷五《宋元镇江志校勘记序》中说过：

> 昔宋彭叔夏作《文苑英华辨证》，其体例大约有三：实属承讹，在所当议；别有依据，不可妄改；义可两存，不必遽改。兹编所校，略仿其例。

这便说明了他在校书工作中不妄改字的原则。这种原则，不是宋代彭叔夏所独创的，而是继承了往代校勘家们的优良传统，继续发展起来的。后汉末，大经学家郑玄遍注群经，在校勘文字异同方面做了很深入细致的功夫。他遇着很明显的误字，也只在注中指出："某当为某。"并不轻出己意，改易原文。他注《仪礼》时，采用了今文、古文二本参校，一一载其异同，只说："古文某作某，今文某作某。"也从不加以主观判断，有所肯定。这种作法，便是后世"考异""校勘记"一类写作的开端。唐代陆德明撰《经典释文》，宋代朱熹写《韩文考异》，先据一个比较好的本子为主，然后附注别本异同于下，都是推衍郑氏校书之法而写成专著的。即以彭叔夏所作《文苑英华辨证》而论，便是一部校勘古书很好的典型作品。彭氏在《自序》中说过：

> 叔夏年十二三时，手抄《太祖皇帝实录》，其间云："兴衰治□之源。"阙一字，意谓必是"治乱"，后得善本，乃作"治忽"。三

折肱，为良医。信知书不可以意轻改。

这段话至为精要。刘文淇校勘书籍，便是仿效彭叔夏的遗规去进行的。由于这种方法比较客观，态度比较审慎，可说是他在校书方面取得成绩的基本因素。这种方法与态度，一直为毓崧、寿曾所继承，并且灌注到校书实际工作中去了。所以毓崧在校勘《王船山遗书》时，便能指出以前邹汉勋在校刻此书时逞臆改字的严重错误，并加以大力纠正。《通义堂文集》卷八《王氏船山丛书校勘记自序》中说过：

前此新化邹叔绩汉勋，校刻丛书，于经书稗疏五种，多所点窜。就中能订钞本之讹者，固宜择善而从。惟原稿间有引证颇疏，而邹改较密者。虽补苴罅漏，不为无功；然断鹤续凫，究非庐山真面。且有既经增改，转不及原本者；有另改他说，与原本迥异者；有设为问答之说，一似原本自难自解者；有别立一说，反指原本为或说者；有袭取诸儒之说，羼入原本者；有改从近时地名，为原本所不应有者。凡此之类，定从原稿，不参以邹氏之言。校勘记亦不逐条声明，以省繁冗。

这样认真仔细地找出了邹氏任意窜改王船山原稿的一些具体事例，并设法恢复原书面貌，便充分发挥了校书的巨大作用。这成绩是应该肯定的。至于毓崧校勘一书所采用的资料，也极其广泛。我们只看《通义堂文集》卷五所载《校刻汉书凡例》，便可知其梗概。为着校勘一部《汉书》，便牵涉到若干种书。无论在《汉书》以前或以后的写作，只要稍有关联，都取来作校勘的资料。这便运用了"活校"的方法，不局限于一二种书。和那些拘守宋元旧本，取与本书相对勘的"死校"法截然不同。他不独校《汉书》如此，又曾推此法以校其他书籍。至于取材较广，不可能一次校完时，便分作几次去校。到了寿曾，沿用此法。当他校勘《北堂书钞》时，即订出五次校完的规划。《传雅堂文集》卷一《北堂书钞斠雠商例答䣛礼卿》一文中说得很清楚。分明是他们祖孙父子从长期工作实践中总结出来的成功经验，值得重视。

师培继承家学，并仿效学术界先辈遗规，也曾埋头伏案，从事校书工作。功力所至，遍及四部，尤以校订诸子为最勤。有如《管子》《晏子春秋》《老子》《庄子》《墨子》《荀子》《韩非子》《新书》《春秋繁露》《法言》《白虎通义》以及《周书》《穆天子传》《楚辞》诸书，他都有详晰的校释。他所校订各书，或名"补释"，或名"斠补"。大抵从一九〇三年至一九〇八年所著，多名"补释"；一九〇九年至一九一九年所著，多名"斠补"。"斠补"是在"补释"的基础上加工而成的。他在校勘学上，取得了辉煌成就。

综论　扬州学派的优良学风

十八世纪的中国社会，是阶级矛盾和民族矛盾相互交织的时期，由于封建经济的发展，形成了清帝国的统治相对稳定的局面。但是同时，资本主义的幼芽，市民的力量，农民的反抗活动，却一直不可阻遏地上升着。扬州在当时是东南地区的大都市，交通发达，商业繁荣，资本主义经济正在滋长。这不能不反映到学术思想界来。就在这一领域内，出现了许多博学通人和先进思想，自然是客观现实的产物。加以当地的达官贵人和巨商大贾，都以礼贤养士为风雅，一时有声望的学者名流，都喜欢留寓扬州，成为东南人文荟萃之区，也确是事实。大家通过讨论切磋，学术研究风气也就展开了。扬州学派所以能极一时之盛，不是偶然的。他们治学的规模、次第和方法，集吴、皖二派之长，但是又有他们独具的特点和风格，远非吴、皖所能及。如果综括扬州学派在各方面取得的成就和独特精神，便可简约一下，用"能见其大，能观其通"八个字来总结他们的学风。所谓"能见其大，能观其通"，究竟有哪些具体内容呢？我想归纳起来，可分几方面来谈：

一、对待学术问题采取求同存异的态度

学术上的问题，此以为是，彼以为非，这是学术界常有的事。封建社会的学者们在研究哲学思想和处理经说异同的问题上，争论最多，门户最严。于是谈理学的，便有朱、陆之争；谈经学的，便有今、古之争。争辩不休，以致互相攻击，形成势不两立的对垒局面。扬州学者们对待学术问题比较审慎。不强人以从己，也不屈己以徇人。各尊所闻，不相排斥。如王懋竑和朱泽沄是同里的好友，并且"易子而教"，结成了儿女亲家。但他们两人研究哲学，在思想认识上显然是有分歧的。他们尽量展开讨论和辩难，但仍各自保留不同的见解，从不互相诋毁。又如，凌曙和刘文淇是舅甥关系，但凌氏研究《公羊》，是今文家言；刘氏研究《左传》，是古文家言，也都各专所学，并行不悖。他们能用这种态度对待学术问题，在当时是少见的。

二、运用变化、发展的观点分析事物

这种分析事物的思想方法，体现在焦循的著述中，最为突出。他无论在阐明性理、讨论经学，还是在教戒子弟等方面，都强调"会通"，强调"日新"；反对"据守"，反对所谓"定论"。他经常把事物看成是变化不居的、前进不停的。他不独对古人之说不轻信从，并进一步否定了当时学术界所标榜的"考据""汉学""宋学"等名目，认为没有存在的意义。这无疑是想打破当时学术界研究工作中褊狭和停滞不前的局面，走上广阔的道路。由于他没有把事物看成永恒不变，才能提出一系列新颖的见解。这种见解影响了他周围的朋友和后起的学者，形成了比较活跃的学风。

三、推广了求知的领域

乾嘉汉学家们绝大部分是钻研几部重要经传，尽力于笺释、校勘的

工作，连一些常见的史书都很少有人阅读。这在江藩的《汉学师承记》中，已经再三慨叹过了。扬州学者们却不如此，汪中首先对儒家传统思想进行了批判，又反对过去学者"排斥异端"的陈旧见解，他自己却把精力用去整理周秦诸子。又如阮元留心金石，将铜器的刻辞看成可与"九经"并重；焦循于治经之外，还研究词曲、戏剧；刘毓崧于校书之外，还搜辑古代谣谚。他们求知的范围，确已扩大。至于王懋竑的《读书记疑》、王念孙的《读书杂志》所包含的内容，更是博及子、史，不再仅是理学或训诂学的专门名家了。

四、突破了传注重围

从来几部传世的儒家经典，有汉人的传注，也有宋元人的传注。明清两代以八股取士，纯以宋元经说为主。在这个基础上，再补充以"语录"一类的论说，后来竟发展为所谓"宋学"。而乾嘉汉学家们所钻研的，则又集中精力在汉人传注方面。两者各是其是，彼此诋毁。究竟他们所做的诠释工作，是否符合古书原意，还是大成问题。扬州学者们却能大胆地摆脱一切传注，远从汉代以前，去寻找比较接近古书原意的解释。有如焦循研究《周易》，便直接从六十四卦内找"参伍错综"的关系，终于写成《雕菰楼易学三书》。阮元研究群经，也直接从周秦故书中找经典本义，终于写成《诗书古训》《论语论仁论》《孟子论仁论》诸书。他们将各时代有关伦理、政治的字义，还原其本来含意，使不为后起之说所杂。他们所用的方法和作出的结论，虽未必尽是，但却替后来整理文献遗产的人，开辟了一条较新的路。

五、不从事声气标榜

当时有一些讲理学的先生们，喜欢高树名义，谬为恭谨，装成道貌岸然的样子，以欺世盗名，成为众所憎恶的假道学。例如康熙年间的李光地，位极人臣，成为所谓"主持正学"的中坚人物。但是他的行为比什么人都要坏，这在全祖望《鲒埼亭集》中早已揭露过。又如嘉道年间以理学相标榜的大官僚汤金钊，也是一个口是心非的人物，沈垚在《落帆楼文集》中也曾戳穿其虚伪。扬州学者中，特别是宝应一县的学者，在清代二百几十年中，一直有着理学的传统。自王懋竑以至成蓉镜，都能躬行实践，为人端谨，对个人的品德既要求很高，也从来不以理学二字相标榜。其中如刘台拱、朱彬、刘宝楠，都是学行兼优的人。不尚口说，但务躬行，养成了笃实不欺的学风。

六、肯承认自己短处

扬州学者中，如王懋竑自知写作技巧不高，便在写给方苞的信中，坦率地自陈其短。焦循刻成《群经宫室图》，江声提出了批评；写出《释椭》以后，沈方钟也发表了异议。焦氏除接受他们的意见以外，还将他们的来信珍藏起来，并系以长跋。王念孙八十岁的时候，还在校《淮南子》，自以所根据的只是道藏本，而没有看到宋本，引为遗憾。很虚心地向顾千里求教，以增益自己的不足。他并没有因自己年辈很高，而轻视后进。像这样不掩饰自己缺点、肯尊重别人意见的谦谨态度，自然是扬州学者们在学术研究工作中取得成功的重要因素。

以上所举六点，是扬州学者们总的治学态度，也可以说是他们能够在许多方面取得成就的条件。他们活动在十七世纪中叶（康熙初年）到十九世纪中叶（道光末年）的两百年间，在学术上作出了很多贡献。总的说来，扬州学派的治学态度和所取得的成绩，都有"圆通广大"的气象。从研究的对象讲，不再是常见的几部经典了，不再是汉人或宋人的传注了；从研究的方法讲，不仅批判了宋元以来理学家们唯心的议论和见解，并且进一步清算了当时汉学家们烦琐的治学方式。由狭窄变为广大，由拘隘变为圆通。这个"圆通广大"的形成，竟在清代二百几十年的学术史上放出了异彩。

关于历史材料运用中的若干问题[1]

近人编写历史书籍，取得了许多成绩，但在取用原始材料方面，所存在的问题不少。其中引起的错误，单就影响最小的来说，也就失去了史料的真实性，以讹传讹，造成极不好的后果。现在但就这方面举出浅近的事例，说明所以致误的原因。

一、由不明古人语法而弄错了的

近人所编本国史，谈到秦末农民起义的故事，都是称陈涉为"张楚王"；特别是有些书本记载说"陈涉自号为张楚王，被推为起义的首领"，提得非常明显。甚至有的书更写成"国号张楚"，那么，便认为当时起义军已建成"张楚国"了。我看了心中窃怪：陈涉自立为楚王，史有明文；而没有"张楚王"这个称号。不知他们何以错误至此！后来仔细一想，才知道他们的错误，不是毫无根据的，而只是在取用原始材料时，将古书辞意体味错误罢了。

《史记》卷四十八《陈涉世家》里面明明说过："陈涉乃立为王，号为张楚。"《汉书》卷三十一《陈胜项籍传》，也就仍而不改。但是这

---

[1] 本文选自《中国史论文集》，湖北人民出版社1956年版。——编者

"号为张楚"的"号"字,古人用来多和"名"字相通,所谓"名为张楚",便指出其实无张楚之意。这和《汉高祖本纪》中所载是时项羽兵四十万,号百万;沛公兵十万,号二十万的号字,用法正同。并且"张"字是作动词用的,《汉书注》引刘德曰:"若云张大楚国也。"至于陈涉当日称王的名号,《史记·秦始皇本纪》写得很清楚:"二世元年七月,戍卒陈胜等反故荆地,为张楚;胜自立为楚王,居陈。"而《资治通鉴》叙述这事,便称:"陈中豪杰父老,请立涉为楚王。……遂自立为王,号张楚。"可知汉宋史家对这事向后人作交代是十分明白的。

由此可见,读书而不细心,势必曲解古人辞句,以伪传伪;即使能细心了,也必参考有关材料,从旁取证,才能考明史事真貌。大抵谈陈涉赴义的人们,只注意到《史记·陈涉世家》的记载,而没有参考《秦始皇本纪》,故有此失。近人编著中弄错了这名号的固然很多;而尤以邓之诚的《中华二千年史》错得最早而最厉害。他叙述"豪杰亡秦"的事实里,附有《六国先后起义简表》,便将"张楚王"与"楚王"分题并列,这错误已很严重,但由于《中华二千年史》搜集的材料较多,近人编写通史或教学,大半以它为蓝本,便不自觉地跟他一道弄错了。截至目前为止,连许多初级中学课本《中国历史》第一册叙述大泽乡起义,还仍旧不变地大书"张楚王"。我想如果死者有知,陈涉是不会愿意接受这一假头衔的。

二、由不明古书句读而弄错了的

保存史料的古书,原本都没有句读。不独后人研究古书很难做到句读分明,一句话也都不弄错,十分符合于作者的原意,即使同时的人,读同时人的书,也还有不容易句读的。当班固《汉书》写成,最初流布的时候,便有很多人不能句读。当时有名的学者如马融,也还是"伏于阁下"从班固的妹妹班昭领受句读(事载《后汉书·班昭传》),何况后人相去的时间太久远，问题便更多了。我们即拿《汉书》来说，其中《食货志》一篇是叙述汉以前和汉代社会经济情况的总结性文字，史料价值很高。近人考证史实，根据这篇文字而论定了的问题，确也不少。但是由于句读的错误而引起对史实的歪曲，问题还是很严重的。例如近人所编《中国史纲》第二卷第二、六页（一九四七年大学出版公司本），叙述到西汉农业生产技术提高的情况时，有这样一段论断：

> 当时牛耕的方式，据《汉书·食货志》云："晦五顷，用耦犁，二牛、三人。"由此看来，当时的耕种，是以二牛三人为一组，二牛各挽一犁，其三人，则二人执犁，一人在前导牛，两犁平排并耕，犁耦而进，故曰耦犁。当时三人之力，用二牛，可耕种五顷之田，五顷，即五百亩，是平均每人之力，可耕种一百六十亩以上的土地。这就大大地超越了以前一家耕种百亩的水准。

这明明是读《汉书》时断错了句，以致引起这样一段不符事实的说法。《汉书》原文"故晦五顷"四字，应该属上句；而"用耦犁二牛三人"七字，是叙述当时耕种方式，又是另一件事，何可误连为一！上文明云："率十二夫为田一井一屋，故晦五顷。"这是计算晦（亩）的容量，折合古今的比例数字。颜师古注引邓展的话解释得很清楚：

> 九夫为井，三夫为屋；夫，百晦；于古为十二顷。古百步为晦，汉时二百四十步为晦。古千二百晦，则得今五顷。

由此可见注义十分明白。《汉书》原文虽没有句读，但仔细看注，也还可找到一些有关句读的痕迹。古书注解的通例，大抵是在每一句语意完结以后才加以注说的。颜注引邓展说，明明摆在"故晦五顷"之下。可知旧读从来是把这四字连上文为句，而与下文不相联续了。翦氏在研究时，既忽略了这点，还进一步加以推论，离开事实就太遥远了。近人根据《中国史纲》这段考证来说明汉代经济发展情况的，所在皆是。这种以讹传讹的错误，关系到历史上的重大问题，不是一般因疏忽而形成的缺憾所可比拟，是不应存在的。

三、由不明古代制度而弄错了的

每一时代的制度，与当时的历史事件有着密切的关联，即就比较小的事物来说，也还是十分重要的。举例来讲，从来叙述岳飞抗金被秦桧和宋高宗下令撤回的史实，便有"十二道金牌"的记载。究竟"金牌"这东西，是黄金铸成的？还是牌上装了金？大是一疑问。一般历史书籍都认为是金质铸成的牌。但《宋史》《岳飞传》便作"金字牌"，多一"字"字，显然又不同了。考清代俞正燮《癸巳存稿》卷七"符"字条下，已有截金为牌的说法，可知把它当作金质品，不是从近人开始的。如果要了解当日真实情况，便必根据宋人的可靠记载，来考明"金字牌"究竟是什么东西。制度弄清楚后，事实才会明白。沈括《梦溪笔谈》卷十一说过：

> 驿传旧有三等。曰：步递；马递；急脚递。急脚递最遽，日行四百里，唯军兴则用之。熙宁中，又有金字牌急脚递，如古之羽檄也，以木牌朱漆黄金字，光明眩目，过如飞电，望之者无不避路，日行五百余里；有军前机速处分，则自御前发下，三省，枢密院莫得与也。

其次，李心传《建炎以来朝野杂记》乙集卷九《金字牌》条下也说：

> 近岁邮置之最速者，莫若金字牌递，凡赦书及军机要务则用

之，仍自内侍省遣发。自行在至成都，率十八日而至，盖日行四百余里。

根据这些记载，可知"金字牌"是邮递中最快的一种文书，不过是用粉金书字于朱漆木牌上用为紧急文书的标志而已，而不是什么截金为牌。假若硬要谈成截金为牌，不独与当日事实不符，连当日邮递文书的制度，也就淹没了。这虽是一小问题，但由此类推，也可想见其它因忽略而失掉史料真实性的地方还是很多的。

四、由不明古代风俗而弄错了的

一时代有一时代的风俗。风俗不明，便不能正确地运用史料，必使历史事实传述失真，而带来了不必有的歪曲与错误。例如近人所编《中国简明通史》叙述到淝水之战，描写谢安得意忘形的状况，将《晋书》原文"过户限，心喜甚，不觉屐齿之折"，译成"惊喜太过，摔掉了自己的门牙"，这不独冤枉了古人，也歪曲了事实。且不谈"齿"与"牙"有根本不同的区别，编者没有弄清楚，而其致误之由，是在于不明白晋代士大夫阶层日常生活中的风俗习惯。两晋南北朝时，风俗轻佻，士大夫们平居时，喜欢穿木屐。这种事实，记载在《世说新语》中的很多。其次，北齐颜之推在《家训》《勉学篇》中指斥梁朝全盛时一般公子哥儿们的腐化生活方式时，也举出了"驾长檐车，跟高齿屐"的时髦风气。谢安在晋代，却也沾染了这一习惯，平居着屐，偶然遇了大可喜悦的事情，不自禁地举趾很高，走路很快，到越过户限时，把木屐的齿都折掉了。如果说成谢安摔掉了自己的门牙，岂不可笑！本来在今日方言中，每每形容一件可笑的事，便有"笑痛肚子""笑掉大牙"这一类的话，只是比喻形容之词，怎样能附会牵合，取来说明历史事实呢？这虽是一件极小的事，但是由小可以喻大，像这一类的错误，值得注意。

以上四例，不过就普遍容易发现的问题举出来谈谈，其实问题较这一类严重些的还不少。即就这些事例来看，也可认识到关于中国历史方面的教学与编书的不容易了。

其次，在今天编述中国通史或者整理思想学说史的材料，应该站在人民的立场，从学说思想中找出影响广大人民最大的一些问题，作重点分析。而不必再沿袭过去封建学者们的成规，徒纠缠在一些仅影响到士大夫阶层或少数知识分子的偏僻问题上去兜圈子。例如过去学者们谈到两宋文化，莫不侧重在周（敦颐）、张（载）、程（颢、颐）、朱（熹）几位理学家学说思想的阐述，即纠缠在"理""气""道""心"……这一类名词的解释和分析。其实这些玄妙的概念，虽系诸家争论和立说的重点，但就实际影响来说，仅止是少数喜欢研究理学的先生们反复讨论的对象，当时如此，后世也莫不如此。至于封建社会一般的知识分子，绝大部分对这些概念是弄不清楚的，何况广大贫苦老百姓？所以这一类名词的争辨和讨论，尽管如何热烈而纷歧，值得我们重视，但是认真从它的影响来看，仍然是很狭小的。今天整理思想学说史的材料，不应该只局限在这些问题上兜圈子。

宋代理学家们影响后世最大而最广的，便在于他们所提出的小学教育理论和所编定的教学书籍，这应该是今天整理学说思想的工作者们所急需总结的重点。即以朱熹为例，他的学问本博，著述本多，言心言性仅是他的一方面；而另一方面，还有很多唯物的科学理论和整理古代文化遗产的巨大贡献。如果单纯地用"理学"二字来统括他，已经是不够全面。关于这点，现在姑置不论，暂就他一生著述影响后世最大的来谈，自然《四书集注》和《小学》二种为最重要。从元明至清末，《四书集注》为知识分子参加科场考试以前必须烂熟于胸的本子，同时也是封建社会乡塾普遍采用的基本教材；而《小学》一书，更是教诲儿童的启蒙读物，七八百年间，影响广大群众，最为普遍而深固。加以经过元、明、清历代统治者的推崇与表彰，差不多无论读书识字的人，或不识字的人，都知道有一位朱夫子。究竟他的魔力在哪里？对封建社会有哪些影响？我们除从《四书集注》《小学》诸书里面仔细加以研究外，还应就他的《白鹿洞书院教规》及《训学斋规》等有关教育的具体规章，详尽地进行分析，才能找出他影响后世最大的部分。例如《训学斋规》，便是他训练儿童的纲领。其中共分五章：第一，关于衣服冠履的规则；第二，关于语言、步趋的规则；第三，关于洒扫、涓洁的规则；第四，关于读书、写字的规则；第五，关于其它杂细事宜。凡衣服饮食，几案器具以及对上对下，一举一动，莫不详细标明，严格规定。其中很多地方，过于机械，过于琐碎，且有许多办法是妨害儿童身心健康的。后来农村中的私塾，便继承了这一传统，以致小孩们从小便以上学为苦，这对七八百年间的教育史上所起的坏作用，自然是极其重大而广泛的。难道不是今天编述历史书籍的先生们所应该作为重点来加以总结的问题？

封建社会的史事记载，绝大部分是围绕统治阶级来编述的，有回护，有顾忌，自然很难看出事实的真相。特别是每一时期内的重大措施，史书上照例是宣扬盛德厚泽。究竟是有利于人民，还是有害于人民，是值得历史研究工作者加以考明的。这首先在取材方面，便必推广范围，注意从当时人或相去不远的人所发议论或其它著述中，去探索、去体会，也可揭发当日事，实的真面目。这种记载的史料价值，当然是很高的。例如旧史家叙及汉事，总是盛称"文景之治"，特别把汉文帝看成"仁圣之主"，究竟是怎么一回事，在今天便宜从当日具体措施中，根据汉人的评论和叙述，加以分析。

在汉文帝时，所谓"减轻租税"，可算是一件大事了。但汉末学者荀悦在《汉纪》中说：

> 今汉氏或百一而税，可谓鲜矣。然豪强富人，占田逾限。官收百一之赋，民输大半之税。官家之惠，优于三代；豪强之暴，酷于

> 亡秦。是上惠不通，威福分于豪强也。今不治其本，而务除租税，适足以资豪强也。(《汉纪》卷八)

这一段议论，便直截了当指出了汉文帝时减轻租税的措施实际是便利了一般大地主阶级；而直接生产的农民，很少有机会沾受实惠。这也就充分说明了封建政权的一切措施，彻头彻尾是为本阶级——地主阶级服务的。

其次如除去肉刑，也是汉文帝时一件大事。但是后汉学者崔寔在《政论》中便说：

> 文帝虽除肉刑，当劓者笞三百，当斩左趾者笞五百，当斩右趾者弃市。右趾者既殒其命，笞挞者往往至死，虽有轻刑之名，其实杀也。……以此言之，文帝乃重刑，非轻之也，以严致平，非以宽致平也。(《后汉书》卷五十二《崔寔传》引)

这又揭露了封建统治者惨杀人民的罪行！名为除去肉刑，其实是变本加厉，也充分说明了在封建社会统治者对被统治者绝没有什么"仁爱"和"慈祥"。

以上所引两段文字虽系学者们的议论，却大可采以证史，其价值是很高的。荀悦、崔寔以后汉时人，来议论前汉时事，时过境迁，顾忌较少，所以敢于直言不讳。这种议论是绝对不可能也不会在汉文帝时出现的。由此可知考证史实，固然要注意当时的直接资料，也还要重视在若干年后的叙述和议论，有时后出的议论可以说明的问题极多，不容忽视它。

我们再拿唐宋以下笔记一类足以证史的材料，来说明时代略后的记载的重要性。例如宋太宗大规模地修辑类书、旧史传为美谈，但从宋代以来的说部所录，各有不同的看法。王辟之《渑水燕谈录》卷六便说：

太宗锐意文史，太平兴国中，诏李昉、扈蒙、徐铉、张及等，撰门类群书一千卷，赐名《太平御览》；又诏昉等撰集野史、《太平广记》五百卷；类选前代文章为一千卷，曰《文苑英华》。太宗日阅《御览》三卷，因事有阙，暇日追补之，尝曰："开卷有益，朕不以为劳也。"

宋敏求《春明退朝录》卷下便说：

> 太宗诏诸儒编故事一千卷，曰《太平总类》；文章一千卷，曰《文苑英华》；小说五百卷，曰《太平广记》；医方一千卷，曰《神医普救总类》。成，帝日览三卷，一年而读周，赐名曰《太平御览》。

王明清《挥麈后录》卷一便说：

> 太平兴国中，诸降王死，其旧臣或宣怨言。太宗尽收用之，置之馆阁，使修群书，如《册府元龟》《文苑英华》《太平广记》之类，广其卷帙，厚其廪禄，赡给以役其心，多卒老于文字之间云。

刘壎《隐居通议》卷十三便说：

> 宋初编《文苑英华》之类，尤不足取。或谓当时削平诸僭，降臣聚朝，多怀旧者。虑其或有异心，故皆位之馆阁，厚其爵禄，使编纂诸书如《太平御览》《广记》《英华》之类，迟以年月，困其心志。于是诸国之臣，俱老死于字里行间；世以为深得老英雄法，推为长策。

这四种记载，是说明一个问题，而推论各有不同，这是有原因的。由于王辟之、宋敏求都是北宋时人，距太宗时近，所以他们的记载，只略述事实，间加颂扬。王明清是南宋时人，刘壎是元朝人，便能进一步推究到宋太宗当日假修书的幌子来羁縻前朝遗臣的用意。而刘壎措辞较王明清更为严厉了。这样的无情揭发，大有益于考史。使学者们由此类推，可以肯定唐太宗、明成祖、清圣祖等领导臣工们纂修群书，同样是有重大政治意义的。就这四段文字材料来看，王辟之、宋敏求所记录的，不如王明清；而王明清的推断，又不如刘壎的直截痛快。由此可见，在封建社会，时代较后的写作更能大胆揭发统治者的阴谋诡计，对考证史实作用极大，我们不应该忽视它。

但笔记小说一类的书籍，究竟不是专为辑录史实而作。有时茶余酒后，宾主燕谈，或出玄言，或托空想，原来有些记载不可看成史料的却不少。特别是封建社会的士大夫们，多树朋党，有爱憎之私，无是非之公。大家对某人如果不满，便有许多讽刺鄙蔑的话流播于士大夫们之口，记载于士大夫们之书，这便不得不加以郑重处理。例如北宋学者对王安石，大半是仇视的、轻蔑的，至比为无耻妄人，认定王氏兴利富国为多事，相与讥斥不休，甚至造成一些可资谈助的热嘲冷讽，来毁谤他。在当时几乎成了一种风气，显然有些是虚构事实，虽有记载保存在笔记中，却不可看为可靠的史料。例如司马光《涑水纪闻》卷十五有这样一段叙述：

> 集贤校理刘贡父，好滑稽。尝造介甫、值一客在座，献策曰："梁山泊决而涸之，可得良田万余顷。但未择得便利之地贮其水耳。"介甫倾首沉思曰："然安得处所贮许水乎？"贡父抗声曰："此甚不难。"介甫欣然以为有策，遽问之。贡父曰："别穿一梁山泊，则足以贮水矣。"介甫大笑而止。

但张耒《明道杂志》卷一便说:

> 王荆公为相,大讲天下水利。时至有愿干太湖,云可得良田数万顷,人皆笑之。荆公因与客话及之,时刘贡父学士在座,遽对曰:"此易为也。"荆公曰:"何也?"贡父曰:"但旁别开一太湖纳水,则成矣。"公大笑。贡父滑稽而解纷,多此类。

王辟之《渑水燕谈录》卷十也说:

> 往年士大夫好讲水利,有言欲涸梁山泊以为农田。或诘之曰:"梁山泊,古巨野泽,广袤数百里。今若涸之,不幸秋夏之交,行潦四集,诸水并入,何以受之?"贡父适在座,徐曰:"却于泊之旁凿一池,大小正同,则可受其水矣。"坐中皆绝倒,言者大惭沮。

邵博《闻见后录》卷三十也说:

> 王荆公好言利。有小人谄曰:"决梁山泊八百里水以为田,其利大矣。"荆公喜甚,徐曰:"策固善矣,决水何地能容?"刘贡父在座中,曰:"其旁别凿一八百里泊,则可容矣。"荆公笑而止。予以与优旃滑稽漆城难为荫室之语合,故书之。

像这一件事而有四种记载。四家书,以《涑水纪闻》成书为最早,作者司马光又是王安石推行新法的政敌,可以肯定这一传说,最初是由司马光传播出来的。展转相告,便多乖异,以致所指地区,或以为梁山泊(在山东),或以为在太湖(在江苏),尚不能统一起来,那么事之有无,更成问题了。像这一类的记载,断不可信为是事实。所谓"书虚""艺增",在汉代学者王充《论衡》中早已指出了古书里言过其实的通病,何况唐宋以下说部之书，一部分内容是茶余饭后的诙谐语，那更应该打折扣了。当然，上面所列举的宋代学者们笔记中关于王安石的几条记载，从来没有人把它看成史料，用不着反复说明，但现在拈出来作为唐宋以下说部不可尽据的一个例证，还是有意义的。

关于研究中国古代史的材料问题[①]

近来时常在报纸杂志上，读到当代史学家们讨论史料问题和研究态度之类的文字。各人写出自己的主张，指明今后研究工作中应注意的事项，以求达到尽善尽美的境地。这是国内学术界空前未有的好现象，充分证明了在伟大爱国主义的旗帜下，全国学术工作者已经更紧密地团结起来了。本来，学术是天下公器，不是少数人所能垄断，更不是一二人所能解决问题的；事实上必须集思广益，总结群众提供的意见，纠正过去已犯的错误与偏差，以求逐步改进、提高。不要掩饰自己的短处，而在能揭发自己的短处；不要怕听别人的指摘，而在能接受别人的指摘。有了这种批评与自我批评的精神，才算是新时代研究学术的正确态度。

我本着这种看法，感到近人研究古史，对于材料的引用和处理，所存在的问题不少。当全国史学工作者展开中国古代史讨论高潮时，我也就研究古史的材料问题，大胆地提出几点建设性的建议，并希望当代专家学者们多予指正：

第一，要把材料的范围推广。书本上史料不够用，必须求证于地下发掘所得的实物和甲骨文一类的材料。这是近几十年来做学术工作的先生们比过去学者易于为力的地方。但是这都限于直接的史料。认真说

[①] 本文选自《中国史论文集》，湖北人民出版社1956年版。——编者

来，也还有间接史料，值得我们重视。因为几千年前的书籍流传到今天，本来不很多。有些书虽不属史籍一类，但从侧面去研究，却可以发现和史事有关的一些字句，在作者当时出言无意，到今天便成为最可宝贵的材料了。关于殷代殉人遗骨的问题，从一九五〇年三月北京《光明日报》学术副刊展开讨论后，一时辩论蜂起，结果都没有得出一个定论。还有人对于古代统治阶级用人殉葬的制度，不相信有一次数百人之多，征引了《史记·秦本纪》载秦武公从死者六十六人，秦穆公从死者一百七十七人，并且推断说："春秋时诸侯尚且如此，推知西周帝王更可想见。资料虽然消灭，将来可能出土。"这段考证和怀疑，由我看来，都是不必要的。因为古代用很多人殉葬的事实，在周秦古书中，早有明显的记载。《墨子·节葬篇》说过："天子诸侯杀殉，众者数百，寡者数十。将军大夫杀殉，众者数十，寡者数人。"这不是周代的实录吗？大约殉葬是古代最残酷的制度，殷周相因，为时已久。墨子主张兼爱，看到这种不平的现象，所以便发出"薄葬"的呼声，他的书中所说"数百""数十"的数字，当然是可贵的史料。我不解研究殉葬的先生们何以都把这宝贵的材料忽略了。这分明是由于大家将周秦诸子看成纯粹理论的书籍，没有注意到有些可以证史的地方，所以弄成"失之眉睫之内而求之千里之外"的疏漏。

第二，要明了金文甲骨刻辞中的通例。从前有很多和我相好的朋友，喜欢研究甲骨文字用以考证殷代史实，我曾经向他们说出甲骨文字不容易整理的三个原因：首先，由于刻骨的工作，不完全是由有学问的人来担任的，不能保证其一字无讹；其次，由于龟板兽骨上所刻文字，不出于一手，不成于一时，所以笔画极不整齐划一，不易识别其异同；最后，我们又要顾虑到在龟板兽骨上契刻艰难，刻字的人，必然贪省笔以轻其功，更无由考见一代字形的真迹。所以研究甲骨文字的困难是很大的，但是如果为了有困难便不去钻研，便是因噎废食。我们只能细心伏案，用归纳的方法，从丛杂的材料里找出它的条例来，去发现刻龟人的省笔、误笔以及一字数形的规律，便容易着手了。这单就字形的变化，便有这样复杂。至于谈到记事的方面，又有它的通例。常常看到研究中国古代社会情况的学者们，每喜依据金文和甲骨刻辞中关于记录战争俘获的数字，以考明古代奴隶多少。我认为这种考证方法，是不十分妥当的。因为金文甲骨文中所载的战俘的数字，大半是虚而不实，不可据为典要，在两千年前，也有人说过了。《墨子·鲁问篇》有这样的话："攻其邻国，杀其民人，取其牛马粟米货财，则书之于竹帛，镂之于金石，以为铭于钟鼎，传遗后世子孙曰：莫若我多！"根据这段话，推想到古代竹帛金石以及战争俘获，意在夸多以炫后世，其数多不实，墨子在无意中把那著竹帛、镂金石、铭鼎彝的通例揭发出来了。再拿《周礼·司勋》所说"战功曰多"的话来证明，大约拿虚数以纪战功，意在炫耀威势，俾能长久保持其统治阶级的地位，三代全是如此，殷墟卜辞，何能例外？学者们假使拘泥于数字之多少，便想有所推断，是很不可靠的。

　　第三，不要太轻视书本上的材料。书本上的材料，有真有假，从事古史研究的工作，首先要能辨别材料的真假，这是尽人皆知的常识了。迷信古书，认为每个字都可依据的人们，根本谈不上考古；反过来，一概抹杀，认为书本一无足取的人们，所犯错误也是极端严重的。假若没有坚强的证据，徒凭一个人的主观判断，以为某书是某时代晚出的作品，某书是某人的伪造，这都是近于武断，是一种似是而非的说法，非科学的。像以前梁启超在《新民丛报》发表的《论中国学术思想变迁之大势》《中国史叙论》诸作，以及胡适所著《哲学史大纲》，认定西周以前文明莫须有，而把它一笔勾去，这分明是根据康有为《孔子改制考》《新学伪经考》二书的见解来论断的（疑古的精神，起源甚早。但视古文经传及周代吉金全部皆伪品，凡孔子以前真实文物，悉予否定，则自康氏始）；而没有注意到康氏二书，是为鼓吹变法而作，自有其政治上的意义，而不可单纯地看成辨订伪书的专著，如果拿他"有所为而发"

的议论来衡量古书，未免有时冤枉了古人。即使善于怀疑，多假定一些问题以考论古书的时代，固然是学者应有的态度，这工作说来亦何容易！举例来讲，像顾颉刚氏早年在《禹贡》半月刊上发表的一篇文字，考证《尚书·尧典》是汉人的作品。其后竺可桢氏用天文算法推明《尧典》中的"四仲中星"实为周初的现象；董作宾、唐兰又各根据甲骨文字证明《尧典》中纪日方法，和卜辞相同。这些有力的证据，是科学的，不武断的，那么，《尧典》的时代不应像顾氏所假定的那样晚了。所以考定古书作者的时代，是一件不容易的工作。我以为假使没有坚强的证据，或为自己知识范围所限，与其妄加推测，不如存而不论，这才是客观的态度。近年学术界对于处理这类问题，虽比较以前的学者们谨慎得多，渐渐有纠正偏差的倾向，但是还时常看到研究古史的著作里，每喜把古书年代尽量拉后，好像不是这样便不像个做学问的精神似的，这在无形中拒绝了一部分可采的史料，未免可惜。

第四，引用书本上的材料，要详细复检原书。书本经印刷流传，不能无误字。所以读书必须讲究"校勘"，不然，便容易犯着承讹袭谬的毛病。又或后世编纂的类书，其取材都有所本，照引书的通例来说，必须找到那种材料最初出于何书，而后据以立说。所以考古又必粗知"目录"，不然，便容易犯数典忘祖的毛病。这两者都是研究学术的基本条件，不用多说了。我曾经读到一本讨论中国社会史问题的专著，中间有一段谈到中国奴隶制时期的文字，援引古书证明古代分封诸侯，土地与人民同为颁赐臣下的东西。其中有这样一段话："王分封土地于其左右等人，是用册令去行使的。周金中关于锡邑锡采的册令，及《诗·鲁颂》等，均记载得很明白。受封者不仅限于自然的土地，而是连同土地上的人民。如《盂鼎铭》所谓受民受疆土，《子仲姜镈铭》所谓与邑民人都鄙，左氏隐公八年传众仲所谓'胙之土而命之民……'"这里，显然是由于作者所根据的《左传》版本太劣，"胙之土而命之氏"一语，早已误刻"氏"字为"民"字，引书时没有取别本对勘，遂致以讹传讹，反附会到土地和人民同时赏赐臣下的意思。那么《左传》这一章的末尾，还有一句"公命以字为展氏"，势必也要改为"展民"，岂不滑稽！又看到一部著作，考证中国史上所见到母系氏族之例，所引材料完全抄录《文献通考·四裔考》为证，而不知推寻到《文献通考》所根据的原始史料，像正史《西南夷传》一类的著作。在作者是省减翻书的麻烦，但是照考证家引书的通例来说，便显然见其疏忽，并且容易使材料遗漏，或者把它传讹，更是考古工作的重大损失。

以上四点意见是我随时想到的几个极普通的问题，特别提出来供研究古史的先生们参考。愚夫千虑，必有一得，不知道这里面也有可以采取的见解没有？

> 附记：这篇文字是我一九五一年五月写的，在《新建设》杂志第四卷第三期发表，其中拈出《墨子·节葬篇》里几句话，提供为周代有人殉制度的实证。这篇论文发表后，果然在《新建设》第四卷第四期以下讨论人殉制度的学者们开始注意到《墨子》上的材料，纷纷征引，加以阐述（以前他们没有引及《墨子》，有他们以前的作品为证）。这又说明了书本上的记载，也还是考证地下发掘材料的有力证据，书本上的材料，是不容轻视的。舜徽补记。

关于历史文献的研究整理问题[①]

一、何谓文献？它的研究、整理对象是什么？

"文""献"二字联成一词，出现在中国古书上，是从《论语》开始的。《论语·八佾篇》记载孔子的话：

> 夏礼吾能言之，杞不足征也；殷礼吾能言之，宋不足征也；文献不足故也。足，则吾能征之矣。

汉、宋学者加注释时，都把"文"解为典籍，"献"解为贤人。过去封建学者们所强调的"征文考献"，便是说要了解过去的历史，一方面取证于书本记载，一方面探索于耆旧言论。言论的内容，自然包括世代相承的许多传说和文人学士的一些评议在内。本来，当我们的祖先没有发明记载思想语言的工具以前，一切生活活动的事实，都靠口耳相传。这种口耳相传的材料，在古代便是史料。所以，"古"字在《说文》中解释道："故也：从十口，识前言者也。"这字的构造，从十口，是十口相传的意思，是指它纵的联系——时间的联系来说的。这种世代相传的史

[①] 本文选自《中国历史文献研究集刊》（第一集），岳麓书社1982年版。——编者

实,都是从很早的古人口里说出来的。我们当小孩时喜欢听家里上辈人讲说高曾祖考的故事,而且听母亲说,总不如听祖母说的那样细致而亲切有味。大约时代愈早的人,懂的旧事愈多,介绍得愈详尽。我们能够武断地认为那些丰富的传说资料都不可靠吗?所以古人研究历史,都把传说看成了重要史料。言论的另一方面,便是对历史上人、事、物的评议和见解,可以作为后来治史者的参考,价值也是很高的。过去学者们把古人的传说、言论和书本记载并重,不是没有原因的。

拿"文献"二字自名其著作,起于宋末元初的史学家马端临。他继杜佑之后写了一部贯通历代"典章经制"的专著,共计三百四十八卷,名之为《文献通考》。他在《自序》中指出:

> 凡叙事,则本之经史而参之以历代会要,以及百家传记之书,信而有证者从之,乖异传疑者不录,所谓文也。凡论事,则先取当时臣僚之奏疏,次及近代诸儒之评论,以至名流之燕谈,稗官之纪录,凡一话一言,可以订典故之得失,证史传之是非者,则采而录之,所谓献也。

这很明显地谈到他编著这部书的取材,不外两个来源:一是书本上的记载,一是学士名流的议论。由于他是宋末宰相马廷鸾的儿子,给他在当时搜集史料、接纳名流,提供了有利的条件。所以他的书中,甄录时人议论极多,连他父亲的话都采入了。我们试检这部三百四十八卷书的写作形式,也充分体现了"文"和"献"相互依倚的作用,成为一部名副其实的《文献通考》。

其实,我国史学界把史实和言论并重,作为撰述的两大内容,这不是从马端临开始的。远在司马迁写《史记》时,记叙之外,还收录了不少文辞、言论。到了班固,写成《汉书》,凡是有关学术、政治的重要论文,都一一载入传中,从此历代诸史,都沿用了这一体例。如果再推而上之，那么，《尚书》中的《典》，叙述事实；《谟》，记载言论。《左传》一书，于叙事之外，还用"君子曰"以抒发言论。由此可见，我国古代的历史书籍以"文"和"献"为主要内容，起源很早。不过，取"文献"二字作为著述的标题，在马端临以前，却没有人用过。明成祖时，编《永乐大典》，初名《文献大成》，也取义于包含各类图书在内的意思。

"文献"既是一个旧名词，自有它原来的含义。我们今天既要借用这一名词，便不应抛弃它的含义而填进别的内容。近人却把具有历史价值的古迹、古物、模型、绘画，概称为历史文献，这便推广了它的含义和范围，和"文献"二字的原意，是不相符合的。当然，古代实物上载有文字的，如龟甲、金石上面的刻辞，竹简、缯帛上面的文字，便是古代的书籍，是研究、整理历史文献的重要内容，必须加以重视。至于地下发现了远古人类的头盖骨和牙齿，那是古生物学的研究范围；在某一墓葬中出土了大批没有文字的陶器、铜器、漆器等实物，有必要考明其形制、时代和手工艺的发展情况，那是古器物学的研究范围。这些都是考古学家的职志，和文献学自然是有区别的。

研究历史文献的任务，主要是对那些保存下来了的和已经发现了的图书、资料（包括甲骨、金石、竹简、帛书）进行整理、编纂、注释工作，使杂乱的资料条理化、系统化，古奥的文字通俗化、明朗化，并且进一步去粗取精，去伪存真，条别源流，甄论得失，替研究工作者们提供方便，节省时间，使之不走弯路错路，这便是研究、整理历史文献的重要职责。

二、中国历史上研究、整理历史文献的不朽业绩

我国古代无所谓文献学，而有从事研究、整理历史文献的学者，在过去称之为校雠学家。所以校雠学无异成了文献学的别名。凡是有关整

理、编纂、注释古典文献的工作，都由校雠学家担负了起来。假若没有校雠学家们的辛勤劳动，尽管文献资料堆积成山，学者们也无法去阅读、去探索的。太远的事我们不提，且从汉初的书籍情况谈起吧。汉初用以写书的材料，不外竹简和缣帛。在过去，是不可能看到汉代书籍的完整原貌的。从一九七三年十二月长沙马王堆三号汉墓中出土一批古代帛书以后，才得以考见汉初流行于社会的书籍形式和体例。出土帛书有十多种古籍，其中以《老子》最为重要，并有两种不同的写本，距离现在都有二千一百四十多年了。从这两种写本，可以了解当时由传抄古书而出现的几种情况：（1）传抄的来源不一，因而出现不同的本子；（2）传抄过程中，遗留不少错别字；（3）古人写书，多取内容相同或相近的篇章抄在一起；（4）传抄的古书，多无篇名，不分章节；（5）传抄的古书，编次前后也不一致。只就西汉初年的传抄本帛书《老子》来看，便存在这样多的问题，推之他书，莫不如此。足以说明汉代流行于社会、保存在朝廷的图书，是一大堆丛杂散乱、编次不同、没有篇名、错字很多的传抄本。

当公元前二十六年（汉成帝河平三年）由政府组织人力进行大规模校理群书的时候，校雠学家刘向负责主持其事。他针对当时书籍所存在的严重情况，做了许多细致的工作。首先搜集一些不同的抄本，进行对勘，把文字错了的，改过来；简策脱了的，校出来。其次，将书名、篇题、次第错杂不同的，统一起来，加以写定。最后，每书写成《叙录》一篇，介绍作者行事和书中内容。于是原来没有书名、篇题的，定著了书名、篇题；原来编次杂乱的，排好了前后次序；原来内容重复的，除去了冗繁篇章；原来传抄错误的，改正了讹谬字体。一大堆丛杂、散乱、舛牾的古代文献，开始成为可供阅览的读物。

古代文献经过初步整理以后，虽已粗具条理，但保存在那上面的古字古言，不独字音、字义不易了解，连字形也很陌生，需要有人替它做翻译，加以注释。汉代学者在这方面投下的功力比较大，取得的成绩也最多，而以汉末郑玄集其大成。他在注释历史文献的过程中，也仔细进行了校书，除订讹纠谬之外，也还作了叙次篇目、辨章学术的工作，作出的贡献，大体和刘向相近。所不同的，在于他替古书作注解的功夫比较多，在介绍古代文化方面，起了翻译的作用，给后世学术界带来了许多方便。这是刘向没有做，而郑玄却做得很出色，并取得了很大成绩的地方。

自从汉代学者遍注群经以后，六艺经传，渐渐可读，旁及诸子百家，也相继出现专明音义的书。我们只看《隋书·经籍志》所载，便可知这一类书籍的发展情况，著述是十分丰富的。但是音有地区的差异，义有古今的不同。各家的书，纷起并作。究竟哪一家的说法可信，用什么标准去衡量，便成了大问题。历魏晋南北朝以至唐初，客观上迫切需要一部总结账式的书籍，为之区处条理，使学者知所适从。唐初陆德明毅然把这一工作引为己任。他广搜汉魏六朝音切，兼采诸儒训诂，考证各本异同，写成《经典释文》三十卷以总汇之。其所音释的书，以儒家经传为主，再兼及其他书籍，可算是集汉魏六朝音训之大成。他又从"辨章学术、考镜源流"的角度出发，撰成《叙录》，对经传本末、注家流别，一一详述，有裨于后学尤大，对后世整理古代文献工作者的影响至为深远。

从汉至唐的几位校雠学名家，也就是中国历史上著名的文献学家。他们在整理古代文献的事业上取得了巨大的成绩，在订正讹误、厘定篇章、整齐编次、辨章学术等多方面留下了丰硕成果。这是应该肯定的。但是，他们还没有来得及考虑有关文献的其他方面，如书籍的存佚、类例以及收书、求书等，都是整理文献工作中所应注意的问题。唐以前的学者，很少谈到这些问题，或者谈得很简略。一直到南宋初年的郑樵，才填补了这一空白。他对整理文献的主要贡献，集中发表在《通志·校雠略》里，举凡设官专守、搜集图书、辨别真伪、确定类例、详究编次、设法流传等问题，都包括在内。这书虽很简短，但有不少创见，对后来整理文献的工作启发极大。

自从郑樵在整理古代文献工作上大胆突破校勘、注释的范围，而以广义的求书、分类、编目等内容为文献整理的主要任务后，继之而起的，有清代的章学诚。他更进一步注重书籍的质的高下浅深，首先将学者们所取得的研究成果，区分为功力和学问两方面。单有一些抄辑的资料，这只能算是求知过程中的一种功力，不能算作学问；只有钻研得深，确有自己的独到见解，有所发现或发明，才能算是学问。因此，他便把古今史籍又分为著作之史和纂辑之史两大类，连马端临三百四十八卷的《文献通考》也只能归到纂辑一类，其他丛抄、杂抄、笔记、类书之属，更不用说了。像他这样的超特见解，便直接提高了学者们的识力。对汗牛充栋的文献图书，能够从质的方面区别高下浅深，知道哪些书是应精读的，哪些书是仅供翻检的，这对提高研究、整理古代文献的识力，无疑是很有好处。

以上所谈历代学者整理文献的事实，不论校订也好，注释也好，区分部类也好，辨章学术也好，都不过是从书本到书本，而没有注意到其他可以取证的资料。在人工造纸术发明以前，我们祖先记事的方法，或是刻在龟甲兽骨上面，或是写在木简上面，或是镂在铜器上面，或是雕在石头上面，或是书在缯帛上面。缯帛容易腐烂，竹木简也易于破损，很难保存到几千年。所以我们今天可以看到的很早以前用文字记事的遗物，以甲骨、铜器和石刻为多。这些材料是最古的书籍，用它们来考证古书，价值特别高，有时远在纸本的史料之上。无疑它们都是最重要的历史文献。

远在两汉，学者便已将金文、石刻看成考古的重要依据，如司马迁作《史记》，便将秦始皇巡游天下勒石颂功德的文字，像泰山、琅邪、之罘、碣石等石刻，都收入了《秦始皇本纪》，这便创辟了以石刻为史料的途径。许慎在《说文解字叙》中指出："郡国亦往往于山川得鼎彝，其铭即前代之古文，皆自相似。"在《说文解字》中所收的古文和籀文，

关于历史文献的研究整理问题

无疑有些是采自铜器刻辞中的字体,来充实其内容的。不过认真研究金石,到宋代才正式成为专门之学,如刘敞、欧阳修、吕大临、王黼、薛尚功、赵明诚、洪适、王象之,都是这方面的名家。赵明诚在《金石录序》中指出:"史牒出于后人之手,不能无失,而刻辞当时所立,可信不疑。"一语道破了金石之学的重要作用。到了清代,研究金石学的风起云涌,专家辈出,著述称盛,在整理古代文献方面取得了巨大成绩。

由于清代末年河南安阳出土了大批刻有文字的龟甲和兽骨,引起学者们的注意。这方面的研究整理工作,是从当时朴学大师瑞安孙诒让开始的。他撰述了《契文举例》和《名原》,主要是依据甲骨文考证古代文字。继之而起的有罗振玉和王国维,便推广到考证殷代史实的工作上去了,而王氏的成就尤大。他既著有《殷礼征文》《古史新证》,又写成《殷卜辞中所见先公先王考》《续考》《殷周制度论》等重要论文,载入《观堂集林》卷九、卷十,给整理古代文献的人们开辟了门路,启示了方法,对近几十年间的史学研究,影响极大。罗氏所著书虽只有《殷商贞卜文字考》《殷虚书契考释》,但他在搜集、编印、传布甲骨文和金文方面,作出了贡献,给学者们提供了极大方便,这也是应该肯定的。

三、在今天整理历史文献的工作中,摆在我们面前的两大任务

时代愈后,新增的可以考证史实的文献资料便愈多。过去如此,今后更是如此。加以地不爱宝,出土的实物除铜器、甲骨之外,还有简牍、帛书等有文字可考的记载和书籍,在在需人去研究整理。至于从明清故宫里清检出来的档案,更是堆积如山,亟待爬梳,需要的劳动量就更多了。这些,都已由国家大规模地组织人力去担任,自能日起有功,做出成绩。我们目前应该引为己任,努力去做的,却大有事在。在要做的工作中,有的可以一个人独自进行,有的可以组织几个人通力合作,

有的可以结合更多的人分工协作，工夫总是做不完的。现在但就两方面的任务举例说明如下：

甲　改造二十四史

近年来，由国家组织人力，标点完了二十四史，诚然是中国文化史上的一件大事。但就整理历史文献来看问题，这仅仅是开步走。况且标点本身，还存在一些错误，能够说有了这一套标点本子，就已经解决问题了吗？今天如果要从根本上去解决，给读者提供方便，那就是怎样去改造二十四史的问题，而不是什么一般整理的问题。提到"改造"二字，或者会引起人们惊讶。其实今天所常见的殿本二十四史，从形式到内容都有改造的必要。首先宜将后人附加的话，以及错简、衍文、注语窜入正文等不符合原文的现象，加以改正删订，重新写定，这是十分必要的。例如《史记·司马相如传》末称引扬雄评论词赋的话，《屈贾列传》末叙及贾嘉在汉昭帝时列为九卿的事，都是后世抄书的人附加上去的（王若虚《史记辨惑》、凌稚隆《史记评林》都已谈到）。《汉书·李广利传》有错简正文六十九字，注文二十八字（王念孙《读书杂志》已依《史记·大宛传》改正）。《后汉书·郭太传》有七十四字本为《注》中引谢承《后汉书》语，后乃窜入正文（钱大昕《廿二史考异》已校正）。这一类的错混现象，仍让它原封不动地保存下来，行吗？《史记》、两《汉书》是人们常翻的书，尚且如此（例子很多，兹特各举其一），推之其他史籍，情况也是很严重的。至于久经传写，造成文字的缺、夺、讹、衍以致前后文气不相联贯之处，尤不可胜数。我们应该根据前人研究成果和自己探索所得，对二十四史正文来一次写定的工作，仿清末吴汝纶写定《尚书》的体例，将史文重新写成定本，这便是改造旧史的第一步。不然的话，旧史中有些字句，本不是作者原文，作考证文章的人，习焉不察，便跟着误本书一字不易地引用，岂不是冤枉古人，遗误来学！这问题是必须首先解决的。

其次便是整理旧注的问题。注解是疏释正文的。一般书籍的情况，照例正文是大字，注解是双行小字。但是有的史注，却与一般注解有所不同。例如《三国志》本书，文字过于简洁，于史实多所疏略，南朝宋文帝刘义隆便命裴松之替它作注。这注不专于解释文谊，而重在增广异闻，补证遗佚。所以读《三国志》时，裴《注》必须仔细研究，其价值不独不在原书之下，有些地方比原书还重要。清末同治年间，金陵书局聚珍版印大字《三国志》，注文和正文一般大，只是注文低一格印，以示区别，说明注文和正文同样重要。我们今天要采用这一体式，对通行的《三国志》版本来一次改造，再就正文、注文分别加以新的注释。

  撰述新注的过程，便是改造旧注的过程。凡是前人的研究成果，对旧注已有驳正纠订的地方，应尽量择其精要之义，收入新注。断不可像《史记》只取三家注，《汉书》只取颜注，《后汉书》只取李注，一如殿本的旧内容。大抵考证之事，后出者胜，凡是清代学者和近人的创见发明，都要旁搜博采，择善而从。尽管《史记》已有日本人泷川龟太郎的《史记会注考证》，《汉书》有王先谦的《汉书补注》，《后汉书》有王先谦的《后汉书集解》，《三国志》有卢弼的《三国志集解》，《晋书》有吴士鉴的《晋书斠注》，都是总结账式的注本，但是遗漏的精义善言，还很不少。特别是保存在文集、笔记中的单篇、条札，没有被采录的就更多了。我们必须加以补充，使注义更加详赡。

  从《南北史》以下诸史，多没有注本，我们可以用综合研究的方法，将一些内容相同、相近的书合拢来读，对原书进行改造。例如读《南北史》时，有必要取《宋书》《齐书》《梁书》《陈书》《魏书》《北齐书》《周书》《隋书》仔细对勘，可以找出八书和《南北史》不同之处，从而订正《南北史》的错误，并补足其缺漏。明末李清曾采取八书不同于《南北史》的材料，分注于《南北史》正文下，成《南北史合注》一九一卷。由于其书缺点太多，价值不大，所以后来既没有收入《四库全书》，也没有人把它刻印传世。其次如新、旧《唐书》，互有短长，也可两书对勘，校其异同。清代学者沈炳震虽在这方面做过工作，完成《新旧唐书合钞》二六〇卷，把两书合在一起，看来好像是一部给学者们以方便的书籍，其实在作者抄辑的过程中，既混乱了新旧二书原来的体制，也没有建立新的义例，错杂不伦，不为史学界所重视。像这一类工作，仍有待于我们运用新的方法，参进新的材料，鼓起勇气，重新去做。

一部《宋史》，为书四九六卷，是诸史中最为芜杂的一种。元末周以立便有志改修《宋史》，惜未成书。明嘉靖中，统治者打算设馆重修，以礼部侍郎严嵩总理其事，也没有修成。惟王洙私撰《宋史质》一百卷，柯维骐独成《宋史新编》二百卷，虽各有其优点，但仍不尽如人意。根据钱谦益的记载，明代有志在这方面做工作的还有归有光、汤显祖、王维俭，但都没有成功（见《有学集·跋东都事略》）。清代学者像黄宗羲、陈黄中、钱大昕、邵晋涵，都精熟宋代史实，有志改作。陈氏有《宋史稿》二一九卷，钱大昕称其书为未定之稿（见《潜研堂集·宋史稿跋》）。邵氏尝欲与章学诚改修《宋史》，也没有达到目的。这是由于卷帙繁多，工程浩大，不易完成的缘故。但在今天，我们所可凭借的资料较前人为多，所能运用的方法较前人为密，如果有决心改造旧史，自能收到"事半古之人，功必倍之"的效果。推之读《明史》时自可博采谈迁《国榷》、查继佐《罪惟录》、李贽《续藏书》、张岱《石匮书》，以及《皇明经世文编》《明实录》诸书，仔细参究，而收综合研究之效。这样才能对改造旧史，打下坚实的基础。

乙　整理地方志书

人们一提到重要的历史文献，便众口同声地举出二十四史、九通之类，认为是史料宝库，而没有注意到堆积如山的方志，比二十四史、九通之类，还重要得多。因为二十四史、九通之类，是以王朝为中心，只是记载有利于维护统治与服从的社会秩序的事实和言论，而丝毫不注意到平民的生活与活动；它们完全是为统治阶级服务的，里面自然找不到有关广大人民的材料。至于方志，便以社会为中心，举凡风俗习惯，民生利病,一切不详载于正史的,都借方志保存下来了。其中如赋役、户口、物产、物价,记载最为可贵。特别是赋役一项,无论在哪一部志书里,都记录得很详悉。例如,清初陆陇其所修《灵寿志》,本以简洁著称,但记载赋役却特别详尽。其他方志,更可想见。在今天而欲研究过去劳动人民受压迫剥削的严重情况,方志实是唯一无二的资料宝库。其中如方言、风谣、金石、艺文诸门类所包含的内容,在在可为史部考证之用,更显示出方志的重大价值。

方志是保存社会史料的渊薮,那里面的丰富记载,是在其他史籍中不能看到的十分珍贵的考古资料。就拿清代所修州县志来说吧:嘉庆《增城县志》,叙述了"客民"的来历;道光《兴国县志》,叙述了"山民"的情况;光绪《潮阳县志》,记载了"畲民"的习俗;道光《香山县志》,记载了蓄蛊之事;同治《弋阳县志》,反映了卖妻之俗;乾隆《丰润县志》,杂记特产工业;乾隆《景州志》,附载镌刻工价;康熙《宣化县志》,记宣府左卫军官里宅之事;光绪《曲阳县志》,记石工扬、王二氏同业世婚之事;光绪《宁河县志》,记禁建回民礼拜寺之事;康熙《新城县志》,记明中叶风俗及物价之事;嘉庆《禹城县志》,记漯川韩氏村人民世奉西洋教之事;同治《宁海州志》,记金元间传道传说之事;光绪《益都县图志》,记明清两代风气大概;乾隆《新安县志》,记及工匠日价;康熙《内乡县志》,记呼请豁免额解黑铅事;乾隆《榆林县志》,记及匠价沿革;光绪《五台县志》,记农工商贾的生活状况;同治《苏州府志》,记太湖渔船及孙春阳南货铺的沿革;乾隆《震泽县志》,历叙农蚕渔业的概况。这一类材料,都不是二十四史、九通、正续《资治通鉴》里所能找到的,诚然是研究社会史的重要依据。

我国从来是一个多民族的国家。由几十个民族组成的中华民族,共同生活、劳动、工作在这块广大的土地上。就人口论,汉族虽占绝大多数,但是中华民族的悠久文化,却是许多兄弟民族和汉族共同创造出来的。在漫长的历史里,在我国的少数民族中,也确实涌现出不少专门学者、大文学家、大思想家和英雄人物。远者勿论，即如十五世纪的航海家郑和，便是云南回族；十六世纪的思想家李贽，便是泉州回族；十七世纪的大词人纳兰性德，是满族；十八世纪的天算学家明安图，是蒙古族。十三世纪中叶，由蒙古学者写成的《蒙古秘史》，便是蒙古族最早的一部历史巨著。十八、十九世纪时，不少蒙古族学者还编成了大量有关蒙古族语文的辞典。而《辽史》《金史》《宋史》的修纂，都有维吾尔族人参加。从这一系列的事实，可以肯定少数民族在中国文化史上的贡献，是极其巨大的。至于历史上从少数民族中成长的政治家和军事家，更大有人在。他们在学术上的创造发明，政制上的兴革改进，早已融合在光辉灿烂的中华民族文化的整体之中，成为其中的重要因素，值得我们珍重。所以少数民族的历史，是我们今天研究中国史的重点，而浩博的方志，便是我们探索少数民族历史的渊薮。特别是在历代农民革命中，在少数民族地区出现了不可数计的大小规模的英勇战争，都有他们自己的起义领袖。那种转战多年至死不屈的精神，沉重打击统治势力的事实，值得我们大书特书，也非从方志中进行稽考，无由得其梗概。如果我们今天还不着重于方志的研究、整理，想要编写一部反映中华民族文化的比较完整的中国通史是不可能的。即使从二十四史、九通之类的书籍中抄了一些资料比辑成书，也必然是片面的，只能反映汉族文化的一部分，不足以代表中华民族的全部历史。

关于历史文献的研究整理问题

从很早的古代起，我们中华民族的祖先就劳动、生息、繁殖在亚洲东部的九百六十万平方公里的土地上。根据最近的统计，除人口最多的汉族外，还有五十多个兄弟民族。这些兄弟民族的人口，虽在全国总人口中为数不多，但分布的地区很广，约占全国总面积的百分之五六十。全国约百分之七十的县市，都有两个以上的民族共同生活在一起。许多兄弟民族大部分集中居住在边疆地区。他们生活、活动的历史，多保存在方志中。我们今天研究、整理少数民族的历史，便须首先对内蒙古、辽宁、吉林、黑龙江、新疆、甘肃、青海、西藏、云南、四川、贵州、广西、广东、湖南、湖北、福建、台湾等省的方志进行研究。先边疆，后内地，是我们今天整理方志的步骤，目的是首先把兄弟民族的历史从方志中找出来。

地方志书有通贯古今的，也有断代成编的。就它记事的范围而言，又有几种不同的体例：统括全中国的，称"一统志"（如宋代的《寰宇记》、元朝的《一统志》皆是）；联合二省或二省以上的，称"总志"（如明代徐学谟所修《湖广总志》）；只以一省为写作范围的，称"通志"；依府、厅、州、县各自成书的，称某府、某厅、某州、某县志；也有合二县或数县之事于一书的，称"合志"；有专载一镇一乡之事的，称"乡土志"。名目虽多，但以明清以来所修府、厅、州、县志为最多而最重要，也简称"州县志"。由于它的记载比较详尽，内容比较丰富，可供采撷的资料自然很多。我们整理方志，必须首先在这方面多下功夫。

方志在历史文献中的价值和作用，前面已经谈过了。如果拿它和二十四史相比，便大有不同。二十四史所载，不过"圣功""王道"，专注重一帝一姓之兴亡。书、志、列传有时涉及民间，但很简略，不足以反映社会现象的全部。至于方志，凡属社会制度、礼俗习尚、民生利病、不详于正史的，委曲隐微，莫不具载。过去封建学者们著书考古，如果取证于方志，便大有收获，如顾炎武的《天下郡国利病书》、朱彝尊的《日下旧闻》、钱大昕的《辽史拾遗》、陆心源的《宋史翼》，都得助于方志不少。不过他们治学，终不免为"正统派"的观点所局限，没有把方志的重要性提到应有的高度，自然谈不到广泛研究和整理。

过去封建学者们不能对方志进行广泛的研究和整理，也还有另一个原因，便是私人无力得书。因为想在这方面做点工夫，不是几部或几十部方志所能解决问题的，而必凭借大量丰富的方志，才能逐一涉览，提要钩玄。在封建社会的学术界，哪里有这种条件？为当时条件所限，虽有志而力不逮，这是我们应当原谅古人的。近数十年来，由于图书馆的林立，国家注意收购、保存，地方志书汗牛充栋，贮积丰富。单就北京、上海、南京、湖北各大图书馆的收藏来看，各自保存的方志达几千种之多。其他各省大小图书馆以及各大专院校图书馆所贮存的，多者一二千种，少者也有几百种，大可供史学工作者阅览。可惜的是终岁尘封，从来很少有人问津。我们今天既有责任在这方面做研究、整理工作，便当利用现存的大批图书，进行广泛的涉猎，将方志中有关赋役、户口、物产、物价、风俗、艺文，以及少数民族的史实，择取其中最为重要的材料，分类撮录，然后纂辑成书，写出一部可供采撷的史料丛编，替撰述理想的中国通史提供素材，作出贡献。

四、我们研究整理历史文献的最终目的

有人认为努力从事研究、整理历史文献的工作，只是围绕着一大堆史料兜圈子，没有多大出息。这种看法是错误的。只要我们不是为研究而研究，为整理而整理，而是心怀大志，朝着一个宏伟目标而努力不懈，不仅大有出息，而且可以对人类作出有益的贡献。在中外古今著名的历史学家中，我们可以清楚地看到，凡是想在人类历史上作出总结性的工作，写成一部伟大著述的，都是积年累月从研究、整理历史文献着手，再结合实际调查考察，才能取得成功。马克思写《资本论》，司马迁写《史记》，都这样做过。就拿司马迁来说，他是中国历史上研究、整理历史文献最成功的人。他有雄伟的气魄，宏大的规模，为了要撰述一部总结性的巨著——通史而努力工作。他凭借父子相继任太史令的职位，掌管国家图书，根据那些已经整理成编的书籍和许多没有经过整理的零散材料，再结合实地考察所得，明定体例，着手编写，终于撰成了一百三十篇、五十二万六千五百字的巨著《史记》。从远古到汉武帝时的社会变化和自然变化，都被他总结下来了。司马迁只能写到他生存的时候为止，无疑他希望后人续修已书，以至于无穷。南宋初年的郑樵便

毅然把这工作引为己任。他既闭户读书三十年，积极研究整理了丰富的历史文献，又自谦孤陋，开门出游，经过了十年的四方奔走，等到回到家乡，年纪已老，身又多病，没有活到六十岁就去世了。今天流传的《通志》二百卷，不是按照他原来理想中的计划来完成的，而是他在和疾病作斗争的艰苦岁月里仓促编出。虽不令人满意，但他那阔大的胸襟、坚强的毅力，是永远值得后人学习的。

生在二十世纪今天的史学工作者们，由于时代的进步和科学的发展，生活条件和工作条件的优越都是古人所梦想不到的。谈到图书资料，不知超过了古人若干万倍；谈到实地考察，古人需要经历几年、十几年的旅程，今天航空往返，几小时便够了。在这种环境和条件下，应该有司马迁、郑樵式的人物，层出不穷，心怀大志，努力去做超过前人和前人所不能做到的事业，对人类作出较大的贡献。今天史学领域内要做的工作很多，而编写一部体例新颖、内容丰富，足以反映中华民族全部文化的通史，是一项迫切任务。这任务便很自然地落在我们研究、整理历史文献的工作者肩上。我们要为完成这一光荣而又艰巨的任务奋发不懈，以达到我们研究、整理历史文献的最终目的。

谈到编写一部比较完备的中国通史，确不是一件容易的事。首先需从编写的体例和形式上进行改革，使通史和教科书的内容与作用区别开来，才能全面总结中华民族几千年间的全部文化。当清末开始罢科举、兴学校的时候，江楚书局最先出版了一部《历代史略》，从唐虞三代起，到明末止，共为六卷，而每卷各分篇章，用流畅的文辞，较有条理有系统地将历代事迹叙述出来。由纲鉴的旧形式，一变而为教科书的新形式，这大约是我国最早的一部。公元一九〇三年（光绪二十九年），丹徒陈庆年编成《中国历史教科书》六册，作为当时中等以上学校历史教学的课本。新编本国历史而明确标出"教科书"三字，是从这书开始的。《历代史略》和这一部《中国历史教科书》的出现，受当时日本所编学校课本的影响很大。采用新的编书体式，对旧纲鉴来一次大的改造,这是进步的现象。为着照顾课堂讲授的方便,不得不采用分篇、分章、分节的编写形式,各随事目,作出概括简明的标题,使学生易懂易记,每小时讲多少,也依章节长短,有个断限。这是一种很适合教学的课本。所以从清末到现在,一直沿用了这种体例,只是写作上由文言文改变为语体文,观点上由陈旧的改变为新进的罢了。作为学校讲课的本子来说,是很好的。但如编写中国通史,便不必采用这种形式。既名之为通史,内容是很丰富的,门类是很繁多的,岂是几本教科书形式的本子所能包括无遗!课本为章、节所限,不得不简略,通史则不然。在今天想要写一部足以总结一个具有几千年文化、九百六十万平方公里土地、十亿几千万人民的伟大国家的历史,要记载的东西太多了,不是章节体教科书的形式所能范围。我们必须敢于创新,拟定出一个新的体例,在不断努力下,进行中国通史的编述,为达到我们研究、整理历史文献的最终目的而奋斗。

关于历史文献的研究整理问题

关于整理古籍的问题[①]

历代学者在整理古籍方面做出了很多出色的成绩,为我们接收文化遗产,阅读往古的典册,带来了很大的方便。所以几千年间的传注家、文献学家们取得的丰硕成果,是应该在中国历史上大书特书的。今天我们处在二十世纪的新时代,应该做出超过前人的成绩。这便需要对这一工作有个通盘打算和长久规划。由于我一生钻研文史,长期和古籍打交道,愚夫千虑,或有一得。现将我所见到的有关整理古籍的问题,提出几点意见如下:

甲 整理古籍的准备工作

一、去伪存真,去粗取精

我国远古的遗文旧事,初但口耳相传,著之竹帛本晚。一部分书,出于周末;一部分书,成于汉初。遗文旧事,经过后人补写成篇,不免有夸大、有虚构,离开实际情况很远,这便出现了文献资料的可靠性问题。所以孟轲在战国时,已叹"尽信书不如无书,吾于《武成》取二三策而已"(《孟子·尽心篇》)。后来托古作伪的书,一天天多,经过汉代

[①] 本文选自《华中师院学报》(哲学社会科学版)1982年增刊。——编者

学者刘向、刘歆父子校书秘阁，逐一指出伪托之迹。今天保存在《汉书·艺文志》班氏自注的辨伪之言还不少。在著述界既出现了各种各样的伪书，学者们便需要有辨伪的眼光和学识，才不致为伪书所骗。自从汉代学者在这方面做了一些发凡起例的工作以后，历代学者都注意到了这个问题。连唐代文豪韩愈，在自述学文的艰苦过程时也说："……然后识古书之正伪，与虽正而不至焉者，昭昭然白黑分矣。"（《答李翊书》）很明显地他将古书分成三类：一类是真（正）的；一类是假（伪）的；一类是书虽真而价值不大高（不至）的。可知韩氏平日读书，也认真进行了辨伪工作。经过宋、明、清及近代学者进一步探研，取得的成绩更大。我们今天必须根据前人的研究成果和作出的精辟结论，对充栋积宇的故纸堆，来一次大的清查，是有必要的。近百年前，张之洞在《輶轩语》中说过："一分真伪，而古书去其半。"的确，面对着浩如烟海的古书，不免望洋兴叹。如果掌握了辨伪的识力，便自能鉴别书的价值，有所别择去取，不致空耗岁月，多走弯路，这对节省时间来说，也有极大好处。所以去伪存真，是整理古籍的先决条件之一。其次，在浩如烟海的古籍中，又须来一次去粗取精的甄审。把那些常见的必读的书，摆在整理的前列；把那些偏僻的比较粗糙的书，放在后面。这样，才能使轻重有别，处理适宜；不至于盲目地进行整理，自乱步骤。其实，有些书随时世迁移，早已失去了它的效用，在今天没有阅览的价值，自可存而不论，不必再整理它。这样的古书，保存在大小书库内，还是很多的，我们必须进行甄审。

二、校勘之后，写定群书

一般校勘古籍，都只注意字句异同以及讹、变、衍、脱之迹，这只能说是校书的起码工作。更重要的，在于将文献资料的源流、真伪和写作时代，都能通过校勘弄清楚，再从而进行重新写定的工作。清代学者龚自珍，便曾有写定群经的志愿，这工作是需要人去作的。例如今日通行本的《尚书》五十八篇（《四部丛刊》《四部备要》《十三经注疏》内的《尚书》皆是），其中大部分是后人伪造的。经过宋代学者吴棫、朱熹首先怀疑，到清初阎若璩进一步深入研究，举出一百二十八条证据，写成《尚书古文疏证》，将晚出的古文尚书作伪之迹一一揭发，早已成为定案。所以后来解说《尚书》的，便只围绕那比较可信的二十八篇作注释。清末吴汝纶更取《史记》诸书校订二十八篇，注明同异，写成《尚书定本》。这一方法自可推广到其他书籍。

谈到整理《二十四史》，也是这样。首先宜将后人附加的话，以及错简、衍文、注语窜入正文等不符合原文的现象，加以改正删订，重新写定，这是十分必要的。其他诸子百家之书，也自然不能例外。有了一套写定的本子以后，再从而进行注释和翻译，读者受益，自然是大得多了。

三、重新区分古籍的门类

在我国封建社会的很长时期内，是用经、史、子、集四部来区分古籍门类的，至今沿而不改。究竟四部之中，哪些书是重要的，哪些书是次要的，哪些书是无用的，没有人分析清楚，又何从而辨别其高下浅深，对于整理古籍来说，是一个大难题。为今之计，应该从每一写作的内容实质来区分古籍门类。古籍的大部分，从内容实质来看，大要可分为"著作""编述""抄纂"三大类。由于作者所投下的劳动不同，书的价值和作用也就不同。所谓"著作"，在古代要求很高，是专就创造性的写作说的。无论它的内容，是抒情，是纪实，还是说理，由于它们同有一个条件，便是这些内容，都是前人没有说过或记载的，第一次在这部书内出现，这才算是"著作"。所谓"编述"，是在许多可以凭借的资料的基础上，加以提炼制作的功夫，用新的义例，改编为另一种形式的书籍出现。尽管那里面的内容，不是作者的创造而是从别的书内取来的，但是经过了细密的剪裁、熔铸，把旧材料变成更适用的东西，这便是"编述"。至于"抄纂"，乃是由其他很多书籍中辑录而成。一部《十三经》,《周易》《论语》《孟子》是"著作",《尚书》《春秋》是"编述",《尔雅》便是"抄纂"(辑录汉初众家传注而成)。这样一分,书的内容实质和它的功用便明白了。对浩如烟海的古籍,能从内容实质区分高下浅深,知道哪些书是应该精读的,哪些书是可以略读的,哪些书是仅供翻检的,便直接提高了学者们的识力,对整理古籍,必然会起很大的积极作用。

四、甄别汇刻诸书的功用

在封建社会,统治阶级的刻书,每喜汇刻多种古籍成为一书,用数目标立大名,所谓十三经、廿四史、九通之类皆是。究竟这些汇刻诸事中,每部书的功用如何,是很少有人过问的。例如十三经中的《仪礼》十七篇,是记载奴隶社会和封建社会初期统治阶级冠、昏、丧、祭、朝、聘、射、乡诸礼仪,无非是一些宾主跪拜、揖让、进退等极其烦琐的繁文缛礼。由于文辞简古,过去学者便苦其难读,读者亦不能尽通。到今天,自然不必希望一般人去阅读它。保存此书,固可以从其中考见古代亲族的关系、宗教思想,以及统治阶级一切生活方面的享受情况,但这究竟是少数考古学家的事,而不必要求其他知识分子都熟悉它。所以它虽列在十三经内,而整理、翻译之功可缓。反之,有些书虽不在十三经中,其价值却很大。例如《大戴礼记》的内容,较之《小戴礼记》(即今《十三经》中的《礼记》)却好得多。我们不能因为它没有收入十三经而蔑视它,相反要好好整理它。早在清代乾嘉学者中,段玉裁便创立"二十一经"之说,认为要读的重要书籍,本不限于十三部,必须打破十三经的旧范围,开拓研读古籍的新领域,这见解在当时是很卓越的。我们今天更没有理由围着十三经兜圈子了。

所谓十三经,是在五经、九经的基础上发展起来的;所谓二十四史,是在十七史、二十一史的基础上发展起来的。时代愈后,包括的书愈多,何尝有一定数字!我们今天整理古籍,必须取消这一类的大名,仔细从书的内容实质方面审定书的价值和作用。不能拘守成见,首先肯定凡是收入了十三经、二十四史的书都是价值很高、功用很大的书。例如公元一三四三年三月至一三四五年十月,不到三年的时间,元代便完成了《宋史》《辽史》《金史》的修纂工作,共计七百几十卷。由于草率从事,以致脱落疏漏、重复叠见的地方甚多;互相矛盾、彼此牴牾之处,所在皆是。其中《宋史》四百九十二卷,尤为芜杂。元末、明、清学者,都想改修它,由于卷帙浩繁,不易动手,也都没有成功,它的缺点依然存在。

至于所谓九通,是在所谓三通的基础上发展起来的。本来,郑樵的《通志》,是通史体例,与杜佑的《通典》、马端临的《文献通考》等专详典章制度的书,体例完全不同。封建统治者只看到这三部书同以一个"通"字标题,便合刻在一起,名为三通,已经极不合理。清代乾隆年间,一再续修,成为九通。如果论其功用,杜佑《通典》,只分八门,已嫌疏略;马端临分析二十四门,并补充内容方面的缺遗,较《通典》详备多了。今天我们实事求是,从寻找史料的功用出发,《文献通考》和它的几部续编,倒是我们考证历代典章制度的重要资源。我们可以先从《文献通考》正续编整理起。

由此可见,我们今天整理古籍,必须从每部书的内容实质去加以甄审,而不可为那些所谓十三经、二十四史、九通等大而无当的标题所吓倒。功用较大的书,可先着手整理,有些要从汇刻本中抽出来使之单行,不必仍捆在一起,使人望洋兴叹。这对发挥古籍的作用,提高读者的勇气,是会有好处的。

乙　整理古籍的两种方式

一、机械地从每部书下手,加以校勘、注释和翻译,成为人人易懂的读物

过去传注家的解经,便是走的这条路,而以汉、宋学者所做工作为

最多，并且作出了很大成绩。汉代传注极盛，以郑玄集其成；宋代传注纷起，以朱熹集其成。他们都从校勘入手，然后解释字句，发挥意旨，使古籍渐渐可读。复有"集解""集注""义疏""正义"之类，相继出现，对当时和后世的影响是很大的。此外如唐初颜师古的注《汉书》，李善的注《文选》，也取得了杰出成就。至于刘宋时裴松之所注《三国志》，后魏时郦道元所注《水经》，又不专以注释字句为事，大量搜集了遗文旧事，以补充原书的简略、缺漏，使读者能够了解更多的史实，贡献也是很大的。我们今天可以凭借的清代诸儒及近世学者的研究成果，至为繁富；各种优越条件，远远超过了古人。我们在整理古籍方面，应该做出胜过古人的成绩。除根据前人研究成果对书本进行校订、注释之外，还要用现代语言文字，译成人人易懂的读物，这是我们的责任。

二、灵活地综合古代文献资料，加以剪裁、熔铸，用当代语言文字编出人人能看的新书

这是两千年前伟大学者司马迁所走的路。他凭借丰富的古代文献资料，认真地进行了去粗取精、去伪存真的工作，加以融会贯通、剪裁熔铸的工夫，将有用的古籍，用汉代语言文字写出来，收入他的巨著《史记》中。夏、商、周《本纪》成，而《尚书》在其中；《孔子世家》《仲尼弟子列传》成，而《论语》在其中；春秋列国《世家》成，而《春秋左传》在其中。都用当时通行的字义，换代了古代的难字、奥义，使读者易于索解。读了他的这部书，无异于读了若干部古籍。这种整理古籍的方式，替人们节省了精力，带来了方便，使来自不同时间和不同地区的古文献，熔化为一体，编成百科全书式的知识宝库；对保存和传递文化遗产，留下了不可磨灭的功绩。北宋司马光，根据历代旧史，删繁就简，上起战国，下终五代，用北宋语言文字，编述了一千三百六十二年的史实，成为二百九十四卷的大书——《资治通鉴》，也自然是整理古籍的硕果。这样的事实，出现在我国历史上的还很不少。我们今天又何

尝不可组织人力，综括古代群书，撷取精华，各分事类，用现代语言文字编成一部内容丰富的新书。我之所以不自量力，很想创新体例，写出包罗很广的《中华人民通史》，自然也是从整理古籍的角度出发，变通义例，初步拟定的一个计划，已经列为几年内整理古籍的重大项目。

丙　整理古籍的组织机构

大规模地组织人力整理古籍，是一件大事，毕竟是一件要下最大决心作长久打算的工作，想把它做好，一定要有个长远的布局和机构的设置。

这件大事，不是召开几次会议所能解决问题的。首先，要由国家设立古籍整理馆，组织一部分人集中到馆内进行专职的工作。有些古籍是要重新编次才能发挥它的作用，有些古籍是要详加译注才能使人明白易晓，二者并行不悖，人力、物力、财力集中使用，收效必然很大。当然，也不排斥馆外专家们的独自工作，但不可把任务完全摊派到各高等院校去，因为学校别有任务，特别是一些年轻人，未必对整理古籍都感兴趣，即使由组织安排去做，做起来也不安心，效果也就不很好。关于这一点，有慎重考虑的必要。

其次，要筹设古籍整理出版社，专供出版整理成果之用。目前虽有北京中华书局、上海古籍出版社等单位可以承印古籍，但是他们的涉及面广，任务繁重，不可能专为古籍整理服务。就今天我国出版界的设备和条件来看，一部书的出版，因排队积压，可以到多少年。缓不济急，不能及时反映整理古籍的成果。所以在这一事业上，有筹设专门出版社的必要。

与诸同志再论历史文献的整理工作

从前梁启超谈到文献学时，便认为广义的历史学即文献学。这见解是很卓越的。将文献学的领域推廓得很广阔，明确了它的内含，极其丰富。举凡抒情（文）、纪实（史）、说理（哲）等方面的古代写作、资料，都应归纳进去。而其中又必须运用历史唯物主义观点，进行研究、整理，才能取得成绩。从表面上看，似乎和历史研究工作者所进行的工作，没有什么不同。但是它的研究范围扩大了，要做的工作太多了，绝不是像今天从事历史研究的工作者们，每人只搞一段，或者一段之中只搞一两个专题研究，便可专门名家，很轻易地取得成功。所以梁启超把文献学看成广义的历史学，不是没有原因的。

"历史文献"四字，自可理解为"古代文献"。中华民族具有几千年的悠久文化，文献资料真是浩如烟海。绝对不是做些校勘、注释等方面的零散工作，便算整理了文献。因为整理文献的任务很多，责任很大。凡属校勘、注释一类的工作，只能说是一种手段，而不是最终目的。等待我们去做的较有意义的重要工作，却大有事在。所以在研究、整理古代文献之初，首先练好基本功，学些有关文字、声韵、训诂、版本、校勘、目录等方面的基础知识，是必要的。这几种基础知识，自然是读书入门必备的工具。如果对这些基础知识全无所知，怎么能进行整理古代

---

① 本文选自《中国历史文献研究集刊》（第三集），岳麓书社1982年版。——编者

文献的工作!

　　谈到整理古代文献,当然不是校勘、注释几本书就完了。更重要的,在能从丛杂的资料中,去粗取精,去伪存真;将内容相近的合拢来,不同的分出去。经过甄别、审断、整理、纂录的过程,写定为简约可守的新编。替人们在研究中国古代文化方面,能够节省时间、精力,较有条理、有系统地了解过去,这诚然是文献学工作者的重任!我在《关于历史文献的研究整理问题》一文中,提出"改造二十四史""整理地方志书"两大任务,与同志们共勉。不少同志认为这一类的工作,需要的劳动量太大,旷日持久,不是一二人所易为力,从而产生畏难情绪,这是可以理解的。现在但就范围较小、容易着手的文献整理工作,再举二例,分别说明如下,借以考见我们要做的事,至为广泛繁多,要在努力前进而已。

一、甄录古代遗文

　　远古留下的写作,最初多属单篇流传。到了某一时期,才有人把较多相近的资料,汇集在一起,成为一部书。在每一部书之内,篇目虽多,但从写作本身来讲,多不出于一时,不成于一手,这是常有的事。我们可以总称之为古代遗文。整理这些繁杂的遗文,再也不要为封建社会所加上的所谓"五经""九经""十三经"这类名目所束缚和局限了。无论"经"的称号,是后世所加,我们可以取缔;即经传标题,也要重新加以考虑。例如《周礼》《左传》两书,是历代学者争论不休、问题最多的两部大书。争论的焦点,在于书出谁手和成书的年代。一直辩论了两千年,还没得出适当的结论。这是由于首先对书的标题没有弄清楚,以致聚讼纷纭,莫衷一是。本来,古代用"周"名书的,原有二义:一种是代表朝代;一种是采用周普、周备、周遍的意思。《周礼》和著录于《汉书·艺文志》的《周政》《周法》《周训》《周考》《周纪》

《周说》一样，都是采用后一种含义。它是周末列国设官分职的综合记录，是一部由战国时人纂成的官制汇编。由于不出于一地，不成于一手，所以有些地方，还出现彼此详略不同、内容重复的弊短。《左传》也是一部由战国时人衷录而成的列邦史实。看它叙述春秋列国时事，不独繁简各异，并且轻重有别。到了战国晚期，便有一位姓左的史家，将列国史官所记，纂为一书，成了《左传》。古人以"传"名书，本有二义：一为"传注"，一为"史传"。褚少孙称《太史公书》为《太史公传》，便是一例。后人硬要把《周礼》说成是周公致太平之书，把《左传》的作者看成是孔子口中所称道过的左丘明，无非是托名古人，来抬高其书的价值。这和《易》卦必托名于伏羲，《本草》必托名于神农，医经必托名于黄帝，没有什么不同。我们今天从事古代文献的整理，要认真对待这一类的问题，再不可为旧说所惑。举此二例，可概其余。有了这种辨识能力以后，再进行具体工作，就容易下手多了。

自从后世将远古许多单篇写作衷集成书的体例一开，许多书籍里便出现了内容复杂的问题、真伪淆乱的问题，在在需要整理。即如今日通行本的《尚书》，共五十八篇。其中有真的，有假的，也有真、假参半的（事实是古代传说，文字出于后人追述）。假若分不清真伪，根本谈不上考证史实。可是，这个本子在社会上流行了很长时间，唐初诸儒修《尚书正义》，陆德明写《经典释文》，都是根据这个本子。一直到近代辑印的《四部丛刊》《四部备要》也都采用它。其实经过清代学者的考证，其中只有二十八篇是比较可靠的材料，早已成为定论。这便需要将真伪分开，重新写定。像这样的古代文献，为数还不少（除经传外，还包括史、子群书）。凡是经过前人考辨，真伪已成定论，或者包括自己在内的研究工作者续有发明，作出了确切结论的，我们都要去伪存真，加以整理，这是我们进行工作的重要方面。

其次，有些专门性的比较重要的古代单篇遗文，多附载在他书内，不被重视，因而缩小了或湮没了它的巨大作用。例如：古代自然地理和经济地理的说明书《禹贡》，在《尚书》内；专谈科技制造的《考工记》，在《周礼》内；记录时令节气的《夏小正》，在《大戴礼记》内；详载古代教育事师细节的《弟子职》，在《管子》内；阐述农业生产知识的《上农》《任地》《辨土》《审时》四篇，在《吕氏春秋》内。这都是有裨实用的古文献，也就是最为宝贵的重要遗文，值得我们重视。可以从原书中抽出来加以整理和阐释；或者集编为一部书，以便于有志探索古代文化遗产者阅读，这工作也是我们应该努力去做的。像上面所列举的古代单篇遗文，保存在群书中还很多，举一反三，可以旁推，不必在这里详述了。

　　古代遗文也有保存在汉人传注中的。《诗》三百篇的《毛传》，出于西汉学者之手，是现存传注中最早的本子。它除解释字义以外，还保存了许多有价值的古代文献资料。例如：《邶风·静女篇》"静女其娈，贻我彤管"传，便有"古者后夫人必有女史彤管之法……"的一段说明；《鄘风·定之方中篇》"卜云其吉，终然允臧"传，便有"建邦能命龟，田能施命"等"九能"的一段内容；《王风·黍离篇》"悠悠苍天，此何人哉"传，便谈到了"尊而君之，则称皇天"等不同天号的意义（与《尔雅·释天》异）；《小雅·鱼丽篇》"鱼丽于罶，鲿鲨"传，便谈到了"古者不风不暴……"有关庶物繁茂的原因；《小雅·车攻篇》"东有甫草，驾言行狩"传，便叙述了"田者大芟草以为防……"有关古代田猎的方法；《大雅·烝民篇》"王命仲山甫，城彼东方"传，便指出了"古者诸侯之居逼隘，则王者迁其邑而定其居"的旧制。这些材料都是不见他书的古代轶闻。所以唐代初年孔颖达等在所修《正义》中便说："此似有成文，未闻所由。"（《静女篇·正义》）或说："此皆有成文，但典籍散亡，不知其出耳。"（《鱼丽篇·正义》）或说："毛时书籍犹多，去圣未远，其当有所依约而言也。"（《烝民篇·正义》）由此可见，唐初诸儒早已将这些材料看成不知来源的远古遗文了。至于郑玄注《礼》、笺《诗》，每用"玄之闻也"详述有关的文献资料，尤为丰富。我们面对着这样多的文化遗产，有责任把它整理而甄录出来。

值得珍重的古代遗文，除大量保存在书本里之外，还有金石刻辞。现存的金文中，有些长篇内容丰富，结构谨严，其价值不在《尚书》之下。就其中文字较多的长篇而论，毛公鼎刻辞，是周成王册命毛公的一段话。从文武创业及周召同心辅翼说起，转到守成不易，匡济需才。叮咛周至，委曲详尽。最后叙及颁赐诸物，品目繁多。全文凡四百九十七字，是金文中篇幅最长、史料价值最高的一篇。其次，如散氏盘刻辞，记载矢、散两国勘定疆界之事，即《周礼》所谓"地约"。前半叙两国疆界所经之道，立表以为标识；中叙两国官吏履勘之事；末叙两国誓辞及绘图畀器。凡三百五十九字，也是金文中的巨制。此外如盂鼎，申沉湎于酒之戒，行文视《尚书·酒诰》尤为简练透辟。虢季子白盘，叙战功，叙赐赏，通篇有韵，无殊雅颂，是金文中别开生面的一种写作。总之，现存的铜器刻辞，无论长篇短作，史料价值都高。其可靠性，远远超过了《尚书》。至于石刻，自以秦始皇时所立丰碑为最可贵。始皇巡游天下，登名山，凡六刻石。《史记·秦始皇本纪》都收载其辞，独未载峄山刻石之文。然而这篇遗文，至为简古。在颂秦功德之中，痛封建之为害，斥之不遗余力。比较《史记》廷议一节，还要翔实，史料价值便可想见了。从汉以来，碑的应用愈广，可以考证史实的材料更多。其后，墓碣、墓志之属继起，在在足以辅翼史传。我们有必要从其中择取有代表性的写作，加以整理和甄录。

二、融贯诸子百家

周秦诸子多不能自己著书，或者无暇著书。所以他们的著作，多属时人或后世学者纂辑其言论、行事，加以编次而成。尽管家数很多，思想、议论各不相同，但是也有不少共同注意的问题，讨论阐发，不厌其详。有必要将这一类的见解融会贯通，看出他们对某一问题的共同认识，由此可以考明问题的实质，以及对当时和后世所起的作用。这对研究、解决中国文化史上许多难于得出结论的问题，是大有好处的。

例如周秦诸子谈及君道，同宗道德。究竟什么叫"道德"，是很值得深入探讨的。自从人类进入阶级社会以后，最高统治者想要以一人的聪明才力控制广大群众，使群众无条件地服从他，得以长期巩固他的权位，却不是一件太简单太容易的事。于是一些知识分子，为着有所干求于时君世主，便投了这个机。针对着当时统治者们最苦恼的问题，拟出了许多成套的办法，提供为统治天下的方案。其中如刑法、礼制等等，只是一些有形的具体措施，而不是最原则的东西。最原则的东西便是"主道"，或称"君道"，也就是"人君南面术"。

用"主道"二字作为篇名来标题的，始见于《韩非子》。由于它是阐明做君主的道理，所以有的书便称"君道"，见《荀子》；或称"君守"，见《吕氏春秋》；或称"主术"，见《淮南子》。此外尚有不用"君"或"主"字标题而别制篇名的，像《管子》中的《心术》《白心》《内业》，《韩非子》中的《大体》《扬权》，《庄子》中的《天道》，《吕氏春秋》中的《圜道》，都是谈的这个道理。命名虽有不同，理论是一致的。我往年研究这种理论时，便综合周秦诸子中如上所述的许多篇，联系起来进行探索，对于他们所共同强调的"无为"，颇有悟入。于是总结前人理论，并且自抒心得，撰成《周秦道论发微》。将周秦诸子中共同所谈有关人君南面术的问题，进行了一次融会贯通的工作，收获是比较大的。

其次，如周秦法家著作中，强调法制，重视耕战，鄙弃儒学，黜斥空言，这是他们共同的宗尚。我早年读周秦法家书时，便综合起来，进行探讨。采录他们的名言警句，辑录为《周秦政论类要》。认为中国古文献中，没有完整系统的政治理论，只有周秦法家的书，才是政治理论的宝库。历代大政治家如诸葛亮、王猛、王安石、张居正，施政处事，莫不有法家精神，都是从周秦法家著作中得到启发，取得成功的。所以这一大堆历史文献,如果能从探索古代政治理论的角度去研究它,整理它,比较容易弄清楚许多问题。在这里,不过就自己的学习经验,略举一二以示例而已。近人研究周秦诸子,重在校勘、注释方面的工作,而忽略了对理论方面的探求,这是一种不好的倾向。校勘、注释,诚然是很重要的工作;但这只是一种读书的手段,而不是目的。我们研究周秦诸子的目的,在于弄清楚他们的思想内容和理论体系,以及对当时、后世所产生的影响和作用,这便非从许多书本中融会贯通一番不可。

所谓"百家",除继周秦诸子之后,两汉以来以"立言为宗"的写作外,还应包括后起的文集、笔记在内。古代的私人著述,本来不多,重要的政治论文和抒情词赋,大半都保存在史传中。《史记》《汉书》便收录了不少。大抵史传中有名的大政治家、文学家的论著,被保留下来了的,一生不过几篇,更谈不上有什么文集。今天我们所看到的两汉、魏、晋人的所谓文集,都是后人补辑追题的。从南齐张融题所为文称《玉海集》,才是自编文集之始。历代相沿,新出不已。加以自隋唐以后,雕版印刷术盛行的年代里,写作流布的方法,日益便利,文集就日益增多。举凡一生所为抒情、纪实、说理之文,都荟萃于文集中。从质的方面来加以分析,便有高下、深浅、精粗、优劣之辨。《四库全书总目提要序》所谓"天地英华所聚,卓然不可磨灭者,一代不过数十人"(《别集类序》),确是比较公正的评断!

况且每部文集中有世俗应酬之作,有祭神吊死之文,有诗歌,有表启,在当时本可以不入集,在今天便宜加以扬弃。这样有区别地进行甄核,一部集子中间,我们只注意到有关伦理、政治的论文,学术思想的阐述,确有发现、发明的科学记录,世间稀见稀闻的事物记载,以及作者一生治学的心得总结,和在学术领域内的考证成果,便已够人探讨了。假如我们能就历代文集中甄录出许多有价值的政治论文,纂为一集,何尝不可继《明经世文编》《清经世文编》之后,选辑成《宋经世文编》《唐经世文编》呢?

时代愈晚，文集愈多，所以明、清两代文集，便已充栋汗牛。即以清代文集而论，真正有价值足以传世的，不过数十家。特别是朴学家们的文集中，保存了许多有关诂经、证史、议礼、明制、考文、审音、诠释名物的专篇论著，假若我们能分类辑录，也可编出一些专门性的"丛钞"，如前人所辑《经义丛钞》之类，自然是极有意义的工作。早在一九四五年，杨树达先生便曾提出《拟整理古籍计划草案》（见《积微居小学述林》卷七）。他认为我国古籍所以隔阂难通，一由于文字之扞格，二由于制度文物之不明。如欲求古籍之大明，非从此二事下手不可。今日应着手编纂之书有三种：一为《经籍异文假字误字考》；二为《名物制度通考》；三为《新经义丛钞》。他的这一建议，所见甚卓。如果要完成任务，除取材于清人文集、笔记外，还要遍搜近几十年间的各专科杂志，发现其中有与经义有关的考证文字，便甄录在一起。既以帮助学者解决疑难，也可促进科研日臻精进，这仍然是我们整理文献者的职责。

谈到历代笔记，内容更为庞杂。明代胡应麟，在《少室山房笔丛·九流绪论》中，将小说笔记分为志怪、传奇、杂录、丛谈、辨订、箴规六类。而《四库全书总目·小说家类·序》分小说为叙述杂事、记录异闻、缀辑琐语三派，尚不足以概括其全。大抵从魏晋到明清的笔记，归纳起来，可分为三种：第一是小说故事类；第二是历史遗闻类；第三是考核辨证类。而以后两种为最有价值。就拿清代笔记来说吧，有专谈身心修养的，如魏禧《日录》之类便是；有阐扬男女德行的，如吴德旋《初月楼闻见录》之类便是；有谈说狐仙鬼怪的，如纪昀《阅微草堂笔记》之类便是；有称述因果报应的，如俞樾《右台仙馆笔记》之类便是；有载国恩家庆的，如潘世恩《退补斋笔记》之类便是；有叙友朋酬酢的，如金武祥《粟香随笔》之类便是。像这些笔记，于学术毫无关涉，也没有整理的必要。至于顾炎武的《日知录》、傅山的《霜红龛笔记》、刘献廷的《广阳杂记》、臧琳的《经义杂记》、汪师韩的《韩门缀学》、卢文弨的《钟山札记》《龙城札记》、惠栋的《松崖笔记》《九曜斋笔记》、钱大昕的《十驾斋养新录》、孙志祖的《读书脞录》、桂馥的《札朴》、洪亮吉的《晓读书斋四录》、梁玉绳的《瞥记》、臧庸的《拜经日记》、焦循的《易余龠录》、郝懿行的《晒书堂笔记》、周中孚的《郑堂札记》、邓廷桢的《双砚斋笔记》、宋翔凤的《过庭录》、洪颐煊的《读书丛录》、刘宝楠的《愈愚录》、汪士铎的《悔翁笔记》、周寿昌的《思益堂日札》、钱泰吉的《曝书杂记》、陈澧的《东塾读书记》、李慈铭的《越缦堂日记》、朱一新的《无邪堂答问》、皮锡瑞的《师伏堂笔记》、文廷式的《纯常子枝语》、沈家本的《日南随笔》、缪荃孙的《云自在龛随笔》，这一类的写作，都是朴学功深，各记心得，便是我们研究整理的主要对象。纵不能分类抄纂，编为一书，也可按门类分条别系，编为目录，对提供学术研究的方便，也是有益的。

上面所述"甄录古代遗文""融贯诸子百家"，和以前所提"改造二十四史""整理地方志书"结合起来，可算是我们文献工作者今天的四大任务。只要有勇气，有毅力，行之以渐，持之以恒，自然可以取得成绩，为国家文化建设服务。但这仅仅是举例说明而已，要做的工作很多，何尝只限于校勘、注释方面呢？

文献学既是广义的历史学，范围极其浩博，内容极其丰富，有待于去粗取精，删繁就简，使之条理化、系统化。将保存在历史文献中有用的东西，总结为一部足以反映中华民族全部文化的书，使全国人民都能从中受到教育，取得知识，以激发其爱国之心。这是我们文献工作者无可旁贷的责任！我们要心怀大志，准备一切。等到条件成熟之后，努力编写出一部体例新颖、足以总结一个具有几千年文化、九百六十万平方公里土地、十亿几千万人民的伟大国家的通史。我们要为完成这一光荣而又艰巨的任务奋发不懈，以达到我们整理历史文献的最终目的。

我是怎样研究、整理《说文解字》的[①]

——一九八五年四月十五日在开封纪念许慎大会上的演讲

我出生于一个藏书比较丰富的家庭，父亲一生讲求朴学，不尚浮华。认为读书必先识字，从我幼时起，便教我以《文字蒙求》，择其中简明易懂的象形文字，为我讲说其所以然。并且经常教我说："读书以训诂为本。欲明训诂，此后可读段注《说文》、郝疏《尔雅》、王氏《经义述闻》三书。"当我读完几部重要经传后，十四岁时，便开始阅读《说文段注》。父亲教我用《文字蒙求》的分类法，备好四本白纸簿，依象形、指事、会意、形声四类，各用一本，将《说文》中所载文字，依类抄录。那时我读书很勤奋，边看边抄，看完便已抄完，觉得很能帮助记忆，启发思路，从其中领悟出许多道理。《说文段注》既已阅毕，便涉览王筠《说文句读》《说文释例》。从《释例》中得到的启发尤多。到十六岁时，段（玉裁）、王（筠）的《说文》专著，都已通读了一遍。又取出家中旧藏桂氏《说文义证》、严氏《说文校议》、朱氏《说文通训定声》反复参考。条记诸家异同为另一册，也略述己见附于每条之尾。父亲看到了，便教我说："识字为着读书，明于古字古义，只能作为阅读群书的基础知识；而不可守此一端，却忘了读书。你对许多古书都没

[①] 本文选自《䏁庵学术讲论集》，岳麓书社1992年版。——编者

有读,便想专力致精,将来以此名家,切切不可。你看《说文段注》中征引之博、考证之精,便可知道他学问的湛深,不是几年、十几年的功夫所能办到的。"我听了父亲的教导以后,震动很大,立志要多读书,除诵习经史外,十七岁时,读完郝氏《尔雅义疏》,并作了一篇长跋,初步运用《说文》对《尔雅郝疏》进行了一些考订,这是我平生撰写学术论文的开始。当然,其时年小,写出来的长跋是很粗糙而肤浅的。不幸这年冬天,父亲因多年患肺结核病,医治无效,逝世了。我失去了学识通博的导师,痛哭之余,益坚困学之志。第二年,为着求师访友,负笈出游,初到长沙,继往北京,遇见通人、学者,虚心求教,请质疑义,有的便执贽称弟子,受益是很多的。在北京时,居姑夫余季豫(嘉锡)先生家。他当时任辅仁大学教授,兼授北京大学、师范大学课,交游甚广。我因姑夫之介,认识了许多专家学者。我平日每天在北海图书馆看书,朝出晚归。逢星期天,便分赴诸先生家拜访,论学质疑,左右采获。我那时读书范围虽已推广,但对文字、音韵、训诂之学,兴趣仍很浓厚,所以向杨树达、骆鸿凯、沈兼士、钱玄同四位先生请教的时间尤多。他们都是精熟《说文》的,认为孺子可教,也愿意和我谈论字学,我从中得到不少启发。

二十岁时,听到丁福保所编《说文解字诂林》已印行,即设法买了一部,翻开一看,大失所望。认为这部资料汇编式的大书,收辑虽多,完全是由组织人力,用浆糊、剪子将几十部原著分字条剪下,按字集中粘在一个本子上,再影印出来,仅可供参考罢了。其书但有罗列而无论断,阅览的人,望洋兴叹,不知何所适从,令人为之目眩,不能解决问题。我认为今后应该有一部简约易学的注本,将诸家研究成果,取其精义加以论定,庶几有稗来学。这一设想,一直到我晚年发愤写成《说文解字约注》,才初步实现。

谈到撰述《说文解字约注》,也还有一段断续、曲折的长过程。我在二十五岁以后,推广治学领域,发愤要多读书。单就校读二十四史一遍，便花了整整十年的时间。此外博览诸子百家、历代文集笔记，又兼治甲骨、金文，涉猎近人新著，以及野史杂书，日不暇给。讲学四方，课余便伏案观书，走上广博的道路，没有时时专心致力研究《说文》，这可算是暂停进取的时期。到了一九六一年，我已五十岁了，博览群籍之余，间取金文、甲骨以证释《说文》，并补申、订正了《说文》中许多疑义、阙义和附会、错误的说法。不欲写成单篇论文发表，很想系统、全面地整理它。因以过去批注的读本为基础，重加补充、修正，夜以继日地进行工作，历时十载，才把这部《约注》写成清本，编定成书。由于其中包含篆、籀、古文以及繁、僻字体太多，必须手写才行。幸而那时目力尚好，花了三年的时间，写秃了几十支小楷羊毫笔，才把它誊写完毕。

恰逢其时国家处于大动乱期间，我由于过去出版了几部书，被人目为冲击的重点对象，进行无情的大批小斗。我却不忧不惧，照常进行研究、整理《说文》的工作。深信疾风骤雨不会久长，中华文化不会中斩，终必有豪杰之士奋起拨乱反正的。自己既坚定了信心，中有所主，不为外物所动，对于整理《说文》，从未间断。白天忍辱接受批斗，晚上仍回家写书。今夜考明一字，明日证说数文，这样日积月累，成绩也就可观了。虽当时有人将我全家赶入破旧浴室去住，上漏下湿，处境至艰，我仍克服困难，不懈益勤，终于在那极其恶劣的环境中，完成了《说文解字约注》整理、誊写的全过程。

研究、整理《说文解字》，必然是与古代声韵学联系在一起的。无论是推究文字受义的根源，以及考明文字运用的通转，都必于声韵之理求之。我在青少年时期专治"小学"的岁月里，也曾尽心于声韵。在审声方面，从江永《音学辨微》《四声切韵表》入门，然后阅读钱大昕《声类》、陈澧《切韵考》、江谦《说音》诸书；在辨韵方面，对顾炎武、江永、段玉裁、王念孙、孔广森、江有诰以及近代章炳麟、黄侃诸家古韵分部异同之说，都曾系统地钻研过，有所解悟。二十四岁时，便以古韵分部为经，声纽为纬，将《说文》九千余文按类填表，撰成《说文声韵谱》，装为六册（此稿本保存至今）。经过这一次有系统地分析研究，深深认识到文字受义的根源和文字运用的通转，由于双声者多，但从双声关系以说字，自可迎刃而解，不必纠缠于古韵分部的离合异同。诚然如王国维所说："与其谓古韵明而后训诂明，毋宁谓古双声明而后训诂明"，真是深造有得的精确结论！

其实，许慎《说文解字》中解释文字的本义，已多循双声之理立训。观其在名物方面，以顶训颠，以微训尾，以牧训母，以匹训妃，以萌训民，以民训氓，以习训俗，以进训奏，以摧训挫等，莫不从双声的关系说明本义。在这儿，仅就名物、语言方面，列举数字以示例，其他尚多，不能尽举了。

清代"小学"昌明，以文字、声韵、训诂专门名家的学者，风起云涌，但在声韵学方面，大抵详于辨韵而疏于审声。乾嘉诸儒中，仅有钱大昕、王念孙发明双声之理，最为详悉。钱氏在文集、笔记中，很少谈到古韵；而于双声之理，析理独精。他既对古声纽卓有发明，又裒集古籍中以双声说字之例，撰成《声类》五卷，以发其微旨，在中国声韵史上，作出了贡献。王念孙曾考定古韵为二十一部，但载其说于《经义述闻》，而没有写专著。特别是他在疏证《广雅》时，将他自己所创古韵二十一部，摆在一边，绝口不谈；独于双声相转之理，发挥尽致。由一字贯穿多少字，由一物涉及多少物。四通八达，极其精辟。他后来又按三十六字母归纳文字之有大义者，写成《释大》，以阐发双声之用，揭橥通例，示人以探索古代文字、训诂的康庄大道，这是当时学术界了不起的卓越成就！

我远师许、郑（郑玄解经，率依声训。详拙著《郑学丛著》），近宗钱、王，所以在整理《说文解字》时，悉循双声进行诠释，认为形虽万殊，语归一本，推究语原，必沿声以求义。于是触类旁通，收获是比较大的。我所坚持沿声以求义的这一原则，通贯《约注》全书。这书所以名为"约注",是有所取义的:第一,约取过去学者们研究成果中比较精邃的见解,参以己意为之论定;第二,考释力求简约,避免烦琐;第三,阐明字义,约之以双声之理。这一"约"字却包含了三个含义。全书二百万字,对许慎原著九千余文,每文之下,都有我的按语,充分抒发了自己的见解,而以推明声训为多。虽不免存在许多疏忽和错误,但却自成体系,贯彻始终,毕竟完成了这一工作。

我能完成这一劳动量较大的工作,不是从一九六一年到一九七一年才进行整理的,说起来时间却不短了。从十四岁时看段《注》起,便已有了这一设想的萌芽。家中旧藏《说文段注》有三部:一是经韵楼原刻本,二是湖北崇文书局刻本,三是清末石印小本。以崇文书局本为最宽大,天头很高,便于批注。我采用这个本子,密行细字,将书眉都写满了。由于那时年龄小,读书少,语多浅薄,仅有一部分可存,从十四岁到二十四岁陆续批记的内容都在其中。五十岁后,又买到一部崇文书局本,续加批注,重新整理。由于早年记忆力强,在引证经传子史时,每用删节号以省移录之烦,到誊写清稿时,便要一字一句落实下来,非自己动手翻书查对不可。引文太长时,怎样节取,怎样连贯,必须斟酌决断,都不是别人所能代办的。所以自始至终,一直不用助手协同工作,便是这个原因。从最初博观群书,取精掇要,自抒己见,着手考证,到认真誊写,成为清稿,是费了不少精力和时间的。特别是在誊写过程中,时值动乱尚未平息,时而开会,时而劳动,时而下乡锻炼,时而出外调查,时间不能自己支配,誊写工作也就时作时辍。不是挤出时间,夜以继日地埋头伏案,克服种种困难,是无法完成这一艰苦工作的。当我将清稿装成十数巨册以后,有几位老友看到了,曾异口同声地加以赞叹,认为非有绝大魄力,投下全副精神,是无法办到的。其实,我的这一工作,仅在整理一部古籍上尽了一点力,较之古今中外英雄豪杰们在处忧患时成事立业的往例,我的这一工作诚然是十分渺小的,微不足道的。今后还要在整理古籍方面,继续努力,作出应有的贡献。

《说文解字》的作者许慎，是中国文化史上了不起的人物。他在一千八百多年以前，收集古今文字，编写成有系统、有条理的字书，开创了据形系联、分部收字的体例。在学术上的贡献，极其伟大。他是河南郾城人，今天在开封召开这样的盛会来纪念他，体现了河南人民对他的仰慕和尊重。我一生服膺许学，今天特就我研究整理《说文》所投下的功力向大家介绍，也就是表达我对他的敬慕之情。我所撰著的《说文解字约注》交河南出版，和我的《郑学丛著》交山东出版，同是用来纪念许慎、郑玄学术成就的。

谈撰著《说文解字约注》的经过答友人问①

平生有志读书，无意著书。但事实上近四十年来，出版的专著却已不少，怎么说无意著书呢？这是由于已出版的各种书，都是在长期发愤读书的过程中，勤于博览，勤作笔记，自抒心得，写成各种内容的读书录，随时就涉览所及，加以补充、修订，等到所录已多，从而区处条理，编定成册，标立一个书名，即交书局出版。并没有哪一本书是由我预先拟定题目，再去觅取资料，临时凑合，然后着手撰写成为专著的。由于我一生治学，不愿走窄狭的路，因而涉览的范围较广，整理心得的方面较多，几十年间出版的书，其内容便涉及文、史、哲各个领域，这也是我自己所能预料到的事。

即以《说文解字约注》（以下简称《约注》）而论，便是我自少至老研究"许书"的心得总结。平日经常摩挲此书，偶有领悟，便批记于大本《段注》之上下四方。初无意于著书，也没有以此名家的思想，只是想通过反复精研，掌握阅读古书的基础知识罢了。从十五岁到二十五岁，治文字、声韵、训诂之学最勤。二十五岁以后，便用这些知识去读经、史、子、集四部之书，兼治金文、甲骨文。五十岁后，才抽出时间，重温旧业，从事《说文解字》的整理，经过十年的时间，将历年心

---

① 本文选自《讱庵学术讲论集》，岳麓书社1992年版。——编者

得和新近考证，撰成《约注》二百万字。由于其中古、籀、篆文以及繁体僻字太多，非手写不可。整整花了三年半的时间，写秃了几十支小楷羊毫笔，才把这一工作做完。在这整理、誊清为时十年的后五年，恰值国家大动乱期间，住房、起居，乃至人身安全，都成了大问题。工作环境和条件极其恶劣，又不能自由支配时间，尽管克服了重重困难，争分夺秒地在进行工作，仍然是受到很大阻滞。幸而坚定不移，用最大的魄力，终于完成了这一任务。今天回想起来，真是大不容易，是我一生中值得纪念的大事。由于《说文解字》的作者许慎是河南人，所以《约注》交河南出版。此书刊布于世，已几年了。收到海内外朋友来信，受到不少奖饰和鼓励，内心至为感动。更加激发了我的进取心和事业心。年龄虽已老大，但还有信心、勇气，在不断努力下，尚能做些力所能及的科研工作，有如《约注》自序中所说，"犹当惜余年如壮岁，益涓流于大海"，争取晚年还为文化建设作出点滴贡献，以不辜负关心我的友好们对我的殷切期望。承来信询及此书撰写经过，不得不据实奉告。希望在涉览过程中，随时以尊意见告。

如何重新评价孔子[①]

——一九七八年十月二十八日在曲阜师范学院师生大会上的演讲

曲阜是孔子故乡，我今天在这里谈这个问题，是比较合适的。孔子在过去封建社会中被人们认为是中华民族古代文化史中最高的标准人格和最伟大的至圣先师，把他推尊到无以复加的地位，已经两千多年了。处在二十世纪末期的今天，究竟应如何重新评价他，是值得我们研讨的。

凡是评价一个历史人物，最好让事实说话，不参加任何无根据的传说和个人的主观判断，实事求是地作出比较公正而符合当时实际情况的评价，是必要的。特别是像孔子这样一个伟大历史人物，更不容有所歪曲或贬低。当然，也不能扬之过高，至与事实不合。必将后世一切附加的东西全部撤除，才能对他的生前和死后，庶几可得其真相。所以我们在评价孔子以前，还他一个本来面目，是十分必要的。现在分三部分来谈：

第一，生前的孔子

甲　孔子当日的处境和所谓"删订六经"的传说

首先就孔子所处的时代来看，诚如《孟子》所说："邪说暴行有作，

[①] 本文选自《讱庵学术讲论集》，岳麓书社 1992 年版。——编者

臣弑其君者有之，子弑其父者有之。"足以概括春秋时期新的学说思想（邪说）不断兴起，受压迫阶级不断暴动（暴行）的大动荡局面。当时国斗力而人斗智，而孔子却强调那些在阶级社会根本不可能实现的"仁"和"爱"，汲汲皇皇，游说诸侯，结果到处碰壁，无人理睬。孔子之后百数十年有孟轲，继承孔子之道，加以宣扬，同样游说诸侯，同样到处碰壁。《史记·孟子荀卿列传》谈到孟轲"游事齐宣王，宣王不能用；适梁，梁惠王不果所言；则见以为迂远而阔于事情。当是之时，天下方务于合从连衡，以攻伐为贤，而孟轲乃述唐虞三代之德，是以所如者不合"。司马迁这段话也适用于描述孔子的遭遇。所谓"迂远而阔于事情"，便指出了当时各诸侯国所欢迎的是富强兼并之术，而孔孟所宣扬的是空谈仁义之道，与客观实际需要距离太遥远了。孔丘和孟轲先后走上了同一条命运，不能见用于当时，是不足奇怪的。而孔子的遭遇，更为难堪。司马迁对他的出游，简括地总结了几句："斥乎齐，逐乎宋卫，困于陈蔡之间，于是反鲁。"（《史记·孔子世家》）但是这几句话，还不如孔门弟子谈出的情况那样具体："夫子逐于鲁，削迹于卫，拔树于宋，穷于陈蔡，杀夫子者无罪，籍夫子者不禁。"（见《吕氏春秋·慎人篇》）这是何等狼狈困顿的景象！

特别是在宋、过匡的那两次，宋国的大司马桓魋要杀他，追赶不及，听到孔丘在大树下休息过，连那棵树都砍掉了。在去卫适陈的途中，经过了匡邑，匡人把他围捕起来，拘留了五日，通过请求卫国宁武子的说情，才被释放。当他脱险以后，却仍然在说大话："天生德于予，桓魋其如予何！""天之未丧斯文也，匡人其如予何！"他在穷困无聊的时候，只得用这一类的话来自我安慰。

在他旅行的过程中，即使没有人定要杀他，也从来没有从容过着安适的生活。孟轲称孔子"去齐，接淅而行"（《孟子·万章下》）。这是说孔子在齐国的时候，听到不利于己的消息，便马上离开，连那已经渍在水中的米都漉起来，等不到煮饭就走了。这是何等恐怖紧张的情况！从

《论语》中所记载的当日事实来看,在匡邑遭到困辱的时候,颜回赶来较迟,孔子疑其已死(见《先进篇》)。子路有一次和孔子走失了伴,逢人便问:"子见夫子乎?"(见《微子篇》)可以知道他们师弟在外,名为周游列国,其实是过着逃难式的流浪生活,没有舒服过一天。

上述种种事实,足以说明孔子在当时是一个极不受欢迎的人物。这是由于各国处在大动荡大混乱的时代,都纷纷发愤图强,在政治方面,努力于"改"和"变"。而这位老先生却在"祖述尧舜,宪章文武",强调虚无的"仁""义""道""德"那一套空话,使各国统治者都厌弃他,斥逐他,这是很自然的。即就他平日所接触的其他人物而论,在劳动生产者方面,便有荷蓧丈人背后痛骂他;在士大夫阶层,便有叔孙武叔公开攻击他;在学术思想界,便有老子当面斥责他。这一类事实的出现,也不是没有原因的。

从来歌颂孔子的人,都一致认为他删《诗》《书》、订《礼》《乐》、赞《易》道、修《春秋》,对整理远古文献,留下了不可磨灭的功绩。凡是谈到中国古代文化,必溯源于六经;谈到六经,又必联系到孔子。好像孔子之所以够得上称为"圣人",这是个主要因素。其实,我们今天分析这个问题,应从几方面来看:

(一)六经与孔子无关。《庄子·天运篇》云:孔子谓老聃曰:"丘治《诗》《书》《礼》《乐》《易》《春秋》六经,自以为久矣。"这便是"六经"二字在我国古书中最早的出现。从孔子自我介绍的话里,可以知道他平生所学习的资料,便是那六部书。六经在他以前,便已有了。

(二)孔子自称"述而不作"。朱熹解释"述而不作"道:"述,传旧而已;作,则创始也。"所谓"传旧",便是把旧有的古代文献资料传抄一份,留作自己学习和教人之用。古代书用竹简,聚集许多简策用绳索捆起来,成为一编,无异于后世的抄本。

(三)孔门弟子从来没有人谈过孔子写作的有关诸事。《论语》一书,专载孔子言行。乃至日常生活习惯,也都言之甚详。如果真有删

《诗》《书》、订《礼》《乐》、赞《易》道、修《春秋》这样大的工作,不会一个字都不提到。充分说明那种传说是后人加上去的。

如上所述,可以知道这个问题的真相了。清代学者龚自珍说得好:"仲尼未生,先有六经;仲尼既生,自明不作。仲尼曷尝率弟子使笔其言以自制一经哉?"(见《六经正名》)这确是一种很通达的见解。本来,孔子平日谈到《诗》,便说"《诗》三百",或说诵"《诗》三百",说明了孔子当时所读的《诗》,和今天三百零五篇的本子是相同的。古人称举大数,只说"三百"便够了。推之其他经传,也都早有其书,孔子不过诵习其书,有一套完整的传抄本罢了。

乙　关于"三千弟子、七十二贤"的传说

自从司马迁在《史记·孔子世家》谈到"孔子以诗书礼乐教弟子,盖三千焉;身通六艺者七十有二人",于是我国长期封建社会、乃至全世界,对孔子拥有学生三千,贤者七十二,表示无限的推尊和崇拜。其实我们根据古书记载事物的通例,可以肯定"三千""七十二"的数字,是不确切的。古人每言事物的繁多,经常用"三百""三千"来形容它。不仅《礼记·礼运》所云"经礼三百,曲礼三千",《中庸》所云"礼仪三百,曲礼三千"是个无实可指的虚数,即如《史记》所称孟尝君自言食客三千人、平原君得敢死之士三千人,以及白居易《长恨歌》"后宫佳丽三千人",都是虚词,非实数。大抵古人凡称"三""九",已表为数之多,因而"三"的倍数、九的倍数,也都形容事物之繁。所以古人文字中凡涉及"三十六""七十二",也自然不能例外。《庄子·天运篇》载孔子见老聃时,自言以六艺"奸(干)七十二君";《史记·封禅书》载管仲对桓公语:"古之封泰山、禅梁父者七十二家";这一类的"七十二",也仅是泛指之词,而不可看成实数。那末,古人所称孔子"弟子三千人,身通六艺者七十二人"的说法,同样是一种虚数的夸大,而不可认为事实。

当司马迁写《史记》时,距离孔子之死才三百几十年。他处在汉武帝"罢黜百家,表章六经"的年代里,自然也是尊孔的。他为了进行实地调查,到山东孔子故乡,徘徊很久,他很有意将孔门弟子了解一个大概。结果他写成《仲尼弟子列传》时,仅举列了有年名可考、见于书传的三十五人。此外还凑合了不见书传的四十二人的名字附载于后。这是多么冷落萧条的情况!如果真的如所谓"弟子三千,贤人七十二"是确实可靠,那么汉初学者经过调查而写成的专篇,不应仅有此数。

况且从二千四百多年前的交通、居住条件来看问题,当时也不可能会集几千人在一家私人讲学之地去读书的。即使有一部分人曾经跟随他读过书,也不是同在一时一地的聚合,而是先后陆续参加的。例如在一部《论语》中经常可以看到的孔门弟子,子夏(卜商),卫人,比孔子小四十四岁;子游(言偃),吴人,小孔子四十五岁;曾子(曾参),南武城人,小孔子四十六岁;子张(颛孙师),陈人,小孔子四十八岁。考孔子出游在外,达十四年之久,返鲁时已六十八岁,再过五年便死了。显然他是五十四岁以前住在鲁国。那时子夏才十岁,子游才九岁,曾子才八岁,子张才六岁,这样的孩子们怎样会跑到鲁国去从他读书呢?无疑是当他周游列国时就地陆续从他请教过。后人便把他们看成是孔门的知名弟子,其他的人,便可类推了。

古人席地而坐,每席宽三尺三寸(周尺相当于今天的七八寸)。所讲时,席上坐四人,老师独坐一席,距离学生的席有三席宽,恰好留下了一丈空地,便于老师口讲指画。所以后世写给老师的信,开首便称"夫子函丈"。函丈,是指讲席前面容纳一丈余地的意思,也还是有来历的。如果孔门真有三千弟子同时聚集在一起听孔子讲学,那便要铺满七八百张席子,才能坐完这样多的人。以二千四百多年前的物质条件,事实上也不可能有这样大的讲堂。以一个"吾少也贱"的孔子,家庭既不宽裕,又没有当时统治者的支持,是绝对不可能有那样大的房子来办学的。

上面根据古书通例,旧史记载,师生年龄之差,当时交通、居住条件等方面去考察问题,可以肯定"三千弟子"的传说,是一种不切实际的夸大数字,硬要附加在孔子身上,没有什么好处。

第二,死后的孔子

孔子对齐景公问政,提出了"君君、臣臣、父父、子子"八个字,深得景公的赞叹。后来历代帝王也就利用了这一点,以维护和巩固封建社会中统治与服从的秩序,认为是万世不变的"天经地义",历代帝王所以尊孔祀孔,道理便在这里。

历代帝王祀孔,是从汉高祖刘邦开始的。刘邦这个人原来在乡里是个无赖,没有读什么书,更轻视读书人,说什么"为天下安事腐儒"(见《史记·黥布传》),"乃公马上得之,安事诗书"(见《史记·陆贾传》),更谈不上对孔子有什么了解。等到天下已定,他爬上了皇帝宝座,感到原来同他起事的屠狗贩缯之徒,对他不礼貌,拔剑击柱,常威胁他,精神上受到委屈,日子很不好过。于是采纳叔孙通的建议,制定朝仪;吩咐陆贾陪他讲历史故事,渐渐发现读书还有点用。并且追溯所定朝仪,原本于"君君臣臣"的道理,是从孔子那里来的。觉得孔子的学说,对他宰制天下有利。所以当他行经鲁地的时候,便以太牢(牛)祭祀孔子(事在公元前一九五年,即高祖十二年)。这便是中国历史上第一次出现的帝王祀孔的典礼。

又如十七世纪三十年代满族贵族还没有入关的时候,清太宗(皇太极)活捉了明将何可纲,千方百计劝他投降,没有达到目的。太宗亲自问他为什么不降?何可纲对答说:"从小读孔子书,懂得君臣大义,所以今天宁死不屈。"太宗叹息道:"孔子之教,好到这步境地!"马上吩咐部下在盛京修建孔庙,亲自致祭(事见叶梦珠《阅世编》卷十)。这都说明封建社会的最高统治者所以尊孔祀孔,完全是从维护统治阶级利益出发的，是利用孔子平日所强调的忠君思想言论作为统治者的护身符和挡箭牌来保持权位的。所以清世祖（顺治）初入关时，便有山东巡抚方开猷上疏，请先崇孔，可以彻底看清统治阶级推尊孔子的用意。一直到袁世凯想做皇帝，也还是以祀孔为第一要务。一脉相承，是不足奇怪的。

历代帝王除尊孔祀孔之外，还不断地对他加封进爵。从汉武帝时独尊儒术以后，便渐渐替孔子加上了可贵的头衔，戴上了好看的帽子。汉平帝元始六年（公元六年），谥为褒成宣尼公；和帝永元四年（九二年），改称褒成侯。隋文帝时，谥为先师尼父。唐太宗贞观二年（六二八年），尊之为先圣；玄宗开元二十七年（七三九年），追谥为文宣王。宋真宗咸平元年（九九八年），谥为玄圣文宣王；大中祥符五年（一〇一二年），改称至圣文宣王。元武宗至大元年（一三〇八年），谥为大成至圣文宣王，明代沿之。清初顺治十四年（一六五七年），改称至圣先师，以至清末。大抵历代对孔子的追尊改谥，至为繁多，这里仅举其中比较重要的几次以示例而已。

古人说过："上有好者，下必有甚焉者。"经过历代帝王的大力吹捧，于是孔子的地位，被推崇到无比的高度。不独各省、府、州、县都修建孔庙，称为"圣庙"，春秋二祭，每年都有。即书院、私塾，也规定在每月初一、十五，老师率领学生向孔子牌位行三跪九叩礼，简直把他神化了。二千年间，经过孟轲、荀况、董仲舒、司马迁、扬雄、王通、韩愈、柳宗元以及宋明理学家们的宣扬、捍卫，孔子便至高无上地统治着中国思想界达二千余年之久。

当然，在漫长的二千余年中，学术思想界也有不少的人，怀疑他的说教，甚至公开进行攻击。特别是像后汉大思想家王充，在《论衡》里便有《问孔》一篇，认为孔子"仓卒吐言，安能皆是"。对孔子议论，颇多驳难。魏晋人高谈玄理，崇高老庄，一般都是鄙弃周、孔的。唐初刘知幾作《史通》，有《疑古》《惑经》诸篇，将矛头直接指向了孔子。

明代李贽，在所撰《藏书》里，慨叹"二千年来无是非，以孔子之是非为是非"，大声疾呼，以唤醒当世之士。像这一系列的事实，都足以说明在孔子统制中国思想界的漫长岁月里，不是很平静的。终因寡不敌众，被统治阶级用"非圣无法"的罪名镇压下去了。

第三，我们今天应如何看待孔子不可磨灭之处，并从他身上继承些什么？

我们今天既不赞成历代封建统治阶级对孔子的吹捧和加封进爵使之神化的做法，也不同意五四运动时期"打倒孔家店"彻底推翻，以及易白沙、吴虞等人全盘否定的论调。我们应该首先撤除过去长期封建社会中对孔子一切附加和粉饰过分的装扮，还他本来面貌。虽然他在生前到处碰壁，我们仍要一分为二，恰如其分地肯定他是一位伟大的教育家。他在中国文化史上作出了重大贡献。单就他在教育方面取得的成就而论，一直到今天，还有许多值得我们借鉴和效法的地方。例如他对教育的对象，采取"有教无类"的原则，不分贵贱贫富，都有从他受教的机会，打破了以前只有贵族子弟才有上学特权的旧局面，使原先没有上学场所的平民子弟，能得到学习的地方。由于教育对象的广大，使社会上有文化知识的人增多，因而促进了社会的进化。自从孔子开私门讲学之风，对当时和后世的影响都是很大的。

其次，孔子在教育实际工作中，采取因材施教的方法，经常结合具体的人，给以具体的诲导。例如孟懿子问孝，他回答道："无违。"孟武伯问孝，他回答道："父母唯其疾之忧。"他的学生子夏问孝，回答道："色难。"子游问孝，回答道："今之孝者，自谓能养。至于犬马皆能有养，不敬，何以别乎？"所以有这样多种不同的回答，不是没有意义的。汉宋学者们曾经阐发了这里面的道理。王充在《论衡·问孔篇》说过："武伯忧亲，懿子违礼，攻其短。"大约孟武伯平日胡作非为，不大爱护自己的身体，所以孔子用"父母唯其疾之忧"来帮助他；孟懿子平日固持己见，对父母很傲慢，所以孔子用"无违"二字来规劝他。至于对子夏、子游作出不同的回答，更是对症下药。朱熹加以解释道："子游为人，爱有余而敬不足；子夏则敬有余而爱不足，故告之不同。"这种看法，真抓住了孔子当日说教的原意。这样灵活地因材施教，针对着每个人的不同弊短进行教育，收效是比较大的。这种方法到今天还有积极的现实意义，值得学习。

　　至于孔子平日对学生对时人的谈话，很多是格言名训，可以指导人们言行的，那就更多了。今但就《论语》所记比较可靠的言论（他书所载，多系依托），略加称举，借以考见其大较。例如"过则勿惮改"（《学而》）；"敏于事而慎于言"（《学而》）；"知之为知之，不知为不知"（《为政》）；"言寡尤，行寡悔"（《为政》）；"不患无位，患所以立；不患莫己知，求为可知也"（《里仁》）；"见贤思齐，见不贤而内自省"（《里仁》）；"敏而好学，不耻下问"（《公冶长》）；"学而不厌，诲人不倦"（《述而》）；"君子于其所不知，盖阙如也"（《子路》）；"其身正，不令而行；其身不正，虽令不从"（《子路》）；"人无远虑，必有近忧"（《卫灵公》）；"君子病无能焉，不病人之不己知也"（《卫灵公》）；"君子不以言举人，不以人废言"（《卫灵公》）；"小不忍，则乱大谋"（《卫灵公》）；"当仁不让于师"（《卫灵公》）。

　　像这一类的说教，对指导人们怎样做人，怎样说话，怎样处世，怎样求知，都会起很大的好作用。尽管是孔子在二千几百年以前说的，但只要是格言名训，仍可古为今用。孔子平日言论可以垂教后世的很多，这里不过举出十五句以示例而已。单从这一点来看，孔子的精神及其影响，到今天还是卓然不朽的。我们必须去掉他为统治阶级服务的那一套言论，以及统治阶级附加于他的那许多东西，从而拨开迷雾，还孔子作为一个古代大教育家的伟大形象，给以应有的历史地位，作出公正合理的评价。承继那份可以适用的珍贵遗产，使之发扬光大，这是我们的责任。

我们要认真深入研究少数民族历史[①]

——一九七九年四月一日在广西师范大学的演讲

我们国家的历史这样悠久,人口这样众多,土地这样辽阔,可以记载的史实,真是太丰富了。而过去的史学界和史学著作,只有统治阶级的历史,看不到劳动人民的历史;只有汉族的历史,看不到少数民族的历史;只有男子的历史,看不到妇女的历史。这在过去封建社会,是不足奇怪的。今天是人民的世纪,应该纠正这些不合理现象,重新编写中华民族的历史。我国是一个统一的多民族的国家,除人口最多的汉族之外,还有五十多个少数民族。他们的发展虽不平衡,但在中华民族几千年的文明发展史中,都作出了各自的贡献,成为祖国文化的组成部分,值得我们高度重视和深入研究。

少数民族中涌现出来的优秀人物不少,有些是著名的科学家、文学家、思想家、书画家,历代都有,不可胜数。我们现在只举列几位最负盛名、人所共知的来谈。例如六世纪的鲜卑族人宇文恺,是隋代著名的科学家和建筑大师;七世纪的陆法言,是我国的大语言学家,对音韵学有很大贡献,他也是鲜卑族人;十三世纪初的元好问,是拓跋魏之后,乃是一位大文学家和史学家;十四世纪的维吾尔族贯云石,是著名的散

[①] 本文选自《䎂庵学术讲论集》,岳麓书社1992年版。——编者

曲作家；蒙古族的康里巎巎，是著名的书法家，与当时赵孟頫齐名；回族丁鹤年，是著名诗人；十六世纪的回族李贽，是著名的大思想家；十七世纪的纳兰性德、十八世纪的曹雪芹，都是满族的大文学家；十八世纪的明安图，是蒙古族的天算学家。这些人都是少数民族中最杰出的人才，是替中国文化史上增添了光彩的卓越之士。这样的专门人才在少数民族中是很多的，这里仅举出十人以示例而已。

至于少数民族政权中的帝王将相，也有不少具备才能、学识的豪杰之士。例如七世纪的松赞干布，是藏族的大政治家和军事家；十三世纪的元宪宗蒙哥，是一位最有学识的皇帝，也是欧几里德《几何原本》的最早研究者；十三世纪初的耶律楚材，是元太宗窝阔台左右最有胆识的政治家和历法家；十七、十八世纪之间统治中国达六十一年之久的康熙皇帝，文治武功，卓有成就，并且学识渊博，尤长天文算法。这样的人也都是中国历史上的英雄人物。替各族之间的融合和开疆辟土，起了很大的作用。历史上这样的人物是很多的，这里也就不能遍举了。

我国的少数民族，以壮族人口为最多，有一千多万。最大部分是分布在广西境内。远在春秋战国时期，壮族与汉族的关系已很密切，秦始皇统一岭南，壮族人民和中原各族人民之间的经济、文化交流，更加频繁和密切。由于壮族的历史悠久，出现了不少优秀人才。最有名的，如八世纪被人称为"歌仙"的刘三姐，便是著名的民间歌手。她的姓名和事实，从唐代传到现在，一直还为广大人民所颂赞。十六世纪的著名学者李璧，讲学著书，时人取与宋代经学家胡瑗相比。十七世纪的名医王维相，有起死回生之术。十八世纪的名画师王维翰，眼到画成，人皆叹为神品。这都是壮族人才中的佼佼者。

壮族人民除能歌善舞外，更会作画，民间画师是很多的。即以广西花山崖壁画而论，规模之宏大，气势之雄伟，真是惊人奇迹！那些壁画，多绘在河流沿岸的峭壁上，尤其是在河道转弯水流湍急的险要处。宁明县花山石壁在高约二百六十米、宽约三百米的范围内，即画有一千三百多个人物形象。有的画距江面二十至三十米,有的画在距江面四十米的高处。这样绘制艰险、规模巨大、人物众多的崖壁画,不独国内少见,就是全世界也是罕有的古代艺术珍品。如此奇观,当然不是少数人在一个时期内所能绘制成功的,而是经历了多少世代,由壮族人民祖先陆续创作而成的。创作的时代,上限可以推到战国晚期,下限可以定在唐代,它给中华民族的文化艺术宝库增添了光彩,值得我们珍重。谈到这里,我联想到我国西北地区位于甘肃省最西部的敦煌莫高窟,在全长三华里的范围内,现存壁画还有四万五千多平方米,大小塑像两千四百多尊。在艺术上,莫高窟实集我国上自十六国、北魏、北周、西魏,下迄隋唐、五代、西夏、宋、元各个历史时期绘画、雕塑和建筑工艺之大成,是少数民族中无数艺术匠师集体创作的结晶,凝聚着各族人民的血汗和智慧,也就构成和丰富了中华民族文化艺术的光辉成就。由此可见,各族人民对祖国的贡献是多方面的。

至于广大劳动人民对祖国作出的贡献,那就更多了。这可分两方面来谈。在古代,各少数民族和汉族一道,共同开发边疆。我国少数民族的绝大部分,是分布散居在边远地区。有的是原始森林,绵亘数百里;有的是寂寞荒原,一望无际。经过各族劳动人民克服重重困难,披荆斩棘,开山辟土。在长期辛勤劳动过程中,逐步使从来没有人迹到过的地方,变为辽阔富饶的生产区。以东北地区而论,满族人民在这方面作出的贡献,更为显著。而我国东北种植水田的历史,是由朝鲜族人民首先开创的。并且大修水利工程,使大量稻田获得较高的产量。再就西南地区而论,早在公元前三世纪,在岷江上游修建了举世闻名的都江堰水利工程,就有居住在这一地区的古代羌人参加。秦始皇时开凿湘桂运河——灵渠,就有不少壮族人民参加。有赖于他们能与汉族协同合作,才能完成这些巨大工程。特别是灵渠修成以后,沟通了湘漓二水,更加密切了壮族同中原的关系,对加强民族团结和发展农业生产,都起了巨大作用。

在近代，由于帝国主义者的入侵，中央政权鞭长莫及，便给与列强以可乘之机，向边境地区肆意进犯。这便倚靠边区少数民族和汉族一道，奋起防御、抵抗，展开对敌斗争，给来犯的敌人以有力的打击。例如我国东北土地辽阔，在帝俄时代，早已垂涎。老沙皇的侵略凶焰，势不可遏。各族人民团结一致，不断抗阻敌人的来犯。其他如英、法帝国主义的入侵西藏、云南；沙俄的垂涎蒙古、新疆，实行武装入侵；倭夷及荷兰、西班牙的进犯台湾，都得到各地少数民族奋起对敌，使敌焰受挫，留下可歌可泣的事迹是很多的，都等待我们史学工作者进行调查研究，作为有价值的史料整理出来，把研究少数民族历史的工作，推进一步，也就推广了史学领域，填补了旧史记载的空白面，这是我们的责任。广西是少数民族聚居的地区，主要是壮族。我们就地取材，先从研究壮族历史开始，探索一些研究方法、取得一些经验以后，再由近及远，进行其他少数民族的研究，就好办了。我们大家振作精神，勇于任重，向这方面努力进军，持之以恒，锲而不舍。一定会取得成绩的。

研究中国少数民族历史的重要答友人问[①]

连得两信,只因近事较忙,致稽裁答,甚以为歉。承询研究少数民族历史,应读何书?如何下手?少数民族在中国历史上作出过哪些重大贡献?这些问题提得很好,说明了我过去劝你学习本国历史,应该注意到少数民族历史的研究,这一建议,终被采纳了。我虽不是专门研究少数民族历史的,但是我平日却很重视这一研究工作,喜欢涉览这方面的书籍,特别是旧的方志参比贯通,颇有所得。现在针对你所提问,先就少数民族在祖国历史上作出的巨大贡献,和你谈谈。

从很早的古代起,我们中华民族的祖先就劳动、生息、繁殖在这块广大的土地之上。发展到今天,除人口最多的汉族外,还有五十多个兄弟民族。这些兄弟民族的人口,虽为数不多,但分布地区广大,约占全国总面积的百分之五六十。全国约有百分之七十的县市,都有两个以上的民族,形成了以汉族为主体的各兄弟民族团结聚居的大统一局面。许多兄弟民族的大部分,集中住在边远地区,长期和汉族密切联系。他们对开发边疆、创造文化和巩固国防,都作出了不可磨灭的贡献。

他们大多数散居在边远地区,努力用自己的双手,开垦荒山茅岭,使变为辽阔富饶的生产区。即以东北而论,满族人民在这方面的贡献,

---

① 本文选自《讱庵学术讲论集》,岳麓书社1992年版。——编者

更为显著。辽宁在一六六一——一七二七年间，耕垦的土地面积增加了五倍；吉林开垦的土地，到乾隆时达三十六万余晌；黑龙江十七万余晌，以后陆续增加。这便使得东北产粮不仅自给有余，而且有大量余粮可以供应关内。我国东北种植水田的历史，是由朝鲜族人民在克服重重困难的情况下开创的。延边地区的水稻生产，最早开始在一八七七年，大规模开垦、改造水田的工作，是在一九〇六年以后进行的。当时朝鲜族农民在和龙县勇智乡大教洞开掘了长达一三〇八米的渠道，灌溉了三十三公顷水稻田，并获得了较高的产量，从此延边地区的水田面积就逐年增加。鸭绿江流域水稻生产，也是朝鲜族农民一九〇七年在通化县大甸子开始的。以后逐渐扩展到邻近各县，以至鸭绿江流域一带。朝鲜族人民除开垦水田外，同时也垦辟了大量的旱田。

再就西南地区而论，早在公元前三世纪，在岷江上游修建了举世闻名的都江堰水利工程，当时就有居住在这一地区的古代羌人参加，这便大大加强了西南地区农田灌溉之利。早在唐代，生活于大理地区的白族，就有了巨大的水利灌溉系统，引苍山十八溪的水灌田数万顷。在历法和气象知识方面，白族人民也积累了丰富的经验，促进了农业的发展。而彝族人民，由于地形和气候的差异，因势乘便，使各个不同情况地区的经济生活各具特点：高山区牧草丰富，畜牧业占重要的地位；一般山区，可种植各种旱地作物，并可兼营畜牧；在炎热的河谷地区，以种植水稻作为生活的主要来源。特别是居住在哀牢山区的哈尼族人民，利用高峻地形，开垦为层累而上的梯田，从河谷直到山巅，像台阶一样，整整齐齐地重叠到几百层，构成一幅极为壮观的画图。分布在广西境内的壮族，是我国少数民族中人口最多的一个民族。远在秦代，便参加了凿通"灵渠"的工程，沟通了湘、漓二水，更加密切了壮族同中原的联系，对加强民族团结和发展农业生产，都起了巨大作用。"劳者自歌"，是广大劳动人民所共同具有的一种强烈情感的自由抒放。所以勤劳勇敢、不断和自然作斗争的我国各族人民，都以能歌善舞著称于世，各有他们自己创造的民歌、舞蹈和乐器,都具有各自的风格和特点。有的还用本民族的文字把那些优美动人的口头文学写成丰富多彩的诗篇。例如纳西族人民在长期生产和生活实践中,创造了丰富的纳西族文学,如叙事诗《创世纪》、抒情诗《逃婚调》和《诉苦调》,都具有鲜明的人民性和民族风格。彝族的舞蹈,也有很浓厚的民族特色。如"阿细跳月",便是一个很受群众喜爱的节目。刚健的步伐和激扬的乐曲相配合,表现出彝族人民热爱生活和乐观主义的性格。

至于文学、历史学方面,十八、十九世纪时,不少蒙古族学者编成了大量的有关蒙古族语文的辞典。锡伯族的知识分子中有不少人精通汉族语言文字,为了丰富文化生活,先后翻译了《三国演义》《水浒传》《西厢记》《西游记》等三十多种古典文学著作。在交流汉族与少数民族文化方面,做出了很大成绩。远在十三世纪,许多维吾尔人入仕元朝,受汉族先进文化的影响,出现了不少的文学家、史学家和翻译家。如流传于明代的"海盐腔",是著名维吾尔文学家贯云石在曲艺上的创作之一;《辽史》《金史》《宋史》的修纂,都有维吾尔人参加。十三世纪中叶写成的《蒙古秘史》,是蒙古族最早的一部历史巨著。白族人民的祖先,在史学和文学方面,唐宋以来各时代都有代表作品,可惜多已失传。绘画留存到现在的,有公元八九九年张顺、王奉宗所绘的《南诏画卷》以及一一七二年张胜温所绘的《大理画卷》,这些绘画都反映了古代白族人民的高度艺术成就和文学素养。

谈到其他方面,从很早的时代起,壮族人民便发展了自己的文化艺术。保存和流传到现在的,有铜鼓、花山崖画和壮锦等驰名中外的文化遗产。在绘画、雕塑和建筑等技艺方面,藏族人民的成就是相当高的。绘画以壁画为最多最好,雕塑艺术多集中在寺院。而拉萨的布达拉宫,高至十三层,工程巨大,气派雄伟,是藏族建筑艺术的光辉成就。而保存在白族地区的古代建筑,如唐代修成的大理三塔,主塔高近六十米,千余年来,巍然屹立。剑川石室山石窟,为唐宋时代白族人民的精心雕塑，人像栩栩如生。元明以来修建的鸡足山寺院建筑群，都充分显示出古代白族人民的聪明才智。元代回族人亦黑迭儿丁，学习汉族的建筑术，参加了元大都的规划和修建，这便是以后北京都市发展的基础。而羌族也擅长建筑术，用不规则的石块垒砌而成的碉房，结构坚固，有的高达十多丈，外观极其雄伟。他们所创造的竹索桥，更为有名。此外，如生活在海南岛的黎族，长于纺织。宋末元初我国历史上著名的纺织家黄道婆，便是从这里学会了纺织技术，返回乌泥泾（今上海县华泾镇①）以后，由她传授给别人逐步推广的，使我国历史上的纺织水平得到进一步的提高。

在我国历史上，各少数民族中也不断涌现出一些大思想家、文学家、科学家和航海家。例如十六世纪的泉州回族李贽，便是高举反孔大旗的大思想家。十七世纪的大词人纳兰性德、十八世纪的大文学家曹雪芹，都是满族的杰出人材。清初蒙古天文学家明安图，曾参加有关历算书籍的编纂工作，他著有《割圜密率捷法》一书，是我国用解析方法对圆周率进行研究的第一人，在我国数学发展史上作出了贡献。明代云南回族郑和，参加和领导了七次"下西洋"的活动，访问了亚洲、非洲三十多个国家，是我国历史上著名的航海家。像这一类的人物，在中华民族的文化史上，都放出了灿烂的异彩。

我国由于土地广大，边疆辽远，历代中央政权鞭长莫及，便给予邻邦入侵之机。特别是近几百年来，列强虎视眈眈，狡焉思逞，这便倚仗边区少数民族人民和汉族人民一道，奋起防御抵抗，展开对敌斗争，给来犯的敌人以有力打击，在我国历史上留下了保卫国土的光荣传统和不朽功绩。例如东北辽阔，在帝俄时代，早已垂涎。老沙皇的侵略凶焰，一直威胁着东北广大人民的生存和安全。东南沿海一带时遭倭寇袭击。至于新疆、西藏、云南、广西一带，是帝国主义垂涎已久、启衅最多的

---

① 此为作者原注。乌泥泾今属上海市闵行区。

地区。特别是英、法帝国主义者野心勃勃,在这些地区不断进行侵略扩张。都靠少数民族和汉族联成一气,誓死抗战,挫败了帝国主义侵略我边疆地区的阴谋。台湾自古以来就是我国的神圣领土,生活在那里的高山族和汉族人民,不仅共同开发了台湾,而且对入侵的外国势力共同进行了坚决的反抗斗争,直到取得最后的胜利。

如上所述,可知无论在开发边疆也好,创造文化也好,巩固国防也好,许多兄弟民族,都作出了巨大的贡献,在中华民族的历史上,是应该大书特书的。我很奇怪,今天编写《中国通史》的学者们,对这些事实写得很少,或者完全没有提到。一部中国历史的记载,只看到汉族的历史,看不到少数民族的历史。这是极不合理的现象,也是不应该有的现象。我们必须矫偏救弊,努力填补这一空白。

如果有志于研究、整理少数民族的历史,便应该认真去从地方志书中探索、稽考。因为少数民族生活、活动的史实,不可能在二十四史、九通、《资治通鉴》之类的书籍中反映出来。只有方志,特别是边远地区的方志,才是保存少数民族史实的仓库。据我所知,就国内收藏方志的情况来看,像北京、上海、南京、湖北等地各大图书馆,各有方志几千种。其他各省和大专院校图书馆所藏,多的也有两三千种,少的也有几百种。这类书籍的储存,可算是够丰富的了。可惜的是,终岁尘封,无人过问,即使有人偶尔翻检一二部方志,也不过是按自己的需要,临时找找某一县市的建置沿革和查查名胜古迹而已。真正能够有目的地、并且系统地阅读大量方志,仔细探索,并从其中整理出许多可贵的史料来,至今尚乏其人。你正年富力强,如能发此弘愿,能为人之所不能为,将是一件大有出息的事。

当然,现存方志这样多,不是一个人的精力所能做完的。最好是就地取材,先从周围的方志读起。你既是一位历史研究工作者,目前又在桂林工作,便可利用这一机会,着手研究壮族人民的历史。例如广西土司制度和大藤峡农民起义的史实,都值得我们整理和总结。你可先找有关方志和其他文献资料作一番研究后,再走出门作实地调查工作,才能实有所得,然后有条理地写出来。这样日积月累,必可取得较大的成绩。

谈到做学问,是没有平坦的道路可走的。我所以劝你就地取材,先从周围的方志读起,便因为有利于实地调查和考察。在古今中外的著名历史学家中,我们还可以清楚地看到,他们并不满足于书本资料,而必进行实地调查和考察。摩尔根写《古代社会》、司马迁写《史记》,都这样做过。因而替他们的写作增加了真实可靠的内容,为后世所推重。这种治学方法,是值得我们好好学习的。

学文科的要将范围推广，不可囿于一隅[①]

——一九七八年十月二十四日在山东大学文史两系大会上的演讲

社会科学的领域本广，各专业之间，彼此联系，不可分割，所谓"牵一发而全身动"，涉及的东西太多，不是一开始便单科独进所能取得成功的。必须基本知识具备以后，才能进行专门研究。否则知识面太窄，知其一而不知其二，是不能解决任何问题的。《淮南子·泛论篇》说过："东面而望，不见西墙；南面而视，不睹北方；唯无所向者，则无所不通。"说明了一个人如果只看到一方而不见另一方，所接触的事物是有限的。治学也自然是如此，断不可蔽于一曲而不知其他。今天学历史的，对本国史的研究，分为若干段。专治秦汉史的，可以不知秦以前和汉以后的历史发展、变化和重大事件。其他治魏晋南北朝史、隋唐史、宋元史、明清史的人，都只局限于研究一代或几代的史实，可以不问上下左右相关联的人和事。研究近代史的，又分为许多专题进行考证，而一八四〇年以前的历史，一概可以不问。今天学习中国文学的，或专治先秦文学、唐宋文学、元明清文学，各专一段，互不相通。如果有人问他旁的问题，他马上回答"我是研究某一段的"，便拒人于千里

[①] 本文选自《切庵学术讲论集》，岳麓书社1992年版。——编者

之外了。三百多年前的学者黄宗羲早就说过："析之者愈精，逃之者愈巧。"说明了这种通弊，存在于中国学术界，为时已久。

  本来，学术研究的分工，是进步的现象，是无可非议的。特别体现在自然科学方面的专精研究，收效更为明显。但他们必须具备数学、物理、化学等方面的基础知识，才有可能进行高深的研究工作。至于文科应具备的基础知识和必学的辅助学科，那就更多了。如果没有几年的准备功夫，是不好谈专门研究的。即使勉强专攻一门，甚至发表专篇论文，有时不免出现常识性的错误。这是由于所知道的东西太少太窄，不知道的东西太多太广，偶然牵涉到许多方面，便容易闹笑话，这是不足奇怪的。所以我平日主张文科学生在大学四年学习期内，将准备工作做好。第一是过文字关，第二是过写作关。文字关从识字起，包括辨认古代文字，养成阅读能力；写作关从读文起，包括诵习古代文辞，养成发表能力。这二者很重要，无论是从事文学、史学、哲学的研究工作者，都非首先尽力于此不可。如果研究中国近代史的人没有过好文字关，不懂古汉语，又怎样能理解章太炎的文章、黄遵宪的诗句？举此一例，可概其余。

  经过大学本科四年的学习，将基础知识掌握以后，在当助教或研究生的时候进行专门研究，比较容易多了。这时又可将治学范围推广，举凡有关文学、史学、哲学的常见书籍，都要涉猎，然后由博返约，对进行专门研究，可收相互证发之效。谈到分科分系，是清末初办大学时从外国学来的一套办法，到今天还只有七八十年的历史。而中华民族已有四五千年的悠久文化，在这漫长的岁月里，出现了不少大文学家、大史学家、大哲学家，他们的知识面都很广博，何尝是一开始便专攻一门。即使是专门名家，也必然是根柢深厚，学问丰赡，由博返约，而后取得成功的。姑且不谈古人，即就现代学者而论，当我在青少年时期所见到的先生长者，记诵精熟，学识博通，见之于言谈或文章著述的，无不元元本本，有典有则。假使没有雄厚的基础和广泛的积累，很不容易达到这一境地。反观我们这一代，比之老辈，已大大不如。说明我们做学问所下的功力，远远赶不上前人了。

学习本国文史，牵涉的面很广。近代学者戴震说过："诵《尧典》数行，至乃命羲和，不知恒星七政所以运行，则掩卷不能卒业；诵《周南》《召南》，自《关雎》而往，不知古音，徒强以协韵，则龃龉失读；诵古礼经，先《士冠礼》，不知古者宫室衣服等制，则迷于其方，莫辨其用；不知古今地名沿革，则《禹贡》《职方》，失其处所；不知少广旁要，则考工之器，不能因文而推其制；不知鸟兽虫鱼草木之状类名号，则比兴之意乖。"这是戴氏《与是仲明论学书》中的一段话，指出了理解古书的困难，非有多方面的知识，不容易读懂经传。他在信中提到的《诗》《书》《周礼》，都是我们今天学文史的人不可不阅读的常见书籍。要彻底弄懂它，非有许多辅助学科的知识不可。当然，我们今天要学的太多，断不能像过去封建学者们那样，一意向往远古，专治古代学艺而已。为了不脱离现实，学文科的人，更重要的在能知今。

文科学生，特别是中文、历史两系的学生，最容易流于狭隘、迂腐。只知其一，不知其二，便是狭隘；只知有古，不知有今，便是迂腐。清初学者刘献廷在《广阳杂记》中说过："今之学者，率知古而不知今，纵使博极群书，亦只算半个学者。"这句话，真可发人深省！一个人生活在现代，不可与周围事物隔离、遗世独立，这是必然的。封建社会所谓"两耳不闻窗外事，一心专读圣贤书"的时代，早已过去了。我们今天培养文史人才，不应有"夫子"气和"学究"气。平日除作研究工作外，不独对国家新政设施和重大变革要有所了解，而和自己专业有关的新兴学说和名著，都要留心学习，知己知彼，庶几不致脱离现实，流于迂腐。这一点是非常必要的。

大抵做学问，首先要问功力何如。功力用得深，成绩自然大。如果只有三四分的功力，表现出来，不可能是六七分；如果真有八九分功力，表现出来，也不可能只有五六分。学问之事，是不能掺水的，此其所以可贵。初学趁年富力强时,但宜伏案读书,不可追逐时尚,急于表现自己。将来水到渠成,自然实至名归。问题在于治学规模推廓开了没有?基本功夫做的扎实不扎实?这都是决定于自己的,不必求之于外的。古人说得好:"聪明睿智,守之以愚。"凡是资质较高的青年,如果能以愚拙自处,脚踏实地,刻苦自励,按步就班地循序渐进,将来的成就一定很大。古今中外的著名学者,都是人作成的。同具五官百体,"有为者亦若是"。希望大家恢宏志气,以远大自期,将来成为国家有用的人才。

学习扬州先辈的治学精神，走博通的路①

——一九八〇年一月廿六日在扬州师范大学文史两系大会上的演讲

我国历史上研究文史的学者，分析起来，有专精与博通两条不同的道路。秦火之后，汉初经籍复出，当时经有数家，家有数说；各禀师承，不相通假。终身守此一经，以行之于其时而传之于后世。这便是专门名家之学。登载在《史记》《汉书·儒林传》内的，就是这些人物。他们都是立之于学官的博士，所以又可称为博士之学。这些人所走的治学道路是很狭窄的，知识领域推廓不开。在学业上，只知其一，不知其他。由于固守一经，钻研不已，曲说繁辞，也就多起来了。有如《汉书·儒林传》所指出的"一经说至百余万言"；《艺文志》也谈到他们"碎义逃难，便辞巧说"，"说五字之文，至于二三万言"；桓谭《新论》又言"秦近君能说《尧典》篇目，两字之说，至十余万言，但说'曰若稽古'三万言"。烦琐破碎到这样程度，可以看出他们平日所做工作，务求以说经的详繁取胜，自然掺杂进了许多曲说和空虚不实之辞。汉代博士之学，流弊很大，为人们所厌苦。当时虽经政府支持列于学官的十四博士之说，后来归于散佚不传，这便是一大原因。

---

① 本文选自《䜟庵学术讲论集》，岳麓书社1992年版。——编者

至于通人之学，则不如此。只是通究训诂，讲明大义，而不屑为章句之学。《汉书·扬雄传》言"雄少而好学，不为章句，训诂通而已"。《后汉书·桓谭传》亦言"谭遍习五经，皆训诂大义，不为章句"。可知两汉时期的学术界，已很清楚地呈现出两条不同的道路了。像司马迁、扬雄、刘向、刘歆、桓谭、班固、许慎、郑玄这些人，都是走博通的道路而取得成就的。王充《论衡·超奇篇》曾指出："能说一经者为儒生，博览古今者为通人。"这却正确地反映了当时不同的治学道路。魏晋以后，学者们又推治经之法以专精一史，于是研究《汉书》而成专家的颇不乏人，而尤盛于隋唐。他们除精熟《汉书》以外，别无所知。唐初史学家刘知幾在《史通·杂说篇》谈到当时的流弊道："世之学者，或耽玩一经，或专精一史。谈《春秋》者，则不知宗周既陨，而人有六雄；论《史》《汉》者，则不悟刘氏云亡，而地分三国。"便指出了专经专史之学的知识面太窄，连有关的时代都弄不清楚，极为可笑。这一针砭之言，直到今天还有积极的现实意义，值得我们省惕！凡是研究中国文史，不应走太窄的路，这是肯定的。宋代学术范围本广，但是有不少的人偏要走狭窄的路，朱熹却大声疾呼来唤醒人们："天下更有大江大河，不可守个土窟子，谓水专在是。"在《朱子语类》中，这样的言论还不少。他很想把这种偏向纠正过来。清代学术界，在乾隆、嘉庆年间，出现了"考据"的名称，相与标榜。焦循便驳斥道："据者，执一之谓。执一者，生于止知此而不知彼，故其道小。"这在《论语通释》内说得很透辟。

焦循是扬州学派中的代表人物，是一位极其博通的学者。他死了以后，阮元为他作传，题称"通儒扬州焦君传"。《传》中称道他"于学无所不通，著书数百卷，尤邃于经；于经无所不治，而于《周易》《孟子》，专勒成书"。这却不是"阿其所好"之言！焦氏研究经学，涉及的面很广。早年深于《毛诗》《三礼》，旁及《尚书》，都写了专著；后又有《孟子正义》《论语通释》诸书。一生精力所萃，尤在于《易》。他研究《周易》写成的书，有《易学章句》《易图略》《易通释》《易话》《易广记》《周易补疏》共六种。而精华全在《易学章句》《易图略》《易通释》三种，又称为《雕菰楼易学三书》。他研究《周易》，突破二千年来传注的重围，直接从六十四卦中找参伍错综的关系，终于抽出了三条根本原则：一、旁通；二、相错；三、时行。于是三百八十四爻的变化，都可按这些原则去推求。这确是焦氏的重大发现，为两千年间治易者所不及知，体现出他在这方面的极大创见。王引之读了他的易学著作以后，亟称其"凿破混沌，扫除云雾"。假若不是学问博通的学者对《周易》作过融会贯通的仔细研究，能够取得这样大的卓越成就吗？

学习扬州先辈的治学精神，走博通的路

从事学术研究走博通的路，这是清代扬州学者们所共有的特点。所起的作用和影响，确也不小。我往年评论清代学术时说过："吴学最专，徽学最精，扬州之学最通。无吴皖之专精，则清学不能盛；无扬州之通学，则清学不能大。"的确，吴、皖两派学者所走的路，是比较窄的。特别是吴学领袖惠栋，盲目崇拜汉人，无原则地把汉人旧注看成至宝。由好古、信古，乃至佞古、媚古。这种弊病，也只有扬州学者能够大胆地提出批判，如焦循和王引之都对惠氏治学的专固，进行过指责。徽学领袖戴震，治学范围比惠栋宽阔些，方法也比较缜密，有实事求是的精神。他的优点，全被扬州学者们继承了，并且发展了。至于扬州学派的治学风气，首先体现在推广了求知的领域。乾嘉学者中的绝大部分，是钻研几部重要经传，尽力于笺释、校勘的工作；连一些常见的史书，都很少有人阅读。这在江藩的《汉学师承记》中，已经再三慨叹过了。扬州学者们却不如此。汪中首先对儒家传统思想进行了批判，又反对过去学者"排斥异端"的陈腐见解并用精力去整理周秦诸子。又如阮元留心金石，把铜器上的刻辞，看成可与九经并重；江藩大规模治史，写成《资治通鉴训纂》的大书；焦循于治经之外，还研究词曲、戏剧；刘毓崧于校书之外，还搜辑古代谣谚。他们求知的范围，确已扩大。至于王懋竑的《读书记疑》、王念孙的《读书杂志》，更是博及子、史，不再仅

441

是理学或训诂学的专家著述了。

扬州学者们总的治学方向，是走上了通博一途。但是他们在"博"之中，还有各人的"约"。乾嘉时期，学术界都提倡专经研究，扬州学者也自然不能例外。如焦循于群经都有补疏，但对《周易》投下的功力为最深，便成了他的专经研究。此外，如刘文淇研究《左传》，刘宝楠研究《论语》，都有显著的成绩。他们几位又是相约各治一经，分工负责去进行的。总起来说，扬州学派的治学精神和所取得的成就，都有圆通广大的气象。从研究的对象讲，不再是几部常见的经典了，不再是汉人或宋人的传注了。从研究的方法讲，不仅批判了宋元以来理学家们唯心的见解和议论，而且进一步清算了当时汉学家们烦琐的治学方式。由狭窄变为广大，由拘隘变为圆通。从此清代学术界开始得到解放，一变而为生动活泼的局面，廓然有以见天地之大。扬州学者们所起的积极作用，是不小的。我之所以说"无扬州之通学，则清学不能大"，便是这个缘故。一九四六年我在兰州大学讲授近三百年学术史时，着重表彰扬州学派，写有讲稿，后又补充、修订，撰成《清代扬州学记》，介绍了一些有名的学者，从康熙年间的王懋竑到近代的刘师培，都一一指出其治学方法与成就。中间谈到的王念孙、王引之、汪中、焦循、阮元、刘文淇诸家，各有专章，普加论述，可供大家参考。当然，今天的时代不同了，学习中国文史的青年，要读的书太广，要做的事太多，自不能拘泥于封建学者们的治学方式与方法了。我们只是希望大家学习他们勇于开拓、敢于创新的精神，走上博通的治学道路。

学习王船山治学的求实精神和博大气象[1]
——纪念王船山逝世二百九十周年

王船山,名夫之,字而农,号姜斋,湖南衡阳人。生于一六一九年,死于一六九二年。他的逝世,距今已经二百九十周年了。他是我国明末清初时期一位伟大的唯物主义思想家和博涉多通的学者。他的著述很多,在文、史、哲领域内的各个方面,都取得了惊人的成就,影响于后世至为深远。经过近几十年来学者们的努力钻研、赞述,有关他的哲学思想、史学理论,以及政治、理财等方面的高见卓识,都已阐幽表微,写成了不少专著和论文,发挥尽致了。我为避免重复,不想在这些方面有所论列。只是围绕着船山一生治学的求实精神和博大气象,略抒管窥之见,以志景仰之诚而已。

船山的治学,从少年时便打下了雄厚广博的基础。根据他的儿子王敔在《姜斋公行述》中所载:"府君自少喜从人间问四方事,至于江山险要、士马食货、典制沿革,皆极意研究;读史、读注疏,至于书志年表,考驳同异;人之所忽,必详慎搜阅之,而更以见闻证之。"这种求实精神和刻苦、坚持的治学态度,是惊人的。很明显,他是从两方面吸取知识:一是从有字书中博览广涉,"详慎搜览";二是从无字书中进行

---

[1] 本文选自《讱庵学术讲论集》,岳麓书社1992年版。——编者

社会现实的调查研究,"更以见闻证之"。这样反复不已地锻炼自己,提高自己,积累几十年的功力,竟成为一代大儒,这却不是偶然的。

　　船山治学的求实精神,体现在他的说经方面特别明显。一部《周易》包含甚广,后来附会穿凿之说,愈出愈奇,愈纠纷而不可理。大抵汉人京房、焦延寿,杂以阴阳灾异,宋人陈抟、邵雍,杂以河图、洛书,都抛开人事而言天道。于是《易》的作用,如坠五里雾中,令人捉摸不到了。船山所作《周易稗疏》,便针对这些胡说加以抨击。清乾隆时,把它收入《四库全书》,充分肯定了他的成绩。《四库全书总目》卷六《周易稗疏提要》云:

　　　　大旨不信陈抟之学,亦不信京房之术,于先天诸图、纬书杂说,皆排之甚力。而亦不空谈玄妙附合老庄之旨。故言必征实,义必切理,于近时说《易》之家,为最有根据。

这一摧陷廓清之功,与清初黄宗羲的《易学象数论》、胡渭的《易图明辨》,持论铿铿,不谋而合,桴鼓相应,影响是很大的。

　　一部《尚书》,自汉以来,注者甚多,至宋尤夥。苏轼有《东坡书传》十二卷,蔡沈有《书集传》六卷,流布弥广。自元明以来,蔡氏《书传》,与程颐《易传》、朱熹《诗传》并重。而其中空疏玄幻之说,不足以餍人意。船山作《书经稗疏》,一一订正其谬误。《四库总目》卷十二《书经稗疏提要》云:

　　　　驳苏轼传及蔡传之失,则大抵辞有根据,不同游谈。虽醇疵互见,而可取者较多焉。

可知他订正前人旧说,实事求是地找出有力论据,而后加以辩驳,不为游谈以欺人,所以可取者独多,为后人所信服。

《诗》三百篇,不独鸟兽草木之名甚多,即名物、制度、训诂,也在在需要考证。汉人毛亨作《传》、郑玄作《笺》,谈得很简略;宋人朱熹作《诗集传》,说得也不很清楚。但不把这些东西弄个明白,便无由了解《诗》三百篇中"比""兴"之旨,以考见作者用心。所以征实之学,运用到研究《诗》三百篇更为重要。船山在所作《诗经稗疏》中,特别体现出了他的求实精神。《四库总目》卷十六《诗经稗疏提要》云:

> 是书皆辨正名物训诂,以补《传》《笺》诸说之遗。如《诗谱》谓得圣人之化者,谓之周南;得贤人之化者,谓之召南。此则据《史记》,谓雒阳为周召之语,以陕州为中线,而两分之。则周南者,周公所治之南国也。证之地理,亦可以备一解。至于鸟则辨雎鸠之为山禽而非水鸟;雀角之角为咮,诗意言雀实有角,鼠实有牙。于兽则辨九十其犉之语,当引《尔雅》七尺曰犉之文释之,不当以黄牛黑唇释之;骍刚之刚为牨,则以牛脊言之。于草则辨蓫为萑苇之属,而非菱蒿;薇自为可食之菜,而非不可食之蕨。于木则辨诗言朴者,实今之柞,言柞者,实今之栎;榛杞之榛,即诗之所谓栭,而非榛果之榛。于虫则辨斯螽、莎鸡、蟋蟀之各类,而非随时异名之物;果臝负螟蛉以食其子,而非取以为子。于鱼则辨鳣之即鲤,而《集传》误以为黄鱼;鲔之似鲤,而《集传》误以为鲟鱼。于器用则辨《集传》训重较为两骑上出轼者之未谙车制,及《毛传》训桑为历录,历录为纺车交错之名,而《集传》曾一然字之差。于礼制则辨公堂称觥,为饮酒之序,而非如《集传》所云豳公之堂!祼将之训为灌,与奠一义,而历诋《白虎通》灌地降神之谬。皆确有依据,不为臆断。

这样地进行一名一物的考证,都能明其所以然,以订正旧说的错误。假若不是朴学功深,立论有据,断不能博赡至此。他在治学过程中的求实精神，怎能不令后人叹服！

《春秋左传杜注》，行世已久。唐初修《五经正义》，《左传》即用《杜注》。杜氏于地理务致其详，而仍缺误。船山征文考献，实事求是，不遗余力地加以考订。所作《春秋稗疏》，实肩斯任。《四库总目》卷二十九《春秋稗疏提要》云：

> 如莒人入向之向，谓当从杜预在龙亢，而驳《水经注》所引阚骃之说，误以邑名为国名，足以申《杜注》之义。辨杞之东迁，在春秋以前；辨杀州吁于濮，非陈地；辨洮为曹地，非鲁地，音推小反，不音他刀反；辨贯字非贳字之误；辨厉即赖国，非随县之厉乡；辨践土非郑地；辨翟泉周时不在王城之内；辨莒鲁之间有二鄟；辨仲遂所卒之垂非齐地；辨次鄑非鄑国，亦非郑地；辨春秋之祝其，非汉之祝其；皆足以纠《杜注》之失。据《后汉书·郡国志》，谓郎在高平；据《括地志》，谓胡在郾城；据《汉书·地理志》，谓重邱在平原；据应劭《汉书注》，谓阳在都阳；皆足以补《杜注》之阙。

如上所列举的船山说经之书，都收入了《四库全书》，而撰写《四库总目提要》的纪昀，都给船山的著述，评价很高。我们知道，纪昀在乾隆年间的学术界，是一位扬汉抑宋的学者。江藩写《汉学师承记》，将他和戴震、卢文弨、邵晋涵诸家并列，不是没有原因的。纪昀评定学术高下，不轻许可，于经部尤极审慎。在清初诸大儒中，独推服船山无异辞。这是由于船山说经，不为空论，一主征实；与宋元明学者异趣，纪昀早就为他的求实精神所感服了。

船山说经一主征实，他的说字也不例外。《船山遗书》中，有《说文广义》三卷，很少有人注意它。认为文字之学，非其所长。其实这一专著，重在推求本字，证说假借。不独针砭俗学，煞费苦心，即就说字而言，也揭橥了许多大例。足以启牖后人，开示途径。举其大者，约有十端：

一、考证本字：

《说文广义》卷三（以下只标卷数，不举书名）："真，《说文》据会意而言，为仙人化形登天之名。乃古今文字，皆用为真伪字。仙人登天，妄也，何得云真？真伪字自当作贞。贞、真相近，传写差讹，遂有真字。方士假为之说，汉人附会之耳。《六经》《语》《孟》无真字。贞，正也。卜筮者所正，得之交体也。故为正、为实、为诚、为常、为不妄，而与虚伪相对，考文者废真字可矣。"

二、推求本义：

卷一："作，起也。'三嗅而作'，'舍瑟而作'，其本训也。借为造作之作，音侧个切。俗别立做字，非。人将有为，必从坐起。从人从乍，乍然而起，将有为矣。故缓曰造，急曰作，乍然而起，无所因仍，故创始曰作。乍为之前，未有也，故与'述'对。"

三、审定借字：

卷三："文移以肆代四，则但以同音而用之。与专壹为一，副贰为二，卒伍为五，陵陆为六，无齿捌为八，玖玉为九，拾取为十，但取多画、防奸吏之改窜耳。"

四、辨明同字异形：

卷一："常、裳二字，一也。从巾从衣，义相通用，与帬、裙同。"

五、弄清一字数读：

卷三："句有古侯、九遇二切，皆训曲也。今分句曲字音钩，章句字音屦，亦强为分析耳。读的断处为一句，亦言一曲也；至下别为一句，又一曲矣。凡从口之字俗多省为厶，俗因以省作厶者作勾股之勾，而以不省者为章句字，亦妄。"

六、以今证古：

卷一："俞，空中木为舟也。今粤西有独木船，破大木而刳其中，盖上古刳木为舟之遗制。"

七、不执古以非今：

卷一："褱本裹裹之褱，徐铉谓'今俗作抱非'。按北方苦寒，褱子者皆解襟纳之褱中，故当从衣；南方温燠，抱子者两手拥持之，则可从手。若抱持之抱，无妨作抱，不必执古以非今，此类是也。"

八、《说文》不可尽据：

卷一："伊，《说文》以伊尹治天下为本训。今按伊尹之前，有伊耆氏；而《诗》言伊，皆与惟字义通，则定非因伊尹之名始制伊字，此《说文》之不可从者也。"

九、《说文》有脱佚：

卷二："甲冑之冑，从冃（古冒字），胤冑之冑，从肉。从肉者，与胤同意，骨肉之亲也。冑、冑皆从由得声，与油、宙、抽等字，《说文》皆从由声，是有由字明矣。而《说文》但有粤字，应是脱误。"

十、字形变乱之由：

卷一："公厶之厶字止如此。韩非言自营为厶，屈曲自营之象。其旁加禾作私者，禾也。背公之厶，何取于禾。后人以厶字文不茂美，遂相承以私为公厶字。趋苟简者，利于从省；贪茂美者，妄欲从繁；字学之所以乱也。"

以上不过是我在阅览《说文广义》时，粗略综括，所抽出的十例，每例又就原书中所谈到的，举一事以明之。他的这些发凡起例，在今天固然不算什么了不起的创获，远在三百年前，却是很可贵的。也就说明了他在说字过程中，充分体现出他的求实精神，才能归纳为许多有价值的结论。

当然，船山研究字学，不是没有缺陷的。首先，他和顾炎武一样，所看到的《说文》，是宋人李焘依韵目改编而成的《说文五音韵谱》，是"始东终甲"的本子。那时毛氏汲古阁所刊徐铉校定的许氏原书"始一终亥"的本子，尚未流布于外，所以顾、王都没有见到。顾氏在《日知录》中既已慨喟地提到"《说文》原本次第不可见";船山当日也没有看到据形系联的原本《说文》,只是根据字形的发生、发展、变化的轨迹,而穷探其所以然,而益以融会贯通之功,所得也就不少。但他毕竟为时代和条件所局限了,这是我们今天不能苛求于前人的。

船山的著述很多,一直到道光、咸丰年问,新化邓显鹤才四处搜其未刊遗稿,写成一篇书目,在叙论中着重指出:"当代经师,后先生而兴者无虑百数十家,所言皆有根柢。然诸家所著,有据为新义辄为先生所已言者,《四库总目》于《春秋稗疏》曾及之。以余所见,犹非一事,盖未见其书也。"到同治三年,曾国藩、国荃兄弟在南京刊《船山遗书》,两年多的时间,便刻成了。曾国藩在《船山遗书序》中也说:"先生殁后,巨儒迭兴,或攻良知捷获之说,或辨易图之凿,或详考名物,训诂音韵,正《诗集传》之疏,或修补三礼时享之仪,号为卓绝。先生皆已发之于前,与后贤若合符契。"由此可见,船山学术的成就,给后来学术界的影响,至为深远。他的成就所以如此之巨,这和他一生治学的求实精神和博大气象,是分不开的。

大抵天地间用文字写成的书籍,不外三大类:一是抒情,二是纪实,三是说理。用今天的名词来加以概括,抒情之作,便是文学;纪实之篇,便是史学;说理之文,便是哲学。历史上许多著名的伟大学者,对文、史、哲等方面的书本知识,是普遍加以吸取,汇通而合治之;从不此疆彼界,加以割裂。因为这些方面的内容,息息相通,彼此联系,牵一发而全身动,何能局限一隅。我们只看过去包括王船山在内的大学者们,每说一事,明一理,左右逢源,使人信服,这却不是一件简单易办的事!假使他们治学没有广博的范围,雄厚的基础,自然是办不到的。船山学术之所以经得起时代的考验,到三百年后的今天,仍为人们所仰望而纪念他,很重要的原因,便是为他的博大气象所感召了。

我们只看船山所著书,本已遍及文、史、哲的各个方面。按过去经、史、子、集四部分类法来加综括,经、子两部,属于哲学的范畴;

而集部属于文学。现在仍照四部分类，将船山著述举列如下：

甲、经部二十七种：《周易内传》六卷；《周易内传发例》一卷；《周易大象解》一卷；《周易稗疏》四卷；《周易考异》一卷；《周易外传》七卷；《书经稗疏》四卷；《尚书考异》一卷；《尚书引义》六卷；《诗经稗疏》四卷；《诗经考异》一卷；《诗经叶韵辨》一卷；《诗广传》五卷；《礼记稗疏》（见嘉庆《湖南通志》）；《礼记章句》四十九卷；《春秋稗疏》二卷；《春秋家说》三卷；《春秋世论》五卷；《续春秋左氏传博议》二卷；《四书训义》三十八卷；《四书稗疏》一卷；《四书考异》一卷；《读四书大全说》十卷；《四书笺解》十一卷；《四书集成批解》（见《船山公年谱》）；《四书详解》（见同治《衡阳县志》）；《说文广义》三卷。

乙、史部六种：《读通鉴论》三十卷（附《叙论》一卷）；《宋论》十五卷；《永历实录》二十六卷；《箨史》一卷（见《船山学报》）；《家世节录》一卷；《蓬峰志》五卷。

丙、子部二十种：《老子衍》一卷；《庄子解》三十三卷；《庄子通》一卷；《吕览释》；《淮南子注》；《张子正蒙注》九卷；《近思录释》；《思问录内篇》一卷；《思问录外篇》一卷；《俟解》一卷；《噩梦》一卷；《黄书》一卷；《识小录》一卷；《搔首问》一卷；《南窗外记》一卷（见光绪《湖南通志》）；《龙源夜话》一卷；《莲花山人余论》（见乾隆《清泉县志》）；《愚鼓词》一卷；《相宗络索》一卷；《三藏法师八识规矩论赞》。

丁、集部四十二种：《楚辞通释》十四卷，附一卷；《姜斋文集》十卷；《姜斋文集补遗》二卷；《惜馀鬓赋》一卷（有单行本）；《船山经义》一卷；《漧涛园集》；《买薇稿》；《五十自定稿》一卷；《六十自定稿》一卷；《七十自定稿》一卷；《姜斋诗分体稿》四卷；《姜斋诗编年稿》一卷；《姜斋诗剩稿》一卷；《柳岸吟》一卷；《落花诗》一卷；《悲愤诗》一卷；《遣兴诗》一卷；《桃花诗》一卷；《和梅花百咏诗》一卷；

《洞庭秋》一卷；《雁字诗》一卷；《仿体诗》一卷；《岳余记》一卷；《忆得》一卷；《船山鼓棹初集》一卷；《船山鼓棹二集》一卷；《潇湘怨词》一卷；《诗译》一卷（原附《诗经稗疏》后）；《夕堂永日绪论内篇》一卷；《夕堂永日绪论外篇》一卷；《南窗漫记》一卷；《龙舟会杂剧》一卷；《夕堂永日八代文选评》十九卷；《夕堂永日八代诗选评》六卷；《夕堂永日四唐诗选评》七卷；《夕堂永日宋诗选评》；《夕堂永日明诗选评》七卷；《李诗评》；《杜诗评》；《刘复愚集评》；《词选》一卷；《船山制义》一卷。

以上经、史、子、集四部，除其中有些不知卷数者外，尚有三百八十卷。

作为一个遁迹荒陬、身居徭峒的乡里老儒，在艰难困苦的环境中，而能卓然自立，发愤著书至如此之多，治学范围至如此之广，在中外历史上都是罕见的。今天当他逝世二百九十周年的日子里，隆盛地举行学术讨论会来纪念他。我们除景仰、怀慕之外，更重要的，在能学习他治学的求实精神和博大气象，用以医治今天学术界的虚浮习气和狭隘现象，是很有积极作用和现实意义的。

今天从事社会科学的研究工作者们，强调学术研究的分工，这是一种进步的现象，无可非议。但是在社会科学领域内，特别是研究中国文学、史学或哲学，门类至繁，头绪很多，相互联系，彼此依倚。所谓"牵一发而全身动"，不是一开始便单科独进所能容易取得成绩的。因为在许多专门知识的内容上，有共同性的基础知识和辅助学科，如果没有弄清楚，便会犯常识性的错误，更谈不上深入研究。过去许多大学者，在学术研究的工作方面，主张"由博返约"，不是没有原因的。所谓"由博返约"，便是将人所共知的学术常识，我要知道；人所必读的重要书籍，我要涉览。把一般性知识都掌握以后，然后从事于专门性的钻研，自然基础坚实雄厚，容易着手多了。

但是，反映在今天学术界的，却不是如此。一个青年学生，刚从大学毕业，便积极从事于单科独进。于是学文学的，不必过问历史；学历史的，不必留心文学、哲学。在文、史、哲领域内，又各划分时代，各人专搞一段。研究近现代的，可以不了解古代。疆界分明，各不相谋。清初大儒黄宗羲说得好："析之者愈精，逃之者愈巧。"却深刻地指出了学术研究分工太细的病痛。可知这一风气的形成，不是今天才开始有的。顾炎武、黄宗羲、王夫之，所以能成为清初三大儒，都是由于他们学问博大，能开一代学风的缘故。而船山尤为卓绝，所以值得我们永远纪念他和学习他。

自强不息　壮心未已
——略谈我在长期治学过程中的几点体会

我一生坚决走自学的道路，刻苦钻研中国文史，是和家庭提供的读书条件和父亲自学精神的感染分不开的。家中旧有藏书，大部分是祖父于光绪初年在北京任职时从琉璃厂买得的，后来父亲又续有增加，于是经、史、子、集四部之书，都很齐备，特别是清代朴学家的著作储藏较多。父亲一生厌弃八股文，不应科场考试，专攻经史朴学，讲究做古文，而尤长于天文算法。清末初办学校，他曾应聘出任中学、师范及优级师范学堂（相当于今日的师范学院）算学教习，他的天算之学是无师自通的。任教习后，还是刻苦钻研，精益求精。卒因用功过度，咯血不止，归家养病。年未五十，便弃世了。但他刻苦治学的精神和教给我的治学方法，我都铭记在心，影响是很大的。

我生于一九一一年，到现在已经七十周岁了。从一九三二年开始教书，到明年便已五十周年了。最初是教高级中学的语文、历史；三十岁后，才到各大学任教。一生没有做过别的事，也没有间断过教学工作。在这长期过程中，除了讲课，便是伏案读书；教、学相长，收获是很大的。不能说在治学方面没有点滴的经验。归纳起来，可分几方面谈：

---

① 本文选自《学人谈治学》，浙江人民出版社1982年版。——编者

一、从练基本功做起，将做学问的基础打好

我十几岁时，发现张之洞《书目答问》里谈过："由小学入经学者，其经学可信；由经学入史学者，其史学可信。"恍然领悟到做学问是有次第步骤的。前人称文字、声韵、训诂之学为小学，小学是研究本国文史之学的基础，不把这些基本功练好，读书是无从下手的。我在幼学时期，父亲便用王氏《文字蒙求》教我识字，对文字学便已有了兴趣。十五六岁时，看完段氏《说文注》、王氏《说文释例》和郝氏《尔雅义疏》。十七岁时，写成《尔雅义疏跋》一文，将《尔雅》与《说文》不同之处，以及郝《疏》的弊短，提出了自己的看法。后来，又以象形、指事、会意、形声四类将《说文》分抄了一遍，名为《说文类求》；再以古韵部居为经，声纽为纬，将许书九千余文，系列为表，成《说文声韵谱》。又依陈澧所定四十声类，将《广韵》按声归类，成《广韵谱》。复取《尔雅》《小尔雅》《方言》《毛传》《说文》《释名》诸书内容，类录成《雅诂表》。这些都是我早年练基本功时所做的具体工作，只能说是初期治学的一部分功力，而不能算是什么学问。经过这一系列的锻炼，才对文字、声韵、训诂之学，稍有所得，初步掌握了治学必备的一部分基础知识。

其次，在学习写作方面，也练了一些基本功。当我少年时期，父亲经常教我：一个人如果不能把文章写好，甚至不能记载自己的思想语言，虽有很高的学识，无由表达出来，是极其痛苦的事。他教我学文，先从唐宋人的作品读起，认为那时期的文辞，明白宣畅，好懂易学；且宜多读长篇有力之文，以舒其气。因选定王安石、苏轼的万言书，以及韩愈的长篇文字，教我手抄熟读。后又上溯贾谊《陈政事疏》《过秦论》之类的名文，我都手抄成册，反复诵习。这时用勤写日记的办法来练习作文，在日记中，也可写长篇论说或记事之篇。积之既久，日起有功，

下笔为文，也就条畅多了。此外，也常诵习《唐诗三百首》《古诗源》《绝妙好词笺》《词谱》诸书，借以掌握诗词基本格律。

当我少年时用力于文字、声韵、训诂以充实基本功的岁月里，父亲认为这只是基本功的一方面，如不略知天文星象，便无法读《诗》《书》。在一个夏天，教我读《步天歌》，并摹绘《三垣图》，弄清楚星宿的部位。时值盛暑，白天讲解歌辞，督我熟诵，夜间率我到院外乘凉，仰观天象，背诵歌辞，他一一指点星宿之所在。这样，经过一个暑天的目验，于是满天星斗，尽在胸中，用来理解经传中有关天文的记载，也就容易明白多了。

当我初读《尚书》感到佶屈聱牙、不易求懂时，父亲教我从通行本《尚书》中抽出已经前人考定认为可靠的二十八篇手抄成册，再取《史记》中的《五帝本纪》《夏本纪》《殷本纪》《周本纪》和它对读。由于司马迁采用《尚书》时，运用了"以训诂代经文"的原则，仔细将《尚书》原文翻译了一遍，使先秦古书，一变而为汉代通行的语言文字，容易懂多了。我曾将两书不同字句写成《对照表》，不独解决了《尚书》难读的问题，而且进一步了解到汉人"以训诂代经文"的巨大作用。

以上所列举的我在青少年时期练基本功的二三事例，勤于动手抄写，是其关键。凡是经过自己动手抄写了的东西，总是印象较深，不易遗忘。这对于我后来在各方面进行专题或专书研究的工作中，都发挥了积极的作用。

二、有所取必有所弃，不要因其他爱好分散治学精力

昔章学诚论学，提出"善取不如善弃"的原则。这是由于学问文章之事，本甚广博，一个人的聪明才力，不可能遍知尽能，自必有所别择去取于其间。将有些不关重要的或妨碍做学问的小道末枝抛弃掉，使心思精力集中到有用之学方面来，才能取得成就。我在少年时期，读了古

人的诗词以后，也喜欢轻弄笔墨，作诗填词。到二十一岁站上教书岗位以后，每周除讲课外，还要批改学生文卷，自己尽量挤出时间努力读书，没有闲工夫去强记故实，推敲字句，在诗词方面花气力。感到"雕虫篆刻，壮夫不为"，自是扬雄的经验之谈；而刘知幾"耻以文士得名，期以述者自命"的"宏愿"，却是我们的绝好榜样。于是下定决心，与诗词绝缘。四五十年间，从不作诗填词，也就夺回了许多精力时间，专用于做学问的方面去，成效是很大的。我又感到旧诗词中反映的思想感情，大部分是消极的。未老称老，不贫嗟贫，无病言病，差不多成了诗词中的主要内容。昔人所谓"诗愈穷而愈工"，"欢愉之言难工，穷苦之音易好"，似乎成了古今文士骚人从事吟咏的共同倾向。例如白诗："行年三十九，岁暮日斜时。"苏诗："老来厌伴（一作'逐'）红裙醉，病起空惊白发新。"（苏氏时在杭州，年三十八九岁）这样未老言老、自悲没落的诗句，青年人读了，没有什么好处。其他怨天尤人、自嗟贫病的诗词，更不可胜数。我又本着顾炎武"诗不必人人皆作"的名言，指导学生也不必动辄作诗，使他们不把有用的岁月，抛到吟风咏月中去。对己对人，都很有益。我自己从排除过去作诗填词的干扰以后，集中精力做学问，无论是读大部头书或研究专题，一天有一天的计划，一月有一月的进程，努力不懈，自可以如期完成任务。到了晚年，更加体味到在治学过程中集中精力的重要性和必要性，将有些不关紧要、可有可无的爱好加以屏除，对于做学问，是会有很大好处的。

三、要把做学问的范围推广，不可走太狭窄的路

清初大儒黄宗羲有句名言："析之者愈精，逃之者愈巧。"把它运用到治学方面来，便是唤醒人们无论做何种研究工作，不要分的过细。我在长期治学过程中，深深感到门路太窄，是不能取得较大成就的。特别是在社会科学领域内，门类至繁，相互联系，所谓"牵一发而全身动"，

不是一开始便单科独进所能容易取得成绩的。因为在许多专门知识的内容上，有共同性的基础知识和辅助学科，如果没有弄清楚，便容易犯常识性的错误，更谈不上深入钻研。过去许多大学者，在学术研究的工作方面，主张"由博返约"，不是没有原因的。所谓"由博返约"，便是将人所共知的学术常识，我要知道；人所必读的重要书籍，我要涉览。把一般性的知识都掌握以后，然后从事于专门性的研究，自然基础坚实，容易着手多了。

自强不息　壮心未已

我国古代学者研究学问和著书立说，本无所谓文、史、哲的界限，他们所留下的写作，包罗宏富，多半是百科全书式的内容。例如我们读《史记》《汉书》，便不可不懂天文、地理、制度、礼仪；读《尔雅》《说文》，便不可不懂宫室、器用、鸟兽、草木。所以，我在撰著《说文解字约注》的过程中，除涉览了一百多家研究《说文》的专著外，还参考到许多有关水道、地理、生物方面的科学书籍，以及近三百年间文集、笔记中有关释字、明制、考证名物的记录，然后才敢下笔。"事非经过不知难"，于是对治学范围应该推广这一点上，深有体味。愈学愈感到自己知识的贫乏、门路的狭窄了。

常常感到自从高等学校里实行分科分系以来，此科不通于彼科，此系不通于彼系，疆界分明，各不相谋。于是学文学的，不必过问历史；学历史的，不必留心文学、哲学。在文、史、哲领域内，又各划时代，各人专搞一段。研究近代史的，不了解古代史；研究元明清文学的，不追溯唐宋以上；研究老庄思想的，不过问其他。当然，学术研究工作上的细密分工，是一种进步现象，无可非议。但是，如果对中国历史、文学、哲学，没有做过融会贯通的工夫，没有比较全面、系统、深入的了解，没有弄清楚事物发生、发展、变化的总过程，即使进行某一段的专门研究，自难免片面、割裂之病。针对这种偏向，我近年在教学和培养研究生的工作中，经常拿自己在治学过程中所遇到的许多困难，向青年同志们介绍，劝导他们在研究文史方面，不要走太窄狭的路，道理便在这里。

四、除书本外，还应多读"无字书"，以扩大求知领域

天地间有两种书：一是有字书，二是无字书。有字书即白纸黑字的本子，无字书便是万事万物之理，以及自然界和社会上许多实际知识。有字的书，人人知道重视它，阅读它；无字的书，人们便等闲视之，很少有人过问它。特别是过去研究中国文、史、哲的学者们，平日除伏案阅览、写作外，不愿多和社会接触，形成"两耳不闻窗外事"，与世隔绝。由于他们平日所接触的书本，绝大部分是古代的，受古人的思想影响很大，潜移默化，便不期而然地与古人接近和今人离远了。偶与物接，便会格格不入。不独言论、行事容易流于迂腐，知识领域也是很狭隘的。

但是，我国历史上的大学者、大科学家，大半都是通过多读无字书来丰富自己的见闻，充实自己的著述的。

我对于过去学者们饱读无字书的精神和成就，十分歆慕。自己也就随时随地注意涉取书本以外的见闻，来扩大自己的知识领域，也时时有所得。例如我早年读《说文》至麦部，有云："秋种厚薶，故谓之麦。"这明明是许慎以声训法指出"麦"的声义是由"薶"（埋）来的。我最初不能理解这一说法，后来在湖北农村，亲眼看到秋冬之际种麦的时候，都是用锄深挖土，将种子放下，再厚盖以土。湖北人称为"挖麦子"，和其他谷类的种植法大不相同。我才体味到"厚薶"的原意，和许氏以薶释麦之故。即此小例，足以说明读无字书的重要。其他事例很多，不能在这里尽举。总之，有许多的知识和疑难，是不可能单从书本中取得解答的。

五、研究成果多由积累而来，不可急于求成

荀卿论学，强调一个"积"字。所谓"积土成山，风雨兴焉；积水

成渊,蛟龙生焉","不积跬步,无以至千里;不积小流,无以成江海",这都是保存在《劝学篇》中的精语。本来,谈到治学,不是一下子就可以取得成绩的,必然要经过很长时期的积累知识,才能有所收获。但是积累知识之后,还要有一段就原材料进行加工的过程,使变为有用的东西。平日从积累素材出发,作了不少卡片,写了不少笔记,这只能说是读书的功力,不能算为学问。所谓学问,是在拥有丰富的素材以后,经过去粗取精、去伪存真、改造制作的历程,能够提出自己的看法,加以判断,论定于其间,成为自己心领神会的见解,有所发明或发现,这才算是学问。假若没有自得之学,而想在科研成果上取得优异成绩,自然是比较困难的。

自强不息 壮心未已

我一生所写的好几种书,都不是预先拟定了一个题目然后着手撰述的,而是将积累已久的素材,加以区处条理,使成为有系统、有义例的专著的。像二百万字的《说文解字约注》,不用说,是由我积四十多年的功力而后写定成书;即如《清人文集别录》二十四卷、《清人笔记条辨》十卷,也是根据我多年读清人文集、笔记时所积累的心得记录,加以整理而成。其他像解放前出版的《广校雠略》一书,完稿时我刚三十二岁,其时见书不广,学识未充,却敢大胆地提出自己的见解,评定古今学术的高下,写成一百篇论文,无异于是我三十岁以前的治学小结,也不是一下子可以拼凑出来的。四十岁以后出版的《中国古代史籍举要》(原名《中国历史要籍介绍》)、《中国古代史籍校读法》诸种,也不外根据我多年研究古代史籍时所写笔记,去粗取精,使之条理化、系统化,编述而成的本子。这些具体事实,足以说明一个"积"字在我治学过程中所起的作用,至为重大。假若没有几十年时间的积累,想要提出研究成果,也是不可能的。我一生治学,没有急于求成的思想,总是从容不迫埋头苦干;但问耕耘,不问收获。等到积之既久,自然水到渠成。古人所云"欲速则不达",真是千古名言!

六、恒心、毅力、耐性、信念、傻气五者，是坚持研究工作的重要条件

许多历史事实告诉我们：一个人如果立志做成一件有益于人世的大事，必须有恒心，有毅力，有耐性，有信念，才能取得成功。治学也是这样，还要加上几分傻气。明知那一工作不容易做，但认识到做了以后，一定可以取得较大的成果，便断然为之而不疑，大有愚公移山的精神，不计成败毁誉，孜孜不倦地干下去，这便是傻气。我在长期自学过程中，是有几分傻气的。少年时期读古文辞，喜诵长篇气盛之文，手抄熟读，不知费了多少心力。稍长，又喜阅览大部头书，从无畏难退缩之意。想起十九岁时读《资治通鉴》，日尽一卷，有时也可二卷，经过七个月的时间，将二百九十四卷的大书读完了，并且还写了简明的札记。后来年龄稍大，又发愿要通读二十四史，不畏艰难，不避寒暑，坚持不懈地认真去读。从《史记》到《隋书》，都用朱笔圈点，读的很仔细；从新旧《唐书》到《明史》，也点阅了一遍。整整花了十年时间，终于读完了这部三千二百五十九卷的大书。一九四六年，到兰州大学教书，恰好那年冬天，学校从上海买回了大量图书，其中有明刻《皇明经世文编》，是清代禁书，流传极少（此书一直到一九六二年，才由中华书局影印行世）。兰州大学以高价得之，藏于珍本室中，例不借出馆外。是书凡五百四卷，收录了四百二十四家的政治论文，共载文三千一百四十五篇，可算是一部卷帙浩繁的大部书。但由于书本行格疏阔，字体又大，每卷的字数并不太多。我趁暑期休假时，鼓起勇气，携带笔纸，入馆读之。自朝至暮，日尽十卷。经过五十天的伏案，便把它涉览了一遍。并选定其中比较精要的写作，凡三百二篇。把它区分为礼乐、兵刑、教化、学术、治道、将略、财赋、铨选、经营、水利、边防、夷务等十二门，各归部类，不相淆杂，写成《皇明经世文编选目》在《兰州

大学学报》发表。回忆年轻时读大部书,是用临阵对敌、打死仗的办法去攻坚取胜的。既有勇气,又有傻气,从来不感畏难怕苦,因而也就取得一些研究成果。

昔人尝称:"读书如克名城。"意思是说读书要有勇往直前的精神,好比作战一样,攻下一座名城,是要投下很大力量的;但一旦攻下之后,又是十分高兴的。我在长期治学过程中,深切体味到这句话的道理。平生也实在是采用打仗的精神去对待读书的。我还有一种傻气,便是酷好买书。一生节衣缩食,自奉和家用都很俭约,但买书却不吝惜,如果遇见有合意的书,不论贵贱,都要设法买到。有时书堆多了,无地可容,便采用换取的办法,将那些已经用过或不关重要的书,廉价让给古旧书店,再从那里换取一些书回来。这样,便无异于丰富了自己的收藏。但是,一个人的财力究竟有限,有些大量的书,仍须依靠从各大图书馆借观,才能解决问题。例如我早年喜欢涉览清人文集、笔记。自己买到的清人文集,不过四百种,而我所得寓目的,便有一千一百余家;自己买到的清人笔记,不过百余种,而我曾经看过的,便有三四百家。其中大部分是从图书馆,特别是北京、上海图书馆阅读的。每趁寒暑假的空隙时间,不顾严寒酷暑,到那儿去饱读未见之书,收获很大。如果没有几分傻气,也是办不到的。尤其是处在艰苦的环境和岁月里,仍争取时间,努力写作,主要是伏案整理平生尚未发表的丛稿。天热,就在桌旁放一盆冷水,把湿毛巾垫在胳膊下;汗流入眼睛,就用毛巾擦一下再写。天冷,手冻僵了,就在暖水袋上捂一下,继续写下去。雨天房子漏水,就用面盆接住;水从室外灌进屋里,就整天穿上胶鞋写作。每晨四点起床,晚上睡的很晚。就是这样,经过十年苦干,整理出了一大批研究成果。

这一大批研究成果,共有三百七十多万字。计有《劳动人民创物志》、《中国封建社会之分析》、《史学三书平议》、《说文解字约注》、《广文字蒙求》、《郑学丛著》五种、《周秦道论发微》、《周秦政论类诠》、

《中国古代校雠学》、《清人笔记条辨》等十种。亲自誊写，分装成册。特别是其中《说文解字约注》，有二百多万字，单就誊写清稿而言，也花了三年半的时间，竟写秃了五十多支大小毛笔，将我一生钻研《说文解字》的心得总结，终于整理成书了。

七、做学问是终身之事，努力不懈地干下去

荀子说过："学至乎没而后止也。"这说明学问之道，是没有止境的。应该努力钻研，直到生命的结束，才告休止。纵观古今中外大有成就的学者、科学家，也确是如此。从来不满足于已经取得的成就，而是继续前进。孜孜不倦，死而后已。这种精神，是十分感人的。我一生在治学过程中，也就仰慕前贤的治学精神，常用荀子的话鞭策自己。一生自少至老，从来没有晏起过，日历上也从来没有星期天和节假日。在学术研究工作上，没有放松过。经过长期奋斗，不独不感到疲倦，反而觉得精神愈用愈出，聪明愈用愈灵。到了晚年，总觉工作做不完，非努力前进不可。所以现在虽已七十，每晨还是四点钟起床，盥洗、叠被、整顿几案都毕，便开始工作。不自觉其疲困，感到乐在其中。这样的自强不息，自问还可坚持下去。

清初学者唐甄，年到七十时，人伤其老。唐甄便说："我发虽变，我心不变；我齿虽堕，我心不堕。岂惟不变不堕，将反其心于发长齿生之时。人谓老过学时，我谓老正学时。今者七十，乃我用力之时也。……老而学成，如吴农获谷，必在立冬之后，虽欲先之而不能也。学虽易成，年不我假；敏以求之，不可少待。不然，行百里者，九十而日暮，悔何及矣！"（见《潜书·七十》）我每读到他这段言论，志气为之一振。把它作为座右铭，经常提醒自己：还要振作精神，好好地干下去。争取晚年在学术研究方面，努力做些有益的工作。

近年自拨乱反正以来，万象俱新，国家安定，正大规模地从事经济

建设,出现了高潮。我一念到全国人民的精神粮食很贫乏,连一部内容丰富、首尾完整的中国通史都没有,这是我们历史工作者莫大的缺陷和耻辱。我虽年已七十,却还有余勇可贾,积极想编述一部《中华人民通史》,来弥补这一缺陷。编述此书,以广大人民为历史的主人,着重阐述劳动人民在历史上的作用,把过去旧史家轻视少数民族,轻视妇女的思想、积习纠正过来;打破以历代王朝为叙述中心的体系,而以崭新的义例出现。经过较长时间的斟酌损益,终于初步拟出编写提纲,打算分为地理、社会、创造、制度、学艺、人物等六部分来写。每部分中,又分列许多子目。看来,规划是庞大的,工作是艰巨的。我自己虽已年老,但仍有决心,不畏艰苦的劳动,争取在有生之年,完成这一工作。俾几千年来中华民族全部光辉灿烂的文化,得借此介绍于全世界,替人类作出贡献,这是我们历史研究工作者的责任。

自强不息 壮心未已

一九八一年八月五日于武昌

张舜徽先生小传

张舜徽先生是湖南省沅江县人，一九一一年八月五日生。刻苦自学出身，一生自少至老惟从事于读书、教书、著书。出身于书香门第，家中藏书颇多，为其少年时代的自学创造了有利条件。其祖父为清代同治进士，历官京师二十年，一八九五年中日甲午战争时，随刘坤一率军御敌于山海关，病殁于榆关军次。其父则终身未应科举考试，一心埋头钻研朴学，尤长于天文算法。清末初办现代学校时，曾任湖南西路师范学堂算学教习。他既重旧学，又乐于接受新知，不仅为张舜徽亲授课业，而且在治学方法上给予指导。他的教导，他自学成功的经历和自信，都对张舜徽有很大的帮助和影响。

十七岁时，父亲去世，乃游学长沙。后又被四姑夫余嘉锡招往北京，住于其家。于是每日赴北海图书馆读书，自朝至暮，日有定程。当时余嘉锡在几所大学任教，名重一时，与之交往的学者专家甚多。经余嘉锡介绍，张舜徽认识了不少通人硕学，得到多方指教，学问由是日有长进。

一九三二年返回长沙，先后在文艺、兑泽、雅礼等中学高中部任文史教员。课余伏案读书，坚持自学。湘中老辈诸儒，亦时有奖掖与诲导。

从一九四二年起，到大学任教，先后任湖南国立师范学院讲师，北平民国大学、西北师范学院、兰州大学等校中文系教授，还曾任北平民国大学中文系主任和兰州大学中文系主任。

一九五〇年，入华北人民革命大学政治研究院学习一年。一九五一年起，先后任中原大学教育学院历史系教授和华中师范大学历史系教授，直至逝世。其间，于一九七九年发起和创建中国历史文献研究会，并任会长十年；于一九八一年创办华中师范大学历史文献学研究所，并任所长十年。一九八一年国务院评定首批博士研究生导师时，被评为历史文献学博士研究生导师，是首批获得国家特殊津贴的专家之一。

关于治学，他主张走博通的路，赞赏通人之学。他自己则自文字、声韵、训诂入手，进而治经。以小学、经学为基石，推而广之，理董群书，由是博治子、史。一生笔耕不辍，著述颇丰。著述字数总计超过一千万字。已出版书籍二十四部（含五十多种著作），超过八百五十万字，内容涉及小学（文字、声韵、训诂之学）、经学、史学、哲学、文献学等方面。一九九二年十一月二十七日凌晨五时许，张舜徽先生因心脑血管疾病突发而猝然逝世于寓所卧榻，终年八十二岁。（张君和撰）

张舜徽先生著述目录

（一）专著

1. 《广校雠略》，1945年长沙排印本；中华书局1963年增订本。

2. 《积石丛稿》五种，1946年兰州排印本。

3. 《中国历史要籍介绍》，湖北人民出版社1955年版。

4. 《中国史论文集》，湖北人民出版社1956年版。

5. 《顾亭林学记》，湖北人民出版社1957年版；中华书局1963年版。

6. 《中国古代史籍校读法》，中华书局（上海编辑所）1962年版。

7. 《清代扬州学记》，上海人民出版社1962年版。

8. 《清人文集别录》（上、下），中华书局1963年版。

9. 《中国古代史籍举要》，湖北人民出版社1980年版。

10. 《周秦道论发微》，中华书局1982年版。

11. 《中国文献学》，中州书画社1982年版。

12. 《史学三书平议》，中华书局1983年版。

13. 《说文解字约注》（上、中、下），中州书画社1983年版。

14. 《郑学丛著》，齐鲁书社1984年版。

15. 《中国古代劳动人民创物志》，华中工学院出版社1984年版。

16. 《文献学论著辑要》，陕西人民出版社1985年版。

17.《清人笔记条辨》，中华书局1986年版。

18.《旧学辑存》（上、中、下），齐鲁书社1988年版。

19.《中华人民通史》（上、中、下），湖北人民出版社1989年版。

20.《说文解字导读》，巴蜀书社1990年版。

21.《汉书艺文志通释》，湖北教育出版社1990年版。

22.《爱晚庐随笔》，湖南教育出版社1991年版。

23.《清儒学记》，齐鲁书社1991年版。

24.《訒庵学术讲论集》，岳麓书社1992年版。

25.《霜红轩杂著》，华中师范大学出版社2009年版。

26.《张舜徽壮议轩日记》，国家图书馆出版社2010年版。

（二）主编

1.《中国古代史学名著题解》，中国青年出版社1984年版。

2.《中国古代学者百人传》，中国青年出版社1986年版。

3.《张居正集》（1—4卷），湖北人民出版社1988年—1993年出版。

4.《资治通鉴全译》，贵州人民出版社1994年版。

5.《二十五史三编》，岳麓书社1995年版。

6.《中国历史文献研究集刊》，第1期，岳麓书社1980年版。

7.《中国历史文献研究集刊》，第2期，湖南人民出版社1981年版。

8.《中国历史文献研究集刊》，第3、4、5期，岳麓书社1983年、1984年、1985年版。

9.《中国历史文献研究》，第1、2、3期，华中师范大学出版社1986年、1988年、1990年版。

初版后记

舜徽先生在治学上主张走博通的路，赞赏通人之学。他本人涉足的学术领域也较宽。为了反映这一特点，本书的内容按文献学、文字学、经学、学术史、哲学、史学等方面相对集中安排。

除了单篇论文以外，舜徽先生发表了较多的专著。在这些专著的自序中，他往往要阐发自己对有关问题的观点，这些观点都有一定的创见。因此，这些序言不啻是一篇篇论文。如果忽略了这些序，将是对舜徽先生学术思想和学术成就的重大遗漏。因此，本书收入了为数不少的自序。此外，我们在本书卷首安排了先生辞世前一年写的《八十自叙》一文。《八十自叙》虽然简短，但对他自己一生的主要经历、治学特点等，均有概括性的小结。

要想较好地编选出舜徽先生的论著选集，必须得到舜徽先生同事和友人们的帮助。他们都是学有成就的专家学者。本书的整体安排和具体内容，就是参照他们的意见确定的。提供建议和意见最多的同事和友人是（以年龄为序）：肖萐父先生、崔曙庭先生、吴量恺先生、熊铁基先生、周国林先生、刘绍军先生和王武子先生。作为舜徽先生之子，我对于上述各位先生的真诚帮助，表示衷心的感谢。

张君和
一九九六年十月